TOUS RECONNUS

Éditions d'Organisation
1, rue Thénard
75240 Paris cedex 05

Consultez notre site :
www.editions-organisation.com

TOUS RECONNUS

Sous la direction de Jean-Marie PERETTI

Préface de Jacques IGALENS

Les auteurs

David ALIS, Gilles ARNAUD, Dominique BALLOT, François BEAUJOLIN, Leïla BENRAISS, Alain BERNARD, Pascal BERNARD, Charles-Henri BESSEYRE DES HORTS, Patrick BEZIER, Laurent BIBARD, Jean-Pierre BOUCHEZ, Claude BOURCIER, Frank BOURNOIS, Jacques BROUILLET, Jean-Claude CASTAGNOS, Jean-Luc CERDIN, Catherine CHOUARD, Henri COCHET, Rodolphe COLLE, Bernard COULATY, Fernando CUEVAS, Christian DEFELIX, Maryse DUBOULOY, Marc DUMAS, Jérôme DUVAL-HAMEL, Jean-Yves DUYCK, Georges EGG, Mireille FESSER, Corinne FORASACCO, Louis FORGET, Alain GAVAND, Xavier GAYAN, Gérard GIMENEZ, Marie-Christine GRENOUILLEAU, Pierre-Guy HOURQUET, Jacques IGALENS, Abdelilah JENNANE, Michel JORAS, Michelle KERGOAT, Claire KOMISAROW, Alain KLARSFELD, Martine de LA CODRE Francis LACOSTE, Hubert LANDIER, Michel LE BERRE, François MANCY, Eléonore MARBOT, Mohamed MATMATI, Samuel MERCIER, Bernard MERCK, Jean-Claude MERLANE, Michèle MILLOT, Pierre MIRALLES, Jean-Claude MOTHIE, Alain NERVET, Gilles NORROY, Jacques ORSONI, Arnaud PELLISSIER-TANON, Jean-Marie PERETTI, Jean-Michel PLANE, Gwénaëlle POILPOT-ROCABOY, Alain ROGER, Jacques ROJOT, Jean-Pol ROULLEAU, Sylvie ROUSSILLON, François SILVA, Bruno SIRE, Maurice THEVENET, Anne VAUCHERET, Thierry WIEDEMANN-GOIRAN, Zahir YANAT.

Éditions d'Organisation

Les auteurs

ALIS David, Diplômé Sup. de Co, docteur en sciences de gestion, professeur des Universités, directeur de l'Institut de gestion de Rennes (IAE de Rennes), chercheur au CREM. Auteur de *Gestion des Ressources Humaines* (en collaboration avec L. Sekiou, L. Blondin, M. Bayad, J.-M. Peretti et F. Chevallier), et de nombreux ouvrages et articles sur l'aménagement du temps de travail et le développement de la flexibilité.

ARNAUD Gilles, docteur en sciences de gestion, est actuellement doyen du corps professoral au groupe ESC Toulouse. Il enseigne la psychosociologie des organisations. Ses travaux de recherche concernent principalement l'articulation de l'approche clinique et du management. Il a publié de nombreux articles en français et en anglais sur ce thème. Son dernier ouvrage s'intitule *Psychanalyse et organisations*.

BALLOT Dominique occupe la fonction de conseiller RH du président de la holding financière Omnium, engagée dans le développement des enseignes de la distribution spécialisée (mode, maison et culture) implantées sur tout le territoire national avec 500 magasins et un effectif d'environ 6 000 personnes. Diplômé en psychologie et docteur en marketing, il a exercé des responsabilités de DRH dans des environnements internationaux pour de grands groupes industriels et commerciaux en France et à l'étranger, activités entrecoupées par un passage à l'université comme enseignant chercheur.

BEAUJOLIN François a occupé des fonctions liées aux ressources humaines dans des organisations très variées (entreprises, syndicat, administration, cabinets de consultants) depuis 35 ans. Il a créé le DESS « Management de la RSE » (audit social et sociétal) à l'université Paris 12 en 2001. Il a publié notamment *La gestion des compétences* chez Nathan (1999) et *Vers une entreprise apprenante* aux Editions Liaisons (2001). Il est spécialisé depuis cinq années sur la problématique des discriminations dans l'emploi et sur les enjeux des audits de RSE en Europe et dans la filière habillement dans le monde.

BENRAISS Leïla, Docteur ès sciences de gestion, maître de conférences à l'IAE de Bordeaux, responsable pédagogique du parcours GRH - Master 2. Publications les plus récentes: « Méthodologie de construction d'une échelle de mesure : application du paradigme de Churchill ». XVe congrès AGRH (2004). En collaboration avec J.-M. Peretti, « Normes de comparaison en matière d'équité salariale ». 22e université d'été de l'IAS, (2004).

BERNARD Alain, professeur de gestion des ressources humaines et directeur du CFA de l'ESSEC. Diplômé de l'ESSEC, licence de psychologie, diplômé de psychologie sociale et de psychologie industrielle, M. Ph. Yale University. Professeur à l'ESSEC depuis 1973, professeur invité dans plusieurs universités nord-américaines et asiatiques, consultant auprès d'organisations privées et publiques. Auteur de nombreuses publications concernant le développement des carrières, les projets de vie professionnelle, la détection des potentiels d'évolution, l'apprentissage et la formation par alternance.

BERNARD Pascal, DRH de la SAGEP (Société des eaux de Paris), vice-président de l'ANCDP.

BESSEYRE des HORTS Charles-Henri, docteur en sciences ès gestion et PhD (UCLA), est professeur associé du groupe HEC depuis 1990. Il est titulaire depuis 2003 de la chaire de recherche HEC Toshiba « Mobilité et organisation ». Il est le directeur scientifique du MS part time Management Stratégique des Ressources Humaines pour cadres de la fonction RH. Ses recherches portent sur les relations entre la gestion des ressources humaines et la stratégie d'entreprise, les stratégies internationales RH et le développement des processus de changement et d'innovation dans les organisations. Il a publié plusieurs ouvrages et de nombreux articles dans des revues françaises et internationales.

BEZIER Patrick, droit et IEP, est directeur général du groupe Audiens. Il a exercé des fonctions de DRH dans plusieurs groupes de communication audiovisuelle tant dans le secteur public que privé. Auteur de nombreuses publications sur le management, la diversité culturelle, il est coauteur de *Tous DRH* et a été délégué général de l'ANDCP. Il est secrétaire général de la Fédération méditerranéenne du management et des ressources humaines et milite pour la coopération entre les deux rives de la Méditerranée.

BIBARD Laurent, Professeur à l'ESSEC, habilité à diriger des recherches en gestion, docteur en économie et en philosophie politique, ESSEC. Consultant, il travaille en particulier sur l'éthique, la prise de décision risquée en situation d'incertitude et les innovations. Il a publié *La sagesse et le féminin*, L'Harmattan, 2005 et *l'athéisme* d'Alexandre Kojève, Gallimard, 1998.

BOUCHEZ Jean-Pierre, a été DRH pour de grandes entreprises (Thales, Nielsen, Giat Industries). Il exerce depuis une dizaine d'années des activités de consultant en management et développement des ressources humaines, et est actuellement au sein du groupe Interface. Il est directeur d'Interface

Recherche. Il est l'auteur d'une vingtaine de contributions dans des revues professionnelles et académiques. Son dernier ouvrage (2004), *Les nouveaux travailleurs du savoir,* a été publié aux Éditions d'Organisation.

BOURCIER Claude est professeur au groupe ESC Rouen et docteur en gestion. Ses activités d'enseignement et de recherche portent principalement sur la reconnaissance des salariés. Il est co-créateur de l'Institut de la reconnaissance, coauteur d'un livre *La reconnaissance,* Éditions d'Organisation, 1997, d'un test psychométrique et d'articles abordant ce thème. Il conseille les organisations intéressées par cette problématique.

BOURNOIS Frank, professeur de management général à l'université Panthéon Assas Paris II, co-directeur du CIFFOP – Centre interdisciplinaire de formation à la fonction personnel, professeur à ESCP-EAP, responsable de la chaire « Dirigeance d'entreprise ». Il a publié avec Sylvie Roussillon *Préparer les dirigeants de demain* (Éditions d'Organisation, 1998) et *Cross-Cultural Approaches to Leadership Development* (Quorum 2002). Coauteur de *RH Meilleures pratiques du CAC 40,* Éditions d'Organisation 2003 et 2005, *Gestion des ressources humaines* (Economica 2004) *et Top Pay* (Butterworth-Heinemann 2005). Conseil de direction générale dans le domaine du leadership et du développement des hauts potentiels.

Jacques BROUILLET est avocat en droit social et droit communautaire. Il est directeur associé au Cabinet FIDAL. Il est également président de l'IES (Institut européen des juristes en droit social), Il intervient régulièrement dans des universités (DJCE) et à l'ESSEC pour des cours de droit social et gestion des ressources humaines. Il a rédigé de nombreux articles dans la presse spécialisée ainsi que pour des ouvrages collectifs.

CASTAGNOS Jean-Claude, directeur de recherche au CNRS, est responsable du département « Management » (Stratégie et GRH) du Centre d'études et de recherches appliquées à la gestion de Grenoble (CERAG). Il est également directeur de l'École doctorale de sciences de gestion de Grenoble et directeur adjoint du CERAG.

CERDIN Jean-Luc, docteur habilité en sciences de gestion, est professeur à l'ESSEC. Il a été professeur visitant à Wharton et Rutgers University. Ses recherches sur l'expatriation et la gestion des carrières sont notamment publiées dans *Human Relations, International Journal of Manpower, Journal of Management Development, Revue Management & Avenir* et *Revue de Gestion des Ressources Humaines.* Il a contribué à de nombreux ouvrages collectifs. Il est aussi l'auteur de plusieurs ouvrages dont *L'expatriation* (Éditions d'Organisation, 2002).

CHOUARD Catherine, directrice des ressources humaines du groupe Elior, « DRH de l'année » 2004.

COCHET Henri, est responsable « Rémunérations » du groupe TOTAL après y avoir exercé des responsabilités en gestion et finance à la direction « Exploration production » où il est entré en 1980 ; il a débuté sa carrière chez IBM, a rejoint l'Union minière en charge du recrutement et de la formation des cadres financiers. Associate chez Booz Allen, il a ensuite participé à la réorganisation des industries pétrolière et sidérurgique algériennes. Il enseigne à Paris X Nanterre, au mastère RH de l'ESSEC et intervient à l'Executive MBA et au mastère RH d'HEC; membre du GERME, il est l'un des co-fondateurs du Club C & B CAC 40.

COLLE Rodolphe, est doctorant à l'IAE d'Aix-en-Provence (CEROG). Ses recherches se concentrent sur l'« entreprise à la carte » et la fidélisation des salariés. Il enseigne la gestion des ressources humaines à l'EPSCI (groupe ESSEC) et à l'IUT d'Aix-Marseille II. Il a publié notamment « La fidélisation des salariés par l'entreprise à la carte », en collaboration avec Jean-Luc Cerdin et Jean-Marie Peretti, *Revue de gestion des Ressources Humaines,* n° 55, Janv-Fév-Mars 2005.

COULATY Bernard, DRH de Pernod Ricard Europe. Diplômé de l'ESC Toulouse, titulaire d'un Bachelor of Arts European Business et d'un DESS de ressources humaines de l'IAE d'Aix-en-Provence, il a exercé pendant 10 ans au sein du groupe Danone des fonctions de responsable des ressources humaines sur plusieurs sites industriels puis de responsable de recrutement à l'échelle de l'Europe. Il crée en 1999 la fonction de DRH pour une société de services informatiques avant de rejoindre le groupe Pernod Ricard en 2001 en qualité de DRH de Pernod France. Enfin en 2004 il est nommé DRH de Pernod Ricard Europe. Il a publié « Du DRH au Business Partner », *Ressources Humaines & Management,* juillet 2002.

CUEVAS Fernando, professeur de management à l'ESC-Pau. Docteur en psychosociologie des organisations - université de Paris IX-Dauphine. Expérience professionnelle de 10 années comme employé et cadre dans l'industrie, de 10 années comme consultant et formateur en entreprise et de 12 années comme professeur. Publication d'une trentaine d'articles sur le management.

DEFELIX Christian, professeur des Universités en sciences de gestion à l'IAE de Grenoble. Membre du bureau de l'AGRH et du groupe de recherche CNRS GRACCO (attitudes, comportements, compétences en organisation). Publications récentes : dossier « Gérer les compétences et manager les connaissances », *Management et conjoncture sociale,* n° 616, automne 2002, « La gestion des compétences dans la stratégie de croissance d'une PME innovante : le cas Microtek », en collaboration avec Didier Retour, *Revue Internationale des PME,* vol.16, n° 3-4, 2003, p. 31-52.

DUBOULOY Maryse, est docteur en psychosociologie des organisations et a un DESS de psychologie clinique. Elle est professeur à l'ESSEC où elle enseigne le comportement organisationnel et les théories de la personnalité. Ses travaux de recherche portent essentiellement sur le changement individuel et organisationnel et l'utilisation des concepts psychanalytiques dans l'entreprise (processus de deuil). Elle pratique le coaching d'équipe et de hauts potentiels. Elle a publié plusieurs articles sur ces divers thèmes.

DUMAS Marc, maître de conférences en sciences de gestion à l'IUT de Rennes – université de Rennes 1. Chercheur au CREM de l'université de Rennes 1. Titulaire d'une thèse de doctorat en sciences de gestion de l'université Paris 1 Panthéon Sorbonne.

DUVAL-HAMEL Jérôme, docteur en gestion, CAPA. Il a exercé des fonctions de direction des ressources humaines et direction générale dans des groupes industriels et de services. Il est actuellement directeur général adjoint d'un groupe de services. Il a publié divers articles dans des revues académiques et professionnelles et notamment les ouvrages suivants : *Le droit allemand des agents commerciaux et concessionnaires*, 1989 (ouv.coll.) *Glossaire du management des ressources humaines*, 1993 (ouv.coll.) *Tous DRH*, 2001 (ouv.coll.) *Pourquoi j'irais travailler*, 2003 (ouv.coll.).

DUYCK Jean-Yves, professeur en sciences de gestion à l'université de La Rochelle, a participé à la création du premier DESS « Gestion du Personnel » (IAE Bordeaux 1,1976). Publications : « La fabrique à DRH : quelques pistes méthodologiques et premiers résultats pour un audit de l'insertion et du cheminement professionnels », *IAS*, 6e université de printemps, Tunis, 21-22 mai 2004, 157-172. « D'où viennent les DRH ? » Colloque « Le devenir des compétences et des métiers RH », Paris Dauphine, 13 oct. 2004, 232-248.

EGG Georges, ingénieur civil des mines. Il est président du CCIAS (Centre de certification internationale des auditeurs spécialisés) et vice-président d'honneur de l'IAS. Ancien directeur des stratégies socio-industrielles du groupe Danone et président de l'association « Avec et Par », il a publié plusieurs ouvrages et articles dans le domaine de l'entreprise et de l'audit social. Il est consultant d'entreprises et dirige actuellement un programme de travail européen sur la qualification et la certification de l'auditeur de RSE.

FESSER Mireille, directeur des ressources humaines, docteur en sciences de gestion, vice-présidente du mouvement « Génération RH », intervenant à l'ESSEC Management Education, CNAM, IGR-IAE Rennes 1 et coauteur de *Tous DRH*, 2e édition, Éditions d'Organisation et de *Manuel de Gestion* (dir. A. Dayan), Editions Ellipses – UAPELF, 1999.

FORASACCO Corinne, directeur de la formation du groupe Caisse d'Epargne, diplômée de l'Executive MBA de l'ESSEC et titulaire d'un DESS de GRH, a occupé précédemment différentes fonctions opérationnelles ressources humaines principalement dans le secteur des services.

FORGET Louis, consultant, conseil en gestion des ressources humaines, secrétaire général de l'Institut international de l'audit social (IAS), ingénieur : École des hautes études industrielles, LILLE. Professeur de gestion des ressources humaines et de management de la formation à l'ESSEC Management Education, à l'École de psychologues praticiens (Institut catholique de PARIS) et à l'ESCOM Cergy, coauteur de *Tous DRH*, Éditions d'Organisation, 2001. Il a occupé précédemment différentes fonctions opérationnelles et de direction des ressources humaines dans un grand groupe international.

GAVAND Alain, psychologue de formation, il est président directeur général du Cabinet conseil en ressources humaines ALAIN GAVAND CONSULTANTS et auteur de deux ouvrages sur le recrutement et l'éthique *Le recrutement dans tous ses états*, Editions LPM, 2002 et *Le recrutement, les nouvelles règles du jeu*, Éditions d'Organisation, 2005. Il a structuré durant trois ans, le projet du Centre des jeunes dirigeants d'entreprise (CJD) sur le développement durable et la performance globale, CJD, *Le guide de la performance globale*, Éditions d'Organisation, 2004.

GAYAN Xavier, président de l'ADAGESP. Vice-président de l'Union des industries et métiers de la métallurgie Adour Atlantique. Ancien président de l'ANDCP des Pays de l'Adour. Ancien DRH de Messier-Dowty. Publication de cinq articles sur le management.

GIMENEZ Gérard, directeur de l'ESC Bretagne Brest, docteur en sciences de gestion, après avoir occupé des fonctions de consultant en entreprise, d'enseignant à l'université de Toulouse III puis de doyen et de directeur du programme d'une grande école de management, a pris la direction de l'ESC Bretagne Brest. Il a publié dans les congrès internationaux.

GRENOUILLEAU Marie-Christine, ancienne élève de l'École nationale de la santé publique, elle est actuellement directrice du groupe hospitalier Lariboisière – Fernand Widal à Paris. Après avoir occupé plusieurs postes en hôpital, elle a été chef du service juridique de l'Assistance publique – Hôpitaux de Paris, puis directrice de l'hôpital Corentin-Celton et de l'hôpital Robert-Debré. Plus particulièrement intéressée par les questions de stratégie hospitalière et de gestion des ressources humaines, elle a participé à de nombreuses missions de coopération internationale notamment en Albanie et au Viêt-Nam.

HOURQUET Pierre-Guy, professeur à l'EDHEC (Lille). Il y enseigne la gestion des ressources humaines et dirige l'Executive MBA. Il a été chargé de cours à l'ESSEC et professeur assistant invité à l'université de McGill à Montréal. Docteur en sciences de gestion, il est diplômé de l'IAE d'Aix et de l'ESSEC (doctorat). Ses principaux travaux de recherche portent sur la gestion des carrières, la gestion des chercheurs ou des experts dans les organisations et la GRH en général. Coauteur de *Tous DRH*.

IGALENS Jacques, (ESSEC, IEP, docteur en gestion) est professeur des Universités, il dirige le département GRH de l'IAE de Toulouse. Il est également président d'honneur de l'IAS et de l'AGRH. Il a récemment coordonné *Tous responsables*. Il conseille de grandes entreprises dans leur démarche de gestion et de reddition de comptes à l'égard de leurs parties prenantes.

JENNANE Abdelilah, docteur en sciences économiques, diplômé ESSEC (doctorat). Directeur de l'IRH (Institut des ressources humaines) à Casablanca (Maroc), il a une expérience de consultant et de responsable pédagogique en France et au Maroc.

JORAS Michel, ESCP, docteur en sciences de gestion. Après avoir occupé divers postes de dirigeant dans les grands groupes industriels, est devenu auditeur social, consultant enseignant-chercheur. Auteur de nombreux ouvrages, il enseigne au groupe ESSEC et dans diverses universités. Il a publié récemment *La responsabilité sociétale de l'acheteur*, Éditions d'Organisation, 2005.

KERGOAT Michelle, ingénieur université de Rennes I, chargée de recherches au CREM, docteur en sciences économiques et docteur en sciences politiques, en charge de l'évaluation du projet « Rennes égalité des temps », qui s'inscrit dans le cadre des programmes européens EQUAL et se situe dans la problématique d'égalité professionnelle par le biais d'une meilleure prise en compte du domestique.

KLARSFELD Alain, docteur en sciences de gestion, est professeur à l'École supérieure de commerce de Toulouse où il dirige le master spécialisé « Responsable ressources humaines » et appartient au centre de recherche CREER (Centre de recherche européenne sur l'emploi et les ressources humaines). Ses publications principales portent sur la gestion et la rémunération des compétences, et sur les comparaisons internationales en matière de gestion des ressources humaines. Il a également collaboré avec le CEREQ (Centre d'études et de recherches sur les qualifications) et l'ANACT (Agence nationale pour l'amélioration des conditions de travail), et conduit des missions d'audit et de conseil RH en entreprise.

KOMISAROW Claire, titulaire d'un DES en droit public, a travaillé sur de larges problématiques de la fonction RH : du conseil en droit social, en passant par la formation, dans le secteur de l'industrie puis dans la distribution, elle est aujourd'hui responsable « Recrutement et développement ressources humaines » au Printemps.

LA CODRE (de) Martine, DRH conseil, est spécialisée dans l'audit, le conseil et la formation pour accompagner la stratégie, gérer les parcours individuels, développer les compétences et les potentiels. Juriste et diplômée de management ESSEC, elle est vice-présidente de l'IAS.

LACOSTE Francis, consultant formateur, est spécialiste des enjeux financiers et organisationnels de la politique RH en entreprise (contrôle de gestion sociale). Diplômé de l'ESSEC, il a occupé durant 25 ans des postes de gestion administrative, financière et RH (groupes Express, Hachette, Bérard-Quélin), avant de se consacrer à la formation : ESSEC ME, Francis Lefebvre Formation, Elégia Formation, universités Paris 1(DESS RH), Paris 11 (Master Contrôle de gestion sociale), Bordeaux 4 (DESS GRH), Rennes 1 (Master GRH).

LANDIER Hubert, est consultant et spécialiste de l'analyse du climat social, des stratégies syndicales et des risques sociaux liés au management du changement. Directeur de la Lettre *Management social*, il est vice-président de l'Institut international de l'audit social et partenaire du Réseau Syneo. Il a publié de nombreux ouvrages dont *Le management du risque social,* Éditions d'Organisation, 2004.

LE BERRE Michel, professeur des Universités, est membre du CERAG (UMR-CNRS n° 5820). Il a publié de nombreux travaux pionniers, notamment sur les rémunérations, ainsi qu'un ouvrage sur *La gestion des hommes dans l'entreprise*, Presses Universitaires de Grenoble, 2003.

MANCY François, est directeur des ressources humaines du GIE Agirc-Arrco depuis le 1er décembre 2002. Il a été président de l'ANDCP en 2001 et 2002. Il est aujourd'hui vice-président de l'AFERP (Association française pour l'étude des relations professionnelles) et de l'IAS (Institut international de l'audit social).

MARBOT Eléonore, maître de conférences au CNAM, docteur en sciences de gestion ESSEC- IAE d'Aix-en-Provence. Coauteur de *Les seniors dans l'entreprise*, Editions Village Mondial 2004, et de *Tous DRH*.

MATMATI Mohammed, HDR en sciences de gestion, est professeur à Grenoble. École de management où il est responsable du module GRH et de la filière « Conseil en organisation ». Ses recherches sont centrées sur l'étude de l'impact des technologies de l'information et communication sur les hommes et les organisations. Il travaille également dans le projet européen EUMEDIS/MEDFORIST de création d'un réseau euro-méditerranéen de formation de formateurs dans le E-business et le E-learning.

MERCIER Samuel, est professeur en sciences de gestion à l'université de Bretagne-Sud et responsable du Master 2 en gestion des ressources humaines de l'université de Bourgogne. Ses recherches portent sur l'institutionnalisation de l'éthique et de la responsabilité sociale dans la gouvernance des entreprises. Il est notamment l'auteur de *L'Ethique dans les entreprises* dans la collection « Repères » aux Editions La Découverte (2004).

MERCK Bernard est depuis plus de 35 ans dans la fonction personnel où il a tenu différents postes avant de devenir directeur des ressources humaines de groupes multinationaux. Il a piloté le chantier de reengineering de la fonction RH pour la totalité du groupe France Télécom. Il intervient en Europe et au Canada en tant qu'expert sur l'informatisation des RH et le repositionnement de la fonction RH. Il est l'auteur de plusieurs centaines d'articles parus sur l'impact des nouvelles technologies et leurs conséquences organisationnelles et sociales. Il est également l'auteur de plusieurs ouvrages techniques sur le sujet, publiés chez Masson, et tout récemment de *Equipes RH, @cteurs de la stratégie*, Éditions d'Organisation, 2002 et *Gestion des compétences* (2005).

MERLANE Jean-Claude, après une expérience clinique de 5 ans en hôpital, il a dirigé plusieurs entreprises dans les services, puis a créé en 1985 à Toulouse le groupe de conseil en management qui porte son nom, présent aujourd'hui à Paris, Toulouse, Lyon et Madrid. Spécialiste en stratégie et gestion des ressources humaines, diplômé en psychologie clinique, psychosociologie et psychologie industrielle et MBA en gestion, il a dirigé pendant 15 ans l'option « métiers du conseil en management » à l'École supérieure de commerce de Toulouse, intervient à l'Executive MBA CPA du groupe HEC, Paris, Toulouse et Madrid ainsi que dans les universités du Québec à Montréal, de Deusto à Bilbao et des Andes à Bogota et le département RH à l'ESC Toulouse.

MILLOT Michèle anime l'Observatoire des relations économiques et sociales. Conseil et formateur en stratégies sociales, elle vient de publier avec Jean-Pol Roulleau *Cadres : bien gérer vos délégués*, L'Harmattan Editions, 2004.

MIRALLES Pierre, est ingénieur ECP, directeur général adjoint de l'IDATE, également vice-président de l'ANDCP Languedoc, membre du Conseil d'orientation de l'IAE de Montpellier et du Conseil scientifique de l'université Paul-Valéry. Il est spécialisé dans les stratégies de gestion des

ressources humaines, management des talents, management des connaissances. Il réalise une recherche doctorale en cours sur le management des
talents sous la direction du Pr. Jean-Michel Plane.

MOTHIE Jean-Claude, président de la FAS (Fédération française des associations d'actionnaires salariés et anciens salariés). Il est membre du Collège
de l'AMF (Autorité des marchés financiers) et membre du Conseil supérieur
de la participation.

NERVET Alain, directeur grands projets de recrutement au sein du cabinet
HUDSON GLOBAL RESOURCES, il possède une expertise en recrutement, évaluation, audit de structures depuis plus de 20 ans. Publications en
qualité de coauteur : *Une entreprise vous recherche : mode d'emploi*, LPM Carrière et Emploi, 1999, *Pour une recherche d'emploi réussie*, AFNOR, 2002, *Les
65 mémos du recruteur : construisez votre succès, AFNOR*, Eyrolles Entreprise,
2003.

NORROY Gilles, carrière de consultant en ressources humaines puis
chargé de mission à la direction des cadres dirigeants du groupe La Poste.
Membre du comité de rédaction de la *revue Personnel*. Publications : Traduc-
tion et adaptation de « 360 ; un outil pour développer les managers »,
Article : « Il est grand temps de réinventer le management », *revue Personnel*.
Diplômé de l'Institut commercial de Nancy.

ORSONI Jacques, est professeur à l'université de Corse. Il a été dirigeant
d'entreprise, directeur de l'IAE de Nantes, fondateur et directeur de l'IAE de
Corse. Directeur de collection, il a publié de nombreux ouvrages, parmi lesquels, en collaboration *Marketing* et *Stratégie*.

PELLISSIER-TANON Arnaud, maître de conférences, université Paris 1
Panthéon Sorbonne, membre fondateur de l'ADERSE (Association pour le
développement de l'enseignement et de la recherche en responsabilité
sociale des entreprises). Coauteur de *Ethical Boundaries of Capitalism*, sous la
direction de Daniel Daianu et Radu Vranceanu, Ashgate, Corporate Responsability series, Aldershot, 2005.

PERETTI Jean-Marie, (ESSEC, IEP, docteur en sciences de gestion) est
professeur des Universités. Il dirige l'IAE de Corse et est professeur à
l'ESSEC. Président de l'IAS, past président de l'AGRH, il a publié récemment *Les clés de l'Équité* (2004), *Les seniors dans l'entreprise* (2004) et *Ressources Humaines* (2004). Il est consultant d'entreprises et d'organisations
françaises et étrangères dans le domaine des ressources humaines et de
l'audit social et sociétal.

PLANE Jean-Michel, professeur à l'université Paul-Valéry à Montpellier III,
il est également chercheur au LAGOR (Laboratoire de recherche en gestion
des organisations). Ses recherches portent sur le management des ressour-

ces humaines et la théorie des organisations. Il est l'auteur de *Management des organisations*, Dunod, 2003 et de nombreuses publications dans le champ de la théorie des organisations, du comportement organisationnel et du management des ressources humaines.

POILPOT-ROCABOY Gwénaëlle, maître de conférences à l'Institut de gestion de Rennes (IAE-IGR), chercheur au CREM, responsable pédagogique du Mastère « Gestion des ressources humaines » de l'Institut de gestion de Rennes. Principaux axes de recherche : qualité de vie au travail, harcèlement psychologique au travail, égalité des temps, rémunération. Principales publications : « Lutte contre le harcèlement psychologique au travail : l'exemple de quelques entreprises », *Gestion 2000*, Février 2005 (en collaboration avec Claire Bonafons), « Harcèlement psychologique au travail : paradigmes et métaphores », *Revue de gestion des ressources humaines*, n° 49, Juillet, 2003, « Transformation de la relation de travail et rupture du contrat : le cas du harcèlement psychologique », *Gestion 2000,* n° 3, Mai-Juin 2002, « Le harcèlement professionnel : proposition d'un cadre d'analyse », *Revue française de gestion*, n° 127, Février 2000.

ROJOT Jacques, professeur à l'université de Paris 2 Panthéon Assas, auteur de nombreux articles et ouvrages parmi lesquels *Théorie des organisations*.

ROGER Alain, enseigne la gestion des ressources humaines et dirige le centre de recherches de l'IAE de Lyon. Agrégé de gestion, il est diplômé de l'ESSEC, docteur de l'université d'Aix-Marseille et Ph. D. de l'Université de Northwestern aux États-Unis. Ses principaux travaux portent sur la gestion des carrières, la place de la fonction ressources humaines dans les entreprises, et la gestion des chercheurs ou des experts dans les organisations.

ROULLEAU Jean-Pol, anime l'Observatoire des relations économiques et sociales. Conseil et formateur en stratégies sociales, il vient de publier avec Michèle Millot *Cadres : bien gérer vos délégués*, L'Harmattan Editions.

ROUSSILLON Sylvie, est professeur à l'EM Lyon et professeur associé à l'IAE de l'Université Lyon III. Docteur en psychologie, elle intervient en développement des compétences de management et leadership pour des étudiants et des entreprises. Ses centres de recherche portent sur l'évolution du pacte de management, la violence en entreprise, le coaching et les dirigeants.

SILVA François, professeur à Euromed-Marseille École de management et professeur associé au CNAM, auteur d'ouvrages et d'articles sur « l'e-RH ».

SIRE Bruno est professeur à l'université Toulouse 1 où il assure également les fonctions de premier vice-président. Il a été président de l'AGRH et directeur du LIRHE, laboratoire de recherche sur les ressources humaines et l'emploi (Unité CNRS). Il intervient régulièrement comme expert dans le domaine des rémunérations, en particulier dans les formations pour cadres et cadres dirigeants de l'ESSEC, du CIFFOP et d'HEC. Il a publié plusieurs ouvrages et de nombreux articles dans des revues internationales sur les questions relatives aux systèmes de rétribution.

THEVENET Maurice, est professeur au CNAM et à l'ESSEC. Parmi ses dernières publications, *Quand les petits chefs deviendront grands*, Éditions d'Organisation, 2004 et *Gestion des personnes: la parole aux DRH*, Editions Liaisons 2004.

VAUCHERET Anne, responsable développement ressources humaines, diplômée Sup. de Co Reims. Consultant puis directeur du département « Rémunération » au sein du groupe HAY. Fondateur et gérante d'HORATIO Conseil, cabinet de conseil en management. Responsable des politiques de rémunération et emploi, gestionnaire de carrières, DRH branche puis responsable formation au sein du groupe Total. Directeur développement RH chez Groupama. Coauteur de *Tous DRH*. Intervenant à Reims Management School et au CNAM.

WIEDEMANN-GOIRAN Thierry, est président du directoire de Macif Gestion, membre du Conseil national du développement durable. Il est par ailleurs vice-président de l'ORSE (Observatoire sur la responsabilité sociétale des entreprises), du FIR (Forum pour l'investissement responsable) et de l'ADERSE (Association pour le développement de l'enseignement et de la recherche sur la responsabilité sociale de l'entreprise). Il a publié : *Développement durable et gouvernement d'entreprise : un dialogue prometteur*, Éditions d'Organisation 2002.

YANAT Zahir, auditeur agréé, président d'honneur de l'IAS, vice-président de l'Association pour le développement de l'enseignement et de la recherche sur la responsabilité sociale de l'entreprise (ADERSE). Diplômé de Sciences Po Bordeaux, titulaire d'un MBA de l'INPED Alger/HEC Montréal, il est docteur en sciences de gestion, habilité à diriger des recherches. Il mène sa carrière d'auditeur et d'enseignant chercheur après avoir été DRH en Algérie, pendant 25 ans. À partir de 1990 il enseigne la GRH, la théorie des organisations, l'audit social et la responsabilité sociale au sein de plusieurs universités en France et au Maghreb. Actuellement maître de conférences à l'université Bordeaux IV, professeur de management à Bordeaux École de management où il a créé le centre « Humanisme et gestion ».

Avant-propos

Les chercheurs et les praticiens ont progressivement mis en évidence les importants enjeux managériaux du thème de la reconnaissance. Il y a dix ans, sous la direction de Claude BOURCIER, l'ESC Rouen et quelques entreprises pionnières créaient «l'Institut de la reconnaissance », lieu d'échanges et de recherches. Aujourd'hui, les politiques et programmes de « reconnaissance » se développent. Des «directeurs – ou responsables- de la reconnaissance » apparaissent dans les organigrammes de la fonction RH. Les enquêtes montrent un besoin croissant de reconnaissance. Les entreprises et organisations s'interrogent sur les politiques et pratiques à mettre en œuvre pour y répondre. L'ambition des auteurs de cet ouvrage est de les y aider.

Tous reconnus se présente sous le signe de la diversité :

▶ Diversité des objets à reconnaître. Talent ? Travail ? Performance ? Potentiel ? Qualités managériales ? Ambition ou… modestie ? Responsabilités professionnelles et sociétales ? Innovation ? Personne ? Capacité à reconnaître les autres ? Acquis de l'expérience ? La première partie passe en revue un certain nombre d'éléments qui méritent d'être reconnus par les organisations et leurs responsables ;

▶ Diversité des attentes de reconnaissance selon les catégories de salariés. Les seniors, les salariés peu qualifiés, les professionnels du savoir, les expatriés et salariés internationaux, les professionnels de la santé, les managers, les chercheurs, les femmes, les représentants du personnel, les militants syndicaux, les vendeurs, ont des besoins spécifiques de reconnaissance et un même rejet de toute discrimination. La seconde partie explore cette diversité;

▶ Diversité des modalités de reconnaissance. Une large palette de signes existe. La formation, la carrière, le statut, la rétribution, la qualité de la hiérarchie, l'actionnariat, la participation, le coaching en font partie. Travailler dans une entreprise citoyenne, équitable, reconnaissant le droit de choisir et respectant l'équilibre entre la vie privée et l'engagement professionnel également. La troisième partie examine différentes composantes d'un système de reconnaissance ;

▶ Diversité des auteurs, enfin. DRH, dirigeants, consultants, experts, auditeurs sociaux, enseignants et chercheurs ont constitué des binômes ou des trinômes abordant chaque chapitre avec des postures diverses. Les auteurs étaient déjà parfois impliqués dans deux ouvrages précédents : *Tous DRH* et *Tous responsables*. D'autres se sont joints à ce nouveau projet. Membres de l'IAS, de l'AGRH ou de l'ANDCP, ils partagent la même conviction : les organisations qui sauront répondre convenablement aux besoins de reconnaissance de chaque collaborateur sont celles qui concilieront performance économique et sociale, développement humain et création de valeur. Je tiens à les remercier de leur contribution. D'autres, que nous avions souhaité associer à ce projet n'ont pu le faire pour divers empêchements dans les délais impartis. Nous espérons les retrouver dans de prochaines éditions.

Cette diversité ne saurait cependant pas suffire pour explorer complètement et épuiser le thème de la reconnaissance dans les entreprises et organisations. D'autres travaux de recherche et des réflexions de praticiens sont nécessaires pour approfondir les connaissances et contribuer au renouvellement des pratiques de reconnaissance dans un contexte de diversité.

Cet ouvrage n'aurait pas pu voir le jour sans l'implication de nombreux membres de l'AGRH, de l'IAS et de l'ANDCP. Ces trois institutions qui contribuent activement au développement humain et social des organisations méritent toute notre reconnaissance.

Que Christiane DESHAIS, assistante du département sciences humaines de l'ESSEC qui a assumé avec rigueur et professionnalisme le suivi de l'élaboration et la mise en forme de cet ouvrage trouve ici l'expression de la reconnaissance des auteurs.

Jean-Marie PERETTI

Sommaire

Partie 2 : Des attentes de reconnaissance diverses

Partie 3 : Comment reconnaître

Préface

Jacques IGALENS

> « L'art de gouverner n'est autre, au fond,
> que de faire concourir les autres à sa propre position,
> non point en s'affairant soi-même,
> mais en faisant qu'autrui soit conduit à le faire pour soi »
>
> Traité de l'efficacité
> F. JULIEN

Les entreprises sont passées de la gestion du personnel à la gestion des ressources humaines sous la pression des transformations du travail ; les exigences des nouvelles formes d'organisation rendent nécessaire une implication de la personne tout entière avec sa capacité de décision, d'analyse et de résolution de problème, ses compétences de communication en plus de ses compétences techniques. D'aucuns ont fait remarquer qu'il s'agissait de gérer des ressources humaines, non pas au sens où on exploite des ressources minières, mais au sens de l'épanouissement des ressources que chacun porte en soi : avoir de la ressource plus qu'être une ressource. Cette ressource humaine n'est donc pas un stock dans lequel on puise au risque de l'épuiser, c'est un flux qui se renouvelle en permanence et en grande partie du fait d'un environnement qui peut être, de ce point de vue, facilitant ou contraignant. La reconnaissance est certainement le signe le plus fort qui peut être émis pour accroître la ressource humaine. *Tous reconnus* est le meilleur mot d'ordre qu'une GRH efficace puisse se donner.

Le drame de certaines organisations c'est qu'on peut y passer une vie professionnelle entière sans jamais recevoir un acte de reconnaissance. Or l'homme au travail a un besoin vital de reconnaissance. Les psychologues évoquent à son sujet le besoin d'estime, estime de soi par soi et estime de soi par les autres. Cette estime de soi est une composante essentielle du concept de soi, elle est fonction de la distance entre le soi perçu et le soi idéal (OUBRAYRIE-ROUSSEL & ROUSSEL 2003).

Chaque acte de reconnaissance vient combler cette distance en permettant à l'idée que l'on se fait du soi réel de se rapprocher de l'idéal. C'est ce qui explique que le besoin de reconnaissance joue un rôle essentiel dans de nombreuses théories de la motivation et notamment dans celles qui sont les plus populaires parce qu'elles décrivent des phénomènes qui trouvent en nous une résonance quotidienne.

La plus célèbre théorie de la motivation est certainement celle d'Abraham Maslow. Elle a également été très critiquée, elle conserve cependant un fort pouvoir d'attraction.

La théorie de Maslow

On sait que, selon cette théorie, il existe une hiérarchie de besoins : physiologiques, de sécurité, d'amour, d'estime et d'accomplissement de soi. Maslow qui fut président de la prestigieuse American Psychological Association ne s'intéressait pas particulièrement au comportement de l'homme au travail mais à celui de l'homme en général ce qui l'a amené à consacrer l'essentiel de ses travaux au dernier niveau de sa pyramide, le besoin d'accomplissement de soi. Ceci l'a conduit à accorder une place essentielle aux expériences mystiques qui sont pour lui une manifestation de la plénitude de l'esprit mais qui sont assez rares dans le monde du travail. Aussi reconnaissait-il après d'autres, et notamment Alfred Adler, que les besoins d'estime étaient certainement les plus importants dans le cadre de la vie au travail. Il écrivait « *tous les individus dans notre société ont un besoin ou désir d'une évaluation d'eux-mêmes élevée, **stable et fondée**, un besoin de respect de soi, ou d'estime de soi, et de l'estime des autres* » (Maslow, 2004).

L'estime de soi passe par l'estime des autres

Par estime de soi «stable et fondée », Maslow entendait un jugement reposant sur une appréciation objective, c'est-à-dire sur des compétences réelles, des contributions ou des performances établies. Ceci est important pour distinguer ce niveau du niveau précédent qui fait référence à un besoin d'amour. Mon besoin d'amour est satisfait dès que je me sens aimé sans qu'il soit besoin d'explication. Ainsi que le déclarent les amoureux : nous nous sommes aimés parce que c'était elle, parce que c'était moi… Une mère aime son enfant simplement parce qu'il est son enfant sans référence à sa personnalité ou à ses actions. En revanche, le besoin d'estime de soi suppose qu'il existe un accord sur les fondements de l'estime.

En situation professionnelle le comportement doit être orienté, il doit également mobiliser les compétences avec un niveau d'effort maintenu dans le temps. Ces trois éléments, l'orientation, les compétences mobilisées et le niveau d'effort sont, en dernière analyse, objets de convention explicite ou tacite entre le salarié et l'organisation. L'estime est ancrée dans cette convention et c'est d'ailleurs cette convention qui permet de séparer l'acte de reconnaissance de la flagornerie : si je sors de la convention pour distribuer des marques de reconnaissance, loin de reconnaître je flatte. Cela n'est pas forcément sans effet mais dans la mesure où le flatteur est susceptible d'induire en erreur le flatté, cette pratique présente des dangers pour l'organisation en introduisant une myopie ou une déformation des enseignements que le responsable doit tirer de la réalité.

Poussant plus loin l'analyse, MASLOW considère que ce besoin d'estime comporte deux éléments :

▶ Il décrit le premier comme un « *désir de puissance, de performance, d'adéquation, de confiance au regard du monde* » et ouvre ainsi la voie à d'autres théories, dites sociocognitives, qui approfondiront ce sentiment notamment celle de BANDURA avec le sentiment d'auto efficacité dont l'importance est désormais bien établie ;

▶ Le second élément de l'estime de soi est décrit comme « le désir de réputation, ou prestige, de reconnaissance, d'attention, d'importance ou d'appréciation ». Alors que le premier élément trouve sa source essentiellement dans la personne, le second est porté par le regard d'autrui.

Chacun de ces deux éléments joue son rôle même s'il est vrai qu'il peut exister une certaine compensation entre les deux : si je suis confiant en moi, sûr de mes capacités et de mes aptitudes je vivrai mieux les situations dans lesquelles je ne suis pas professionnellement reconnu. Réciproquement, l'attention et l'appréciation positive dont je fais l'objet peuvent renforcer ma confiance en moi et contribuer à la formation d'un sentiment d'auto efficacité.

Mais, sauf à posséder une confiance en soi extraordinaire (ce qui présente alors des risques notamment dans l'analyse des échecs), l'absence de reconnaissance génère le plus souvent des sentiments d'infériorité, de faiblesse et même d'impuissance. Elle se traduit donc par un découragement, une démotivation qui, à leur tour, obèrent la performance même en présence d'un système de récompenses telles que bonus, prime ou autre forme d'intéressement.

Dans l'état actuel des relations de travail et notamment des relations hiérarchiques, la reconnaissance est bien le plus efficace des leviers de motivation comme l'avait prévu MASLOW à la fois pour sa portée **opérationnelle** et pour sa dimension **symbolique**.

La portée opérationnelle de la reconnaissance

« **Être reconnu** » c'est obtenir une information essentielle qui vient confirmer un accord sur le contenu d'une responsabilité qui nous a été confiée. Lorsque les objectifs sont mesurables, bien définis, la reconnaissance en tant que telle n'apporte pas d'information opérationnelle mais elle renouvelle la convention, elle provoque une réassurance du type : j'ai connaissance des résultats de ton travail, ils sont bons car ils satisfont aux critères de performance préalablement définis donc je (l'organisation) suis satisfait, je te félicite (voire je te récompense) et serai attentif pour l'avenir.

Dans le cas contraire, si les critères de performance attachés à la situation de travail sont mal définis, les signes de reconnaissance deviennent encore plus nécessaires car ils balisent un sentier et permettent à ceux qui en bénéficient d'obtenir des informations indispensables pour la suite de leurs efforts. Ils peuvent être ainsi interprétés : j'ai connaissance des résultats de ton travail, ils sont bons et tu es d'autant plus à féliciter à ce sujet que la situation de départ était imprécise ou ambiguë et que tu as dû parfois trouver ta voie par toi-même.

Sans tomber dans les excès du comportementalisme, on doit rester sensible à ce que dit SKINNER concernant l'asymétrie d'information entre les signes de reconnaissance positifs et négatifs (sanction ou menace de sanction) : si je suis puni (ou menacé de l'être) pour n'avoir pas bien traité un client, je risque à l'avenir d'éviter le client pour éviter la punition. En d'autres termes, la portée opérationnelle, la dimension cognitive de la reconnaissance fonctionnent dans les deux sens mais dans le sens négatif (punition) elle présente des dangers.

Une situation de travail ne se limite pas à des objectifs à atteindre, de plus en plus les situations de travail deviennent évolutives, soumises à des changements et supposent que l'intéressé apprenne en permanence. Dans de telles situations, il n'est pas toujours possible de trouver *a priori* toutes les clés du succès, c'est alors la part du comportement d'exploration qui l'emporte sur celle du comportement d'exploitation et dans ces situations contenant une part d'incertitude ou d'ambiguïté, les pratiques de reconnaissance jouent pleinement leur rôle de repères et de jalons.

Pour reprendre les thèses de F. JULIEN dans son *Traité de l'efficacité*, le bon manager comme le bon politique n'essaie pas de transformer une situation en luttant bec et ongles contre les obstacles, il essaie de créer des circonstances, un environnement, une orientation des choses naturellement favorables et ensuite laisse « couler » les événements en utilisant essentiellement des signes de reconnaissance.

La dimension symbolique de la reconnaissance

Au-delà de la portée opérationnelle des actes de reconnaissance s'ouvre la dimension infinie de la reconnaissance symbolique. Étymologiquement le symbole réunit ce qui était séparé et ici il convient de comprendre combien l'acte de reconnaissance permet de rapprocher celui qui l'accomplit et celui qui le reçoit. Symboliquement, l'acte de reconnaissance s'apparente à une initiation c'est-à-dire au passage du profane au sacré ; n'oublions pas que dans « hiérarchie », on trouve la racine grecque *hieros* qui signifie sacré. Ce qui se joue dans la reconnaissance hiérarchique c'est un changement d'état : maintenant tu es accepté, tu fais partie de la tribu. Ceci explique que l'acte de reconnaissance soit valorisé en fonction de l'écart hiérarchique plus qu'en fonction du support ou de la récompense qui matérialise la reconnaissance elle-même.

Exemple

On se souvient de l'anecdote rapportée dans le best-seller *Le prix de l'excellence*, le PDG de Foxboro, fabricant de système de contrôle en informatique, veut marquer sa reconnaissance à un employé et la seule chose sur son bureau est une… banane. Il lui remet donc ce fruit et ce geste que certains auraient pu trouver déplacé devient la plus haute forme de reconnaissance dans la société ; désormais on remettra des bananes d'or, d'argent en fonction des mérites (PETERS et WATERMAN, 1983).

À travers cette anecdote, les auteurs pensent que l'important fut la réactivité du PDG qui remet une récompense symbolique dès qu'il a connaissance d'une performance remarquable de son employé. Pour ma part, je pense que l'écart hiérarchique joue également un grand rôle et que la reconnaissance symbolique est d'autant plus efficace qu'elle vient de haut. Qu'y a-t-il d'ailleurs de plus symbolique qu'une médaille remise par un ministre ou *summum honoris* par la plus haute autorité de l'Etat ?

La théorie de Maslow se situe dans un courant humaniste dont le représentant le plus influent fut certainement Rogers. Pour lui l'homme possède un potentiel de développement (« growth ») et tendrait naturellement à grandir s'il n'était empêché par l'environnement et singulièrement par les autres ; c'est pour cette raison que Maslow remarquait que les besoins d'ordre supérieur sont rarement satisfaits. Sans aller jusqu'au fameux « *l'enfer c'est les Autres* » popularisé par une pièce de Sartre, il n'en reste pas moins que « les Autres » font obstacle plus qu'ils ne facilitent le développement de l'ego et la dimension symbolique de la reconnaissance renverse cet ordre naturel en permettant au contraire à l'individu de grandir à travers le regard porté sur lui par les autres.

Les critiques apportées à la théorie de Maslow

▸ La première critique concerne l'universalité des besoins que postule Maslow, cette critique vaut essentiellement au regard de l'ambition de l'auteur qui prétendait expliquer l'ensemble du comportement humain. En revanche si on limite l'ambition au comportement au travail dans les organisations modernes occidentales, la critique perd de sa pertinence.

▸ La seconde critique concerne la hiérarchisation des besoins et d'autres auteurs, Alderfer notamment, proposeront des théories fondées sur l'existence de besoins mais en admettant qu'ils puissent être tous ressentis en même temps. Cette critique semble pertinente au moins concernant le besoin de reconnaissance tant celui-ci semble omniprésent. Les travailleurs sociaux qui partagent le quotidien des populations fragilisées et notamment des laissés-pour-compte de la croissance savent bien que les signes de reconnaissance ont leur place dans leur travail parallèlement au traitement des difficultés économiques. De même dans l'approche des personnes handicapées, la valorisation des rôles sociaux à travers des signes de reconnaissance a depuis longtemps fait ses preuves à côté des démarches de simple assistance. Il ne semble pas établi que les besoins sociaux ne sont activés qu'après la saturation des besoins primaires.

▸ La troisième critique concerne le problème de la satiété des besoins, ici aussi on peut adhérer à cette critique tant le besoin de reconnaissance apparaît insatiable. Plus exactement, si l'acte de reconnaissance vient réduire un écart entre un soi réel et un soi idéal, le soi idéal n'est pas immuable ce qui explique que l'écart ne soit jamais comblé et que le besoin de reconnaissance ne soit jamais entièrement satisfait.

▶ Quatrième critique, la difficulté à mesurer à quel barreau on se situe, et certains ont remarqué avec ironie que les questions qui sont posées pour cette mesure sont d'autant plus longues et confuses que l'on grimpe l'échelle de MASLOW. Il est vrai que la reconnaissance comporte deux dimensions souvent confondues, la dimension horizontale qui renvoie aux différents champs ou thèmes de reconnaissance, et la dimension verticale qui permet sur l'un de ces thèmes d'être situé à un degré plus ou moins élevé. Les travaux actuels sur les portefeuilles de compétences ont apporté beaucoup d'éclaircissements et d'outils de mesure à ce sujet.

La théorie de MASLOW renferme encore d'autres faiblesses. D'où viennent alors sa célébrité et sa pérennité face à d'autres mieux vérifiées expérimentalement ? Incontestablement elle parle à chacun d'entre nous par sa simplicité et son humanisme. La place accordée à la reconnaissance par l'intermédiaire de l'estime est également ressentie comme très proche de ce que nous constatons autour de nous. Certaines faiblesses mêmes de la théorie peuvent expliquer son succès : le fait par exemple, d'expliquer avec la même théorie aussi bien la satisfaction au travail que le bonheur du couple. La hiérarchie des besoins, critiquable également, correspond à une conception aussi rationalisante que séduisante. Mais en définitive c'est son caractère humaniste, la place laissée aux sentiments et aux émotions dans les relations interpersonnelles et donc dans le management qui, un demi-siècle avant les travaux de DAMASIO, ont séduit tellement d'étudiants et de managers.

Chapitre 1

Tous reconnus : répondre aux besoins de reconnaissance des salariés

Patrick BEZIER
Jean-Marie PERETTI

La reconnaissance : mot riche de sens, porteur d'attentes multiples, individuelles et collectives, et objet croissant de revendications. On assiste aujourd'hui à une explosion des demandes de reconnaissance tant dans l'entreprise que dans la société. « *La reconnaissance ne doit-elle pas être pensée dans les termes d'un droit donné à tous, le droit essentiel et premier des sociétés contemporaines, le droit à la reconnaissance...* » (CAILLE, 2004) car, note Alain CAILLE dans sa présentation d'un numéro de *Revue du MAUSS* consacré à la reconnaissance, « *l'essentiel du conflit social, depuis les deux ou trois dernières décennies, s'organise au premier chef à partir de la question dite de la reconnaissance. Qu'il s'agisse du genre, des minorités ethniques, culturelles ou religieuses, de la sexualité, mais aussi des conflits économiques, tout le monde veut d'abord voir reconnue et respectée son identité...* ». Le droit à une égale reconnaissance pour tous est revendiqué. L'enjeu pour l'entreprise devient crucial.

1. Les penseurs de la reconnaissance

La reconnaissance est selon HEGEL l'acte par lequel une conscience pose une autre conscience en sujet autonome et humain. Les théories de la reconnaissance mobilisent avec insistance la référence hégélienne. La notion de « lutte pour la reconnaissance » a introduit le concept de « *reconnaissance acquise au prix d'une lutte* » (HEGEL, 1982).

L'interprétation habermassienne de HEGEL (HABERMAS, 1978) étaye « *une conception forte de l'intersubjectivité qui trouve son centre de gravité dans la mise en valeur du motif de la reconnaissance mutuelle* » (HABER, 2004). Le langage joue alors un rôle déterminant dans le processus de reconnaissance mutuelle.

HONNETH, dans *La lutte pour la reconnaissance* (1992) propose une lecture des propos hégéliens valorisant la reconnaissance acquise dans le rapport de force et, en partant d'HEGEL, définit des « sphères de reconnaissance » caractérisées par des attentes de reconnaissance typiques. Un inter subjectivisme fondé sur la dynamique de la reconnaissance permet de définir une éthique. La demande de reconnaissance exprime une attente de confirmation de capacité et de valeur par les autres

Les prolongements français plus récents conservent un noyau universaliste (l'affirmation souveraine des différences n'est pas une fin en soi et l'horizon est d'intégrer une communauté) mais conçoivent cependant les différences comme sujets centraux de revendications et de pratiques. Les figures multiples du déni social de reconnaissance, cause de souffrance au travail, sont étudiées par les observateurs d'un monde du travail précarisé. Les grèves et conflits du travail s'expliquent par la revendication de reconnaissance d'identité professionnelle autant que par la défense d'intérêts collectifs (RENAULT, 2000).

HEGEL avait énoncé trois formes de reconnaissance : l'éthicité sociale (distribution de formes d'estime sociale aux personnes dans le travail), le droit et l'amour. L'estime de soi tirée de la perception que les autres ont des capacités de la personne est la traduction subjective de l'acte de reconnaissance. Le salarié cherche à situer le statut de sa compétence dans la compétition sociale.

À côté des formes de reconnaissance positives, les chercheurs ont également identifié les formes négatives, les « blessures morales », lorsque le salarié fait l'objet de dépréciations, voire de mépris social : non-reconnaissance des capacités du salarié ou de leur valeur, sous-évaluation des capacités d'un agent, ignorance des compétences du salarié. Ils ont également fait ressortir l'importance des « reconnaissances de substitution lorsque le désir d'être reconnu est frustré » (TODOROV, 2002).

2. L'entreprise et la reconnaissance

Confrontée à la montée des attentes, l'entreprise découvre les enjeux managériaux de la reconnaissance. La quête de reconnaissance fait partie des mobiles fondamentaux des actions des salariés. TODOROV a montré qu'il s'agit d'un besoin aussi fondamental que les besoins primaires. L'entreprise est aujourd'hui invitée à prendre en compte deux obligations de reconnaissance :

- Reconnaître la contribution du salarié, c'est-à-dire son travail. Dans le sillage de SPINOZA (« *la reconnaissance est le désir par lequel nous nous efforçons de faire un bien à qui nous en a fait* ») et de Marcel MAUSS qui fait du don le moyen de la reconnaissance de l'autre avec une logique « don contre don », le travail constitue une forme de don et la reconnaissance se manifeste par un autre don, la rétribution (MAUSS, 1924). C'est la définition morale de la reconnaissance, sentiment de gratitude à l'égard d'une personne (RUSS, 2004). Les théories de l'équité ont mis en valeur la place de la reconnaissance comme élément de la rétribution dans la construction du sentiment d'équité (PERETTI, 2004).

- Reconnaître, et respecter, l'identité de chacun dans sa (ou ses) diversités : âge, genre, qualification, nationalité, diplôme, statut... C'est la définition psychologique de la reconnaissance, processus par lequel une représentation actuelle est identifiée par rapport à un référent. La mise en œuvre de programme de gestion de la diversité et l'identification de responsables « diversité » dans les entreprises montrent la prise en compte de cette obligation.

Il y a dix ans, sur l'initiative de Claude BOURCIER, quelques entreprises créaient, avec l'ESC Rouen, l'Institut de la Reconnaissance. Les travaux de cet institut autour du thème et des marques de reconnaissance ont alimenté les réflexions des chercheurs et des praticiens et permis, en 1997, la publication d'un ouvrage précurseur, *La reconnaissance, un outil de motivation pour vos salariés* (BOURCIER & PALOBART, Éditions d'Organisation, collection Audit). Le besoin de reconnaissance semble encore plus fortement ressenti aujourd'hui.

Lorsque, avec quelques coauteurs de *Tous DRH* et de *Tous responsables*, le projet d'un ouvrage collectif consacré à la reconnaissance et intitulé *Tous reconnus* a été évoqué, l'accueil fut enthousiaste. DRH, dirigeants, consultants et enseignants chercheurs ont adhéré volontiers au projet et leur contribution a permis l'élaboration de cet ouvrage. Les binômes et trinômes associent praticiens et universitaires autour de chacun des chapitres. Cette collaboration donne à cet ouvrage sa richesse et sa diversité.

Le choix du titre *Tous reconnus*, c'est-à-dire d'un participe passé adjectivé, met l'accent sur les bénéficiaires de la reconnaissance, sur la diversité et sur la force de leur attente. Le grand nombre de contributions retenues et de coauteurs témoigne de la richesse de la problématique.

3. La reconnaissance en questions ?

Incontestablement le concept de reconnaissance soulève de nombreuses questions : Que reconnaître ? Quels sont les besoins de reconnaissance des diverses catégories de salariés ? Quelles modalités de reconnaissance privilégier ? À travers les 40 chapitres regroupés en trois parties, les coauteurs s'efforcent de répondre à une partie d'entre elles sans épuiser le sujet.

Que reconnaître ?

L'homme, dans l'approche hégélienne comme chez les chercheurs contemporains, est d'abord désir d'être reconnu. La question est alors : « reconnu de quoi ? » (LAZZERI, 2004). Deux approches sont possibles : reconnaître des propriétés objectives ou ce que les hommes désirent voir reconnu. Les variables objectives ne coïncident pas nécessairement avec les désirs des salariés. Les deux premières parties de cet ouvrage sont consacrées à ces deux versants.

Une première partie aborde principalement l'aspect objectif (Que reconnaître ?). La seconde partie l'aspect subjectif (les attentes) avec le risque de se dissoudre dans sa diversité. Dans les chapitres de ces deux parties, on notera la difficulté de distinguer « l'objectif » et « le subjectif » et le traitement simultané par les auteurs des deux aspects.

Il faut identifier l'objet de cette attente de chaque salarié. Que désire-t-il voir reconnu en lui ? Ses compétences ? Sa performance ? Sa capacité de travail ? Son utilité ? Sa puissance d'agir ? Sa générosité ? Son implication ? Son statut ? Son désir même d'être reconnu ?

Ces questions sont celles que les dirigeants, DRH et responsables opérationnels se posent. À travers les contributions réunies dans la première partie toute une gamme d'objets possibles de reconnaissance est étudiée. Dans la seconde partie la diversité des attentes de reconnaissance est explorée. Le problème de la reconnaissance de communautés est également évoqué.

Comment reconnaître ?

La troisième partie est consacrée aux actes de reconnaissance. La palette des signes de reconnaissance est large et une politique de reconnaissance puise dans un grand nombre de modalités. Les systèmes d'évaluation et de connaissance sont complexes. Au-delà des formes traditionnelles de reconnaissance par la rémunération, le statut, la carrière, la formation, la participation, l'intéressement, l'actionnariat salarié, le coaching. Cette partie analyse la reconnaissance qu'un salarié retire de son appartenance à une entreprise qui respecte certaines valeurs : entreprise citoyenne, entreprise équitable, entreprise à la carte, entreprise favorisant l'équilibre vie privée-vie professionnelle, l'égalité professionnelle. Veiller à la reconnaissance externe, pour ceux qui sont extérieurs à l'entreprise est en effet un élément important d'une politique de reconnaissance. À l'heure actuelle, de nombreuses entreprises n'ont pas encore adopté un système cohérent de reconnaissance. Les audits de reconnaissance sont encore rares. Ils sont cependant essentiels pour veiller à répondre au désir profond d'être reconnu.

Partie 1

Que reconnaître ?

La réussite d'une stratégie de reconnaissance repose sur deux points :

- Avoir défini les composantes de la contribution des collaborateurs que l'organisation souhaite reconnaître dans une perspective d'alignement stratégique ;
- Prendre en compte la diversité des attentes des salariés et leur segmentation en fonction de certaines caractéristiques.

Cette première partie est consacrée au premier point. L'homme est désir d'être reconnu et ses attentes sont multiples. L'entreprise doit identifier les différents objets de la reconnaissance et les enjeux qu'ils représentent. Lorsqu'on interroge des DRH sur ce que l'organisation est susceptible de reconnaître, leurs réponses sont très variées : « performance », « compétences », « talents », « comportement », « potentiel » sont les items les plus souvent cités. D'autres aspects sont également évoqués. Les contributions réunies dans cette première partie ont pour ambition de nous aider à réfléchir sur ce que l'entreprise peut reconnaître.

Jean-Claude CASTAGNOS, Michel LE BERRE et Mohammed MATMATI, étudient la et les performances comme objet de reconnaissance.

Abdelilah JENNANE et Bernard MERCK se penchent sur les compétences à l'heure du « big-bang compétences ».

Charles-Henri BESSEYRE des HORTS et Gilles NORROY examinent les qualités managériales avec un double objectif : reconnaître et développer.

Pierre MIRALLES et Jean-Michel PLANE évoquent la reconnaissance des talents, ensemble des ressources personnelles, rares, non imitables, idiosynchratiques. Les reconnaître c'est les détecter, les protéger, les combiner et les exporter en vue de la performance collective.

Frank BOURNOIS et Sylvie ROUSSILLON s'interrogent sur la reconnaissance du potentiel par les managers.

Mireille FESSER et Arnaud PELLISSIER-TANON s'interrogent sur les clés de la reconnaissance actuelle et future autour du thème de l'ambition.

Michel JORAS et Anne VAUCHERET élargissent le champ aux responsabilités professionnelles et sociétales en invitant le lecteur à une révolution d'un système de pensée.

Pascal BERNARD aborde la nécessaire absence de discrimination.

Christian DEFELIX et Alain KLARSFELD associent reconnaissance des compétences et impératif d'innovation en dégageant les compétences favorisant l'innovation.

Catherine CHOUARD et Maurice THEVENET plaident pour la reconnaissance des managers de proximité (les petits chefs).

La reconnaissance de la valeur des personnes à travers le dispositif récent de la VAE (Validation des acquis de l'expérience) ouvre des perspectives présentées par Alain BERNARD et Corinne FORASACCO.

Dans un ouvrage que liront tous les DRH, il est souhaitable d'étudier, la reconnaissance de leur travail au quotidien. Jean-Yves DUYCK et Alain NERVET présentent une étude originale faisant ressortir les engagements à reconnaître.

Laurent BIBARD et Jacques ORSONI élargissent le champ de cette partie. Pour Laurent BIBARD, reconnaître les responsabilités des autres est une responsabilité essentielle de chacun. Pour Jacques ORSONI, au-delà de ses actes, c'est la personne qu'il faut reconnaître.

Chapitre 2

Reconnaître les performances

Jean-Claude CASTAGNOS
Michel LE BERRE
Mohammed MATMATI

En gestion, le mot performance désigne des préoccupations à géométrie variable. Le problème gagne en gravité dès lors que l'on ajoute la question de la reconnaissance de l'apport des salariés aux résultats de l'entreprise. Peut-on passer d'une situation où les ressources humaines sont le plus souvent secondarisées à un statut de variable critique ?

Une performance contestée du salariat français est au centre des débats actuels. Ce chapitre ne suffirait pas à rendre compte des multiples diagnostics, conseils et imprécations formulés à l'endroit des partenaires économiques et sociaux sur les causes du recul de la France dans le monde. Une seule chose est sûre : tout se passe comme si une rigueur mathématique présidait à la compréhension du problème de la performance. On le sent bien : un retour sur l'acception du mot performance s'impose.

Dans le langage courant, ce terme est fréquemment employé pour constater ou mesurer *ex post* le résultat d'une activité (souvent sportive) ou d'un processus (par exemple, mécanique). Ainsi jugera-t-on des qualités d'un véhicule automobile à sa capacité d'accélération, à sa vitesse de pointe, à sa consommation énergétique, à son rayon d'autonomie, à la fiabilité de ses réactions (tenue de route, distance de freinage), à sa solidité, etc.

La même pluralité de critères prévaut au niveau des sciences du management. P. LOUART et C. BEAUCOURT (2004) ont démontré que « *la décision de mesure en GRH est un acte politique sous couvert de gestion* ». En effet, le diagnostic organisationnel est partial, les bases d'évaluation discutables.

Reconnaître la performance des salariés constitue donc un challenge empreint de nombreuses difficultés. Les ressources humaines ne sont qu'une des composantes d'une équation productive à l'origine de la création de richesses. C'est pourquoi la première partie de ce chapitre replace le problème de la mesure de la performance des ressources humaines dans le débat plus vaste de l'efficacité managériale. On est alors confronté à un problème de maximisation dans lequel les salariés ne constituent pas la variable critique mais une simple donne d'ajustement obligé (parmi d'autres). Mais cette logique trouve sa propre limite lorsque la fonction à maximiser est polluée par les réactions d'une ou de plusieurs parties prenantes (actionnaires, dirigeants, salariés, clients, fournisseurs, pouvoirs publics, etc.) notamment lors de la phase de répartition de la richesse créée. Le problème à résoudre est alors une question d'efficience et d'optimalité. Comment reconnaître équitablement les apports de chacun, dans notre cas celui des ressources humaines ? Telle est la préoccupation qui gouverne la seconde partie de ce chapitre.

1. La performance au singulier

L'efficacité est conçue ici comme l'obtention des objectifs, c'est-à-dire des résultats attendus. Elle tend à maximiser ces derniers.

Le résultat économique comme critère de l'efficacité

En stratégie des organisations, la performance efficace est perçue comme un objectif, parfois comme une contrainte.

La performance de l'entreprise rejoint d'abord l'intérêt de l'actionnaire (*shareholders*). Celui-ci se focalise sur le profit comme indicateur de performance. Il s'agit, par exemple, d'assurer un dividende suffisant aux petits porteurs ou aux fonds de pension qui tolèrent difficilement une diminution de résultats, c'est-à-dire de leur dividende. La conception de la performance est singulière et vérifiée par deux modes de calcul.

Profitabilité = Profit/ CA * CA / Capital social
(CA = chiffre d'affaires)

Marge Globale = MU * Q
pour une marge unitaire (MU) égale à PVU – CCU
(PVU = Prix de vente unitaire)
(CCU = Coût complet unitaire)
La marge globale tient compte des quantités vendues
et de la marge unitaire.

La performance planifiée, introduisant l'idée d'objectif traduit une posture délibérée, *ex ante* (MARMUSE, 1997). Les propriétaires du capital acceptent l'idée d'anticipation des revenus futurs fondée sur la croissance et la pérennité de l'entreprise. Ceci est particulièrement flagrant dans les entreprises familiales. La performance est considérée comme une démarche de survie de l'entreprise (contrainte) autant qu'une volonté d'obtenir de bons résultats à partager entre les actionnaires.

Dans ces conditions, comment peut-on associer l'activité réalisée par la main-d'œuvre ? Elle passe par les notions de masse salariale et de valeur ajoutée. Les principaux résultats attendus sont exprimés par les ratios économiques suivants :

CA ou VA / par salarié
(CA = Chiffre d'affaires; VA = Valeur ajoutée),
CA ou VA / par le salaire moyen

Dans cette conception de la performance, le résultat économique brut est égal à la valeur ajoutée moins les frais de personnel (REB = VA – FP). Le ratio FP / VA doit donc décroître pour augmenter le résultat. En clair, les frais de personnel représentent une variable subordonnée dont on cherche à contrôler l'apport ou la dangerosité. Par exemple, le paradigme de la valeur substantielle (HOARAU et TELLE, 2001) cherchera à mesurer la contribution horaire (nombre d'heures attendues en équivalent temps plein) à la valeur ajoutée sur coûts variables ou par rapport à la marge sur coûts variables. De son côté, la comptabilité sociale se préoccupera, *via* des indicateurs sociaux, de contrôler le climat social.

La satisfaction comme critère principal en GRH

En comptabilité, la dépendance de la main-d'œuvre à la construction du résultat a été débattue tant par les chercheurs que par les praticiens. La réponse est venue de la théorie des ressources et des compétences. Celle-ci met l'accent sur l'ensemble des acteurs et partenaires présidant à la vie de l'entreprise (*stakeholders*). Les outils ou indicateurs concernent alors :

- les moyens (connaissance de la consommation de facteurs ou des caractéristiques des processus de fonctionnement) ;
- l'environnement (conscience des effets externes sur les fournisseurs, les clients, l'image de marque, etc.) ;
- le résultat (mesure des réalisations).

Des tableaux de bord regroupent alors l'essentiel des indicateurs utiles (LE BERRE et CASTAGNOS, 2003). Ils peuvent être décomposés au regard des fonctions ou des activités jugées stratégiques : achats, stocks, méthodes, production, etc. Une présentation par horizon spatial (établissements, agences, unités de production, etc.) et temporel (court terme et long terme) s'ajoute souvent à cette perspective fonctionnelle. Les progiciels de type ERP (*Enterprise Resource Planning*) intègrent l'ensemble de ces données en les classant par indicateurs synthétiques prédéfinis. L'entreprise dispose aussi d'un registre de vérification de la congruence entre les objectifs poursuivis et les moyens nécessaires à leur réalisation (paix sociale, ambiance, cohérence interne, fidélisation, esprit d'équipe, présentéisme, etc.) en sorte de tendre vers la maximisation du profit. À l'égal d'un prêt engendrant des frais financiers, la mobilisation de ces moyens engendre un coût mais permet d'accroître le résultat de l'entreprise.

Au total, les tableaux de bord, bilans sociaux et autres notations proposées par les cabinets conseils sont utilisés comme outils de contrôle, d'animation de réunions, de constat, de pilotage ou encore d'aide à la décision. Par exemple, le taux d'accident du travail signalera un éventuel relâchement des règles de sécurité. Une accélération du turnover fera apparaître un problème de moindre fidélisation des salariés. La variable salaire est diversement entrevue comme faisant partie de l'arsenal de contrôle et d'incitation. Mais dans tous les cas, les actions conduites à l'endroit des ressources humaines procèdent essentiellement d'une logique instrumentale.

2. La performance plurielle

Dans une acception plurielle, le mot performance se rapproche de la notion d'efficience. Celle-ci exprime une relation mesurée des éléments dynamiques de l'action au regard des résultats observés. Elle se présente sous la forme de ratios d'*inputs* et d'*outputs*.

L'efficience complexe

Pour rendre compte des performances, P. GILBERT et M. CHARPENTIER (2004) combinent de nombreux facteurs explicatifs des sens recherchés par les différentes évaluations en RH (modes de gouvernance, stratégie et demande de la direction générale, taille et structure de l'entreprise). En effet, la performance mesure un résultat par référence à des ressources (pécuniaires, budget temps, etc.) mises à disposition du salarié. De nombreux travaux relatifs à la motivation au travail utilisent le concept de performance individuelle (CASTAGNOS, LE BERRE, 2001). La motivation est pour les organisations, du moins le pensent-elles, le moyen d'obtenir une meilleure productivité.

Les situations de travail comportent donc deux dimensions distinctes :

- le niveau de rémunération et, par conséquent, de satisfaction appréciée par le salarié ;

- la performance qui est jaugée par l'entreprise.

La prédiction de la performance n'est possible que par analyse des caractéristiques objectives des salariés. On cherche donc à déterminer les variables explicatives de l'efficience, c'est-à-dire le pendant des éléments constitutifs de l'aptitude. Ces variables propres à l'individu sont bien connues (ALIS, POILPOT-ROCABOY, 2000 ; COMMEIRAS, NARO, 2000). Elles invitent le salarié à accroître ou à réduire son efficience au travail.

Concernant les tensions de rôles des salariés, trois orientations sont en théorie possibles (GRIMA, 2004) :

- la performance est élevée à un niveau modéré de tension ;

- la performance est faible lorsque l'incertitude sur la meilleure attitude est forte (perception cognitive et motivationnelle) ;

- la performance n'a pas de corrélation avec la tension de rôle car cette dernière est un construit complexe.

L'absence de relation est également possible du fait de la complexité de la performance pluridimensionnelle.

Le renforcement de la confiance en soi ou dans les autres, moteur de l'implication, conditionne aussi l'efficience du salarié. Le salarié se sent rassuré lorsqu'il obtient de bons résultats. Sa performance est déterminée par son implication dans l'organisation, dans les décisions de ses supérieurs. L'adhésion du salarié participe naturellement du montant de la rétribution qui lui est accordée. Tout se tient. La somme attribuée revêt un caractère opérant du fait de la motivation qu'elle procure (LE BERRE, CASTAGNOS, 2003). Pourtant, l'entreprise tente de cerner les conditions directes et objectives d'une efficience salariale, sans rechercher de prime abord l'implication.

L'approche configurationnelle accrédite l'idée d'un processus de décision holistique et incrémental. Elle représente un raisonnement global et complet en GRH. Cependant, sa mise en place ne garantit pas l'accroissement de la performance de la firme, sauf à obtenir un alignement externe et interne des modes de gestion de l'entreprise (ALLANI-SOLTAN, BAYAD, ARCAND, 2004). Ces auteurs appuient leur conclusion sur des indices de performance : motivation- satisfaction, absentéisme, climat social, innovation, qualité, productivité, rentabilité.

La recherche d'une optimisation

La notion d'optimum est le corollaire de l'efficience : il s'agit d'un choix entre diverses options et des indicateurs propres à les mesurer. Rappelons que les ratios fournissent une information qui reste floue et peu lisible. Ils doivent être complétés par des données qualitatives (CASTAGNOS, LE BERRE, 2001).

Les activités de GRH (ARCAND, BAYAD, FABI, 2002) pouvant être associées de façon significative à des indicateurs de performance, concernent la communication, l'organisation du travail, l'évaluation du rendement et la rémunération. La formation et la dotation en moyens technologiques en sont exclues. Bref, on se trouve en situation floue et faiblement opérationnelle.

La mesure de la performance *via* le bilan social ou le tableau de bord est critiquée lorsqu'il s'agit d'évaluer la pertinence de certaines pratiques de GRH (LACOURSIÈRE, FABI, ST-PIERRE, 2004). Les cibles et grilles d'indicateurs de la performance sont multiples. Elles sont particulièrement complexes dans la conception de la meta-organisation définie par la théorie de la traduction. Les dimensions financières et comptables, les couples produits-marchés, les données politico-économiques (entreprise citoyenne, mondialisation, etc.), se surajoutent aux aspects salariaux et relatifs à l'emploi.

Les référents peuvent également revêtir des formes plus classiques. C'est le cas chez KALIKA (1988) qui propose quatre origines à l'efficience organisationnelle :

- le respect de la structure formelle ;
- les relations entre les composantes de l'organisation ;
- la qualité de la circulation de l'information ;
- la flexibilité de la structure.

Les travaux de J. ALLOUCHE, M. CHARPENTIER ET C. GUILLOT (2003) s'appuient aussi sur une longue liste d'indicateurs de performance de la firme : cours boursier, rentabilité du capital, taux de profit, croissance des ventes, satisfaction du client, productivité du travail, qualité, turnover, etc.

Au total, la performance dépend :

- du stress et de la tension existant au travail, sans que l'ambiguïté et les conflits de rôles soient reliés ;
- d'une perspective cognitive et motivationnelle ;
- de construits sociaux complexes impliquant une approche multidimensionnelle (GRIMA, 2004).

3. Conclusion

Dès lors qu'il s'agit de résoudre une crise et de pratiquer des choix sous contraintes, les décisions sont souvent prises en défaveur des RH. En ce sens la performance plurielle est perverse et suscite parfois un désenchantement. L'explication, en management des entreprises, est fournie par la mise en perspective de l'efficacité. Un décalage existe entre le système concret de reconnaissance des salariés (bilan de compétences, évaluation) et l'objectif de performance établi par référence à un seul critère trop souvent déconnecté des considérations sociales. Cette solution s'avère dangereuse à long terme.

Parmi de nombreux témoignages, M. GAGNAIRE, vice-président d'Alcan, considère que les fermetures d'unités s'expliquent par l'absence de possibilité de croissance et par l'utilisation de technologies dépassées. Dans ce contexte, les responsables opérationnels doivent concevoir des projets innovants en sorte de rétablir les conditions propices à la maximisation de la richesse sans recourir à des solutions de substitution du type délocalisation ou restructuration de la firme. Pour ce faire, on doit utiliser les possibilités offertes par une réduction des prix d'achat, les technologies avancées et la spécificité du produit final. L'aluminium à très haut indice de pureté employé dans la fabrication des feuilles pour écrans plats et l'aluminium utilisé dans l'aéronautique constituent des exemples. La reconnaissance de la performance en RH suppose donc la réunion des ingrédients présentés au tableau ci-contre.

		Formes de la performance	
		Efficience = moyens	Efficacité = résultats
Mesure de la performance	Optimisation	Recherche d'outils et de techniques Ex. : la motivation, y compris par la rétribution	Equation complexe d'une combinaison de ratios
	Maximisation	Système multicritère qualitatif et quantitatif Ex. : implication et engagement	Gain : bénéfice et profit Croissance : part de marché

Il conviendrait de renverser le déroulement habituel du raisonnement suivi. La bonne logique devrait conduire à considérer qu'à partir d'une capacité de rendement (l'efficience), l'entreprise et la fonction RH cherchent à enclencher l'action produisant l'effet attendu (l'efficacité). Celui-ci nécessite un raisonnement (l'effectivité) aboutissant à une action véritable, dans sa réalité et ses résultats.

À l'instar des trois histoires de Fernand BRAUDEL (continentales, rythmées et événementielles), le management devrait certifier la reconnaissance de la performance des salariés et des résultats attendus par les acteurs de la firme (les *stakeholders*, dont les salariés). Des espaces temps s'entremêlent. Les cultures s'élaborent en des dizaines d'années. Les entreprises familiales vivent quelques générations avec une double légitimité, interne et externe. Les entreprises non familiales connaissent un développement efficient et complexe, malgré l'importance de la seule légitimité externe (le marché à court terme).

Chapitre 3

Reconnaître les compétences

Bernard MERCK
Abdelilah JENNANE

Dans la littérature RH aussi bien que dans les entreprises ou les cabinets spécialisés, on n'a jamais autant disserté sur les compétences. Pourquoi ce vieux sujet est-il aujourd'hui d'actualité ?

Parce que le contexte dans lequel nous vivons aujourd'hui est fortement différent de celui observé, il y a seulement 10 ans, avec de nouveaux challenges pour les entreprises et un renouvellement de la population active. Les compétences, ou plus précisément leur gestion, est à la fois une problématique, une réponse à ces challenges et un outil plein de ressources.

Au début avec la gestion prévisionnelle des effectifs, il s'agissait de modéliser la gestion du personnel. Ensuite avec la gestion des carrières on s'est orienté vers une démarche plus individualisée, surtout ciblée sur les cadres. Puis les ruptures de croissance et les plans sociaux ont favorisé l'émergence d'une gestion prévisionnelle des emplois. Avec la gestion prévisionnelle des emplois et des compétences (GPEC), on a franchi un pas de plus dans le domaine individuel en insistant sur les compétences requises à l'instant t et dans le proche avenir, et donc en apportant aux collaborateurs une information sur l'évolution de leur métier.

Jusqu'à aujourd'hui, toutes ces démarches ont été lancées et pilotées au niveau central dans des conceptions compliquées d'ingénieur, teintées de psychologie. On peut résumer les vingt dernières années de GPP à une démarche « top/down » impulsée par les DRH. Les résultats n'ont pas toujours emporté l'adhésion des foules.

1. Un monde en rupture

En trame de fond un changement de paradigme :

◗ Jusqu'à récemment, le cycle de vie normal voulait que la jeunesse soit consacrée à l'éducation, à l'apprentissage, l'âge adulte au travail et la vieillesse au repos, à l'inactivité. À l'avenir la vie active va alterner périodes d'activité, moments de formation et période d'inactivité. Les périodes d'activité se feront au sein de plusieurs entreprises, tantôt sous forme de salariat, tantôt sous forme de vacation et sans doute avec des ruptures pouvant affecter le métier de base ;

◗ Dans le même temps, le déséquilibre projeté des régimes de retraite conduit à prévoir des allongements de la vie au travail alors que jusqu'à aujourd'hui la tendance était d'écourter la fin de carrière pour préserver globalement l'emploi. Dans ces conditions, alors que beaucoup espèrent partir avant 55 / 60 ans, comment parler vrai, sans démagogie ?

◗ On constate des incohérences entre discours d'entreprises et actes. Dans la stratégie, la pérennité de l'organisation prend une place majeure, quitte à opérer des ruptures douloureuses ; On fait des plans à 5 ans, mais on subit la dictature à court terme des marchés financiers.

Pour les entreprises : impératif de survie

L'univers de compétition féroce contraint toutes les organisations à être en quête permanente d'une efficacité accrue et de conduire les changements dans des délais de plus en plus courts, face à des clients / consommateurs, mieux informés et plus exigeants. La moindre défaillance peut mettre en cause l'indépendance ou la survie.

> ▷ *Tendance*
>
> Le secteur public, avec un décalage temporel important, commence à faire face aux mêmes contraintes économiques, avec une attente des usagers plus forte. Ce mouvement va sans aucun doute encore s'amplifier dans les années à venir.

L'introduction des démarches qualité a mis à l'ordre du jour des concepts plus ou moins éculés. Outre le leitmotiv de l'écoute client et du formalisme procédural, l'exigence de la norme instaure une prise en compte de plus en plus forte de l'identification des ressources en compétences : compétences requises et compétences à développer dans le cadre de l'amélioration continue. La certification qui fut, il y a quelques années un luxe ostentatoire est devenue une banalité obligatoire, et avec elle un cortège de mises à niveau nécessaires et continu, notamment des compétences des collaborateurs.

Élargissement de la responsabilité sociétale et émergence de nouvelles parties prenantes

On assiste à une multiplication des « soft laws », à l'émergence régulière de normes nouvelles, mais aussi au long cortège des dérogations, ce qui rend le paysage particulièrement compliqué. Dans les entreprises, dans les Etats, les stratèges, les dirigeants ont une réelle difficulté à respecter toute la loi. Ils sont donc en infraction potentielle permanente.

Quelques gros scandales écologiques et la médiatisation de mauvaises conditions de travail, tant dans les entreprises, que chez leurs sous-traitants, amène les équipes dirigeantes à faire preuve de plus de responsabilité sociale et sociétale. Pour cela ils doivent s'intéresser à des domaines sensibles comme le travail des enfants, le travail forcé, l'hygiène et sécurité, les pratiques sociales et la discrimination, la reconnaissance et le respect des salariés, le droit de parole, le temps de travail, la capitalisation et le développement des compétences, le système de gestion, la protection de l'environnement, la gouvernance d'entreprise.

De nouvelles parties prenantes émergent qui peuvent mettre en cause, au nom d'intérêts divers, les décisions de l'entreprise. Cela signifie que l'univers de liberté de décision va se restreindre au nom de la responsabilité sociale des entreprises. Planifier devient difficile, la réactivité devient indispensable.

Et parmi ce florilège d'obligations sociales nouvelles, l'entreprise doit assumer, en commun avec chaque collaborateur, une nouvelle responsabilité : maintenir l'employabilité individuelle. Cette notion d'employabilité reste intimement liée au développement ou tout au moins le maintien du niveau de compétences de chaque collaborateur.

Un renouvellement en cours de la population active : vieillissement de la population active et nouveaux profils

La pyramide des âges des pays occidentaux indique que plus d'un tiers de la population active actuelle aura atteint l'âge de la retraite dans les dix années à venir ; celle des pays du Sud, représente un profil symétriquement opposé, avec des opportunités démographiques que les économies locales ne peuvent pas mettre à profit, faute de croissance suffisante. Les effectifs de la génération montante ne compenseront pas les départs de leurs aînés expérimentés ici, alors que là, la fuite des cerveaux et le chômage endémique des jeunes représentent des enjeux majeurs pour le maintien des équilibres sociaux. Cette évaporation de compétences, mal maîtrisée, peut mettre en péril les organisations et les sociétés mêmes.

Des collaborateurs différents

D'une façon générale, le niveau de culture (médias, voyages) augmente, ce qui rend plus difficile les missions de la hiérarchie. La nouvelle génération démontre des attitudes et attentes différentes envers le monde du travail que celles de ses aînés. Elle refuse de suivre docilement les décisions managériales non expliquées. Les jeunes exigent un travail intéressant et diversifié qui n'empiète pas sur la qualité de vie. Les jeunes diplômés affirment très clairement leur volonté d'être impliqués, dès leur entrée dans l'entreprise, dans la définition de leur projet et de leur parcours professionnel. Le renouvellement des générations n'est pas acquis, d'autant plus que les jeunes ont globalement des niveaux d'éducation supérieurs à ceux de leurs aînés, mais la différence d'expérience professionnelle ne permet pas aux jeunes de trouver la place qu'ils espèrent dans les organisations.

Conséquences

- Le contexte économique altère la pertinence des stratégies qui deviennent hésitantes et fluctuantes. La crédibilité des équipes de direction s'en ressent ;
- L'évolution de la démographie entraîne une modification de la population active dont on commence à percevoir les effets. Dans de nombreuses organisations, des conflits générationnels fondés sur la méfiance sont observés, dont l'entreprise tout entière pâtit ;
- L'entreprise doit tenir compte des aspirations de ses collaborateurs et proposer des plans de développement motivants pour éviter de voir ses meilleurs éléments s'en aller pour rejoindre la concurrence, voire un autre pays, à un moment où son horizon de prévision se réduit.

Comment concilier les besoins des collaborateurs et ceux des entreprises ? Comment favoriser l'activité tout au long de la vie ? Quels processus et quels outils pour suivre, pour animer ? Un ensemble de questions auxquelles des solutions et des réponses existent, qui toutes tournent autour de la notion de compétence.

2. Dans les organisations, un « big-bang compétences »

Dans les problématiques évoquées ici, beaucoup tournent implicitement autour du concept de compétences. La recherche d'avantage concurrentiel est une quête continuelle de la combinatoire optimale entre les trois leviers d'amélioration : la méthode, l'outil et les ressources. Le dernier levier comprend la finance et les hommes, apporteurs de compétences et de créativité. Méthodes, outils, finance ont fait l'objet de beaucoup d'attention et ne sont plus guère « différenciants » d'une entreprise à une autre. Une approche renouvelée de l'activité de l'entreprise sous le prisme compétences est de nature à apporter des réponses originales et efficaces en évitant les pièges et erreurs du passé.

Ainsi le produit offert par l'entreprise est le fruit de la compétence de conception/production et le service vendu est de la compétence pure. On peut concevoir l'organisation et ses collaborateurs comme un système ouvert d'offreurs de compétences, avec un marché utilisateur de ces compétences et orienté par les clients/utilisateurs/usagers. Une chaîne systémique, dont l'unité de mesure serait la compétence, reliant les parties prenantes aval aux fournisseurs en amont. Au centre des collaborateurs salariés/prestataires/sous-traitants, et en soutien, une équipe de direction fixant la stratégie, orientant, régulant, arbitrant l'utilisation optimale des ressources.

Les « parties prenantes »

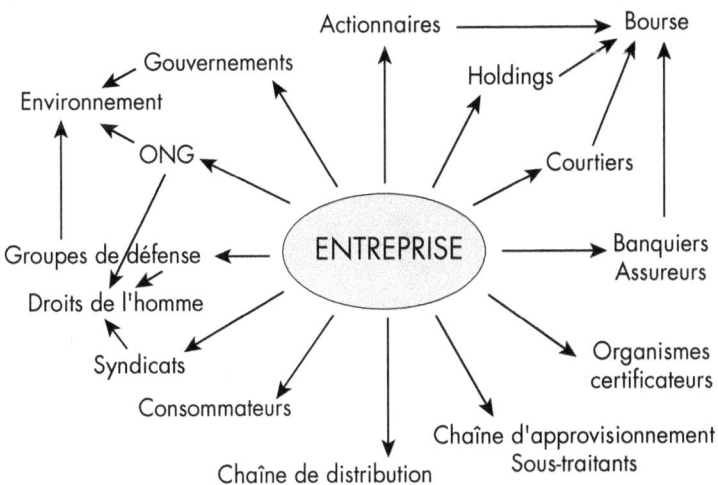

Pour les entreprises

Dans l'univers complexe et très évolutif dans lequel baignent les entreprises, la gestion par les compétences répond à des besoins offensifs, voire défensifs, de nombreuses organisations. La nouvelle approche part des attentes spécifiques des parties prenantes pour déterminer la stratégie et en déduire les compétences nécessaires pour anticiper et affronter les exigences des nouvelles missions, les accélérations de rythme nécessaires et intégrer l'apparition constante des nouvelles techniques.

Cette gestion doit se construire au niveau des opérationnels, en interaction profonde avec la détermination de la stratégie d'entreprise. C'est une nouvelle façon de penser l'articulation entre l'économique et le social, dans laquelle on considère le collaborateur comme un adulte, libre de ses choix, que l'on associe à la stratégie pour qu'il soit plus efficace dans son action et plus enclin à développer ses compétences. C'est donc une gestion par les compétences « bottom-up », animée par le DRH, véritable partenaire du business.

Ainsi l'entreprise possédant des équipes compétentes et motivées pourra mettre en place efficacement les innombrables changements imposés par un environnement où les métiers évoluent rapidement et où certaines compétences, encore vitales hier, deviennent obsolètes pour être remplacées par des qualifications émergentes aujourd'hui introuvables. Cela nécessite une structure organisationnelle souple, efficace et évolutive.

Certaines entreprises se sont déjà inscrites dans cette voie, mais elles restent très modestes concernant leur démarche, la considérant comme non aboutie, en recherche continue d'amélioration. Si l'évaporation de compétences du fait des départs liés à l'âge est classiquement analysée quantitativement et qualitativement eu égard aux besoins prévisibles de compétences, la nouveauté de la démarche est ailleurs. Car c'est un **pilotage de flux**, croisé avec une **gestion des compétences** qu'elles essayent de mettre en place, et non une simple gestion de stock.

▷ Tendance

Dans les entreprises où il y a eu des vagues de départs anticipés, on a que rarement remplacé, poste à poste, les partants par des plus jeunes. On a plutôt joué sur des mobilités en chaîne. Ce qui semble nouveau, c'est la mobilisation de tous les acteurs sur la partie compétence, tout particulièrement la ligne hiérarchie et les collaborateurs.

Pour les collaborateurs

Dans la gestion par les compétences, sous des formulations légèrement différentes, l'objectif poursuivi est toujours : « de donner au personnel une compréhension de sa contribution », « de permettre une appropriation progressive de la relation entre l'activité et l'évolution de l'entreprise », « de permettre à chacun, avec l'aide de sa hiérarchie, de cerner les domaines dans lesquels sa prestation est améliorable ». Derrière les deux dernières formulations, on perçoit l'impact sur le management et les relations interhiérarchiques.

Il est attendu des collaborateurs qu'ils prennent plus d'initiatives pour résoudre les problèmes à traiter. Ces initiatives attendues ne peuvent être prises que si le collaborateur connaît avec précision son niveau de compétences et son périmètre de responsabilités. Tout flou organisationnel fera courir le risque de voir des collaborateurs prendre des initiatives anarchiques empiétant sur les domaines de ses collègues, ou non alignés avec la stratégie.

On attend également du collaborateur qu'il s'interroge sur son efficacité et sa compétence. A-t-il toute la compétence nécessaire et sinon où peut-il aller chercher les compléments qui lui font défaut ? Ainsi le collaborateur peut disposer d'outils d'évaluation, d'une palette de solutions de professionnalisation (bonnes pratiques, coordonnées d'un expert, stage, remplacement, formation à distance, coaching, E-learning...). En échange, les résultats, leur difficulté et les efforts fournis doivent être reconnus et sanctionnés en interne (voir chapitre précédent).

▷ Tendance

Reconnaître au collaborateur ses compétences, passe forcément par leur évaluation. Certaines entreprises doublent leur entretien d'appréciation des performances par un autre entretien intégralement dédié à l'évaluation des compétences. Les plus avancées dans cette démarche, rémunèrent même les compétences rares ou critiques, afin de fidéliser celles et ceux qui les portent.

Pour les managers

Les managers, à qui il est demandé de piloter les résultats d'une équipe doivent pouvoir, pour chaque collaborateur :

- expliquer la mission, la situer dans son contexte, préciser les finalités et le périmètre de responsabilités ;
- définir les objectifs, les priorités et déterminer les indicateurs pour apprécier l'atteinte des résultats ;

- identifier les compétences requises et disponibles ;
- proposer des plans d'action pour réduire les écarts entre les compétences de ses collaborateurs et celles requises par leurs missions et par les enjeux suprêmes de l'entreprise (formation, monitoring, coaching, mobilité…) ;
- superviser et assurer la complémentarité des diverses actions ;
- évaluer la contribution, apprécier les résultats, assurer le feed-back et les encouragements nécessaires ;
- garantir une juste rétribution des compétences et des efforts ;
- orienter, prévoir, promouvoir les évolutions de carrière méritées ;
- assumer les engagements pris ;
- valoriser les porteurs de compétences, en leur confiant un rôle « pédagogique » ou en enrichissant leurs attributions ;
- mettre en place des systèmes et une culture d'échange et de partage des compétences (travail en binôme, transversalité, tutorat, knowledge management, etc.).

Pour la fonction RH

Les managers ne pourront pas réaliser toutes ces activités sans un appui professionnel de la RH pour :

- assimiler et maîtriser les nouveaux concepts de management et leadership ;
- mettre à jour et apprécier, avec les intéressés, un certain nombre de données à caractère opérationnel et très fluctuantes appuyées sur quelques outils conviviaux ;
- obtenir à périodicité régulière des informations sur les évolutions prévisibles des métiers, du marché du travail ou d'une nouvelle politique interne.

Dans ce cadre, le collaborateur peut retrouver de l'initiative, de la liberté et être reconnu en fonction de son apport, se développer et se professionnaliser. La mise en place d'une « démarche compétence » dans l'entreprise est une occasion particulière pour RECONNAITRE :

- en s'appuyant sur les collaborateurs de référence et en les désignant comme l'exemple à suivre ; ceci au moment de l'établissement du référentiel de compétences ;
- en repérant les compétences critiques, valoriser ceux qui les portent et qui réussissent mieux ;
- en identifiant les ressources pour un système plus ou moins élaboré de KM, et en remerciant les contributeurs ;

▶ en récompensant les managers qui encouragent le développement de leurs collaborateurs ;

▶ en traçant les itinéraires et les parcours professionnels sur la base du développement des compétences.

3. Comment reconnaître les compétences ?

En matière de gestion par les compétences, nous avons étudié une vingtaine d'entreprises, dont certaines pionnières en la matière pour tenter de dégager quelques facteurs de succès. L'analyse montre qu'il y a des prérequis communs *a minima* et quelques facteurs optionnels.

Facteurs clés du succès

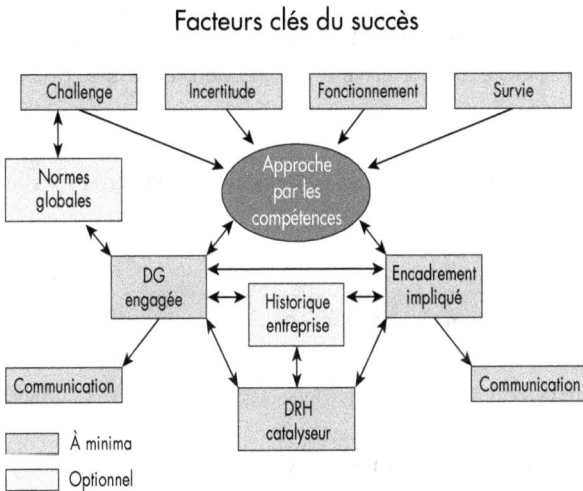

Une direction générale impliquée et engagée

▶ l'existence d'une stratégie : réflexion prospective sur l'environnement de l'entreprise, les exigences du marché, prenant en compte les attentes des parties prenantes ;

▶ le repérage des facteurs clés de succès et des compétences communes nécessaires pour les porter et les réussir ;

▶ la conviction de la DG que la démarche « compétences » peut être un facteur discriminant, que l'implication individuelle peut être un facteur de différenciation (qualité de service) ;

▶ la conviction que chacun a un potentiel à développer (des compétences cachées) ;

- une communication sur la place des hommes pour l'efficacité de l'entreprise et sur le développement individuel (garantie pour chacun et la pérennité de l'entreprise) ;
- l'accent sur la transparence (facteur de progrès) et sur les valeurs de cohésion de l'entreprise ;
- l'inscription dans la durée de la démarche «compétences» et communication sur les résultats obtenus.
- l'affectation des ressources et moyens nécessaires à la démarche ;
- l'accent mis sur la mesure de la performance.

Une implication du management intermédiaire dans la démarche

- développement d'un système de management structuré (leadership, aptitude à la délégation, partage des valeurs et conviction) ;
- reconnaissance de la diversité et de l'individualité de ses collaborateurs ;
- valorisation de chaque poste de travail en donnant du sens à l'action (en insistant sur l'aspect collectif) ;
- reconnaissance des efforts des collaborateurs (petits gestes !) et encouragement au développement individuel ;
- communication sur les situations, projets, initiatives ;
- échanges individuels ou en groupe pour développer l'intérêt de chaque personne dans la réalité économique de son action dans l'entreprise ;
- encouragement à faire des propositions, écoute active ;
- qualité des EA abordant clairement l'aspect compétences (objectifs économiques et de progrès) ;
- capacité des managers à repérer, évaluer, développer les compétences individuelles ;
- capacité des managers à créer un environnement favorable aux échanges de compétences et à la fertilisation mutuelle, par l'échange des meilleurs pratiques et le benchmark au sein de leurs équipes ;
- capacité des managers à instaurer le climat nécessaire pour développer au-delà des compétences individuelles, les compétences collectives.

Une fonction RH favorisant, dans le périmètre de ses responsabilités, l'assimilation de la démarche (rôle de catalyseur)

- interpellation de la DG sur des évolutions ou décisions ;
- identification par la DRH et accompagnement des changements ;

» définition d'un langage commun sur la notion de compétence et de contribution, nœud de la contractualisation (pour éviter les confusions et les débats) et assurant l'adhésion de tous aux même valeurs ;

» pilotage de chantiers de réflexion sur l'évolution à MT des technologies mises en œuvre et sur les futurs produits et services proposés et traduction en termes simples d'évolutions de compétences (sans ingérence) ;

» rénovation des outils d'évaluation (auto évaluation ?), cœur des processus traditionnels RH (formation, promotion, passerelles métier, augmentation, recrutement) ;

» planification des actions de professionnalisation et mise en évidence, à côté d'autres voies de développement des compétences (souvent sur le poste). Mise en place d'une véritable structure apprenante ;

» professionnalisation des acteurs à l'évaluation objective dans le cadre de clauses d'engagement de conscience ;

» chasse aux processus et démarches purement tayloristes (préserver la souplesse) ;

» mise en place d'outils conviviaux facilitant le dialogue collaborateurs/ managers ;

» synthèse périodique des évolutions constatées et utilisation dans l'animation des chantiers ;

» passage d'une gestion par l'âge à une gestion de la diversité des âges, ce qui techniquement lisse les mouvements, mais surtout peut être l'occasion de gagner en compétitivité en assurant mieux la transmission du savoir.

Pour tous

Parler vrai, c'est-à-dire avoir le courage de présenter les véritables évolutions démographiques, les incertitudes qu'elles vont entraîner économiquement et les défis auxquels il vaut mieux se préparer. Nous sommes entrés dans un monde d'adaptation et de mobilité. Les parcours différenciés doivent donc être encouragés, chez les jeunes comme chez les seniors. Pour ce faire, il faut changer les mentalités. Il n'y aura pas d'harmonie spontanée. Il faut donc une mobilité de tous les salariés en interne dans l'entreprise, pour développer leur employabilité. Le principe d'une carrière continue dans un seul métier n'existera quasiment plus.

Facteurs optionnels

Certaines entreprises ont été attentives à inscrire leur démarche compétences dans une continuité d'action. D'autres par contre, pour répondre à des impératifs de survie ou de dysfonctionnement, se sont délibérément inscrites en rupture par rapport au passé. Mais dans tous les cas, une analyse des freins potentiels a été faite, notamment en essayant d'anticiper la réaction des partenaires sociaux et du personnel face à des changements (souvent évaluation et rémunération/promotion).

Par ailleurs certaines DG justifient leur approche compétences par la nécessité de respecter des accords globaux. Attention, le respect de normes externes ne doit rien enlever à l'implication de la DG.

4. Conclusion

L'approche par les compétences est de nature à recréer le dialogue social sur de nouvelles bases, à permettre à toutes les parties prenantes de l'entreprise de chercher, expérimenter les pistes d'un développement continu que l'on espère pouvoir rendre durable.

Cette approche par les compétences impacte de manière systémique l'ensemble des autres chantiers RH. C'est une opportunité pour le DRH de se positionner au cœur même des métiers de son entreprise, et de devenir le premier acteur à actionner les leviers de la performance, au regard des facteurs clés de succès. Ce faisant, il acquiert une reconnaissance pour son rôle, mais il se donne aussi le moyen d'identifier et de reconnaître les collaborateurs les plus à même de porter les compétences qui feront gagner l'entreprise.

Chapitre 4

Reconnaître les qualités managériales

Charles-Henri BESSEYRE des HORTS
Gilles NORROY

Aux cotés du leader qui porte la vision stratégique de l'entreprise, le manager est chargé de sa mise en oeuvre sur le terrain.

Aussi les entreprises attachent-elles la plus grande importance à leurs managers qui planifient les budgets et les étapes pour atteindre les objectifs, organisent et recrutent, donnent des directives, contrôlent l'exécution et animent les équipes. L'image du « parfait manager » qui a beaucoup évolué s'apparente aujourd'hui à celle d'un coach.

Pour reconnaître publiquement la compétence de ses managers, l'entreprise doit d'abord la mesurer. Se pose alors la question des critères et des moyens utilisés pour ne pas passer à côté de l'essentiel.

1. Qu'est-ce qu'un manager ? Manager ou leader ?

Un peu d'histoire à partir des théories du management

Si l'on s'en réfère à l'un des premiers théoriciens du management moderne, Henri FAYOL (FAYOL, 1981), le manager est celui ou celle qui met en pratique les cinq fonctions clés : planifier, organiser, commander, coordonner et contrôler. Le manager se définit par rapport à sa capacité à prévoir le futur de son entité en planifiant des actions, à mettre en place une structure adaptée à la réalisation de ces actions, de motiver les membres de son équipe, d'harmoniser et de coordonner les actions qui sont menées au sein de son équipe, et bien sûr d'en contrôler l'exécution. La plupart des ouvrages aujourd'hui qui traitent du management se réfèrent peu ou prou à ces cinq fonctions du manager, ce qui en fait l'une des théories les plus pérennes dans un domaine où la multiplicité des approches n'a d'égal que leur obsolescence très rapide.

L'autre contribution importante d'Henri FAYOL (FAYOL, 1981) est la définition des 14 principes généraux d'administration parmi lesquels on trouve, entre autres : la division du travail, l'autorité, la discipline, l'unité de commandement, l'unité de direction, la rémunération équitable, la hiérarchie, l'équité de traitement, l'initiative... La relecture de ces principes d'administration souligne leur caractère simultanément très traditionnel (autorité, hiérarchie) et très contemporain (rémunération équitable, initiative).

Dans une perspective très proche, l'un des plus grands auteurs de management, Peter DRUCKER (DRUCKER, 1975) propose également une liste de cinq tâches fondamentales qui incombent au manager :

◗ le manager détermine les objectifs et définit leur nature ;

◗ le manager analyse et organise les activités ;

◗ le manager motive ses collaborateurs et communique auprès de son équipe ;

◗ le manager élabore des normes et mesure les activités ;

◗ le manager forme son personnel et se forme lui-même.

La différence essentielle avec l'approche d'Henri FAYOL (FAYOL, 1981) tient au rôle que doit jouer le manager sur le plan de motivation et de développement des collaborateurs. Il n'est pas étonnant non plus de voir dans les nombreux ouvrages de Peter DRUCKER sa forte conviction en faveur d'une des pratiques actuelles de management parmi les plus stables : la direction par objectifs.

Mais ces approches du manager peuvent évidemment être mises en doute quand on observe les rôles réellement tenus et les activités concrètes réalisées par celles et ceux qui ont le titre de managers dans nos organisations modernes. C'est ce questionnement sur la réalité du manager qui a amené un autre grand théoricien actuel du management, Henry MINTZBERG (MINTZBERG, 1984) à décrire et analyser ce qu'est et ce que fait réellement un manager : ainsi montre-t-il que les activités principales du manager, décrites par Henri FAYOL (FAYOL, 1981), correspondent très peu à la réalité que lui-même a observée sur le terrain dans le cadre de sa recherche pour sa thèse de doctorat. L'un de ses constats les plus frappants est celui qui montre que les activités concrètes des managers ne durent en moyenne pas plus de cinq minutes pour plus de la moitié de ces activités ! Comment, en effet, dans ces conditions peuvent-ils planifier, organiser, motiver, coordonner et contrôler ?

Henry MINTZBERG (MINTZBERG, 1984) en arrive néanmoins à identifier 10 rôles principaux tenus concrètement par les managers. Dix rôles qu'il a regroupés en trois grandes catégories :

▶ les rôles de contact (symbole, leader, agent de liaison) ;

▶ les rôles d'information (observateur actif, diffuseur, porte-parole) ;

▶ les rôles de décision (entrepreneur, régulateur, répartiteur de ressources, négociateur).

Ces rôles définissent le manager qui les met en pratique dans ses actions quotidiennes sans réellement les planifier et les organiser. On peut noter qu'Henry MINTZBERG (MINTZBERG, 1984) utilise le terme de leader pour désigner le deuxième rôle de contact. Se pose alors la question formulée aujourd'hui par beaucoup d'entreprises : les managers sont-ils tous des leaders ? Sinon, comment les faire évoluer ? Ces questions et bien d'autres font l'hypothèse d'une différence entre un manager et un leader. Que peut-on dire de cette différence si elle existe ?

Manager ou Leader ?

L'engouement actuel de nombreux dirigeants sur le thème de leadership permet de penser qu'eux-mêmes font une distinction entre les managers qu'ils ont au sein de leurs organisations et les leaders qu'ils rêvent d'avoir. Qu'est-ce qui fait alors la différence entre un manager et un leader ? Pour les observateurs des grands leaders politiques et économiques, une qualité essentielle distingue le leader du manager : la vision. Cette qualité est d'autant plus importante que l'environnement des organisations devient de plus en plus imprévisible. Si l'on se réfère aux travaux de John KOTTER (KOTTER, 1990), le leader est celui qui développe une vision et définit une stratégie, met les personnes en phase pour leur permettre de s'approprier les objectifs, motive et montre l'exemple en faisant jouer les émotions et les valeurs. Le manager, par contre, planifie et établit les budgets, définit les étapes pour atteindre les objectifs, organise et recrute, contrôle l'exécution et résout les problèmes. Si l'on suit cette distinction entre manager et leader, on comprend que le leader est celui qui sait utiliser beaucoup plus des leviers « soft » où le subjectif et l'émotionnel jouent des rôles déterminants. Le manager, quant à lui, a été formé et, surtout, est évalué dans ses activités sur des critères où l'objectivité et la rationalité de décision sont valorisées.

2. Quelles sont les qualités distinctives du manager ?

Le manager est-il un cadre comme les autres ?

Les expressions populaires véhiculent un certain nombre d'idées reçues sur le manager qu'il peut être utile de considérer avec intérêt pour ne pas perdre son bon sens au profit de constructions intellectuelles sophistiquées et trompeuses : « *il est né pour être chef, il a une tête de patron, on voit tout de suite que c'est lui le chef, il a agi en vrai patron* ». L'imagerie populaire met l'accent sur la dimension « guerrière » du manager: il dispose d'une autorité naturelle, il est capable de prendre des décisions énergiques. Ce type de profil fait partie des « illusions du management » pour reprendre le titre de l'ouvrage de J.-P. LE GOFF (LE GOFF, 2000).

On voit que selon les époques l'image idéale du manager évolue :

- manager bureaucrate des années Maupassant ou manager militariste des années d'après-guerre ;
- manager copain des années *post* 68 pour faire oublier « l'odieux petit chef » vilipendé auparavant ;
- manager Rambo des années 80 qui forge sa bravoure dans des stages out door ;
- manager comptable des années 90 qui se préoccupe avant tout des résultats économiques ;
- manager psy (ALBERT & EMERY, 1998) des années 2000 qui sait materner ses collaborateurs et se propose d'être en quelque sorte leur coach.

L'effet miroir bien connu en recrutement joue aussi son rôle. Dans de nombreux secteurs de l'industrie ou des services il y a de puissants schémas de reproduction culturelle des managers qui poussent les entreprises à avoir une vision archétypale (à la limite dans certains cas du clonage physique) de leurs managers. La question mérite enfin d'être posée: pourquoi s'interroger sur les qualités distinctives du manager ? On peut y apporter plusieurs niveaux de réponse :

- Pour permettre d'identifier le potentiel des cadres ayant ces qualités et les monter progressivement en compétences afin de leur permettre d'atteindre ces fonctions ;
- Pour assurer la diversité des profils de managers et éviter le clonage générateur de rigidité des entreprises ;
- Pour faciliter le développement des compétences des managers tout au long de leur parcours.

Un ou plusieurs profils de managers ?

Quand on décompose les tâches d'un manager : donner des directives, contrôler, animer, anticiper, etc. on peut penser que de nombreux cadres disposent des compétences requises pour exercer ce type de responsabilité. On pourrait pasticher ce que Napoléon disait à propos de l'art de la guerre: « *c'est un art simple dont la difficulté réside uniquement dans la mise en œuvre sur le terrain* ».

Cette remarque donne à penser que les managers doivent selon les circonstances être des capitaines de tempête ou de beau temps. La première catégorie est à l'évidence moins nombreuse que la deuxième.

Manager une équipe lorsque ses acteurs sont dans une attitude d'acceptation ou de non-résistance ou lorsque les changements à apporter sont de faible ampleur, ne nécessite pas de qualités distinctives. Le faire en période de conflit ou de fort changement en demande au contraire beaucoup.

Cela amène à s'interroger sur la nécessité pour les entreprises de faire varier le profil de leur manager en fonction des cycles dans lesquels elles se trouvent. On pourrait proposer une typologie des dominantes de compétences selon ce tableau.

Cycle de l'entreprise	Qualités distinctives du manager
Création	Prise de décision, réactivité : le fonceur
Croissance	Organisation, transfert de compétences : le capitaine d'équipe
Maturité	Souci de la qualité, recherche de la performance économique : le laboureur
Déclin	Prise de décision, réactivité : le fonceur redresseur

Gendre idéal ou manager efficace ?
Quelques réflexions sur les référentiels de compétences

Les entreprises utilisent le plus souvent pour la gestion de leurs cadres des référentiels de compétences qui détaillent les qualités requises par l'entreprise. Dans la plupart des cas il s'agit d'un « portrait d'un homme idéal ». Lorsque l'on examine ces référentiels et qu'on les compare à la réalité de l'entreprise qui les promulgue, on constate souvent que le référentiel exprime à l'envers la liste des défauts génériques des cadres qu'elle emploie. Il n'est pas rare que celles qui mettent en avant le courage aient pour l'essentiel à déplorer le manque d'implication de leurs cadres et que celles qui prônent l'intégrité n'aient pas à déplorer le manque de « rigueur éthique » de leurs collaborateurs. Une grande partie des référentiels est souvent consacrée au développement d'une sorte de code moral minimum des collaborateurs : exemplarité, écoute, transparence, respect des personnes, etc.

Un manager efficace se reconnaît-il dans le portait du « gentil garçon » qui est ainsi décrit ?

Rien n'est moins sûr. Un manager peut avoir beaucoup de défauts qui seraient rédhibitoires pour d'autres cadres et être globalement efficace. Une de ses compétences pourrait d'ailleurs être de faire accepter ses défauts. Il paraît essentiel de rechercher les compétences qui sont au cœur même de sa mission de management des hommes.

La surreprésentation du rôle d'autorité du manager : un référentiel de compétences daté au carbone 14

Pour simplifier on pourrait dire que le manager a deux types de missions: il symbolise l'autorité de l'entreprise et il a un rôle de valeur ajoutée technique. C'est souvent ce premier rôle qui est valorisé dans la recherche des qualités distinctives du manager.

Il est frappant de constater que 80 % des patrons des entreprises du CAC 40 ont une taille physique supérieure à ma moyenne (AMADIEU, 2002). Il faut s'interroger sur cette valorisation de l'aspect physique dont l'intérêt est sûrement grand pour le manager d'une tribu de l'ère quaternaire centrée sur son activité de chasse. Cette qualité demande à être démontrée pour la direction d'une société multinationale !

Assez souvent la prise du pouvoir managérial dans l'entreprise revient à celui qui maîtrise les codes sociaux et culturels de la fonction, soit par origine familiale, soit par formation.

La fonction de représentation du pouvoir apparaît le plus souvent comme une « dissuasion à la désobéissance » (d'où l'importance de l'apparence d'autorité) qui est plus ou moins importante selon les situations sociales des entreprises. Cela est d'autant plus regrettable que cette fonction d'« encadrement » (ce qui au sens littéral veut dire d'empêcher de déborder) génère des tâches parasites d'autojustification du manager : contrôle, réunionnite, reporting. La question de la plus-value du manager se pose alors : que se passerait-il s'il n'était pas là ? Qu'apporte-t-il réellement ?

Les incontournables du manager

Comme pour toute personne on peut analyser ses compétences dans trois domaines : la conception, la mise en œuvre, la communication.

Conception. Le manager doit disposer d'une bonne hauteur de vue pour prendre en compte les véritables enjeux des situations et ne pas se perdre dans les détails. Dans la plupart des cas, le manager devra être un décideur, un homme capable de trancher les situations, de prendre position sans attendre.

Mise en œuvre. Il doit disposer d'une autorité naturelle pour imposer à l'occasion ses décisions et dans tous les cas assurer sa « chaîne de commandement ». Il lui est utile de savoir résister sur la durée à l'adversité en gardant son cap. Il doit être en même temps suffisamment flexible pour ne pas s'enfermer dans l'erreur et reconsidérer ses plans.

Communication. Il doit être capable de faire passer clairement et sans ambiguïté ses messages.

Ces qualités distinctives n'empêchent nullement de considérer qu'il puisse avoir d'autres compétences requises pour tel ou tel poste spécifique ou que le manager ait d'autres ressources que celles qui lui sont nécessaires dans son « commandement » mais elles constituent le socle qui distingue le manager d'autres collaborateurs.

3. Reconnaître les qualités managériales

Reconnaître au sens commun peut s'interpréter de deux manières : évaluer au sens de mesurer et reconnaître publiquement afin de développer la motivation de celui qui se voit ainsi distingué.

De la difficulté à évaluer les compétences managériales

L'entreprise dispose de plusieurs moyens d'évaluer les compétences managériales :

- par elle-même en observant les comportements du salarié dans son activité professionnelle ou en procédant à un entretien de repérage des compétences dans le cadre de l'entretien annuel ou dans un entretien de mobilité ou de promotion ;

- par un conseil externe qui peut procéder à une analyse de personnalité ou de capacité de raisonnement à l'aide de différents tests ou proposer une série de mises en situation dans le cadre d'un assessment.

Mesurer les performances ou les compétences ?

Même dans les entreprises qui procèdent à des entretiens annuels réguliers avec leurs collaborateurs, il est fréquent de constater que l'on s'intéresse plus aux performances qu'aux compétences. Ce qui importe ce sont les résultats quantifiables : CA, marge, stock, taux de rebut, volume de production plus que la méthode. Plusieurs raisons expliquent ce phénomène :

▶ l'entreprise ne dispose pas d'un référentiel de compétences précis permettant de déterminer des comportements attendus en matière de management ;

▶ il est objectivement plus difficile de mesurer des compétences apparemment intangibles que des résultats ;

▶ les managers de managers ne sont pas eux-mêmes exemplaires en matière de management et manquent le plus souvent de repères.

Comment passer à côté de l'essentiel ?

Cela aboutit dans de nombreux cas à une situation paradoxale : les managers sont évalués sur de nombreux critères de résultats ou de compétences générales mais le cœur même de leur mission échappe à l'investigation. Cela aboutit assez souvent à passer un message assez négatif aux managers : le management c'est ce dont on s'occupe quand on a fait tout le reste.

▷ *Tendance*

C'est d'ailleurs ce sentiment qui ressort des enquêtes d'opinion qui sont menées auprès des cadres des grandes entreprises : beaucoup ont le sentiment d'être quelque part un peu abandonnés et sont en attente de repères pour les aider à améliorer leur action. Des questions du type : « *qu'avez-vous entrepris pour améliorer le fonctionnement de votre équipe ou quelles actions vous ont permis de développer tel ou tel collaborateur ?* » sont souvent absentes des entretiens avec un manager.

Intérêt et limites de quelques outils

L'entretien de repérage des compétences managériales

L'entretien de repérage des compétences part du principe que les comportements passés expliquent les comportements futurs. L'interviewer structure ses questions en trois groupes :

▶ questions de situation : dans quelles circonstances avez vous démontré telle compétence particulière ?

▷ questions d'action : qu'avez-vous fait concrètement ?

▷ questions de résultats : qu'avez-vous obtenu ? Quelles leçons en tirez-vous ?

Le but du questionnement est de recueillir un matériau objectif, vérifiable, relatant des expériences vécues plutôt que de solliciter la personne évaluée sur ses opinions comme cela se fait parfois dans l'entretien de recrutement traditionnel. Ce type de questionnement peut ainsi faire le tour des principales compétences managériales.

Dans la plupart des cas, un cadre honnête fournira des réponses argumentées ou précisera qu'il en peut répondre. Il est toutefois toujours possible de rencontrer des managers manipulateurs qui connaissent la méthode et prépare des « sagas » enjolivées de leurs expériences professionnelles.

L'observation du parcours professionnel

Lorsque les circonstances le permettent, l'observation du parcours au travers des entretiens annuels ou d'interviews des managers donne souvent de bons résultats. Dans certains cas, il peut être pertinent de questionner le N+2 plutôt que le N+1 qui peut être tenté de « jalouser » son collaborateur ou de vouloir le garder. Cela suppose bien évidemment que les fonctions exercées puissent permettre de repérer les compétences recherchées.

Compétences démontrées ou potentiel

Chez des managers confirmés on peut s'appuyer sur l'observation de compétences managériales démontrées. Pour évaluer ceux qui postulent pour la première fois à ce type de fonction on fera appel à la notion de potentiel que l'on peut définir comme un ensemble de compétences latentes. Par exemple si l'on s'interroge sur la capacité d'un commercial à devenir chef des ventes, on peut essayer d'observer ses comportements en réunion pour discerner s'il exerce un ascendant sur ses collègues.

L'assessment ou l'évaluation des compétences managériales par la mise en situation

Beaucoup d'entreprises ont recours à des dispositifs d'assessment (BOURNOIS & ROUSSILLON, 1998) pour évaluer les qualités managériales de leurs cadres. Le plus souvent un dispositif d'assessment se compose ainsi :

▷ des mises en situation : la personne évaluée est placée face à un consultant qui joue le rôle d'un collaborateur, d'un collègue, d'un client, etc. Des observateurs notent les réactions de l'évalué ;

▷ un exercice courrier : l'évalué est supposé être à son bureau et a à traiter une quarantaine de mémos auxquels il doit réagir par écrit. Ses réactions sont analysées à partir d'un référentiel de compétences (compréhension des enjeux, prise de décisions, communication par exemple) ;

- des tests de personnalité ou de raisonnement ;
- un entretien avec un consultant assez classiquement structuré sous forme de « repérage de compétences ».

La durée habituelle d'un assessment est d'une journée. Dans certains cas les participants sont regroupés dans le cadre d'un assessment center. L'observation est parfois complétée par des mises en situation de groupe (les participants doivent résoudre ensemble un problème). L'observation en groupe permet de déceler des compétences de type charisme, besoin de pouvoir, écoute, intelligence des situations, affirmation de soi, etc.

Pour des cadres dirigeants il peut également être proposé des études de cas dont les résultats doivent être présentés devant des consultants acteurs. Les compétences évaluées se situent dans ce cas dans le domaine de la hauteur de vue, de l'anticipation, de la créativité, de l'intelligence des situations.

Intérêts et limites de l'assessment

Par rapport aux méthodes « subjectives » traditionnelles, l'assessment présente les avantages d'une observation plus factuelle et structurée. La qualité des observations dépend beaucoup de celles des observateurs et aussi de leur nombre (certains cabinets proposent pour des raisons d'économie, un seul consultant qui observe et joue un rôle en même temps). En grande partie la qualité d'un assessment repose sur la multiplicité des observateurs et des situations, ce que les Allemands appellent le « Fier Augen Prinzip » (principe des quatre yeux). La pertinence des situations par rapport aux compétences évaluées, l'adaptation culturelle, le rythme général de la journée concourent bien évidemment à la qualité du dispositif. En dehors des limites qui tiennent à la qualité même des dispositifs, il faut s'interroger sur les distorsions de perception qui peuvent impacter un dispositif d'assessment.

Exemple

Un cadre récemment diplômé d'une école de commerce où il aura participé à de nombreux jeux de rôles magnétoscopés aura à l'évidence une longueur d'avance sur le cadre autodidacte qui n'a pas cette expérience.

Par ailleurs le fait d'être familiarisé avec les dispositifs d'assessment, d'en connaître les méthodes, est un atout qui peut donner une « prime » à un candidat. Enfin la désidérabilité sociale des référentiels de management qui sous-tendent les dispositifs de management privilégie les personnes évaluées qui sont capables de les deviner ou dont le contexte socioculturel correspond au profil recherché. On ne peut donc affirmer que l'assessment est une méthode scientifique, elle donne un éclairage supplémentaire sur le candidat qui doit être confronté à d'autres éléments. Beaucoup d'entreprises y recherchent une « assurance psychologique » qui les conforte dans la plupart des cas dans les choix intuitifs qu'elles ont faits.

L'évaluation 360° mesure-t-elle les compétences managériales ?

Depuis quelques années de nombreuses entreprises proposent à leurs collaborateurs des bilans 360° qui consistent à demander aux collègues de même niveau, subordonnés, hiérarchie d'un cadre de l'évaluer en regard d'un référentiel de compétences. Ces résultats sont confrontés à l'auto-évaluation de la personne. Pour l'essentiel ce type de dispositif ne mesure pas les compétences au sens intrinsèque du terme mais les perceptions que peut avoir l'entourage d'une personne. Cette prise de mesure n'est pas sans intérêt car il est toujours utile d'avoir un retour d'image, mais elle repose avant tout sur des impressions.

La grande inconnue de la motivation

Quelle que soit la sophistication des outils d'évaluation, il est particulièrement difficile d'évaluer avec efficacité la motivation qui est une donnée instable, particulièrement volatile dans le temps. La motivation peut en effet reposer sur une multitude de paramètres : intérêt du poste, perspective d'évolution, avantages matériels mais aussi sur des facteurs plus personnels (relation avec les personnes, besoin de travailler en fonction de sa situation de famille, état de santé, etc.) qui peuvent évoluer dans le temps.

Comment reconnaître les mérites des cadres qui s'investissent dans la réussite individuelle ou collective de leurs collaborateurs ?

La reconnaissance des mérites n'est pas une tradition française à la différence de ce qui peut s'observer dans les sociétés américaines notamment.

Cette reconnaissance peut prendre plusieurs formes :

1° Reconnaissance individuelle ou collective
Le manager de manager, verbalement ou par écrit, individuellement ou en le communiquant à l'ensemble des collaborateurs d'une entreprise ou d'un département, manifeste sa satisfaction devant l'investissement et la réussite managériale de son collaborateur. Il n'y a pas bien évidemment de forme imposée pour cet exercice, mais il paraît essentiel pour que cette reconnaissance porte ses fruits de mentionner des faits précis, de citer les compétences particulières qui ont été mises en œuvre et le bénéfice qu'en tire l'entreprise ou le service considéré. Cette reconnaissance sera d'autant plus forte que les référentiels de compétences de l'entreprise mettront l'accent sur la dimension managériale.

2° Reconnaissance par la rémunération
En plus des habituels « incentives » collectifs qui peuvent être réservés aux

managers émérites (manager de l'année, citation devant les conventions internes, etc.), il peut être particulièrement efficace d'indexer une partie de la
rémunération sur l'atteinte d'objectifs managériaux. La difficulté est bien sûr
d'objectiver l'appréciation qui est portée sur l'atteinte de ces objectifs managériaux, ce qui passe dans la plupart des cas par la rédaction d'un référentiel
décrivant des comportements attendus des managers dans ce domaine.

4. Conclusion : peut-on développer les qualités managériales ?

Si l'on voit bien que la reconnaissance des qualités managériales passe par
une évaluation relativement fiable des compétences des managers, il est
certain que cette dernière comporte toujours une marge d'incertitude. En
combinant les outils disponibles, en impliquant plusieurs personnes, en se
référant à de multiples situations, les entreprises peuvent toutefois réduire
considérablement les risques d'erreurs. Dans tous les cas la multiplicité des
méthodes reste largement plus efficace que la simple intuition qui reste
encore trop souvent utilisée.

Mais la reconnaissance des qualités managériales pose également la question du développement de ces compétences. À l'image d'une question souvent posée à propos du leadership, les qualités managériales sont-elles plus
acquises qu'innées chez les individus en position de managers? La réponse
à une telle question est évidemment nuancée : l'impact de la personnalité,
de l'héritage culturel et de l'éducation joue certainement un rôle important
dans le développement de ces qualités managériales.

> *Tendance*

Il n'en reste pas moins que les entreprises ont développé d'importants programmes de développement de leurs managers construits à
partir de cycles de formation souvent lourds et des parcours de carrière alternant des postes réputés faciles et d'autres difficiles. Le
montant des investissements qui sont consacrés à la mise en œuvre
de ces programmes témoigne de la conviction des entreprises sur le
fait que les qualités managériales sont beaucoup plus acquises
qu'innées. Parmi les dispositifs également utilisés pour le développement de ces qualités managériales, le coaching individuel et l'utilisation intelligente de l'outil d'évaluation 360°, évoqué plus haut,
ont connu un développement sans précédent au cours des dernières années. En dépit des critiques justifiées qui se sont élevées

contre l'utilisation abusive de certaines de ces pratiques, il semble intéressant d'y avoir recours pour le développement des qualités managériales non sans avoir mené sa propre analyse critique.

C'est en définitive à une véritable réflexion sur la nature des qualités managériales requises en fonction des contextes qui ne sont pas nécessairement identiques d'une entreprise à l'autre, que conduit une analyse des stratégies de développement de ces qualités. Un manager réputé excellent, et donc reconnu, dans une entreprise peut en effet connaître une situation inverse dans une autre…

Chapitre 5

Reconnaître les talents dans un contexte d'hyper compétition

Pierre MIRALLES
Jean-Michel PLANE

Depuis plusieurs années, la question du management de la performance se pose avec sans doute beaucoup plus de force que dans le passé au sein de toutes sortes d'organisations, privées, publiques ou relevant même de ce que l'on appelle désormais le tiers secteur (associations, coopératives, mutuelles). Le management est progressivement devenu une activité humaine porteuse de nombreux enjeux qui se cristallisent dans un contexte fortement marqué par quatre grandes mutations majeures aujourd'hui : la mondialisation, la financiarisation, l'impact des nouvelles technologies et les transformations du travail.

Du point de vue de la situation concurrentielle des organisations, la mondialisation se concrétise par un phénomène d'hyper compétition interentreprises tel qu'il a déjà été théorisé par R. d'AVENI il y a quelques années (1995, 2002). L'hyper compétition, c'est avant tout un contexte au sein duquel il n'y a plus d'avantage concurrentiel unique (comme par exemple le coût ou le temps) et durable, mais plutôt une recherche de la part des compétiteurs de combinaisons éphémères d'avantages concurrentiels variés tels que le coût, le temps, la qualité, la capacité financière, la technologie, l'innovation, le talent, etc. C'est dans un tel contexte que les organisations s'efforcent de relever le défi de la mondialisation. La qualité du management peut probablement fournir des éléments de réponse, des pistes pour l'action.

Parler de mondialisation, c'est aussi reconsidérer d'une certaine manière la gestion des hommes ce qui se traduit dans les faits par de nouvelles préoccupations d'entreprises : le développement de nouvelles formes de carrières (les « carrières nomades ») constitue un exemple probant de ces nouvelles tendances. En effet, à côté de la traditionnelle carrière organisationnelle, le nomadisme des cadres se multiplie, ce qui implique de nouvelles formes d'implication et un renouvellement des rapports sociaux dans les organisations. C'est dans un tel contexte que de nombreuses questions se posent avec probablement davantage d'acuité que dans le passé aux directions des ressources humaines. Comment faire évoluer les salariés de l'entreprise ? Dans quelles conditions favoriser le développement de comportements plus productifs, plus responsables, plus autonomes, bref plus professionnels ? Qu'est-ce que le talent ? Peut-on l'identifier et le reconnaître au sein des organisations ? Là aussi, le management peut probablement apporter des réponses décisives pour le devenir des organisations. Mais, finalement, qu'est-ce que le management ?

Le management est une activité humaine et sociale visant à stimuler les comportements, à animer des équipes et des groupes, à développer les structures organisationnelles et à conduire les activités d'une organisation en vue d'atteindre un certain niveau de performance. Le management s'intéresse principalement au pilotage des activités, au développement des structures et à la conduite des hommes en situation de travail. Il se différencie assez nettement de la gestion qui fait plutôt référence à la recherche de l'allocation optimale de ressources rares. La performance est devenue un objet complexe à maîtriser pour toute organisation. Elle réside dans sa capacité à relever des défis dans leur simultanéité. Il s'agit de faire face aux défis de la maîtrise des coûts, de la qualité, du respect des délais, de la flexibilité mais aussi de l'innovation et de la variété de l'offre. C'est dans un tel contexte que la notion de talent est interrogée.

1. Pourquoi s'intéresser au talent dans les organisations ?

Depuis quelques années, plusieurs observateurs de la vie économique et sociale évoquent la « guerre des talents », c'est-à-dire une lutte féroce entre les organisations et les nations pour recruter et pour s'attacher les collaborateurs les plus performants. « Attirer et conserver les meilleurs », tel est désormais le slogan mis en avant par de nombreux cabinets de recrutement ou de conseil en ressources humaines pour faire valoir leurs services.

Cette préoccupation est aussi de plus en plus souvent reprise par des organisations professionnelles, voire des gouvernements, pour justifier diverses mesures à caractère exceptionnel ou dérogatoire visant des publics spécifiques. Qu'on se souvienne seulement ici des dispositions fiscales étonnantes prises en 2003 par le gouvernement Raffarin pour encourager le retour en France de certains professionnels prestigieux : scientifiques, experts financiers, sportifs, etc. qui ont émigré pour bénéficier de conditions plus avantageuses que dans leur pays d'origine.

Cependant, en dépit du caractère de plus en plus présent de ces préoccupations, la réflexion théorique sur le concept de talent, le rôle du talent dans la performance, et ses conséquences au niveau du management des organisations, paraît à ce jour singulièrement pauvre. En fait, le terme même de talent est pratiquement absent de la littérature consacrée à la gestion, si on met à part quelques ouvrages de circonstance le plus souvent d'origine ou d'inspiration anglo-saxonne, comme précisément *The War for Talents*, écrit-il y a quelques années par plusieurs consultants de McKinsey. Il est vrai que cette notion apparaît à première vue étrangère au monde de la gestion : le caractère supposé ineffable du talent, perçu comme une sorte de « je ne sais quoi »; son usage longtemps réservé à des professions spécifiques ou marginales (artistes, journalistes, hommes politiques ou autres); la faible prise des organisations sur la naissance et le développement des talents singuliers; les difficultés réelles ou imaginaires de leur valorisation au sein d'un collectif; tout cela rendait la notion de talent d'un maniement malaisé et jusqu'à présent d'un intérêt pratique limité. Il en va désormais différemment.

▷ *Tendance*

Le nombre des métiers concernés par la « guerre des talents » ne cesse apparemment de croître, et les comportements de certains des salariés qui y exercent leurs talents ne laissent pas de surprendre et de déstabiliser leurs responsables : départs massifs de cabinets prestigieux de consultants expérimentés pour fonder des start-up ; explosion des rémunérations de certains professionnels : présentateurs d'émissions TV, experts en placements financiers, créatifs d'agences de publicité ou… dirigeants d'entreprises du CAC 40 ; exigences farfelues de « divas » en ce qui concerne leurs conditions de travail, allant du choix de la couleur de leur fauteuil à l'administration de massages californiens à l'heure du thé… Autant de pratiques jugées naguère bizarres ou exotiques, en tout cas sans signification à défaut d'être sans conséquence, mais qui, par leur développement et l'élargissement de la population qu'elles touchent, constituent progressivement une véritable phénoménologie dont nous postulons ici qu'elle présente quelque cohérence.

Ce qui est particulièrement frappant dans cette description du management pratiqué dans l'univers des *dotcom*, c'est qu'elle pourrait presque s'appliquer telle quelle au monde du spectacle, du sport professionnel, de la mode, etc. Car il existe un ensemble de secteurs d'activité, dont le poids économique est de moins en moins négligeable, dans lesquels la performance des organisations semble fortement corrélée au talent personnel de certains individus qu'elles emploient : que l'on pense aux « créatifs » de la publicité, aux « nez » des industries du luxe, aux « golden boys » de la finance, aux « stars » des industries culturelles, etc. Ces individus ne sont pas nécessairement des dirigeants ou des leaders. Simplement, ils disposent d'atouts personnels exceptionnels et contrôlent des processus déterminants pour l'organisation. Ainsi le management des talents naît de la rencontre entre des situations exigeantes et des personnalités exceptionnelles. Aux antipodes d'un modèle universaliste, il va polariser son intérêt sur ce qui fait la singularité des personnes et des situations.

2. Vers un management des talents dans les organisations ?

Nous définissons le talent d'un individu comme une configuration spécifique de ressources personnelles, relativement stables et permanentes, en grande partie héritées et incorporées dans l'individu qui en est le dépositaire (le « talent », par métonymie). Ces ressources recouvrent des caractéristiques physiques, cognitives, conatives et émotionnelles, et constituent une idiosyncrasie, c'est-à-dire un actif spécifique. Ces ressources ont au départ les caractéristiques d'un potentiel qui, grâce à un apprentissage et à une préparation adaptée, s'actualise dans des compétences relatives à une activité valorisée par l'organisation, et s'exprime par des performances exceptionnelles et répétées, le plus souvent reconnaissables à un style unique. Ce style est une propriété relationnelle dans la mesure où il exprime à la fois des traits profonds de la personnalité du talent, mais constitue aussi le moyen de différenciation du talent sur son « marché ».

Plus brièvement et de façon plus opérationnelle, on peut caractériser plus simplement le talent par l'équation :

Talent = excellence + différence

Cette formule présente notamment l'avantage de mettre l'accent sur l'essentiel : le terme de talent traduit l'investissement de l'intégralité de la personne dans la performance supérieure.

Les questions de l'origine et du développement du talent sont évidemment essentielles. Elles mobilisent des connaissances extérieures au domaine de la gestion, que nous ne ferons ici qu'effleurer. Pour schématiser à l'extrême, notre conception considère le talent comme le produit de l'interaction entre :

▶ des « dispositions » à caractère héréditaire, à l'origine d'expériences réussies, c'est-à-dire de performances exceptionnelles dans une activité ou une sphère d'activités ;

▶ des circonstances sociales et environnementales favorables, notamment stimulations familiales, mais aussi structures d'apprentissage et d'entrée dans le métier;

▶ des croyances, que l'on peut regrouper sous l'appellation de « sentiment d'efficacité personnelle » (BANDURA, 2001) ou encore de « volonté de réussir » (BOURDIEU, 1992).

Les déterminants initiaux de cette « boucle de rétroaction positive » se mettent généralement en place dans l'enfance pour créer le phénomène de la « vocation » (WEBER, 1917). Cette vocation est souvent canalisée dans des institutions (les « académies »), mais elle implique toujours un investissement fort de la personne, un « prix à payer » (ROUSSILLON, 1998).

Ces quelques caractéristiques du talent ne sont pas sans conséquences sous l'angle du management :

▶ Le talent appartient entièrement à l'individu, mais les conditions de sa meilleure expression appartiennent à l'organisation, ce qui induit une relation d'emploi symétrique (*i.e.* un rapport de forces équilibré) et un très fort avantage compétitif pour l'organisation qui sait combiner de façon optimale le talent avec ses propres « actifs spécifiques » – et tout particulièrement les autres talents dont elle dispose !

▶ Le talent, s'il ne s'améliore pas sensiblement par la formation, se renforce par l'exposition à des situations compétitives. À cet égard, l'éducation des talents apparaît avant tout comme un processus de sélection des meilleurs et un test de motivation résiliente.

Exemple

> Les classes préparatoires aux concours des grandes écoles, les centres de formation des clubs de football professionnels, les diverses « académies » supposées produire les futures stars du *show business* manifestent clairement cette orientation. De même, la démarche d'intégration dans l'organisation n'est guère fondée sur des processus formels, mais s'appuie sur la passion de l'individu.

▷ C'est pourquoi le talent a un besoin permanent de challenges. Sa motivation est principalement « intrinsèque » et orientée sur la tâche, dans une recherche d'excellence personnelle. Le sentiment de maîtrise est alors indissociable de la sensation de plaisir. Cette orientation risque parfois de faire passer au second plan les intérêts de l'organisation : Thévenet parle alors d'un comportement de « diva ». Le désir d'éprouver et d'exprimer son talent, le besoin de s'exprimer et d'actualiser ses capacités propres, rendent les individus talentueux sensibles aux sollicitations externes, pourvu que les promesses faites rencontrent leurs aspirations. La carrière-type du talent serait donc la « carrière nomade » (Cadin, Bender et Saint-Giniez, 2003) et cette caractéristique tend à modeler le marché du travail, voire la structure même des organisations, dans les secteurs *talent intensive* (Weick, 1996).

▷ La mobilisation du talent s'obtient principalement par le renforcement du sentiment d'efficacité personnelle, qui apparaît aussi comme le principal facteur de performance individuel en situation de haute compétition. Il est donc essentiel de créer les conditions de ce renforcement et le développement de la confiance, en particulier par ce qu'on pourrait appeler les « technologies du soi ». Le « souci de soi » qui caractérise le talent va au-delà de la sphère professionnelle pour embrasser l'existence privée : « l'art de la conservation de soi » ou encore « l'art de l'égoïsme » dont nous parle Nietzsche (1889) en décrivant son hygiène de vie, est avant tout au service de l'œuvre.

3. Conclusion

En définitive, le talent est envisagé ici comme un ensemble de ressources personnelles rares, non imitables, idiosynchratiques. Les recherches actuelles conduisent à mettre en avant la nécessaire contradiction / articulation entre gestion et management des talents :

▶ pour l'individu, gérer son talent consiste à le reconnaître, l'assumer et le développer, puis à rechercher les meilleures conditions de son expression et de sa valorisation, au sein de l'organisation bien sûr, mais aussi au travers de sa trajectoire professionnelle ainsi que dans sa vie privée ;

▶ pour l'organisation, manager les talents consiste à mettre en œuvre de façon spécifique, compte tenu des caractéristiques de cette ressource rare qu'est le talent, les actes de gestion typiques des ressources : reconnaître, protéger, exploiter. Ainsi, reconnaître les talents, c'est d'abord savoir les détecter (*scouting*) pour les capter le plus tôt possible. Les protéger, c'est surtout les isoler des tentations et des perturbations (*cocooning*). Les exploiter, c'est créer les meilleures conditions de leur expression (*coaching*), et savoir les combiner entre eux (*casting*) pour tirer le meilleur parti de leurs styles complémentaires, en vue de la performance collective.

Chapitre 6

Je suis à potentiel ? Mes managers me reconnaissent pour tel !

Frank BOURNOIS
Sylvie ROUSSILLON

Quand les entreprises ont anticipé leurs propres besoins et repéré les capacités d'adaptation de leurs hauts potentiels, elles accompagnent désormais leur développement par une véritable éducation précise et méthodique.

Pour répondre à l'attente dont ils sont l'objet, les hauts potentiels, quant à eux, doivent tenir compte du prix à payer pour arriver aux plus hautes fonctions.

1. 1980-2005 : un changement de paradigme

Cette remarque courante dans les grandes entreprises internationales « je suis reconnu comme haut potentiel » aurait paru très surprenante il y a seulement dix ans. En effet, informer un cadre de son statut de haut potentiel, lui faire savoir qu'il était reconnu pour tel, était perçu le plus souvent comme de la démagogie, voire comme de la délation. La liste des cadres à haut potentiel était enfermée au plus profond du coffre-fort du DRH comme nous le rappelle souvent un grand DRH du secteur bancaire. Sa diffusion relevait presque du secret d'Etat. Le silence était la règle. Et puis, l'accès au sommet devait se mériter et les directeurs des cadres envisageaient souvent le dispositif comme un parcours initiatique à l'occasion de voyages, de missions en expatriation, d'affectations dans des postes aux contours variés et parfois déroutants.

Depuis la bulle Internet du début des années 2000, la donne a changé. Les données que nous avons recueillies (cf. tableau ci-dessous) montrent bien que la reconnaissance des collaborateurs est une préoccupation croissante :

▶ en étant plus transparent sur les critères pris en compte ;

▶ en étant plus explicite avec l'individu qui sait s'il est reconnu à potentiel.

Communication existant sur l'appartenance à une liste de HP.	1990 : 8 % 2005 : 13 %	1990 : 5 % 2005 : 19 %
Pas de communication sur l'appartenance à une liste de HP.	1990 : 48 % 2005 : 17 %	1990 : 39 % 2005 : 51 %
	Pas de communication sur la nature des critères du potentiel.	Communication sur la nature des critères du potentiel.

Répartition des entreprises du CAC 40 et du SBF 120

On constate qu'en 15 ans le nombre des entreprises qui informent les personnes concernées de leur appartenance aux groupes des hauts potentiels a plus que doublé (de 13 % des entreprises à 32 %) et que les entreprises qui explicitent leurs critères de choix sont devenues largement majoritaires (de 44 % à 70 %).

Il convient aussi de préciser que la reconnaissance du potentiel du futur dirigeant au sens de KOTTER (KOTTER, 1982) se situe sur trois grands axes :

▶ celui de l'identification du potentiel ;

▶ celui de son développement à travers des dispositifs de plus en plus variés au sein des universités d'entreprise ;

▶ celui de sa gestion à travers les mesures d'accompagnement (rémunération, opportunités de chemins professionnels…).

L'intérêt pour la détection et le suivi des hauts potentiels mais aussi pour les méthodes utilisées est soumis à des mutations qui affectent le plus grand nombre d'entreprises. On a affaire à de véritables modes qu'il s'agit de repérer pour différencier les authentiques avancées des engouements passagers. Mais pourquoi assiste t-on à un tel changement de paradigme concernant la visibilité de la reconnaissance du potentiel par l'entreprise et sa transmission aux personnes concernées ? Quel impact cette information peut-elle avoir sur ceux qui sont ainsi reconnus comme haut potentiel ?

> *Tendance*

Actuellement, rares sont les grandes entreprises internationales (BOURNOIS, ROJOT et SCARINGELLA, 2002), qui n'ont pas de programmes spécifiques pour leurs cadres à haut potentiel. L'investissement consacré à ces programmes repart de plus belle après une période 1980-90 pendant laquelle il avait été mis en sourdine. En effet, certaines des plus engagées dans leur gestion prévisionnelle des cadres telles qu'IBM, s'étaient vues obligées de se séparer de cadres, formés selon des choix inadaptés aux priorités du moment : trop de managers, pas suffisamment adaptables...

La crainte d'effets pervers s'était répandue à travers la communauté des directeurs des cadres :

- risque de se tromper sur les personnes choisies et/ou sur les critères retenus ;
- risque de se limiter à une cible trop restreinte alors que la notion de potentiel concerne tous les salariés ;
- risque d'apparaître comme trop élitiste « à la française » à l'heure de l'internationalisation forcenée ;
- risque de voir les heureux élus s'endormir sur leurs lauriers ou faire preuve d'arrogance ;
- risque de démotivation du plus grand nombre et tout particulièrement des « non retenus » sur les listes ouvrant la voie de la reconnaissance maximale ;
- risque que les heureux élus écoutent les sirènes attractives (financièrement) des concurrents ;
- risque corollaire de créer une situation de surchauffe de la masse salariale ;
- et une série de risques associés à l'incapacité à fournir des postes intéressants à tous ceux qui ont pourtant été identifiés...

Du potentiel au talent : une notion en extension

L'ouvrage de 1997 de MICHAELS, HANDFIELD-JONES et AXELROD (MICHAELS, HANDFIELD-JONES and AXELROD, 1997), publié par la *Harvard Business Press* constitue un véritable tournant dans l'histoire du concept de potentiel. Il met l'accent sur une nouvelle donne (démographique) et une inversion de la réflexion. Jusqu'à maintenant les postes étaient rares et les collaborateurs candidats aux postes de direction nombreux ; désormais, ce sont les collaborateurs qui deviennent rares et il va s'agir de les fidéliser.

Le concept de potentiel devient à la fois plus souple et moins précis : nous avions mis en évidence (BOURNOIS et ROUSSILLON, 1998), que la recherche de cadres à potentiel était essentiellement justifiée par la nécessité de pourvoir des « postes d'encadrement de grandes équipes » (JONES S. and SCHILLING D., 2000), désormais, la réflexion part du collaborateur, de ses ressources actuelles (dont sa performance), de son attachement à l'entreprise (son adhésion aux valeurs) et de la manifestation de critères de potentiel à diriger des équipes (ELLIS,2003), Le concept de potentiel a en quelque sorte été happé par le succès de la notion de talent qui est bien plus englobante. (cf. le chapitre de MIRALLES et PLANE dans cet ouvrage).

Savoir reconnaître ses hauts potentiels : une mission indispensable

La reprise des démarches de gestion des hauts potentiels correspond à trois enjeux majeurs liés à l'évolution globale (ALBERT, BOURNOIS, DUVAL-HAMEL, ROJOT, SAINSAULIEU et ROUSSILLON, 2002) des affaires : le mouvement de recentrage sur les compétences clés, les changements permanents et la mondialisation[1] de la concurrence pour des talents qui deviennent de plus en plus mobiles (MARQUARDT, 2000).

Les impératifs de recentrage sur les compétences clés ont induit une segmentation de plus en plus précise des pratiques de GRH en fonction des individus porteurs de ces compétences. Les hauts potentiels, le plus souvent assimilés aux futurs dirigeants sont perçus comme les acteurs prioritaires du développement de l'entreprise et font l'objet d'attentions particulières quand il s'agit de les identifier et de les fidéliser.

En observant l'échantillon des grandes entreprises que nous analysons régulièrement, un dispositif type (CHARAN, DROTTER and NOEL, 2001), se dégage avec des méthodes qui se banalisent :

▶ pour leur détection : comités de carrières de division/branche et de groupe, entretiens de détection, people reviews ;

▶ pour leur développement : formations prestigieuses avec des noms de codes évocateurs, diversification des profils et des nationalités et parfois proportion accrue du nombre de femmes dans les programmes, missions formatrices, participation à des groupes projets, test de l'adaptation culturelle à travers une mission internationale (ou d'expatriation), coaching éventuel, mentoring…

---

1. Global Leaders for the 21st Century, Suny.

▶ pour leur suivi : leur gestion est assurée par une direction (rattachée au plus haut niveau dans l'entreprise) en charge de leur évolution, leur rémunération est attractive, la durée moyenne dans un poste plutôt réduite de manière à exposer l'individu à un plus grand nombre de situations de gestion et l'aider à développer ses réseaux.

Le contexte actuel de crainte d'une guerre des talents renforce encore cette volonté d'attirer et de conserver la collaboration de vedettes volatiles et recherchées. Se savoir reconnu comme haut potentiel est flatteur et il faut bien avouer que les hauts potentiels sont bien souvent la seule population à qui est proposé un contrat psychologique comprenant une promesse de carrière !

La création d'un marché international de hauts potentiels contribue à cette reconnaissance croissante du statut de cadre à haut potentiel. En effet, ce mouvement de segmentation est renforcé par la mondialisation du marché des diplômés et des dirigeants, qui sont par nature internationaux et de formation supérieure : leurs écoles d'origine, leurs diplômes comme les entreprises où ils ont commencé leur carrière et les chasseurs de têtes qui les observent sont en nombre limité, se surveillent, et sont friands de classements internationaux contribuant à homogénéiser encore plus les critères de choix et de définition de ce qu'est un cadre à haut potentiel.

On ressent que les caractéristiques économiques, culturelles, institutionnelles qui structuraient et différenciaient les marchés du travail (LIVIAN et BARET, 2002) à partir des systèmes éducatifs, législatifs, sociaux sont en voie d'unification rapide en ce qui concerne les hauts potentiels : tous ont une expérience internationale et travaillent en anglais. Leurs études portent sur les mêmes connaissances à partir des mêmes auteurs ou études de cas et elles obéissent à des critères d'évaluation portés par quelques grands organismes transnationaux (Equis, AACSB...). Le système éducatif de ces élites, comme leurs référents culturels échappent de plus en plus aux caractéristiques nationales et les « vedettes » des entreprises sont en prise directe avec cette concurrence potentielle.

La reconnaissance des cadres à haut potentiel est en passe d'être externalisée hors de l'entreprise où le cadre travaille : les critères, le marché, les professionnels structurent la hiérarchie des compétences clés et offrent à ceux qui sont reconnus comme haut potentiel une possibilité de négocier leurs engagements sur le marché externe plus encore que dans le marché interne de l'entreprise. Cette situation s'impose à l'entreprise qui tiendra compte de la valeur de marché pour positionner et évaluer ses hauts potentiels

Enfin, la démarche de croissance externe si souvent utilisée par les groupes internationaux a rendu indispensable d'homogénéiser des pratiques de management et de gestion pour créer une « culture d'entreprise » qui facilite la coopération entre des entités à l'histoire et aux origines nationales plus ou moins disparates : les cadres à haut potentiel sont d'excellents vecteurs de cette nouvelle culture que leur mobilité accroît. Sont définies des pratiques *corporate* favorisant une identification plus homogène et systématique de ces ressources rares dans l'ensemble des filiales, sur des critères parfois difficiles à préciser. Ces ressources rares sont reconnues par les entreprises comme devant bénéficier à l'ensemble du groupe : les hauts potentiels appartiennent au groupe *(corporate property)*.

Les cadres plus jeunes, haut potentiel juniors de 28-35 ans (IMBERT, 2004), ou moins remarquables, sont plus souvent reconnus comme des ressources des filiales et des unités opérationnelles : cette segmentation se retrouve dans de nombreux groupes au point où de nombreuses *business schools*, surtout américaines, ne se préoccupent plus de proposer des programmes sur-mesure à leurs entreprises clientes. Il s'agit là, à notre sens d'une erreur historique : la culture d'entreprise demeurera le moule comportemental dans l'entreprise. Et c'est d'ailleurs ce qui explique qu'un même individu sera reconnu à potentiel dans une entreprise et pas chez son concurrent direct. Ceci est aussi très rassurant pour les individus qui évitent ainsi l'exclusion systématique des postes d'encadrement supérieur et dirigeant. Notre expérience nous convainc que l'on peut faire deux groupes caricaturaux des grandes entreprises : celles au fonctionnement mécaniste et celles au fonctionnement organique. Les premières tendent à formaliser les parcours et les critères de potentiel tandis que les secondes sont empreintes de subtilités et de sensibilités culturelles, de flou organisationnel et de flexibilité. Il n'y a pas de meilleur système en soi si ce n'est que l'alchimie globale « environnement x stratégie x organisation x culture et GRH » doit être en forte cohérence.

Exemple

De notre point de vue, en France, deux entreprises réussissent l'exercice remarquablement bien : EADS pour le modèle mécaniste et L'Oréal pour le modèle organique. Leurs deux universités d'entreprises (respectivement appelés *Corporate Business Academy* chez EADS et *Learning for Development* chez L'Oréal ont mis au point des programmes particulièrement adaptés à leurs environnements tout en poursuivant leurs efforts d'innovation. Les personnalités des dirigeants mises à leur tête constituent indiscutablement aussi un des facteurs clés de leur réussite.

Les pratiques de détection et de développement des cadres à haut potentiel fleurissent également dans des entreprises de taille modeste : moins de 1000 personnes ! Cela leur permet de rester attractives pour des candidats de valeur et de ne pas s'exposer à des coûts trop importants. Mieux, elles saisissent cette opportunité pour faire fonctionner un institut d'entreprise, souvent sous une forme virtuelle (ressources disponibles sur intranet) et sous le nom des fondateurs de l'entreprise ! Elles alignent leur gestion des ressources humaines sur les pratiques des grandes entreprises pour attirer des compétences rares. Cette démarche s'effectue souvent au détriment de l'équité interne et les critères de valeur sur le marché, de performance et d'anticipation d'un apport par rapport aux projets stratégiques de l'entreprise remplacent les critères plus classiques de fidélité, d'équité et de statut.

Ainsi les entreprises tentent de mieux repérer et de plus fidéliser leurs cadres à haut potentiel, mais elles sont amenées à développer leurs approches et leur savoir-faire avec une professionnalisation croissante. Des phénomènes d'apprentissage en double boucle se produisent : le repérage d'un talent va conduire à l'envoi de ce cadre réputé à haut potentiel dans un séminaire ; et ceci va devenir le vrai moment pour confirmer cette détection. Ainsi n'est-il pas rare de voir le pouvoir des responsables d'université d'entreprise s'accroître : ils deviennent des capteurs de confirmation du potentiel et les heureux élus leur en sont très reconnaissants ensuite. Quand ils accèdent à leur tour à des postes de hautes responsabilités, ils leur arrivent d'appeler dans leur entourage celui qui les a dénichés.

2. Cette reconnaissance doit devenir fiable et plus scientifique

Le développement des pratiques des entreprises s'accompagne d'une très forte professionnalisation des démarches : les méthodes continuent de se sophistiquer pour tendre vers plus de scientificité et revendiquer une plus grande fiabilité dans les pronostics. Nous rappelons que la détection du potentiel porte, non sur des résultats avérés, mais sur une capacité présente, indispensable au développement des nouvelles compétences attendues du futur dirigeant, mais non encore démontrée et dont il s'agit de reconnaître les signes distinctifs. Ceci est bien plus complexe que d'évaluer des résultats objectifs et des compétences avérées.

Pour effectuer une telle recherche, les entreprises sont amenées à préciser les caractéristiques qu'elles attendent de leurs dirigeants et à établir des référentiels de compétences, des chartes du management, des modèles de leadership (comme le fait Areva dans son université d'entreprise où la filière management se structure et se hisse au plus haut niveau) et autres définitions des critères de sélection. Ces définitions sont parfois proche d'un catalogue de sainteté et souvent en partie paradoxales : les cadres à haut potentiels doivent avoir toutes les vertus, savoir communiquer et écouter, être un leader (KEEN, 2003, MURPHY, 1996), et être modeste, prendre des risques et être discipliné... ce qui aboutit souvent à des attentes en partie contradictoires avec une augmentation du stress, des paradoxes et des crises potentielles.

L'identification précise des caractéristiques des futurs dirigeants est encore très controversée, tout comme celle des contre-indications et des critères rédhibitoires ! En 1998, nous avions mis en évidence (BOURNOIS & ROUSSILLON, 1998) des caractéristiques générales telles que l'ambition, l'intelligence et la capacité à apprendre, la capacité à influencer, la projection vers l'avenir, l'énergie, le sens politique, la pratique de la délégation… Mais il demeure périlleux de vouloir lister ce qui différencie un futur dirigeant performant d'un perdant : l'histoire regorge d'individus que tous croyaient perdus et qui ont su rebondir, et d'exemples contraires d'étoiles filantes qui ont disparu avant d'avoir démontré ce qu'on attendait d'elles ! Des travaux actuels montrent comment des sujets brillants dans un contexte ont souvent de la peine à s'exporter car celui qui réussit dans un certain environnement technique, humain... n'est pas toujours le meilleur dans un autre[1]. Et c'est le merveilleux mystère de l'adaptation et de la suradaptation. Nous ne pouvons que regretter le manque de connaissances et de formations sur le déraillement (LOMBARDO, EICHINGER, 1989), de carrière. Lorsque nous intervenons sur ce sujet, on découvre combien les dirigeants se sont souvent trouvés près de ravins professionnels alors que des signes avant-coureurs existaient.

Un critère reste cependant fondamental : être un homme ! En 20 ans, la place des femmes dans les instances de direction n'a pas vraiment progressé et continue à côtoyer les 10 % de l'effectif des comités exécutifs. Pour certains, les femmes ne possèderaient sans doute pas les qualités évoquées plus haut… Mais d'autres mécanismes, constitutifs du célèbre « plafond de verre » continuent leur rôle de sélection première. Les femmes disposent de moins de temps et consacrent moins de temps à l'entretien de leurs réseaux professionnels (VAN DER POEL, 1993). Or, l'entourage et les réseaux sont de puissants vecteurs pour témoigner de la reconnaissance dont jouit ou doit jouir un individu.

---

1. Article *HBR* de décembre 2004.

Les *assessment centers* spécialisés dans la détection du potentiel pour un poste donné, se sont développés même en France où ils avaient toujours eu de la difficulté à percer. De fait, les *assessment centers* ont laissé la place aux *development centers*, au spectre d'action plus large, ne visant pas l'affectation dans un poste mais plutôt le repérage de certains talents (cf. supra) managériaux. Certains tests sont devenus incontournables, les évaluations à 360, les enquêtes de satisfaction des collaborateurs, comme des clients, sont venus compléter la panoplie des outils traditionnels pour donner des bases plus robustes à la détection des futurs dirigeants. Des directions des cadres dirigeants, direction du *management development*... rattachées aux DGRH, ont été crées pour développer une expertise d'évaluation des futurs dirigeants, avec parfois un suivi très personnalisé et régulier des plans de développement individuels de ces heureux élus. Des entretiens, des bilans individuels, des formations sur-mesure doivent leur permettre de développer de façon prévue et régulière les compétences et caractéristiques qui ont été définies comme prioritaires pour la stratégie de l'entreprise et sa culture.

Quand les professionnels prennent le relais des dirigeants pour évaluer les hauts potentiels et la détection scientifique, celle de la reconnaissance sociale pour les pairs, il ne faut pas s'étonner que cette fonction soit de plus en plus externalisée auprès de spécialistes dont cela devient le métier. Ainsi est-il courant lors d'une opération de fusion de sous-traiter à un cabinet spécialisé, souvent avant même la conclusion définitive de l'accord, une mission d'évaluation des dirigeants et des hauts potentiels de l'entreprise absorbée, de façon à procéder au plus vite aux nominations stratégiques dont il est maintenant admis qu'il s'agit d'un enjeu central pour la réussite de l'opération (DUVAL-HAMEL, 2005).

Transparence, professionnalisation, externalisation de l'évaluation et du suivi de l'évolution des hauts potentiels, ces trois mutations de la détection et gestion des cadres à haut potentiel modifient en profondeur l'impact de ces démarches sur ceux qui en sont l'objet. Nous sommes dans un domaine complexe où interviennent à la fois des dimensions individuelles, caractéristiques de la personne et de son projet, mais également les démarches et méthodes de gestion mises en place volontairement pour définir, identifier et accompagner les hauts potentiels, leurs effets sur les groupes sociaux et leurs adaptations, et enfin les dimensions plus globales, sociales et sociétales qui sont toujours présentes quand il est question de la détection et de la préparation des élites. Nos travaux antérieurs (DERR, ROUSSILLON, BOURNOIS, 2002) ont bien montré combien l'impact des choix de l'entreprise est pris dans des modes de sélection sociaux des élites qui s'imposent à elle.

3. Être reconnu, se reconnaître : quel impact ?

Cette reconnaissance des talents, effectuée dans un contexte de comparaison par rapport aux autres est certes valorisante pour celui qui en bénéficie : on peut penser, dans la lignée des travaux sur « l'effet Pygmalion » qu'une telle attribution de qualité favorisera la confiance en soi de ceux qui sont ainsi choisis et donc leur capacité à progresser. Ce *feed-back* positif, cette parole qui reconnaît officiellement, et de plus en plus souvent publiquement, le potentiel de quelqu'un et ce que l'entreprise attend de lui, est structurante pour l'individu d'une image de lui positive dont les effets devraient être bénéfiques.

De plus, ce type de reconnaissance s'accompagne le plus souvent de remarques sur des points de progrès et des faiblesses de la personne que le contexte globalement positif et la scientificité de l'approche, rendue encore plus crédible par le recours à des experts objectifs et des démarches rigoureuses, devrait l'encourager à prendre en compte pour s'améliorer et se préparer aux responsabilités qui l'attendent. Nous nous trouvons donc dans un vaste projet d'anticipation des besoins de l'entreprise, d'adaptation de l'individu à ces besoins, et d'accompagnement de son développement, une véritable éducation précise et méthodique.

Le plus souvent les entreprises qui font ainsi part directement de leur diagnostic aux individus, qu'ils soient retenus ou non, cherchent à ouvrir un dialogue qui intègre les projets de la personne dans son plan de développement : on n'est plus dans une logique de gestion des parcours de carrière par un service central tout-puissant face auquel le cadre n'avait plus que la liberté d'accepter les mutations pensées pour lui s'il ne voulait pas perdre son statut (secret !) de haut potentiel : en effet des signes indirects permettaient souvent aux cadres identifiés comme tel de deviner quel avenir l'entreprise leur réservait, mais sans jamais pouvoir en discuter ouvertement. Il devait s'en remettre à la sagesse des gestionnaires de carrière.

Le *feed-back* donné au futur dirigeant essaie le plus souvent de lui présenter une description précise et positive de son mode de fonctionnement et de le situer par rapport aux autres dans différentes dimensions classiques du management qui touchent à des qualités et capacités personnelles (FOIX, 2004). Selon les entreprises, ce *feed-back* est plus ou moins secret : nombre d'entreprises demandent une copie du diagnostic, pour le management et/ou pour le service RH spécialisé.

La parole spécialisée sur la personne est devenue permanente dans l'entreprise, dans le cadre de l'entretien d'évaluation ou du fait des procédures de détection des potentiels. Cette banalisation d'un certain savoir psychologique utilisé pour parler d'autrui et de soi-même est un apprentissage collectif qui peut faciliter des régulations, améliorer l'anticipation de ses évolutions et la construction d'un projet personnel et professionnel. Pouvoir se situer, savoir se présenter et parler de soi, faire savoir et faire reconnaître ses compétences est maintenant indispensable dans un marché du travail de plus en plus ouvert où chacun doit pouvoir être acteur de son avenir et faire preuve de résilience pour rebondir face aux crises et aux chocs professionnels. La connaissance de soi et la reconnaissance de ses désirs, de ses besoins, de ses caractéristiques, de ses talents, deviennent des savoir-faire incontournables : les *feed-back*, la reconnaissance ainsi apportée par l'entreprise, y contribuent certainement.

Mais cette reconnaissance peut aussi avoir des conséquences imprévues : tout d'abord cette volonté de dire à chacun qui il est et où il doit (peut) aller, avec des outils qui sont perçus comme fiables et performants, scientifiques, risque d'enfermer la personne dans une définition d'elle-même venue de l'extérieur, dans des termes qui rigidifient son image d'elle-même et sa définition de soi. Elle aura de la peine à continuer le travail de réinvention de soi, de découverte de ce que chacun d'entre nous contient d'inconnu à découvrir en fonction des circonstances : ce processus implique une part d'approximation, d'inconnu et risque d'être bloqué dans la parole d'un expert, d'un supposé détenteur du savoir qui impose de l'extérieur une définition de soi.

L'adulte est pris dans un ensemble de définitions de lui toutes partielles et approximatives, qu'il suscite et / ou reçoit en permanence des personnes avec qui il est en contact, en choisissant à travers ces miroirs multiples et imparfaits la représentation de lui-même qui lui convient et qui sera motrice de son devenir, celle qui complète et construit sa propre définition de soi. Une définition trop parfaite ne permet plus ce jeu, elle est enfermante. Tout particulièrement quand il s'agit d'un individu qui désire se conformer à cette vision de lui-même qui lui est proposée, imposée, et qui lui ouvre les portes d'une carrière brillante !

Par ailleurs cette reconnaissance est vécue pour certains comme très lourde à porter : « pourrai-je répondre à l'attente dont je suis l'objet ? J'ai déjà tellement souvent l'impression que je ne délivre pas assez et après je me rends compte que les autres n'arrivent pas à suivre, est-ce que je vais pouvoir trouver le bon équilibre ? » nous confie ce jeune cadre qui vient d'être reconnu comme « un des 5 diamants » de son entreprise. Il sent que cette reconnaissance à laquelle il ne s'attendait pas, (il ne pensait même pas « avoir été bon » dans le processus d'évaluation) met en question son mode de travail actuel : lui qui s'oblige à écouter les autres, qui aime se sentir solide dans ses approches, on le met sur des missions transversales très complexes, pour lesquelles il ne se sent pas préparé et il a peur. La peur de décevoir ceux qui comptent sur lui le détourne de ses propres critères de jugement d'une façon dont il sent qu'elle le met en danger. Il redoute aussi l'envie de ses collègues. La publicité de la reconnaissance rend plus dure la chute et expose en effet à des jalousies qui ne demandent qu'à s'exprimer (KATZENBACH, 1998).

Quelles attitudes en tant que cadre à haut potentiel ?

La connaissance de soi (LEE, KING, 2001), si importante dans un environnement changeant où l'individu doit rester maître de son devenir et développer ses compétences relationnelles ne doit pas se figer dans un jugement externe qui reste partiel : il est important de conserver un recul face à cette reconnaissance pour qu'elle ne devienne pas un piège où l'image de soi se confond avec l'image donnée par l'autre.

Peut-être verra t-on apparaître en France, comme aux États-Unis, des agents chargés de la carrière des cadres et dirigeants comme de celle des athlètes ? Ces vedettes de l'entreprise reprenant à leur compte la question de leur devenir en se faisant aider par des experts choisis par eux pour les aider à construire la carrière qu'ils se choisissent, en toute connaissance d'eux-mêmes et de leurs priorités.

Ces démarches seront peut-être bénéfiques pour les couples à double carrière. Ainsi aidées par un professionnel, les femmes pourront peut-être arriver à des postes de direction générale (FOX, 2000), si elles le souhaitent. En effet, le succès de carrière vu par l'entreprise peut être assez différent de celui choisi par la personne qui intègre de façon beaucoup plus forte les enjeux de son projet personnel et de la vie dans sa globalité.

Nous recommandons aux cadres qui bénéficient de cette identification de *high fliers* d'informer l'entreprise, leur manager ou les responsables RH concernés, de leur projet pour eux-mêmes pour construire avec elle des perspectives satisfaisantes pour les deux parties. Ceci implique une réflexion approfondie sur ses priorités et d'avoir un projet clair qui prend en compte le prix à payer pour arriver aux plus hautes fonctions.

Les dirigeants ont une responsabilité importante dans le soutien qu'ils apportent à la réflexion de leurs collaborateurs sur leur évolution professionnelle : il importe de savoir reconnaître non seulement leurs aptitudes et leur potentiel, mais aussi leurs choix personnels et leurs priorités. Et n'oublions pas que le travail sur soi du haut potentiel ne se termine jamais et qu'il est le garant de son développement, tout comme de celui de l'entreprise dans laquelle il œuvre.

Chapitre 7

Reconnaître l'ambition...
ou les vertus de la modestie

Mireille FESSER
Arnaud PELLISSIER-TANON

Vous avez de l'ambition ? Soit, mais voulez-vous réaliser de grandes choses ou désirez-vous plutôt occuper le devant de la scène ? Un abîme sépare ces deux formes d'ambition, quoiqu'elles ne s'excluent pas. L'une connaît ses limites et, les repoussant sans cesse, réalise des tâches de plus en plus ardues. L'autre se complaît dans la reconnaissance des autres et cherche à agrandir le périmètre de sa renommée. Pourtant réaliser de grandes choses concourt, le plus souvent, à accroître sa renommée. Aussi beaucoup confondent ces deux ambitions et croient viser des tâches ardues quand ils recherchent, en fait, les honneurs. Et même ceux qui, jeunes, ne tombaient pas dans ce travers risquent, le succès venant, de se reposer sur leurs résultats passés. Le tropisme français, centré sur la carrière et ses honneurs, favorise un tel état d'esprit.

Mais le développement des entreprises passe par une contribution effective. Aussi importe-t-il à leurs dirigeants de savoir distinguer les différentes formes d'ambition. C'est aussi vrai pour les salariés : le développement personnel passe par la réalisation de tâches ardues. Les ambitions se distinguent par l'état d'esprit des personnes qu'elles animent. Ceux qui cherchent à participer à l'entreprise, partant à se développer sur les plans personnels et professionnels, ne sont pas d'abord soucieux de leur renommée, au contraire des personnes tendues vers les honneurs. Les secondes se mettent en avant, quand les premières se tiennent dans l'ombre. Les uns se parent de leurs prétendus exploits quand les autres attendent que les faits témoignent de leur apport. L'ambition qui concourt à l'entreprise est empreinte ainsi de modestie, voire d'humilité. Au contraire, celle qui se contente de le laisser croire est marquée au coin de la vanité. Une frontière subtile qu'il faut identifier pour la réussite collective.

1. Les clés de la reconnaissance actuelle

Aujourd'hui, seul un petit nombre a conscience que la modestie est un signe de contribution à l'entreprise. Cette vertu est rarement mentionnée comme une compétence, *a fortiori* comme un signe du potentiel. De fait, tout le monde attache de l'importance au diplôme et à la mobilité : leur apparente objectivité en fait un élément de sélection très pratique et beaucoup pensent qu'ils sont signes de performance, précisément de capacité de travail et d'adaptabilité. Ne seraient-ils pas plutôt le signe, du moins dans la culture française, d'intégration sociale et de soumission aux exigences de l'entreprise ?

Le diplôme : un signe d'intégration sociale

L'obtention d'un diplôme consacre, nous semble-t-il, plus d'intégration sociale que de capacité de travail. Certes, surtout pour les diplômes élitistes, les lauréats ont dû travailler durement, ce qui prouve une réelle capacité de travail, voire une forte envie d'apprendre. Et plus le diplôme est élitiste, plus il a fallu d'ambition et de persévérance dans l'ambition pour réussir à l'obtenir. Reste à savoir quel est l'objet de cette ambition, et de quoi le diplôme peut être signe. F. BOURNOIS et S. ROUSSILLON (2000) rappellent que le diplôme sanctionne un savoir et non pas un comportement. Il se situe éventuellement dans les *hard skills* ou compétences métiers et non pas dans les *soft skills* ou compétences comportementales. Il est très peu question, quoique les choses changent, d'acquérir des comportements adaptés à la vie en entreprise. Personne n'est dupe de cet état de fait. Et sauf d'exceptionnelles vocations de savants, chacun cherche à franchir cette étape obligée du *cursus honorum* que le XXe siècle nous a légué. En effet, l'entreprise n'est pas un lieu d'exercices intellectuels mais l'université, ou plutôt la grande école, ouvre les portes de l'entreprise à des niveaux d'emblée élevés.

On constate que l'ambition des diplômés des grandes écoles ne s'enracine pas toujours dans une maturité qui leur permet d'assumer les risques inhérents aux responsabilités auxquelles ils accèdent en entreprise. On sent chez eux comme un besoin de sécurité contradictoire à l'ambition qu'ils affichent. Le diplôme, leur diplôme, c'est pour eux un moyen sûr d'accéder à un niveau supérieur de la hiérarchie. Ce n'est pas un gage de maturité professionnelle. Nos diplômés se sont moulés dans les canons de l'ambition sociale et leurs diplômes sont signes en cela d'intégration à la société. C'est l'un des rares comportements qu'ils ont acquis lors de leurs études. Mais avoir adopté le modèle dominant de l'ambition sociale, ne contribue pas à faire des managers des agents de changement, loin s'en faut. S'ils ont appris à apprendre, ils ne savent pas forcément faire évoluer leur comportement ni celui de leur équipe. Ayant grandi le plus souvent dans des milieux protégés, ils n'ont pas l'expérience de la diversité, voire de l'adversité, et ne savent pas adapter leur comportement en conséquence. Le diplôme ne sanctionne pas la sagesse qu'apporte généralement la maturité professionnelle. La mobilité quant à elle, serait-elle signe d'adaptabilité ?

La mobilité : un signe de soumission à l'entreprise

Les entreprises, notamment celles du CAC 40, rapportent F. BOURNOIS, J. ROJOT et J.-L.SCARINGELLA (2003), considèrent la mobilité comme un signe d'adaptabilité. Un parcours flexible, notamment à l'international, apporterait la preuve qu'on est capable de s'adapter à de nouvelles cultures. De fait, la mobilité a longtemps été et est toujours considérée comme indispensable pour atteindre des postes de direction en grandes entreprises.

Pourtant, aller vivre à l'étranger, comme expatrié notamment, n'a jamais garanti une compréhension plus importante des autres cultures. En effet, la vie dans certaines régions du monde, grandes capitales internationales la plupart du temps, insère au contraire les expatriés dans des microcosmes surprotégés ou à l'écart des réalités du pays. Mais l'évolution des technologies, visioconférences, courriels, accès à de multiples chaînes télévisées à travers le monde, raccourcissement des distances par la vitesse des trains et avions, mélanges ethniques, etc. a changé la donne. En bref, il n'est pas nécessaire de s'expatrier pour travailler dans une autre langue ni pour avoir comme interlocuteurs des personnes d'une autre culture. Si le voyage « forme encore la jeunesse », il y a maintenant d'autres moyens de comprendre l'international et de s'ouvrir à des cultures variées, et l'entreprise peut organiser des projets transversaux impliquant différentes nationalités, renforcer des partenariats plutôt que favoriser l'expatriation. Ce n'est donc pas la mobilité en tant que telle qui est signe d'adaptabilité que l'occasion concrète d'échanges avec d'autres cultures. Cela coule de source et pourtant la mobilité, notamment internationale, demeure souvent un passage obligé.

C'est sans doute que l'entreprise peut ainsi passer au crible l'ambition de ses salariés et mesurer la docilité, voire la soumission, qu'ils sont prêts à témoigner. Est-ce là une réelle preuve d'apprentissage supplémentaire et d'adéquation aux besoins de l'entreprise? On peut en douter. J.-L. CERDIN et M. DUBOULOY (2003) relèvent en effet que « les personnes qui ont acquis dans leur enfance et leur adolescence une capacité d'autonomie importante ont une forte probabilité de réussir leur expatriation ». Mais ils remarquent aussitôt qu'« ils sont fort peu nombreux, en particulier dans les milieux des personnes très diplômées et qui ont vu leur maturité retardée du fait, précisément, d'une dépendance économique, sociale, de longue durée à l'égard de leurs parents particulièrement » (cit. p. 93). En quelque sorte, les objectifs que ces personnes poursuivent ne répondent pas aux désirs qu'elles pourraient ressentir profondément mais à ceux que leurs proches leur ont inculqués, notamment l'entreprise, et auxquels ils adhèrent pour rester dans la course. En bref, la mobilité, surtout la mobilité internationale dans les grands groupes, perd de sa signification. Elle est fort peu signe d'adaptabilité mais surtout de soumission à l'entreprise.

2. La source de la performance

L'entreprise doit donc dépasser les critères traditionnels de recrutement et de promotion que sont le diplôme et la mobilité. Elle doit s'attacher à ce qui concourt réellement à sa performance, à savoir l'ambition qui aspire à réaliser des tâches ardues, non celle qui recherche les honneurs. La première, empreinte de modestie, est une source de progrès alors que la seconde, liée à la vanité, s'oppose au changement.

Non pas la vanité, car elle s'oppose au changement...

Etre en phase avec les valeurs, se montrer compétent, voilà les clés habituelles de la promotion. Mais ce qu'on ne dit pas, c'est l'importance du respect du *statu quo* : se montrer compétent, c'est avoir adopté la culture de l'entreprise; être en phase avec les valeurs, c'est ne pas trop déranger l'ordre établi. L'important, surtout dans les entreprises où prévaut une culture de la représentation, c'est d'être conforme. B. JAROSSON (2003) a pu relever que lorsqu'une personne est conforme mais non performante, elle a des chances d'être promue, ce qui renforce encore l'importance de la conformité mais ne concourt pas au développement de l'entreprise. Les directions des ressources humaines se doivent de protéger les non-conformes performants. Comme ils dérangent l'organisation, leurs collègues se méfient d'eux et ne manquent pas de leur dresser des obstacles, dès leurs premiers faux pas. L'entreprise a tendance à retenir ceux qui la représentent au mieux parce qu'ils se conforment à sa culture.

Et les vaniteux tirent profit de ce phénomène. Ils retiennent ce à quoi l'entreprise accorde de l'importance. Ils font des effets d'annonce, avec le tact qui convient, et donnent ainsi l'impression de se démarquer du lot. Si on leur confie des tâches ardues, prudemment, ils changent de poste avant que les premiers résultats n'apparaissent. Au fond, qu'ont-ils fait ? Ils ont flatté l'entreprise dans son désir de réussite et ont puissamment contribué à leur carrière. Ils jouent de l'importance que l'image revêt aujourd'hui. J.-F. AMADIEU (2002) a analysé ce phénomène et affirme que l'apparence semble être aujourd'hui un facteur de réussite. Mais il constate que les hommes et les femmes charismatiques ne sont pas lisses ou moyens. Ils adoptent bien sûr l'apparence que les circonstances exigent, mais se distinguent par leur cohérence interne : les gens qui mettent en harmonie leurs paroles et leurs actions font adhérer à leurs projets, voire à leurs personnes ; les autres feraient simplement accepter des mesures qui, fondamentalement, restent conformes à ce à quoi l'entreprise est habituée.

On pourrait croire que les gens intelligents sont exempts de ce défaut de conformité à la culture de l'entreprise et qu'ils sont à même de prendre du recul et faire changer les choses. Il n'en est rien. Il est à craindre, même, qu'ils ne sortent pas vraiment de leur moule d'origine. C. ARGYRIS (1991) relève que les gens brillants ne sont pas forcément les plus apprenants : habitués au succès, ils ne savent pas toujours dépasser leurs barrières défensives, raisonner productivement ni garder un œil critique sur le rôle qu'ils jouent dans l'entreprise. De plus, les dirigeants les plus brillants ne seraient pas ceux qui conduisent l'entreprise au succès. S. FILKENSTEIN (2004) le constate aussi. Les patrons de génie ont tendance à devenir victimes de leur prééminence personnelle. Ils n'acceptent plus la contradiction, n'arrivent plus à intégrer les changements et s'enfoncent dans des décisions irrationnelles. Les patrons ne peuvent pas se contenter d'être intelligents. Ils doivent aussi savoir-faire preuve d'humilité, nous disons de modestie, pour créer une culture où les erreurs apparaissent au grand jour.

Mais la modestie, car elle est source de tout progrès

C'est qu'au contraire de la vanité, qui s'oppose au changement, la modestie est source de tout progrès. Une personne modeste n'a pas besoin de paraître pour avoir le sentiment d'exister. Plus précisément, elle se sait exister sans crainte d'être vue telle qu'elle est et sans besoin de se mettre en avant. Par exemple, elle parle de ses compétences ou de sa performance sans emphase. Elle fait son travail sans arrière-pensée, l'opinion que les autres se forment d'elle ne lui important guère. Elle a libéré son estime de soi de l'image que lui oppose son entreprise ou qui éveille son ambition. Jamais elle ne cherchera à se rendre conforme, pour obtenir la reconnaissance des autres. Elle est sûre d'elle-même. Précisément, elle se connaît à sa juste valeur, sans se surestimer ni se sous-estimer.

Ces affirmations ne sont pas très nouvelles. Déjà CICÉRON considérait l'humilité, pour nous la modestie, comme une certaine modération de l'esprit et saint Thomas d'AQUIN (1984) la définissait, dans la *Somme théologique*, comme la disposition du caractère par laquelle « nous nous modérons nous-mêmes, afin de ne pas être entraînés à ce qui nous dépasse » (tome 3, p. 913). En d'autres termes, elle « tempère l'esprit pour qu'il ne tende pas de façon immodérée aux choses (trop) élevées (pour nous) » (idem, p. 912). Mais il précise qu'« il est nécessaire pour cela que nous prenions conscience de ce qui nous manque en comparaison de ce qui excède nos forces » (idem, p. 913). Aussi l'humilité trouve-t-elle « sa règle dans la connaissance (de ses capacités), afin que l'homme ne s'estime pas supérieur à ce qu'il est » (idem, p. 918).

La personne modeste et celle pétrie de vanité tiennent des discours opposés parce que, nous semble-t-il, elles ne considèrent pas de la même façon la connaissance qu'elles peuvent avoir d'elles-mêmes. Les leçons que nous offre l'expérience de la vie renforcent ou s'opposent à l'image de soi que nous voudrions avoir de nous-mêmes. Aussi sommes-nous tentés d'en tenir compte ou, au contraire, de les négliger, selon qu'elles renforcent ou s'opposent à cette image. Mais c'est par vanité que nous adopterions une telle attitude. Nous ne nous considérerions plus que sous le jour qui nous flatte et nous ne profiterions plus, en fait, de nos expériences pour développer notre potentiel. *A contrario*, la modestie ouvre l'intelligence aux leçons de l'expérience et engendre une spirale vertueuse de développement personnel et professionnel. Elle est la source de tous les progrès.

3. Les clés de la reconnaissance future

Nous rejoignons M. HAMMER (2002) qui considère que pour être apte au changement, il faut prendre pour vertus cardinales l'ambition, l'humilité, la curiosité, la prise de risque et le courage (cf. p. 297). Nous pensons, précisément, que le courage et la modestie sont les compétences distinctives des dirigeants, du moins de ceux dont l'ambition apporte une contribution effective à l'entreprise. Aussi importe-t-il de savoir reconnaître ces compétences et d'en connaître les signes.

La compétence des dirigeants : courage et modestie

Quel que soit le niveau du poste qu'il occupe, le dirigeant se distingue par une compétence spécifique. Comme le sportif, il se concentre sur la manière d'aboutir et non sur la crainte de l'échec. Il ne cherche pas tant à se faire reconnaître qu'à réussir l'épreuve. Il s'abstrait de l'opinion que chacun peut se former de lui et de ses collaborateurs. Il est sûr de ses collaborateurs comme il est sûr de lui. Il a évalué les capacités de chacun à leur juste mérite. Il décide et assume les conséquences de la mise en œuvre de sa décision. Il reste, à bon escient, sur ses positions et ne se range pas à l'opinion dominante. Il est à la fois modeste et courageux (COLLINS, 2001). Tels sont les éléments de son ambition. Mais il n'a pas le côté cassant du génie imbu de lui-même. Sa modestie lui procure l'empathie qui lui permet de comprendre et de s'ajuster à la vie de ses équipes. Il fait tomber les défenses et devient crédible car son discours et sa pratique sont en cohérence. Il crée une ambiance favorable au travail en équipe, notamment aux remises en cause nécessaires, et finalement à l'atteinte des résultats.

La frontière est ténue entre l'orgueil managérial et la modestie du vrai dirigeant. Tous deux respirent la confiance en soi et si l'un nie les risques qu'il fait courir à l'entreprise, l'autre en a mesuré les conséquences et sait qu'il peut les assumer. *A contrario*, une personne peu sûre d'elle nierait aussi les risques qu'elle ferait courir à l'entreprise, non, comme l'orgueilleux, par surestimation de sa capacité à en assumer les conséquences, mais pour ne pas avoir à considérer celles qu'elle devrait assumer. L'important, pour le dirigeant, est de placer sa confiance en soi à bon escient : il y a des risques qu'il peut assumer, compte tenu de sa personnalité et de la situation de son entreprise, et d'autres non. C'est le propre de la modestie de le lui apprendre. Et comme tout cela est décidé au quotidien, dans l'urgence, avec des hommes et des femmes riches de leurs caractères respectifs, il est important que les dirigeants aient, selon les termes de Maurice THÉVENET (2003) « cette proximité relationnelle et émotionnelle permettant de motiver et communiquer, d'être intègre et courageux » (cit. p. 15).

Les signes de l'ambition positive pour l'entreprise : profiter de toutes ses expériences pour approfondir ses compétences et parler avec modestie de sa performance

Le courage managérial qui permet de réaliser de grandes choses ou de mener des tâches ardues se fonde ainsi sur une exacte connaissance de ses capacités. Il suppose la modestie. Reste à savoir détecter cette qualité, chez soi-même et chez les autres. S. FILKENSTEIN (2004) relève que pour se prémunir contre le manque de modestie, certains signaux et antidotes existent.

L'entreprise continue-t-elle de vivre à la fois de petits changements et de grandes transformations ? Analyse-t-elle les succès de ses concurrents et en tire-t-elle les leçons ? Les erreurs sont-elles portées au grand jour pour être utiles et utilisées dans un souci de progression ? À ces critères organisationnels, nous aimerions ajouter des critères individuels. Par exemple, la personne en question évoque-t-elle spontanément la contribution de son équipe ? Travaille-t-elle au développement de ses collaborateurs ? Analyse-t-elle factuellement ses erreurs y compris devant des tiers ? Sait-elle réviser son jugement sur ses collaborateurs ou des tiers ?

On pourrait allonger indéfiniment cette liste de questions pour saisir les signes de la bonne ambition. Nous y avons travaillé implicitement dans notre recherche sur la détection du potentiel (FESSER-BLAESS, 2004). Revenons à l'attitude ou à la forme d'esprit de la personne à la fois ambitieuse et modeste. Modeste, c'est sans arrière-pensée qu'elle met en phase son ambition avec les tâches qu'elle sait pouvoir mener d'une façon performante. Elle se forme une juste appréciation de ses compétences parce qu'elle ne s'encombre pas de considérations d'amour-propre. Elle parle de soi et de ses réalisations avec objectivité, voire sans concession. Elle rapporte volontiers ses succès à l'aide apportée par autrui, voire à la chance, et assume, en cas d'échec, les erreurs qu'elle a commises, sans restriction. Elle est à même, si elle a un peu d'ambition personnelle et professionnelle, de profiter de toutes ses expériences pour développer ses compétences. En bref, son ambition la pousse à développer des compétences nouvelles et, ainsi, à mieux contribuer à l'entreprise et sa modestie l'empêche de croire qu'il suffit de se mettre en lumière pour faire carrière.

Nous nous sommes attachés, dans cette même recherche, à formuler des critères simples de détection de l'ambition « modeste », que les évaluateurs puissent utiliser sans coût dans le contexte de travail quotidien, en lieu et place du diplôme et de la mobilité. Il s'agit d'écouter et de regarder les évalués travailler, jour après jour, sur le moyen terme, et de repérer des comportements cumulés et récurrents, à savoir :

1) s'ils profitent de toutes leurs expériences pour approfondir leurs compétences. Quand ils portent leur regard sur leurs études, parlent-ils de ce qu'ils ont appris ou bien de la renommée de leur diplôme ? Et quand ils portent leur regard sur leurs carrières, parlent-ils de leurs résultats et des leçons qu'ils en tirent ou bien du prestige de leur poste et de leur société ?

2) s'ils parlent avec modestie de leurs performances. En cas de réussite, parlent-ils de la chance, de l'environnement ou bien de leurs propres mérites ? Et, en cas d'échec, parlent-ils de leurs erreurs ou bien du manque de chance, de l'environnement, etc. ?

Nous avons maintenant un moyen de distinguer l'ambition qui participe au développement de l'entreprise de celle qui ne cherche que la reconnaissance des autres. La première est empreinte de modestie, à l'opposée de la seconde, qui manifeste de la vanité. Nous venons de rassembler quelques critères simples de détection de l'ambition modeste. Nous plaidons pour leur généralisation. Les entreprises peuvent les utiliser immédiatement, à condition, bien sûr, que leur culture soit empreinte véritablement de modestie. La volonté de développer ses compétences et de profiter, pour ce faire, de toutes ses expériences, peut animer les équipes dans la mesure où on leur donne des objectifs précis. Les salariés seraient rappelés à leur rôle de contributeurs et ils pourraient d'autant mieux développer leurs compétences que le temps et l'occasion leur seraient donnés de tirer les leçons de leur performance.

Nous préconisons donc la mise en place d'un processus d'évaluation et de retour d'expérience permanent, sous la responsabilité des supérieurs immédiats, sachant qu'ils auraient, eux, pour objectif, le développement de leurs équipes. Une gestion des potentiels trouverait sa place dans ce cadre. L'apprentissage permanent et l'accompagnement dans les nouvelles missions seraient à l'ordre du jour. On formerait les leaders de demain en envoyant les cadres « au charbon » sur des opérations difficiles mais prometteuses (GHOSN, 2003).

Le sens de l'exploit, l'envie d'aller toujours plus loin, d'améliorer sa performance sont nécessaires au développement de l'entreprise. Tout le monde en a conscience. Ce qui manque aux entreprises, c'est le climat de modestie sans lequel toute ambition se dévoie en soif de renommée et en quête d'honneurs. L'avantage immédiat d'un tel climat, c'est d'assainir la concurrence que se font les collaborateurs et de les aider ainsi à supporter la pression des objectifs. La performance globale de l'entreprise devrait s'en trouver augmentée. En effet, l'efficacité collective prendrait le pas sur les jeux politiques et, se tournant vers l'extérieur, l'entreprise serait libérée des faux problèmes que la vanité se plaît à inventer.

Chapitre 8

Être reconnu pour ses responsabilités professionnelles et sociétales

Michel JORAS
Anne VAUCHERET

Énoncer que le monde change est une évidence que l'on peut classer dans les banalités de comptoir. Cela étant, derrière ce constat se profilent des évolutions majeures. La société s'adapte et évolue, et en conséquence les règles qui régissent et régularisent la vie en société se modifient. Il en est de même au sein de l'entreprise et des collectivités qui s'essayent à intégrer les principes du développement durable.

Il est au préalable, nécessaire de définir la responsabilité professionnelle et sociétale. En s'appuyant sur la définition donnée par le « Livre vert » de la Commission des communautés européennes de juillet 2001, la responsabilité sociétale professionnelle pour une profession donnée serait non seulement la pleine satisfaction aux obligations légales, mais aussi « l'intégration des préoccupations sociales et écologiques (sociétales) à ses prestations spécifiques internes et externes désignées et leurs relations avec toutes ses parties prenantes ».

Etre reconnu pour ses responsabilités professionnelles change de sens en fonction de l'évolution du changement de périmètre de la responsabilité professionnelle. Reconnaître les responsabilités professionnelles aujourd'hui, c'est savoir donner autre chose, lié à ce changement de niveau de responsabilités.

Ainsi est-il nécessaire de montrer comment nous passons d'un monde où l'on reconnaissait les résultats à un monde où l'on reconnaît les potentialités et les changements que cela induit dans le monde des entreprises (activités économiques, administratives et sociales).

Remarque : de façon arbitraire seront considérées deux périodes avant et après la chute du mur de Berlin, qui a ébauché la globalisation de l'économie durable. De même, cette analyse porte essentiellement sur le périmètre français.

1. La société d'avant, ou la reconnaissance par les résultats

Comment définir la responsabilité professionnelle ?

Dans les années 80, en prenant des fonctions dans une société à la pointe du progrès en terme de management, une fiche de poste ou description de fonction était remise précisant le contexte de travail, les principales actions à réaliser et les enjeux pour l'entreprise. Le monde était censé être prévisible et organisé, chaque chose répondait à un ordre logique, cohérent bien que présentant souvent des symptômes de « sclérose ». Les cabinets de conseil en management et ressources humaines développaient leur activité sur les méthodologies d'analyse d'organisation, de description de postes et de responsabilités associées. Vous étiez « chargé de… » avec des obligations de moyens : vos compétences.

Quel périmètre pour la responsabilité professionnelle ?

Les responsabilités confiées s'exerçaient sur un périmètre délimité : une usine, un bureau, un office, des clients… Les interlocuteurs étaient identifiés, connus, et en relation personnalisée. Les descriptions de poste comprenaient d'ailleurs souvent un volet précisant les éléments de contexte et d'environnement dans lesquels le poste évoluait. Le périmètre de responsabilité était principalement local et s'appliquait aux parties intéressées, en relation directe ou par l'intermédiaire de représentants désignés (employeurs, employés, représentants de l'État, clients…).

Quel management de son équipe ?

Pour le manager d'équipe, son rôle consistait alors à démultiplier cette responsabilité auprès de l'ensemble de ses subordonnés dans un ensemble tout aussi structuré et cohérent, selon un organigramme stabilisé. Les descriptions de poste précisaient le schéma d'organisation dans lequel les responsabilités professionnelles s'exerçaient. Le supérieur hiérarchique était clairement identifié, ainsi que ses collaborateurs, subordonnés ou non.

Parfois apparaissaient en pointillé les personnes avec qui le titulaire du poste entretenait des liens fonctionnels. Ainsi naissaient les organisations matricielles. Malgré tout, l'ensemble des relations humaines et professionnelles était identifiable.

Quelles modalités de gestion étaient utilisées ?

En appui à cette organisation et répartition assez rationnelle des responsabilités, les entretiens annuels ont été progressivement mis en place. Ces supports, dont ne disposent pas aujourd'hui encore toutes les entreprises, permettaient de fixer les objectifs annuels par un phénomène de « glissement », au nombre maximum de 4 ou 5, de définir les moyens pour parvenir à les atteindre (techniques, humains ou financiers), parfois même d'identifier les indicateurs d'avancement. Bien renseignés, ils permettaient l'année suivante de faire le point sur les résultats obtenus et de fixer ainsi les objectifs de l'année suivante, et ainsi de suite.

Au cours de ce même entretien, étaient abordés également avec la hiérarchie les points concernant le développement personnel : formation, carrière et parfois rémunération. La performance des actifs se mesurait aux résultats obtenus, passés et présents. Un compte rendu de cet entretien était ensuite diffusé à la hiérarchie N+2 et aux équipes ressources humaines concernées (formation, carrière…).

Quelles modalités de contrôle étaient alors mises en œuvre ?

En parallèle à ces outils et méthodes de gestion des ressources humaines, que les managers s'appropriaient pour les mettre en œuvre au sein de leurs équipes, se développaient les normes de qualité (ISO 9000/1994) qui reprenaient en partie les principes de gestion précédemment décrits : description de poste, indicateurs de suivi, moyens correctifs… Ainsi sont apparus les processus qualité : offrir aux « clients » ce qui devait lui être fourni selon un référentiel d'exigences précis.

Comment était rémunérée la responsabilité professionnelle ?

Avant les années 90, les politiques de rémunération des entreprises ont considérablement évolué. Pour schématiser, les politiques dans les années 70/80 étaient fondées principalement sur les diplômes et l'âge ou l'ancienneté. En intégrant une entreprise, le salaire était prédictible à 5, 10, 20 ans et même plus. Puis dans les années 85/90 fut introduite progressivement l'individualisation des rémunérations, s'appuyant sur les méthodes de gestion personnalisées correspondantes.

Cette individualisation des rémunérations prenait deux formes principa-lement : une augmentation individuelle, exclusive ou complémentaire à une augmentation collective, et / ou un bonus annuel variable. Une fois par an, la rémunération était révisée en fonction des performances accomplies et de celles présumées futures. La rémunération était alors fondée sur les résultats : la possession d'un diplôme dans un premier temps, l'atteinte d'objectifs dans un deuxième temps et une soumission à des conduites conformes à la discipline et à la culture professionnelle imposée.

Comment était reconnue et sanctionnée cette responsabilité professionnelle ?

La reconnaissance d'une responsabilité professionnelle était simple. Elle pas-sait par un statut, une qualification, l'attribution d'un grade, un niveau de rémunération et en plus l'attribution de « médailles », des honneurs, des dis-cours… Cette reconnaissance tournait autour de l'estime sociale et de la reconnaissance patronale et hiérarchique. La sanction était la perte de cette estime locale. Pendant cette période, nous étions « responsables mais pas coupables », sauf pour nos actes délictuels.

2. La nouvelle société, ou la reconnaissance par les promesses à l'appui d'une responsabilité sociétale professionnelle

Aujourd'hui, le monde complexe dans lequel nous évoluons est devenu incertain voire imprévisible. Les économistes ont beaucoup de difficultés à établir des prévisions annuelles et ils sont amenés à les mettre à jour réguliè-rement. La publication des résultats annuels des entreprises se rythme sur les exigences des actionnaires devenus mondiaux. Ceux-ci achètent des actions sur des perspectives de résultats futurs, qu'ils veulent voir se confir-mer très rapidement. Les sociétés françaises cotées en Bourse ont ainsi dû s'adapter au rythme du marché anglo-américain et publient des prévisions de résultats fondées sur des promesses dès la fin de l'exercice, qu'elles affi-nent lors de « road shows » tous les trimestres.

Parallèlement à ces enjeux économiques et financiers, le concept de déve-loppement durable s'est fortement déployé. Chacun, que l'on soit entre-prise ou citoyen, doit prendre en compte dans son activité, les interfaces entre l'économique, le social et l'environnemental, réunis sous le terme sociétal. Progressivement, le champ de vision s'est élargi dans le temps et dans l'espace. La reconnaissance des responsabilités professionnelles doit donc aujourd'hui s'adapter, évoluer, changer de forme et intégrer la dimension sociétale et éthique.

Emergence de la responsabilité professionnelle sociétale

Les descriptions de poste existent toujours, mais face à la complexité, elles se sont simplifiées, allégées. D'une part, remplir des descriptions de six à huit pages pour chacun des postes d'une organisation qui, elle-même bouge souvent très rapidement, devient un travail laborieux et parfois inutile car obsolète après validation, d'autre part, donner un tel ensemble de précisions et détails sur des responsabilités devient impossible. Ces descriptions de poste se convertissent donc en fiche d'une à deux pages, qui précisent la finalité de votre poste. Vous êtes responsable d'une mission au sein de l'entreprise et devez définir les moyens adéquats pour y parvenir, l'entreprise définissant, elle, des codes de conduite, des règles d'éthique, des normes de qualité… s'appliquant à tout salarié. Vous devez « garant de… ». Vous répondez de vos actions à l'égard des parties prenantes, directes et indirectes, ici, là et ailleurs, aujourd'hui et demain.

Quel périmètre donner à cette responsabilité professionnelle sociétale ?

En conséquence, le périmètre de votre responsabilité s'élargit tellement qu'il en devient illimité, car difficilement repérable. Si l'on reprend le texte de l'Afnor (AFNOR fascicule de documentation SD 21000 d'avril 2003 FDX 30-021) portant sur les principes de responsabilité sociétale : « *Pour les organisations, la problématique de développement durable implique une vision élargie de la responsabilité : dans l'espace, en identifiant les implications dans le monde entier, dans le temps, avec la responsabilité vis-à-vis des générations futures, et indirectes à travers les répercussions dans les sociétés humaines et les écosystèmes* ». Le périmètre passe de local à mondial, change de temporalité et implique ainsi les générations futures et l'avenir de la planète.

Quel management d'équipes développer dans un monde globalisé ?

Les modes de management se modifient également pour accompagner ces changements de périmètre. Pour tenter de répondre à ce bouleversement, le travail en mode projet se met en place en fonction des missions confiées. L'enjeu pour les chefs de projet et les équipes de ressources humaines est donc de savoir rassembler rapidement et efficacement les ressources utiles et disponibles pour mettre en œuvre le projet, selon des « bonnes pratiques et bonnes conduites ».

Le chef de projet n'est que rarement le supérieur hiérarchique officiel des membres de l'équipe projet. Ces mêmes membres de l'équipe sont souvent dispersés sur des sites géographiques multiples, parlent parfois des langues différentes. Manager, n'est plus simplement « diriger une équipe », mais devient « savoir faire travailler ensemble des gens de culture et d'environnements multiples pour l'atteinte d'un même objectif ciblé ». Le paradoxe consiste à travailler global avec des individualités locales. Les valeurs de l'entreprise doivent également intégrer les valeurs universelles de l'humanité (Droits de l'homme et du travailleur).

Quelles nouvelles modalités de gestion mettre en œuvre ?

Dans ce contexte, la fixation de politiques cibles, d'objectifs et de stratégies (programme, budget, directives…) est plus que jamais nécessaire, mais doit être accompagnée. Le maître mot est la réactivité. Il apparaît que la généralisation des systèmes de management fondés sur la Roue de DEMING « Plan – Do – Check – Act » (planifier – faire – vérifier – réagir) se met en place comme norme de gestion universelle. Les outils de gestion deviennent les tableaux de bord, dont les indicateurs selon qu'ils soient rouges ou verts, permettent les mesures correctives nécessaires. En théorie, le droit à l'erreur est possible si tant est que celle-ci soit corrigée immédiatement et source d'amélioration.

Pour la reconnaissance individuelle, l'entretien d'évaluation annuel se transforme en deux types d'entretiens :

- l'entretien de pilotage permettant de mesurer, avec une fréquence adaptée à la mission confiée, l'avancement du projet, de décider des actions suivantes et d'en informer les différentes parties. Cet entretien est mené par le mandataire du projet, parfois différent du supérieur hiérarchique, situé ailleurs voire lointain.

- l'entretien de développement permettant de réfléchir à l'évolution professionnelle en terme de formation, carrière, besoin de développement personnel, rémunération… Cet entretien est mené soit par le supérieur hiérarchique, soit par un spécialiste en ressources humaines et sa fréquence est plus longue, entre une fois par an à une fois tous les trois ans. Dans cet ordre d'idée, les certifications de compétences selon la norme ISO 17024 sont délivrées pour trois années.

Seule la synthèse de ces entretiens est enregistrée dans les systèmes d'information associés (suivi de projet, SIRH…) pour utilisation immédiate par les différents acteurs, devenus multiples.

Quelles modalités de contrôle imaginer ?

Les normes qualité s'enrichissent. Elles passent de processus de production de résultats (un bien, un produit, un service…) à processus d'anticipation des attentes. Les nouvelles normes ISO 9000/2000 concernent les systèmes de management, de la qualité, de l'environnement, de la sécurité ou tout processus dédié.

Comment rémunérer cette nouvelle responsabilité sociétale ?

Les politiques d'individualisation continuent à se développer avec leurs deux axes principaux : les augmentations individuelles et les primes variables. En France, beaucoup de sociétés n'en sont encore qu'au B.A.-BA, l'individualisation étant difficile à mettre en œuvre dans le contexte historique et social français, qui prône souvent le collectif et l'égalitaire. Cependant, les systèmes se sont améliorés passant de l'attribution aléatoire d'une augmentation ou d'une prime, à l'attribution plus équitable parallèlement au développement d'outils d'appréciation de la performance plus élaborés. Progressivement, la dimension temps a été intégrée aux politiques de rémunération et se sont mis en place des bonus moyen terme, dont les montants sont versés annuellement sur la base d'objectifs glissants à trois ans en moyenne. Nous voyons ainsi apparaître les premières notions de perspective de promesse de résultats, bien que celles-ci soient encore liées à la mesure *a posteriori*.

Tendance

Devant la mondialisation des dirigeants, certaines entreprises ont par ailleurs transformé leur politique d'attribution de stock-options, élargissant le nombre de bénéficiaires potentiels. Avec cette tendance, se développe la rémunération de potentialités, puisque le gain est directement lié à la valeur de l'action différée dans le temps, la valeur elle-même étant le reflet des attentes de gain perçues par les actionnaires. Bien évidemment les lois fiscales viennent impacter ce raisonnement, mais, indépendamment, cette modalité de rémunération reflète les évolutions du monde économique d'aujourd'hui, dans lesquelles la France doit s'immerger.

Quelle reconnaissance et sanction deviennent alors possibles ?

Dans ce nouveau cadre, la responsabilité professionnelle devenue sociétale s'évalue en promesse d'atteinte d'un résultat et la mesure devient le respect de ses engagements. Deux éléments sont dorénavant essentiels : la définition précise de résultats potentiels et les outils de pilotage, pour suivre le respect de ses engagements. La reconnaissance se traduit par une notoriété, un rôle de leader reconnu… Elle est fondée sur la médiatisation, le « faire savoir », la « confiance en… ». La sanction est la perte de cette notoriété. Maintenant, nous sommes « coupables car responsables ».

3. Conclusion : vers une révolution d'un système de pensée

Depuis les années 90, nous sommes passés subrepticement d'un monde régulé et normé qui gérait la transition du passé au présent, à un monde multiforme qui amène de l'instant présent aux promesses de futur. Le passé est intégré au présent. Il n'est pas jugé, mais pris en compte et considéré comme un élément de l'état des lieux, de la photographie de départ d'une action. Auparavant, la reconnaissance professionnelle jugeait les actions passées et les récompensait. Aujourd'hui la reconnaissance professionnelle devenue sociétale juge le potentiel d'amélioration de la situation présente et la confiance dans la promesse.

La difficulté à laquelle nous sommes donc confrontés est la mise en place, au même rythme que celui des transformations sociétales, d'outils de gestion et de reconnaissance cohérents pour accompagner ce changement majeur. Les armes énoncées de la résilience seront-elles les bonnes recettes ?

Chapitre 9

Reconnaître et recruter, sans discriminations

Pascal BERNARD

Reconnaître les compétences signifie, d'emblée, recruter sans discriminations. Pour ce faire, il importe au professionnel du recrutement de se fonder uniquement sur les savoirs, savoir-faire et savoir-être du candidat. Il s'agit aussi d'évaluer la dimension prospective que constitue l'indispensable pari sur le développement du potentiel du postulant.

Simples en théorie, ces affirmations sont chaque jour ébréchées par la réalité des pratiques. Sinon, comment expliquer, qu'à niveaux et formations égales, le taux de chômage des jeunes issus des minorités visibles se révèle cinq fois supérieur à celui de leurs condisciples d'origine européenne ?

1. Recruter dans la diversité : pourquoi ?

Au plan des enjeux, la prévention des discriminations en matière de recrutement se révèle essentielle. Elle ne relève ni de la compassion, ni d'un effet de mode. Mais bien d'une relation gagnant/gagnant entre la société et l'entreprise.

En effet, si l'éthique rend nécessaires l'égalité et la diversité, les impératifs économiques et sociaux les rendent indispensables :

▶ D'une part, en France, nulle cohésion sociale durable ne sera possible, en excluant des centaines de milliers de personnes de logement et d'emploi. Le désespoir qui en résulte précipitera inéluctablement ces cohortes de désespérés vers les dérives d'un communautarisme exacerbé ;

▮ D'autre part, dans les entreprises, l'essor de l'égalité professionnelle et de la diversité stimule la créativité, l'innovation et le climat de travail. Toutes les études montrent que des équipes mixtes, unissant des personnes de compétences, d'approches, de cultures et de sensibilités différentes se révèlent plus imaginatives, plus efficaces et réactives, et plus aptes à se remettre en cause que des équipes monolithiques engluées dans la routine, le conformisme et la reproduction de modèles existants. Bref, en matière de performance et de résultats, la diversité surclasse le clonage ;

▮ Par ailleurs, à l'époque du règne de la communication et du consumérisme, le risque d'image, pour une entreprise qui discriminerait et ne reflèterait pas la diversité de ses clients ou usagers, peut s'avérer catastrophique. Sans oublier que toute discrimination est simplement illégale et punie par la loi ;

▮ Enfin, le défi démographique qui, dès les prochains mois, précipitera vers la retraite les nombreuses classes d'âge de l'après-guerre, exige de recourir à toutes les compétences disponibles, d'où qu'elles viennent.

Ni quotas, ni laisser-faire : l'égalité positive

Si, face à ces enjeux, règne un consensus de bon aloi, cette belle unanimité vole généralement en éclats dès que l'on aborde la question du « comment faire ? » et des pratiques à instaurer pour développer la diversité.

D'abord, il importe de bien définir la notion de diversité qui recouvre plusieurs réalités (le sexe, l'âge, les origines raciales ou sociales, le handicap, les orientations sexuelles, les opinions et les modes de vie) dont aucune ne prime sur l'autre. Ne hiérarchisons pas les discriminations ! Il s'agit au contraire de traiter l'ensemble de ces différences. Ensuite, ne sombrons pas dans les faux débats qui enterrent l'action, tels que le thème des quotas et de la discrimination positive.

« Ici et maintenant », de telles approches s'affirmeraient contre-productives et nuisibles, tant pour les personnes déjà intégrées et issues des minorités, que pour celles, beaucoup plus nombreuses, à intégrer. Outre les réactions de rejet qu'elles susciteraient, les démarches d'instauration de quotas ou de discrimination positive jetteraient la suspicion sur les « rescapés » des minorités, détruiraient le principe d'équité fondé sur les compétences et le mérite et cristalliseraient, tous azimuts, les réactions d'intolérance. Cependant, entre le « laisser-faire » et les quotas, la marge de manœuvre est large. En effet, le « laisser-faire » ne serait possible que si l'égalité des chances était déjà pleinement assurée. Ce qui est loin d'être le cas.

Définie par certains experts, comme « l'égalité positive », cette marge de manœuvre entend concilier « mérite », « compétences », « prévention des discriminations » et « essor de la diversité ». Objectif aussi ambitieux que complexe… mais indispensable à ce que « l'égalité des chances » devienne autre chose qu'une belle théorie pour managers idéalistes ou vœux de début d'année.

2.   Recruter dans la diversité : comment ?

Bien évidemment l'égalité positive bouleverse la gestion des ressources humaines. En matière de recrutement, elle ne cherche pas à accroître les minorités dans l'entreprise de façon obsessionnelle. Elle entend simplement garantir à chacun la possibilité de se porter candidat à un poste, en bénéficiant d'un examen de candidature exempt de tout préjugé. À aucun moment, l'égalité positive ne conduit à sélectionner des candidats incompétents ! Il ne s'agit pas d'intégrer un certain nombre de personnes, issues de telle ou telle minorité. Mais inversement, il est certain que l'évolution de la gestion des ressources humaines, augmentera la part des minorités dans l'entreprise.

Cet objectif impose de travailler différemment à toutes les étapes du processus de recrutement et notamment dans 4 domaines clés :

▶ l'information sur les postes à pourvoir et l'appel à candidatures ;

▶ la sensibilisation des recruteurs internes et / ou externes ;

▶ la re(conception) des descriptifs de postes et des méthodes de sélection ;

▶ l'inclusion des candidats retenus et l'évaluation de leurs trajectoires.

Élargir l'appel à candidatures

Beaucoup d'entreprises utilisent exclusivement les supports d'annonces traditionnels : journaux spécialisés, réseaux habituels de leurs secteurs d'activités, modes de cooptations plus ou moins élaborés… Bref des moyens, qui, dès ce premier stade concernent presque uniquement des candidats potentiels issus des mêmes milieux sociaux ou relationnels, et écartent des populations déjà découragées par les multiples blocages subis.

Il ne s'agit pas de délaisser ces dispositifs classiques, mais plutôt de les compléter par des partenariats avec d'autres acteurs. À l'écoute des populations discriminées, ces derniers possèdent la faculté de diffuser les appels à candidature auprès d'un public plus diversifié. Au nombre de ces acteurs figurent plusieurs associations ou organismes agréés qui œuvrent en liaison étroite avec le milieu scolaire et universitaire. Leurs audiences élargissent le spectre des candidats potentiels… en laissant, évidemment aux recruteurs toute latitude d'action.

Professionnalisation

Enfin, des partenariats avec des écoles ou des organismes de formation offrent aussi la possibilité d'accueillir en stage ou en contrats divers (qualification, insertion…), des jeunes qui ne bénéficient pas de réseaux relationnels efficaces en ces domaines, et se familiarisent ainsi plus facilement avec un milieu dont ils se pensent *a priori* exclus.

Sensibiliser les recruteurs internes et externes

En matière de recrutement, la décision finale se révèle souvent partagée (à différents degrés selon les contextes) entre plusieurs partenaires :

- les professionnels RH ;
- les responsables opérationnels ;
- la ligne managériale.

Il s'avère donc essentiel que chacun d'entre eux perçoive la diversité comme une chance et non comme une contrainte. Dans cette perspective un travail préalable de formation ou de sensibilisation de ces parties prenantes est essentiel. Il s'agit de « déconstruire » les préjugés, les stéréotypes et les réticences réelles ou supposées de ces décideurs.

En ce domaine, privilégions plutôt les sessions de sensibilisation courtes (1/2 journée ou journée) regroupant un nombre réduit de participants (15 maximum) afin que tous puissent s'exprimer dans de bonnes conditions. Dans un esprit d'ouverture, mais également de prise en compte des réalités de l'entreprise, deux types d'intervenants peuvent co-animer : les cadres spécialisés de l'entreprise en ce domaine ainsi que des experts extérieurs en matière de diversité. Quant aux contenus et aux méthodes pédagogiques, il semble plus efficace de privilégier études de cas, jeux de rôle et projection de films courts suivis d'un échange, plutôt que des discours spécifiques et péremptoires.

Bien évidemment, ces actions doivent être précédées d'un mini-audit qualitatif, où un panel du public ciblé exprime son ressenti et permet ainsi d'orienter les contenus de la formation sur les attentes spécifiques des participants. Classique en matière d'actions de ce type, ce préalable revêt une importance décuplée en matière de diversité, domaine où tous les tabous et les non-dits foisonnent peut-être plus qu'ailleurs.

Enfin, les évaluations de ces sessions seront utilement communiquées aux instances de direction de l'entreprise (comités de direction…) ou aux organes de représentation du personnel (séances de négociation sociale ou comité d'entreprise). Une telle information contribue ainsi à sensibiliser tous les rouages importants de l'entreprise.

Re(concevoir) les descriptifs de postes et les méthodes de sélection

Élargir le vivier des candidatures potentielles et sensibiliser les recruteurs constitue des conditions indispensables, mais insuffisantes, à la reconnaissance des compétences et au recrutement dans la diversité. Il s'agit aussi de veiller à la cohérence et l'adaptation des outils de recrutement proprement dits aux exigences de la diversité.

À ce propos, combien de descriptifs de postes ou de méthodes de sélection sont-ils (volontairement ou non) discriminatoires ? Pour éviter les définitions de postes floues, un échange approfondi s'impose entre le professionnel RH et le manager opérationnel, afin de distinguer les critères indispensables des critères subjectifs et des libellés « passe-partout ». À ce sujet combien d'annonces exigent-elles des conditions parfaitement contradictoires entre elles (bien entendu, en filigrane car la loi interdit d'être explicite sur ce point).

Exemple

On ne compte plus les demandes « *d'hommes de terrain portés sur l'étude et les dossiers, jeunes mais avec une telle expérience qu'elle suppose 30 ans de pratique professionnelle, toujours disponibles mais aussi équilibrés au plan personnel, autonomes et créatifs, mais respectueux de l'autorité et des procédures existantes, innovants mais formés dans les mêmes moules que leurs collègues déjà en place !* ». Aucune méthode miracle n'évite ces travers, à tout coup. La meilleure prévention réside encore dans la description précise et la plus concrète possible, des buts, missions, tâches et moyens du poste. Après cet effort, et seulement après lui, peut être élaboré le profil du candidat, de façon réaliste et objective. Sinon bon nombre d'entreprises persisteront à rechercher d'improbables superhéro(ïne)s qui, s'ils existent, n'attendent certainement pas de telles propositions de postes.

Concernant les modes de sélection, la mise en situation (de type « assessment center ») ne résout pas tout, mais présente d'indéniables avantages :

⟫ elle offre l'occasion d'analyser les pratiques des candidats, dans telle ou telle situation, en atténuant les inévitables ressentis, résultant des apparences et des systèmes de référence du recruté et du recruteur. À ce propos, est-il utile de préciser que plus la décision de recruter est collective et partagée entre divers responsables, eux-mêmes « diversifiés », moins les risques de discriminations sont élevés ?

⟫ Par ailleurs, lorsqu'un cabinet conseil intervient dans le recrutement, il se révèle indispensable que le commanditaire lui définisse clairement son exigence de non-discrimination !

⟫ Enfin, à l'heure où le débat sur l'anonymisation des CV fait rage, il convient d'apporter quelques observations pratiques, en dehors de toute idéologie ou théorie déconnectée des réalités : d'une part, si le CV anonyme ne constitue pas la panacée, il offre tout de même une garantie supplémentaire : celle qu'au premier barrage, la sélection ne se fera pas sur l'origine ethnique réelle ou supposée ; d'autre part, il augmente les chances du candidat d'obtenir un entretien où il pourra, au moins, mieux défendre ses chances que s'il n'était pas écouté du tout. En bref, le CV anonyme nous semble un pas supplémentaire vers l'égalité des chances. Il reste maintenant à bien définir les conditions de sa mise en place, par une réflexion préalable avec les professionnels de la fonction RH, dans un climat serein, éloigné de toute préoccupation médiatique ou partisane.

L'inclusion des candidats retenus et l'évaluation des trajectoires

Dernière étape du processus, cette phase n'en est pas la moindre. De même que la diversité ne se décrit pas, elle suppose également un suivi et un accompagnement sans lesquels le meilleur des recrutements serait voué à l'échec. En effet, parce qu'il ne correspond peut-être pas aux normes dominantes dans l'entreprise, le nouvel arrivant doit être placé dans les meilleures conditions possible, afin d'exprimer son potentiel. Sur ce point, les méthodes existent : tutorat ou de coaching, individuels ou par équipes, constituent des méthodes appropriées et bien connues.

Cependant, l'inclusion réussie d'un collaborateur dépend aussi de la préparation de ses collègues. Sur ce point, les sensibilisations et formations évoquées plus haut, en faveur des recruteurs, se révèlent aussi précieuses.

Le véritable enjeu consiste à créer un environnement qui ne pénalise personne et épanouisse les talents de chacun, d'où qu'il vienne. Il y va de la pérennité même de l'entreprise... et de la cohésion de la société. Pour ce faire, les outils RH devront évoluer en profondeur. En tout état de cause, ces démarches n'aboutiront qu'avec l'implication et la participation de tous les acteurs de l'entreprise : professionnels RH, partenaires sociaux managers, dirigeants et ensemble des salariés. À ce sujet, il est évident que la sensibilisation et la formation constituent d'incontournables conditions de réussite. Si le législateur et la pression externe se révèlent utiles, la mobilisation interne des forces de l'entreprise, garantira, seule, le plein succès de la prévention des discriminations et l'essor de la diversité.

À ce moment, se vérifiera peut-être l'affirmation de Michel FOUCAULT selon laquelle « désormais, les identités ne se définiront plus par des origines, mais par des trajectoires ! »

Chapitre 10

Reconnaître les compétences pour favoriser l'innovation

Christian DEFELIX
Alain KLARSFELD

Dans une société et une économie décrites comme de plus en plus immatérielles, reconnaître et stimuler les compétences des salariés apparaît de plus en plus comme une condition *sine qua non* de l'innovation. Comment en effet pourrait-on éviter de valoriser et développer ce premier capital de toute organisation : le savoir-faire et la connaissance ? Pourtant, à y regarder de près, tout n'est pas aussi simple. Bien des employeurs, tout en restant de fervents défenseurs de l'innovation, doutent en effet de la réelle pertinence d'une démarche de management des compétences ; de nombreux retours d'expérience font effectivement état de systèmes complexes à mettre en œuvre et à l'impact délicat à évaluer.

Ce constat s'explique dès lors qu'on distingue la finalité du management des compétences – qui peut être, effectivement, plus d'innovation – de son instrumentation possible – qui, elle, s'appuie souvent sur une logique de *planification*. Ainsi faut-il comprendre que la reconnaissance des compétences n'est pas systématiquement compatible avec l'impératif d'innovation, et que, pour contribuer réellement à une stratégie d'innovation, le management des compétences doit dépasser la planification des contenus pour favoriser les processus d'apprentissage. Nous en tirerons ainsi quelques recommandations opérationnelles pour les gestionnaires de terrain, exemples à l'appui.

1. Reconnaître les compétences n'est pas systématiquement compatible avec l'impératif d'innovation

Depuis une quinzaine d'années, nombre de responsables d'entreprises ont engagé leur entreprise dans des démarches variées visant à mettre la notion de compétence au cœur de leurs instrumentations de gestion ; autrement dit, à gérer leurs ressources humaines par les compétences. Quand on interroge les acteurs comme lorsqu'on analyse leurs outils, on remarque que les démarches mises en place reposent souvent sur les présupposés suivants :

▶ il est possible d'identifier les compétences dont l'organisation dispose aujourd'hui ;

▶ il est possible d'identifier *a priori* les compétences dont l'organisation aura besoin dans le futur ;

▶ il est possible de mesurer l'écart existant entre les premières et les secondes, et donc de concevoir à l'avance une ingénierie de développement des compétences permettant aux salariés de combler l'écart ainsi identifié.

Or, ces trois propositions ne sont pas entièrement compatibles avec une stratégie de différenciation par l'innovation. Reprenons-les, en effet, une à une.

Il n'est pas toujours possible d'identifier les compétences dont l'organisation dispose aujourd'hui

Un niveau d'analyse des compétences reste hors de portée de toute tentative de recensement exhaustif des compétences : celui de la situation individuelle de travail. Or, accéder à l'identification de ces compétences est très coûteux, d'un coût prohibitif pour l'entreprise, et ne se fait que pour des postes revêtant des enjeux très particuliers. Une large partie des compétences réellement mises en œuvre échappe donc, faute de moyens, à ce travail d'identification.

Exemple

Prenons le cas de cette société de services informatiques et d'édition de progiciels : la direction y cherche depuis de nombreuses années à établir et mettre à jour un recensement systématique des compétences détenues par les développeurs et chefs de projet. Elle a tenté d'y parvenir successivement par une fiche papier créée au moment du recrutement, un logiciel *ad hoc*, et aujourd'hui une banque de *curriculum vitae*. Mais le directeur général reconnaît qu'il lui faut « taper du poing sur la table » pour récupérer ces données. En fait, ses managers savent fort bien identifier et reconnaître les compétences de leurs collaborateurs, mais ils rechignent à mutualiser cette information au sein de la société, dans l'espoir de conserver dans leurs équipes les salariés les plus compétents.

Il est délicat d'identifier a priori les compétences dont l'organisation aura besoin dans le futur

En-dehors du cas d'acquisition de compétences standards, préalablement identifiées, la définition de contenus de compétences et leur acquisition programmée sont difficiles sinon impossibles. Une entreprise qui poursuit une stratégie d'innovation ne peut – sauf à renoncer à cette stratégie – se contenter d'avancer là où d'autres l'ont précédé. Si elle cherche à développer des compétences nouvelles, elle se situe nécessairement en marge d'un scénario d'acquisition de compétences planifiées. C'est la limite traditionnelle de nombreux référentiels de compétences, qui enferment l'organisation dans ce qu'on a prévu de requérir pour elle.

Exemple

A *contrario*, dans cette ancienne start-up de la microélectronique, aujourd'hui entreprise de taille moyenne à forte croissance, la DRH n'a jamais voulu développer de GPEC, craignant les « usines à gaz ». En revanche, tous les recrutements se font en privilégiant des candidats qui disposent de plus de compétences que ce que le poste à pourvoir demande à l'instant t. Ainsi, en choisissant « ceux qui en ont sous la pédale » (selon sa propre expression !), l'entreprise se dote d'une sorte de stock de compétences d'avance, qu'elle utilisera le moment venu, mais sans planification préalable.

Il est difficile de mesurer l'écart existant entre les premières et les secondes, et donc de concevoir à l'avance une ingénierie de développement des compétences

Tracer le chemin vers des compétences qui n'existent pas encore, au sens où elles n'ont été ni développées ni nommées, tombe rapidement dans le travers des formules vides ou tautologiques (du type « savoir innover », « savoir s'adapter » ou encore « apprendre à apprendre » pour faire face à l'imprévu). La question de la mesure de l'écart entre les compétences détenues et les compétences à développer se trouve ici facilement réglée : comment mesurerait-on l'écart entre quelque chose que l'on connaît difficilement et quelque chose que l'on ne connaît pas ?

Exemple

> Certaines entreprises en font l'expérience à leurs dépens. Dans ce grand groupe industriel réputé pour ses innovations de produit et de process, les équipes de conception et de recherche-développement ressentent depuis quelques années un abandon de la stratégie d'innovation et une perte de vitesse par rapport aux concurrents. La politique de forte réduction des coûts leur paraît contradictoire avec l'impératif d'innovation radicale proclamé par la direction, car elle conduit à supprimer les situations propices à l'émergence d'idées et de concepts nouveaux telles que la fréquentation de colloques scientifiques, l'encadrement de jeunes chercheurs en lien avec les laboratoires universitaires, le recrutement de personnalités originales. La cristallisation du management sur des compétences bien identifiées conduit à se couper de ces occasions de mettre à jour et à profit d'autres compétences, non repérées jusqu'alors.

Reconnaissons que bien des démarches courantes de gestion des compétences sont ainsi prisonnières de ce raisonnement mécaniste dont nous venons de reprendre les principaux ressorts. Si ces derniers peuvent être très pertinents dans le cas d'activités procédurières ou régulières, ils ne sont que peu adaptés à une stratégie d'innovation. Pour que la reconnaissance des compétences contribue à l'effort d'innovation, elle doit reposer sur d'autres bases.

2. Dans le cadre d'une stratégie d'innovation, la reconnaissance des compétences doit dépasser les contenus pour privilégier les processus d'apprentissage

Nous proposons ici un développement « délibérément émergent » des compétences : les compétences décisives ne peuvent être entièrement définies et programmées, mais l'entreprise ne doit pas pour autant renoncer à toute gestion de ce type d'apprentissage. Il s'agit plutôt de définir des *processus* visant à favoriser l'émergence de compétences nouvelles, en cultivant les apprentissages spontanés, prévoyant des ressources pour l'innovation, tissant des réseaux, valorisant l'imprévu, et en recourant à des processus d'appréciation *ex post*.

Cultiver les apprentissages spontanés

Certains apprentissages sont spontanés, et l'identification des apprentissages ne peut être le fait du seul supérieur hiérarchique. Certes, ce dernier doit être partie prenante de la protection de ces apprentissages spontanés, mais il arrive également qu'il étouffe l'innovation qu'il peut percevoir comme relevant, justement, de sa « compétence ». Il ne suffit donc pas de donner au supérieur hiérarchique une consigne de « reconnaissance et d'encouragement des apprentissages à finalité d'innovation » mais il faut encore le reconnaître lui-même pour ce faire.

Exemple

Cette petite entreprise industrielle, spécialisée dans la fabrication de ballons éclairants, avait dans un premier temps développé des produits de taille modeste, éclairant des périmètres limités. Lorsqu'un jour un client potentiel s'adresse à elle pour éclairer un grand rassemblement sportif, la direction est d'abord tentée de décliner la demande, au motif qu'elle ne sait pas faire. Pourtant, elle accepte le défi technique et prend la commande, confiante dans la capacité de ses techniciens à développer des ballons plus gros, plus lourds et chargés d'un matériel d'éclairage plus puissant. Quelques mois plus tard, un nouveau type de produit était en effet mis au point et commercialisé.

Prévoir des ressources pour l'innovation

Un temps dédié à l'apprentissage et à l'examen de sa pertinence se doit d'être prévu, à la fois pour éviter des excès, mais également pour fournir un minimum en deçà duquel l'organisation ne peut vraiment être considérée comme innovante. Ce temps et ces ressources devront notamment être consacrés à des activités de créativité, de travail en commun et d'échanges de pratiques.

Exemple

Chez ce fabricant d'articles de sport, le site de conception et de marketing inscrit physiquement l'organisation des ressources disponibles : les bureaux sont organisés en espaces ouverts, des couloirs et des plateaux favorisent les rencontres et les discussions, y compris entre ingénieurs et designers. De fait, il n'y a pas de personnes innovantes repérées à part, et c'est tout le personnel qui est sollicité pour contribuer à l'innovation.

Tisser des réseaux internes et externes

C'est le croisement de problèmes, d'argumentations, de discours différents, élaborés dans des parties différentes de l'organisation et en dehors, qui va permettre la construction de « problèmes » communs et, en fin de compte, de solutions, mais aussi de connaissances et de compétences nouvelles. Ce croisement de discours peut avoir lieu au sein de l'organisation mais également à sa périphérie – avec les partenaires tels que clients, bailleurs de fonds, fournisseurs – ainsi qu'à l'extérieur, avec des consultants et des représentants du monde académique.

Exemple

Sur le bassin grenoblois, le projet « Minatec » vise ainsi à fédérer entreprises, laboratoires de recherche et universités autour de la conception de produits issus des nanotechnologies. Avant même que le chantier ne surgisse se développent des groupes plus ou moins informels où se côtoient ingénieurs de R et D, chercheurs académiques, sociologues des usages, étudiants et thésards. De son côté, au sein des pays de Savoie, le réseau « Thésame » permet à des responsables de développement, de marketing et à des universitaires d'échanger régulièrement sur l'innovation.

Valoriser l'innovation en soi

Favoriser l'innovation, c'est mettre en place des processus formels visant *a minima* à leur donner le temps de s'exprimer, mais également à les évaluer au plan de leur faisabilité, et à les récompenser.

Exemple

Un opérateur du secteur des télécommunications a mis en place un « innovation hub » : un canal, *via* l'intranet, par lequel tout employé peut soumettre une idée avec la garantie d'un retour constructif. L'idée envoyée est soumise à trois évaluateurs qui décident, soit de la retenir, soit de la stocker ou de la rejeter. Les « incentives » sont les effets de réseau, la compétition, la récompense monétaire, mais surtout la reconnaissance (nomination et photo sur l'intranet quelques jours), le plaisir.

Mettre en place de processus d'appréciation ex-post

Dans une approche « délibérément émergente », la performance et la compétence qui la sous-tend ne se rapportent pas seulement à ces critères qui peuvent être définis en début de période, mais comportent également des éléments qui ne peuvent être constatés qu'en fin de période. Dans cette optique, on ne peut juger qu'après coup la performance et les compétences. Une telle approche permet de prendre en compte la capacité des personnes à faire face à des imprévus, à résoudre des problèmes, donc à innover, mieux que n'importe quel référentiel de compétences défini *ex ante*.

Exemple

Dans cette petite entreprise de 46 salariés dédiée à la mise au point de prototypes pour des industriels de l'électronique, le développement d'un projet de microscope numérique a fait l'objet d'une relecture et d'un retour d'expérience approfondis, pour que soient détectées les nouvelles méthodes mais aussi afin que soient valorisées les personnes ayant fortement contribué au projet.

3. Conclusion

Même si dans ce domaine, comme dans l'ensemble du management, la tentation de normaliser et de recourir à des « best practices » existe, la gestion des compétences dans le cadre d'une stratégie d'innovation gagne à être différente selon les contextes organisationnels. Dans des univers marqués par l'imprévisibilité des marchés et les ruptures technologiques, reconnaître les compétences d'innovation implique de renoncer au moins en partie à une logique planificatrice, même si celle-ci est plus rassurante. Une véritable reconnaissance des compétences en vue de l'innovation passe plutôt par la protection et la stimulation de processus d'apprentissages, c'est-à-dire de développement de compétences dans des directions inattendues, seules à même de générer, à terme, une différenciation avec les concurrents.

Chapitre 11

Tous reconnus…
même les petits chefs !

Catherine CHOUARD
Maurice THEVENET

« Tous reconnus » est un mot d'ordre très exigeant et ambitieux du fait de son universalité. Il devrait même concerner ceux qui, dans nos organisations, sont affublés des qualificatifs les plus péjoratifs. Les « petits chefs » sont de ceux-ci. Les employés les fuient et les organisations n'ont de cesse de développer des *process* et des systèmes pour mieux les contrôler ou s'en passer. La notion de « petits chefs » évoque la mesquinerie, l'autoritarisme voire un degré de perversion qui les prédestine inexorablement au harcèlement. Présents dans toutes les formes d'organisation, ils apparaissent à certains comme le reliquat d'organisations disparues et d'un mode de management du siècle dernier.

Si ces petits chefs et autres managers de proximité existent dans les organisations, ils réclament aussi de la reconnaissance, comme les autres finalement. N'importe quel audit ou enquête d'opinion interne aboutit toujours à la même revendication de plus de communication et de reconnaissance. Ce sont les deux ingrédients dont on manque toujours, à croire d'ailleurs qu'il n'y en aura jamais assez. Les deux flattent le « et moi, et moi, et moi » dans nos organisations qui se culpabilisent souvent de ne jamais le satisfaire vraiment.

Mais le « tous reconnus » ne renvoie pas qu'au résultat prévisible de n'importe quelle enquête d'opinion interne. Il répond sans doute à un besoin des personnes, mais il est également nécessaire pour le bon fonctionnement de l'entreprise. La reconnaissance est un besoin pour cette dernière parce que sans ce sentiment partagé, elle ne peut fonctionner correctement. Et c'est le problème avec le management de proximité : sa reconnaissance n'est pas un choix, c'est un impératif ; ce n'est pas un avantage social supplémentaire, mais la condition indispensable pour qu'il exerce la mission cruciale qui est la sienne.

Le secteur des services est l'illustration parfaite de ce rôle déterminant des managers de proximité. *Elior* est le 3e groupe européen de restauration sous contrat pour des entreprises, des écoles, des hôpitaux mais aussi sur les autoroutes, dans les aéroports, musées ou autres lieux publics. Avec 50 000 collaborateurs sur plus de 12 000 sites, on compte par milliers le nombre des managers de proximité, qu'ils soient à la tête de restaurants, de sites, en responsabilité de secteur géographique ou de régions. On peut même se demander s'il existe un meilleur type d'activités pour apprendre quelque chose d'important sur le management de proximité ! Les équipes salariées y sont réparties sur tout le territoire dans un dispositif relationnel complexe où il faut distinguer le client prescripteur du contrat de services ou le concédant, et les convives qui consomment les repas. De plus, ces équipes travaillent dans les locaux de leurs clients. La qualité du travail, l'image auprès des clients et convives, toute la valeur apportée par l'entreprise se joue notamment dans la qualité du management local, c'est dire si la question est importante et si la reconnaissance de ces managers est une préoccupation majeure.

1. La reconnaissance des managers de proximité, une exigence pour l'entreprise

Il est deux enjeux classiques du management dont les « petits chefs » sont les premiers acteurs et responsables du succès : l'implication des personnes et la mise en œuvre du changement. Les managers de proximité sont dans la position idéale pour remplir les conditions nécessaires à l'implication des personnes. Ils sont le mieux à même d'aider un collaborateur à comprendre ce qui se passe dans et autour de son poste de travail, à se faire une idée cohérente de l'entreprise et de son fonctionnement. Comme le quotidien du travail se joue dans la qualité de l'expérience relationnelle, la qualité de sa relation avec un patron direct est souvent déterminante de relations qui enchantent ou pourrissent le quotidien. Pour s'impliquer, il est enfin indispensable de pouvoir s'approprier son travail : là encore, ce sont souvent les managers de proximité les mieux à même de le faire.

En matière de changement, la qualité des seules décisions de transformation ne suffit pas à garantir le succès des opérations. Là encore, c'est l'investissement du management de proximité à tous les niveaux de l'entreprise qui permet aux démarches de changement de véritablement réussir. Les managers de proximité ont la connaissance du terrain pour traduire des projets de changement en un langage qui a du sens pour une unité de travail ; ils savent adapter des modalités générales à des situations particulières. Ils gèrent enfin les émotions et tensions que n'importe quelle démarche de changement ne manque pas de susciter sur le terrain.

Mais à ne parler que d'implication et de changement, on pourrait ranger le management de proximité au rayon des formes de management traditionnelles que nos organisations modernes ont dépassées grâce à des structures plus souples et des techniques de communication plus efficaces. Il n'en est rien ; nos organisations n'ont pas besoin de moins de management de proximité mais de plus. Toutes les expériences de management à distance aboutissent au même conseil : plus vous managez à distance, plus vous avez besoin de management de proximité. Il ne suffit pas de rassembler des professionnels autour d'un projet pour que la transversalité s'établisse de manière efficace, il faut au contraire développer des talents de management même si les gens n'en demandent pas. Les compétences managériales requises par nos organisations modernes ne sont pas plus faciles mais plus difficiles à acquérir et à maintenir. Gérer des professionnels n'est pas facile, gérer dans des univers flous demande des talents, gérer des individualités prononcées sous la pression du résultat exige des compétences relationnelles autrement plus fines que l'exercice d'une autorité reconnue dans le cadre de hiérarchies incontestées.

Dans un groupe comme Elior, la qualité du management de proximité est encore plus sensible. Autonomes sur leur site, eux seuls connaissent dans le détail les opérations et sont à même d'intervenir devant les exigences et urgences du quotidien ; ils sont en contact permanent avec le client et les convives. Quelle que soit la pertinence des systèmes d'information pilotés par les fonctions du siège, eux seuls connaissent véritablement le terrain, là où tout se joue. Mieux même, le manager de proximité fait partie intégrante de la prestation : un client peut parfois même demander à choisir son directeur de restaurant ! La dernière caractéristique de ces managers n'est pas la moins intéressante. L'origine même de la reconnaissance est différente : bien entendu ils attendent de la reconnaissance de l'entreprise mais dans ces métiers, elle vient plus quotidiennement des convives, du lieu ou de l'enseigne plus ou moins prestigieux pour lequel ils travaillent. Ici ou là, dans les écoles par exemple, leur travail peut même prendre des dimensions inattendues quand les repas deviennent une véritable activité pédagogique pour les enfants.

2. Les problématiques du management de proximité

Beaucoup d'organisations peinent à recruter et faire évoluer leurs bons managers de proximité. En effet, on reconnaît que si chacun est d'accord pour obtenir un meilleur statut, voire la reconnaissance d'une promotion à un poste de management, ils sont moins nombreux à être tentés par la responsabilité humaine de la fonction, pourtant centrale aux problématiques de management évoquées plus haut. Il n'est pas rare, dans de nombreux secteurs, de faire face aux demandes de managers de vouloir devenir des « experts », c'est-à-dire des gens plus autonomes, de ceux que l'on laisse tranquilles dans leur bureau sans leur imposer la gestion quotidienne de problèmes humains.

Cette dimension humaine du management de proximité n'est pas toujours très valorisée. On sait bien reconnaître la compétence technique, le rôle de producteur et les résultats techniques mais assez peu le versant humain de sa fonction. Pour beaucoup de managers de proximité cet aspect de leur fonction évoque plutôt de la difficulté, une grande insatisfaction liée au fait que la réalité humaine de la mission ne correspond pas à ce dont ils avaient rêvé. Manager peut même générer de la souffrance, de la remise en cause personnelle, des moments peu gratifiants finalement difficiles à supporter.

Dans ce type d'activités, les sources d'insatisfaction peuvent vite être nombreuses. Seul face à ses équipes, son client et les convives, le directeur de restaurant se débat dans le maniement des systèmes d'information, dans la gestion des problèmes d'approvisionnement, il doit s'ajuster chaque matin en fonction des retards, des absences ou des problèmes divers et, dans des organisations à la moyenne d'effectif très basse (quelques personnes), il a dû se confronter à la mise en place des 35 heures. Plus encore, les responsables de restaurant ont des missions de management direct que l'entreprise doit en permanence les aider à assumer grâce par exemple à des formations, des *kits* et autres outils de communication divers notamment sur intranet. Toutefois, *Elior* ne semble pas avoir autant de problèmes de recrutement de managers de proximité que ceux connus dans d'autres entreprises. En effet, la multiplicité des sites et l'important maillage territorial permettent d'organiser une certaine fluidité du marché interne de l'emploi qui offre la possibilité de progresser vers des entités plus grandes ou des clients plus prestigieux.

Certaines caractéristiques de ces activités de service expliquent peut-être que le problème du management de proximité est ici moins aigu que dans d'autres secteurs :

▶ d'abord, on exerce son activité chez le client et on peut tirer de cette relation une reconnaissance assez immédiate de la qualité de son travail ;

▶ ensuite, on est dans des métiers connus, très concrets, professionnels. Pour les managers le problème d'identité ne se pose pas : dans quelque restaurant que ce soit, on peut estimer rapidement si le manager est crédible ou pas ; il ne faut pas beaucoup de temps pour vérifier sa qualité professionnelle ;

▶ enfin, on dispose dans cette activité d'une multitude d'indicateurs qui permettent de mesurer rapidement la qualité des résultats de l'équipe et les fruits de l'activité de management ne tardent jamais à se faire sentir.

La situation d'Elior est alors un bon exemple pour voir comment est abordée par l'entreprise la question de la reconnaissance du management de proximité. Pour reconnaître cette fonction, trois pistes sont généralement empruntées (THÉVENET, 2004) celle de la conviction, de la compétence et du goût. Les projets d'Elior illustrent quelques lignes d'action pour chacune de ces pistes.

La conviction

Pour reconnaître le management de proximité, encore faut-il qu'il ait pris la dimension de son rôle et de sa mission. Elior est parti de ce constat pour lancer dans son activité de restauration collective Avenance, une démarche participative de progrès « Avenir » qui a toutes les caractéristiques d'un projet d'entreprise. Son originalité est de partir du constat que les conditions de réussite de l'activité se jouent dans la qualité du management de proximité. C'est lui qui connaît le terrain, c'est son action, aussi bien avec les employés, les clients que les convives qui fait la véritable valeur ajoutée. C'est lui aussi qui constitue le talon d'Achille de toute démarche d'amélioration ou de mise en place de process. Le déclencheur se situe donc au niveau du management de proximité, c'est dire son importance.

Dans un métier comme celui du service, un des moyens de renforcer l'idée que le management de proximité est important, c'est de permettre aux gens de trouver dans l'exercice de cette fonction du plaisir et de la fierté et leur donner l'occasion de les partager avec des tiers. Chez Elior, ceux-ci sont visibles si l'on en croit le bon accueil réservé par les managers de proximité à une expérience de tutorat de collègues se formant à un certificat de qualification professionnelle de chef gérant.

Pour renforcer la conviction, il faut valoriser le management de proximité : l'entreprise a mis en place un système d'évaluation des performances qui s'appuie sur le « projet » du site, élaboré conjointement avec chaque client. Au-delà des performances quantitatives, ce système intègre des éléments qualitatifs relevant tant de la prestation que du management d'équipe sur des critères comme le plan de formation des collaborateurs, le turnover, l'absentéisme… Cette évaluation est plus engageante car elle contribue à augmenter la part de rémunération variable. Elle permet de donner de l'importance à tous les aspects de l'exercice d'une fonction, et en particulier les aspects managériaux qui ne peuvent être occultés derrière les résultats opérationnels de l'entité. Pour continuer de valoriser le management de proximité l'entreprise s'efforce de venir continûment en aide aux managers dans l'exercice de leurs tâches.

La compétence

Les référentiels de compétences et les programmes de formation qui ont découlé de la démarche « Avenir » sont un excellent moyen de développer les compétences. Et les compétences cruciales en la matière concernent surtout le savoir être. Devenir un bon manager, c'est sur cet acronyme qu'Elior a bâti son référentiel : Donner du sens, s'Engager, Valoriser, Etre professionnel, Nourrir, Inciter et Respecter les Hommes. Par la formation, l'évaluation régulière ou l'aide sur le terrain, l'entreprise accompagne son management de proximité sans tenter de le formater.

Le goût

Le goût pour le management, la générosité, le sens des autres, seraient-ils inhérents aux métiers de management dans le service ? Il ne faut pas généraliser bien entendu mais il est dans ce secteur peut-être plus difficile qu'ailleurs de s'imposer et de produire des résultats si l'on ne démontre pas un authentique intérêt pour le métier et pour les autres. En effet, au-delà de la prestation négociée dans le cadre d'un appel d'offres, la satisfaction tant du client que des convives passe aussi par le soin du détail, la sensation d'être accueilli, attendu, la surprise d'une présentation différente. Tout ceci suppose une présence du management, un regard attentif et bienveillant. D'ailleurs, *Elior* se présente comme « partout où la vie a du goût ! »

La reconnaissance du management de proximité se joue dans le renforcement permanent par l'entreprise de la conviction, de la compétence et du goût pour cette activité. Il est intéressant de décoder un projet d'entreprise justement centré autour de cette préoccupation. Il permet au moins de tirer quelques conclusions sur la reconnaissance des managers de proximité.

Chapitre 12

La VAE
(validation des acquis de l'expérience) : une forme de reconnaissance au service des personnes et des entreprises ?

Alain BERNARD
Corinne FORASACCO

Dans la loi de modernisation sociale du 17 janvier 2002, le législateur a dressé les grandes lignes de la VAE pour redistribuer les cartes d'un jeu où les chances des personnes dans le monde du travail pourraient s'accroître et où elles pourraient maintenir leur employabilité.

Et s'inscrivant désormais dans le Droit Individuel à la formation (DIF) instauré par l'Accord interprofessionnel du 5 décembre 2003 et la loi Fillon du 4 mai 2004, la VAE pourrait s'intensifier.

Si elle incite le candidat à faire l'effort de récapitulation de son parcours professionnel et à donner un sens aux événements vécus, la VAE, au cours de laquelle l'individu obtient un « vrai diplôme », peut devenir un vecteur de l'apprentissage tout au long de la vie.

Elle peut aussi contribuer à renforcer les pratiques de gestion prévisionnelle des emplois et compétences et à diversifier les profils des personnes recrutées et promues.

1. Des courants parfois contradictoires

Les perspectives du monde du travail seraient aujourd'hui largement ouvertes ; les opportunités qu'il laisserait entrevoir aux salariés consentant à « jouer le jeu » réelles. C'est du moins ce dont une lecture optimiste de l'actualité sociale récente pourrait nous persuader ; les entreprises auraient pris conscience de la valeur de leur capital humain et leurs salariés seraient capables de se dépasser pour affronter les défis économiques qui sont les nôtres.

D'autres voix se font entendre. Les entreprises, au contraire, ne seraient plus vraiment maîtresses de leur destin ou tout du moins se projetteraient de plus en plus difficilement à moyen ou long terme dans un environnement toujours plus complexe, imprévisible, marqué par la contingence. Dans ce cadre se développerait le « chacun pour soi » chez les individus au travail, tous ayant peu ou prou perdu leurs dernières illusions quant à la possibilité de conduire rationnellement leurs vies professionnelles. Telle est la version pessimiste entendue les jours où « rien ne va plus ».

Dans ce contexte enchanteur *versus* désenchanté, l'irruption de la VAE exprime, en tout cas dans l'esprit des textes, une intention de redistribuer les cartes du jeu pour proposer une nouvelle partie où les chances des personnes dans le monde du travail pourraient s'accroître notablement. « Soudain, ma vie s'est accélérée », répondent en écho deux jeunes tout sourire dans un document de promotion de la VAE de janvier 2002, sous estampille des pouvoirs publics. Qu'en est-il, en réalité ? La VAE est-elle ou peut-elle être la nouvelle formule délimitant un champ harmonieux où convergeraient les intérêts des salariés et ceux de leurs employeurs ?

L'homme et le diplôme ou la VAE comme dispositif pour redonner des couleurs aux diplômes

Contrairement à ce que l'on pourrait assez immédiatement penser, la VAE ne s'édifie pas contre les diplômes. Elle redore, au contraire, leur blason en valorisant la cible qu'ils représentent et en stimulant leur accès. La VAE responsabilise fortement l'individu demandeur. Engagé dans cette démarche, celui-ci est appelé à valoriser ses expériences de vie, procéder à une auto-analyse et une auto-évaluation de ce qu'il a entrepris et réussi. Il établit, ainsi, la liste de ses découvertes, des défis rencontrés dans le passé, des progrès effectués à cette occasion, en les intégrant conceptuellement dans la production d'une relation ordonnée de son histoire de vie professionnelle.

Mais l'autorité à laquelle il s'adresse pour faire valoir ses acquis et sa « valeur » est « une machine à produire des diplômes et des diplômés », et lui décernera donc naturellement s'il sort avec réussite de l'épreuve, un diplôme dans le pur sens du terme, un « vrai diplôme », décerné ou reconnu par l'Etat, l'université, une commission nationale (des certifications professionnelles), une institution de formation ayant pignon sur rue. Lui, cet individu qui avait peut-être quitté les bancs de l'école ou de l'université parce que le système même ne lui convenait pas, revient vers elles plus tard dans sa vie pour solliciter un parchemin, le sésame qui ouvre encore, en France en tout cas, bien des portes.

Pourquoi donc le diplôme continue-t-il à jouer ce rôle essentiel dans la reconnaissance de la compétence (au moins potentielle) d'une personne ? Parce qu'il reste, sans doute, le marqueur social à l'efficacité la plus communément admise pour assigner une valeur à la compétence d'une personne et faire reconnaître en conséquence sa valeur sur un marché. Le diplôme est souvent en effet le « passeport » qui permet d'accéder à de nouvelles opportunités professionnelles, un opérateur synthétique efficient permettant d'établir un large système de correspondances entre une inscription dans un statut de conventions collectives, des éléments de rémunération, une liste de comportement requis, des modes de raisonnement attendus, des expressions d'engagement personnel, etc. La VAE est donc fondée sur l'hypothèse explicite qu'une reconnaissance « institutionnelle » certifiée par un diplôme peut légitimer les aspirations et justifier le destin professionnel de celui qui l'invoque.

La VAE devient parallèlement un outil économique au service de la « machine à diplômer ». Elle rationalise en quelque sorte les diplômés (vérification que le profil professionnel du candidat, exprimé en termes de connaissances, compétences et attitudes), ne s'écarte pas trop du profil requis pour obtenir le diplôme ou le certificat de compétences visé. Elle est source d'optimisation (raccourcissement d'un parcours de formation classique, mémorisation sur preuves et justificatifs des efforts et résultats réalisés par le candidat dans le passé pour le dispenser, par décision d'une autorité légitime, de s'engager dans de nouvelles épreuves pour acquérir le diplôme ou le titre convoité).

Au-delà, tout au long de sa vie professionnelle, la VAE doit pouvoir rassurer l'individu sur sa capacité à puiser dans son expérience et faire reconnaître des atouts utiles pour les actions qu'il projette de mener dans le futur. La VAE doit ainsi contribuer à maintenir son employabilité.

La VAE au carrefour de logiques de développement des personnes et des entreprises

Force est de constater que les entreprises, invoquant souvent à la fois la complexité des démarches à engager et surtout le caractère extrêmement personnel de la VAE sont globalement assez peu actives dans sa mise en œuvre. En revanche s'accroissent, face aux défis des compétences lancés par le marché, quel que soit le secteur d'activité, de véritables démarches de développement et de valorisation des compétences. Répondre aux sollicitations immédiates des marchés, développer sa réactivité et sa flexibilité, anticiper les évolutions technologiques et de métiers, tels sont les trois enjeux majeurs et parfois contradictoires auxquels les entreprises sont confrontées dans leur politique de ressources humaines.

Sur le champ spécifique des compétences cela signifie une adaptation de ses ressources, et là où les leviers recrutements et sous-traitance ont leurs limites, le développement des savoirs et savoir-faire des équipes existantes représente une voie d'action essentielle. Les nouveaux textes relatifs à la formation professionnelle (loi du 4 Mai 2004) renforcent encore cette exigence donnant un rôle à l'entreprise dans la nécessaire « formation tout au long de la vie ».

Mais accroître son effort de formation c'est aussi pour l'entreprise la nécessité de rechercher des solutions d'optimisation des actions mises en œuvre pour en améliorer l'efficacité pour les bénéficiaires et pour faire face aux contraintes de temps. Dans ce sens se démultiplient les logiques d'individualisation de la formation. Les actions et process de formation proposés sont de plus en plus articulés avec les compétences déjà détenues par les salariés. Dans le prolongement du « sur-mesure » lorsque les formations mises en œuvre sont à la fois contributives à une valeur ajoutée pour l'entreprise et à l'employabilité plus globale de la personne, apparaissent des pratiques de co-investissement où, généralement à la prise en charge de coûts par l'entreprise, le salarié parfois accorde une partie de son temps personnel.

▷ *Tendance*

Dans ce contexte la VAE trouve bien évidemment sa place comme une des voies ou un des moyens de ces dynamiques d'individualisation et de co-investissement. Dynamisant la posture de l'individu acteur de sa vie professionnelle la VAE, là encore, devient contributive à une gestion des carrières plus contractuelle que cherchent à développer aujourd'hui les équipes de ressources humaines.

De manière complémentaire, tout rôle actif ou proactif de l'entreprise dans la contribution au développement de la personne puis dans la reconnaissance de ses acquis est une action au service d'une politique de fidélisation des salariés. Et nul doute que la démographie et le marché de l'emploi des prochaines années va concentrer encore les entreprises dans ce sens.

Enfin, selon toute probabilité la VAE pourrait s'intensifier à travers le DIF (Droit individuel à la formation) instauré par l'Accord interprofessionnel du 5 décembre 2003 et la loi Fillon du 4 mai 2004. Ce droit individuel, mais contractualisé avec l'employeur, doit en effet pouvoir dans ses logiques de capitalisation et de co-investissement, à la fois, servir le « contrat social » de l'entreprise contribuant à l'employabilité des personnes et l'individu, et créer une opportunité de valorisation et de reconnaissance de son potentiel de compétences.

2. Les textes législatifs et réglementaires

On rappellera ci-dessous, sans commentaires particuliers, les textes précisant la pensée du législateur :

- le texte de référence est la loi de modernisation sociale du 17 Janvier 2002. Quatorze articles de cette loi (les articles 133 à 146) sont relatifs à la VAE ;
- le décret n° 2002-529 du 16 avril 2002 précise, quant à lui, certaines modalités d'application de la loi aux établissements d'enseignement supérieur.

Points essentiels de la loi de modernisation sociale

Le droit à la VAE

La VAE est un droit ouvert à toute personne engagée dans la vie active pour faire valider les acquis de son expérience, notamment professionnelle (mais pas exclusivement), en vue de l'acquisition, de tout ou partie, d'un diplôme, d'un titre à finalité professionnelle, d'un certificat, enregistrés dans le répertoire national des certifications professionnelles (RNCP).

Le financement de la VAE

Si la personne est salariée, elle peut bénéficier d'un congé de validation des acquis de l'expérience éligible à un financement par l'entreprise ou les autorités publiques. Le candidat à la VAE peut donc bénéficier d'un financement pour mener à bien son projet. Ce financement est proposé selon les règles propres à chacun des dispositifs, soit dans le cadre du plan de formation de l'entreprise, soit dans celui des fonds mutualisés sous la responsabilité des OPCA et des OPACIF.

D'autres financements sont prévus, dans le cadre de la prise en charge par des organismes collecteurs de fonds spécialisés, pour les non-salariés, d'une part, dans le cadre du plan d'aide au retour à l'emploi (PARE) ou du projet d'action personnalisé (PAP) financé par les Assedic, l'Etat et les conseils régionaux, pour les demandeurs d'emploi, d'autre part.

Toute personne peut, enfin, en tant que stagiaire de la formation professionnelle consentant à financer sa démarche sur ses fonds personnels, acquérir une certification, la compléter ou l'adapter.

La logique d'acquisition des compétences

L'objet considéré, dans la démarche de la VAE, est le système des compétences attaché à un emploi ou à un type de fonction associé à un certificat, un titre ou un diplôme. C'est à l'aune de cette référence (le référentiel des compétences) que sont évaluées et validées les compétences déjà acquises et celles encore à acquérir par le candidat, pour obtenir le titre ou le diplôme convoité.

Les compétences professionnelles acquises ou à acquérir doivent être en rapport direct avec le contenu du diplôme ou du titre visé (référentiel de formation du diplôme). Les activités de validation de ces compétences acquises ou à acquérir n'ont, théoriquement, rien à voir avec la validation des acquis par les modes de contrôle classiques, de type scolaire.

Pour ce qui concerne les compétences acquises à faire valider dès l'entrée dans la VAE, elles doivent l'avoir été dans une activité économique (salariée ou non) ou bénévole, exercée pendant au moins trois ans, en France ou à l'étranger. Les stages ou les expériences professionnelles liées à des périodes d'études (l'apprentissage, par exemple) ne sont jamais pris en compte dans le calcul de cette durée.

La composition du jury responsable des activités de validation

La validation est effectuée par un jury dont la composition, équilibrée entre les femmes et les hommes, garantit une présence significative de représentants qualifiés des professions concernées par le diplôme ou le titre. Les membres du jury sont désignés par le chef d'établissement d'enseignement qui délivre le diplôme ou le titre.

Le jury (dans les établissements d'enseignement supérieur) comprend majoritairement des enseignants-chercheurs à qui s'ajoutent des personnes compétentes du milieu professionnel pour apprécier la nature des acquis dont la validation est sollicitée.

Le processus de validation des compétences

Le jury se prononce au vu d'un dossier constitué par le candidat, à l'issue d'un entretien à l'initiative du jury ou à celle du candidat et, le cas échéant, d'une mise en situation professionnelle ou reconstituée, lorsque cette procédure est prévue par l'autorité qui délivre la certification. L'entretien est obligatoire pour les actions concernant l'enseignement supérieur.

Les informations demandées au candidat à la VAE, pendant l'entretien avec le jury, doivent présenter un lien direct et nécessaire avec l'objet de la validation.

Le jury peut attribuer la totalité du diplôme ou du titre dès le premier examen du dossier, après avoir complété cet examen du dossier, si cela est souhaitable, d'un entretien (soutenance, explicitation du dossier). À défaut d'attribution de la totalité du diplôme, le jury se prononce sur l'étendue de la validation et, en cas de validation partielle, sur la nature des connaissances et des aptitudes devant faire l'objet, de la part du candidat, d'une acquisition et d'un contrôle complémentaires.

Le niveau d'exigence attendu des postulants quant aux types d'acquisition et de contrôle complémentaires souhaités n'est pas précisé dans les textes, ce qui laisse supposer qu'il est laissé à l'appréciation du directeur du programme et qu'il pourrait être donc contesté par des instances d'arbitrage (par exemple, la commission du répertoire national des classifications professionnelles, pour une approbation *a priori*, et une commission créée *ad hoc* par les partenaires sociaux dans le cadre d'une procédure d'appel ?).

Le répertoire national des certifications professionnelles

Les diplômes et titres reconnus, susceptibles donc d'être délivrés, sont classés par domaine d'activité et par niveau dans un répertoire national des certifications professionnelles (RNCP). Sont enregistrés de droit dans ce répertoire, les diplômes et les titres à finalité professionnelle délivrés au nom de l'Etat, créés après avis d'instances consultatives auxquelles les organisations représentatives d'employeurs et de salariés font partie.

La commission nationale de la certification professionnelle (CNCP) établit et actualise le RNCP. Elle veille au renouvellement et à l'adaptation des diplômes et des titres à l'évolution des qualifications et de l'organisation du travail.

Points essentiels du décret
visant les établissements d'enseignement supérieur

La candidature à la VAE

Peuvent donner lieu à validation tous les programmes d'études dans un établissement ou un organisme ressortissant du secteur public ou du secteur privé, en France ou à l'étranger, quelles qu'en soient les modalités et la durée. La demande de validation (candidature à la VAE) est adressée au chef d'établissement en même temps que la demande d'inscription auprès de cet établissement en vue de la délivrance du diplôme. Un candidat ne peut déposer, au cours de la même année civile et pour un même diplôme, qu'une seule demande et ne peut en saisir qu'un seul établissement. S'il postule à des diplômes différents, le candidat ne peut, au total, déposer plus de trois demandes de validation au cours de la même année civile.

Le fonctionnement du jury

Le jury procède à l'examen du dossier présenté. Il formule des recommandations ou des conseils au candidat afin de faciliter la suite de sa formation. Le président du jury, fonctionnant en toute indépendance, adresse au chef d'établissement un rapport précisant l'étendue de la validation accordée ainsi que, en cas de validation partielle, la nature des connaissances et des aptitudes supplémentaires que le candidat devra acquérir pour obtenir le diplôme ou le titre convoité. Le chef d'établissement notifie cette décision au candidat.

Le jury de certification (délivrance du diplôme)

Le conseil d'administration de l'établissement délivrant le titre ou le diplôme définit les règles de la validation des compétences acquises dans le cadre du programme d'acquisition de connaissances et d'aptitudes supplémentaires défini pour le candidat par le jury de validation du dossier de VAE. Il définit également les règles de constitution du jury de délivrance du diplôme ou du titre. Ce jury est, soit le jury statuant habituellement sur la délivrance du diplôme ou du titre par la voie classique, soit une émanation de celui-ci.

3. L'impact de la VAE sur la gestion des ressources humaines

Apprendre tout au long de la vie

La VAE peut devenir un vecteur puissant de la promotion de l'apprentissage tout au long de la vie (life long learning). Elle jouera pleinement ce rôle si elle incite le candidat à faire l'effort de récapitulation de son parcours de vie professionnelle et à donner du sens aux événements vécus. Ce qui suppose un vrai travail de la part du candidat, un travail comprenant la mise à jour des apprentissages effectués, l'explicitation des compétences acquises, l'appropriation critique de l'expérience, la conceptualisation et le rapprochement de la théorie et des modèles, l'apprentissage de nouvelles conduites et de nouveaux modes de raisonnement, l'expérimentation de ces nouvelles conduites et de ces nouveaux modes de raisonnement en situation simulée et protégée, d'abord, la motivation pour mettre en œuvre, plus tard, ces savoirs et savoir-faire intériorisés dans le situations professionnelles et sociales de la vie quotidienne.

Est ici affirmée une représentation bouclée des apprentissages, une vision médiatrice de la formation comme passage accompagné de la pratique à la théorie avant retour à la pratique. Ce modèle de l'arche (le pontage théorique entre l'expérience ancienne et l'expérience nouvelle sous contrôle d'un passeur) est aussi celui de la spirale des connaissances proposé par NONAKA (NONAKA, TAKEUCHI, 1997) : du tacite à l'explicite et retour au tacite, à travers les quatre étapes de l'accueil et la socialisation, l'extériorisation et l'accès au concept, la combinaison et la connaissance systémique, l'intériorisation par la maîtrise opérationnelle.

Enraciner dans l'entreprise la gestion prévisionnelle des emplois et des compétences

La VAE, rendant visibles les compétences acquises ou à acquérir, contribue naturellement à renforcer les pratiques de la gestion prévisionnelle des emplois et des compétences. Les entreprises n'hésitent plus aujourd'hui à engager des actions de grande envergure pour augmenter la qualification générale de leur force de travail (dans la ligne du fameux accord CAP 2000, par exemple, signé, et régulièrement « revisité », dans la sidérurgie). Elles trouvent un avantage évident à proposer des mesures d'individualisation qui entretiennent la motivation et préservent un bon climat de travail. Ce faisant, la VAE devient un outil de dialogue et de développement privilégié de la relation employeur - salarié dans les entreprises.

Les enseignants-chercheurs en GRH et les psychopédagogues voient ainsi s'ouvrir devant eux un immense et évolutif champ d'intervention[1]. Comment identifier et suivre ensemble les évolutions des emplois et des personnes ? Les emplois évoluent rapidement (transformations liées à l'émergence de formes d'emploi différenciées dans un marché global et à l'impact des nouvelles technologies) et les personnes s'efforcent de s'adapter et de maîtriser les nouvelles formes de vie imposées par la société et l'économie post-modernes (flexibilité, réactivité, souci de soi, sensibilité à l'autre et à sa différence, construction d'équilibres de vie provisoires, etc.). La VAE offre désormais des solutions alternatives aux formes d'investissement traditionnelles (un diplôme pour la vie, une segmentation des durées (le scolaire, le travail, les loisirs, la formation, etc.) en rendant possible la co-présence de soi à différents univers (université et entreprise), la coexistence dans différents statuts (apprenant et producteur), la co-évolution par rapport à deux devenirs (personnel et professionnel).

Ces formes d'engagement métissées sont créatrices de valeurs. Elles poussent à la considération conjointe des problématiques : servir l'emploi et la personne dans un même mouvement.

Diversifier les profils des personnes recrutées et promues : un défi posé conjointement aux entreprises et aux institutions éducatives

La VAE est un outil de diversification des profils des personnes recrutées et promues dans les postes à responsabilité. Aujourd'hui, les entreprises ont besoin de répondre par des mesures concrètes à la diversification de leurs clients, en initiant des rapports de proximité qui nourrissent la confiance. Il convient de rechercher certaines formes de congruence, par exemple entre des segments de marché et des équipes opérationnelles, en évitant toutefois de tomber dans les pièges du communautarisme.

Exemple

Le récent accord PSA, signé le 8 septembre 2004 avec les syndicats, qui met l'accent sur la recherche de la diversité des profils dans l'entreprise, tout en cherchant à préserver la cohésion sociale, est représentatif d'un mouvement qui concerne le monde du travail. L'objet de cet accord est de promouvoir des mesures reliées : diver-

---

1. Consulter, par exemple, les deux numéros très complets de la revue *Education Permanente*, « Les acquis de l'expérience », nos 158 et 159, 1er et 2e trimestres 2004.

sifier les profils des personnes au travail, gérer la diversité des formes d'emploi et la diversité des compétences, former les managers et l'encadrement à mieux comprendre et gérer cette diversité et garantir, enfin, l'égalité de traitement dans l'accès à l'emploi et les opportunités d'évolution professionnelle.

Cependant, l'image reste tenace selon laquelle l'université et les grandes écoles, par le jeu des diplômes, contribuent au mécanisme conservateur de reproduction de la société en favorisant le recrutement des jeunes dotés d'un important capital économique et/ou culturel et en excluant de façon significative (symboliquement et statistiquement) ceux qui n'ont pas eu la chance de naître là où il convient ou d'être éduqués et formés comme il convient. À quoi s'ajoutent, pour certains, les aléas de la vie, causes de dérapages inopinés.

Le problème posé est, en fait, complexe. L'université et les grandes écoles doivent, pour relever le défi de la diversité et accompagner le mouvement dans les entreprises, s'ouvrir à leur tour de plus en plus à ceux et à celles qui peuvent les rejoindre par des passerelles, des voies de traverse officielles et honorables, sans renier pour autant leurs chartes et les devoirs afférents : obligation de former des personnes aptes à diriger raisonnablement, efficacement et humainement les entreprises de demain, obligation de chercher l'excellence et contribuer au développement des connaissances dans les différents domaines du management des organisations.

S'il n'est pas question (cela serait absolument contraire à l'esprit de la loi) de créer un diplôme nouveau pour les candidats de la VAE ou de refuser la perspective du diplôme à ces mêmes candidats, la question, compliquée, demeure de savoir comment reconnaître par un même diplôme la valeur (savoir et savoir-faire acquis) des étudiants « classiques » (que l'on espère, bien sûr, brillants) et des apprenants de profil VAE (« l'intelligence de la main »). Sans oublier que, pour ce qui concerne ces derniers, les autodidactes qui ont le mieux réussi n'ont probablement pas besoin d'un diplôme (sauf satisfaction narcissique) pour promouvoir leur carrière, tandis que certains candidats à la VAE, « exerçant » sur l'université ou les grandes écoles, ou encouragés de l'extérieur à le faire, une pression morale, pourraient bénéficier d'un effet d'aubaine et acquérir à bon prix un diplôme convoité.

4. La VAE, un outil de promotion sociale

La VAE est aussi un outil de promotion sociale et de lutte contre les discriminations touchant des catégories sociales « déshéritées » (jeunes sans qualification, seniors fragilisés, femmes ayant connu des parcours atypiques (rappelons à ce propos que la VAE s'intéresse aussi au repérage de l'expérience non professionnelle acquise à travers des engagements dans la société civile), personnes « d'origine étrangère », etc.).

La VAE concerne toutes les personnes actives, salariées ou non. Mais elle vise surtout les salariés, et notamment « les catégories les plus fragiles », comme le mentionne la circulaire DGEFP n° 2003/08 du 24 avril 2003. De qui s'agit-il ? Des jeunes ou seniors sans diplôme, des chômeurs, des intérimaires, des salariés à faible qualification dont l'emploi est menacé, des salariés en seconde partie de carrière, des femmes. Quel est l'objectif du législateur à leur égard ? Les mobiliser vers des secteurs en difficulté de recrutement.

Le profil type du candidat à la VAE est donc, aujourd'hui, une femme de 30 à 45 ans, demandeur d'emploi, qualifiée au niveau IV ou V selon la grille de l'Education nationale. En l'état présent, en l'absence d'une politique de communication volontariste sur le thème, 20 000 personnes ont été orientées en 2003 dans un projet de VAE, soit à peu près 50 % de celles qui ont été accueillies et informées dans les 400 points « relais » mis en place par l'Etat et les régions à partir des PAIO, missions locales, GRETA existants, etc., progressivement transférés aux régions et financés par elles.

> ▷ *Tendance*
>
> Les chiffres de demandes individuelles mentionnés ci-dessus devraient augmenter cependant au fur et à mesure de la diffusion du dispositif dans le public. De plus, il faut s'attendre à un développement significatif des demandes de la part des entreprises désireuses de valoriser l'expérience acquise par leurs salariés (les organismes de formation professionnelle continue sont déjà confrontés à cette demande).

En jouant le jeu de la VAE, en se proposant d'agir comme des partenaires responsables des entreprises dans le dispositif de reconnaissance et de certification des compétences acquises en milieu professionnel, les institutions de formation doivent se conduire en acteurs conscients de leurs ressources et impliqués. Mais, attention à ne pas se faire manipuler dans l'opération ! Les institutions de formation veilleront, en effet, à ce que les entreprises n'abusent pas de la démarche de VAE pour pervertir leurs projets éducatifs en exerçant sur elles de nouvelles contraintes (appropriation exclusive ou détournement d'un service, interventions inopportunes sur les contenus et les méthodes pédagogiques, fortes pressions sur les orientations des programmes, chantages financiers, etc.), ou en exploitant leurs ressources réservées (formation, certification) pour négocier des arrangements avec leurs salariés (échanger un projet VAE contre un départ de l'entreprise, par exemple).

Redynamiser les politiques de formation

Il s'agit d'imaginer, enfin, comment la VAE facilitera l'intensification et la diffusion des phénomènes suivants dans les années à venir, phénomènes qui auront un impact économique et social important sur les politiques de formation professionnelle continue: intégration de la VAE dans les plans de formation des entreprises et accroissement du budget de formation qui lui sera consacré ; dynamisation du congé individuel de formation (CIF) se transformant en droit individuel à la formation (DIF) et favorisant des initiatives s'exprimant sous la forme de packages bilan de compétences / formation / certification ; débat sur le lien fort traditionnellement établi entre la formation et la qualification, une occasion de renouveler le dialogue et la négociation (individuelle et / ou sociale) dans l'entreprise.

▷ La VAE, monnaie d'échange dans les jeux donnant-donnant entre le salarié et son employeur (formalisation des savoir-faire acquis, préparation des promotions futures, accompagnement des plans sociaux, renforcement de l'employabilité des personnes pour favoriser la mobilité externe, etc.) ;

▷ La VAE, facteur favorisant l'intégration des politiques de formation, de carrière et de rémunération, parce que redonnant une meilleure image de deux variables structurantes des politiques de ressources humaines : le potentiel attribué et reconnu aux personnes, d'une part, dont l'usage ne sera plus limité aux seuls hauts potentiels, et le diplôme, d'autre part, qui, dans une configuration renouvelée où il deviendra le signe d'un niveau d'excellence et de professionnalisme auquel on pourra accéder de différentes manières, le diplôme jouera enfin le rôle de signal, d'indicateur, de marqueur social institutionnellement reconnu qu'il aurait toujours dû jouer ;

▶ La VAE, outil dynamique d'une politique de management des connaissances (KM). Un champ immense s'ouvre, là aussi, dans la mesure où la maîtrise et le contrôle de la connaissance, de la connaissance la plus théorique (cf. le débat actuel sur les objectifs et les moyens de la recherche fondamentale en France) à la connaissance la plus incarnée, celle qui apparaît dans des gestes et des modes d'analyse quotidiens efficients, la maîtrise et le contrôle de cette ressource seront de plus en plus considérés comme des atouts décisifs dans la conquête et la sécurisation des marchés.

Chapitre 13

Reconnaître le travail des DRH au quotidien

Jean-Yves DUYCK
Alain NERVET

Dans de nombreux écrits, on assiste à une sorte d'exaltation des tâches des DRH dans ce qu'elles ont de plus noble : participation aux décisions stratégiques, recherche de compétences particulières, fidélisation des hauts potentiels, etc. Pour autant, le travail au quotidien des DRH reste souvent méconnu et parfois déprécié car de nombreuses activités ne s'avèrent pas nécessairement « héroïques », mais aussi parce qu'il est souvent difficile de percevoir leur variété. C'est précisément l'objet de ce travail que d'exploiter une base de données de 222 CV par la statistique textuelle[1] et de l'enrichir par l'expérience et les interviews d'un responsable du premier cabinet de recrutement européen. La structure de cette contribution est donc le fruit de la collaboration d'un universitaire et d'un professionnel. Elle présente les résultats des deux aspects de la tâche des DRH, entre lourdeur et grandeur, et les illustre par les interviews menées par A. NERVET.

---

1. Le logiciel SPAD 5.6 a été mobilisé pour ce travail, dans la mesure où il permet de décrire les missions mais aussi d'effectuer des partitions sur le vocabulaire avec des variables « explicatives » (âge, études, par ex.). Le *corpus* est constitué à partir de la base de données fournie par Hudson, en ne retenant que les DRH en activité (exclusion faite des stagiaires, consultants ou assistants).

1. La lourdeur du quotidien du DRH

On relève que le DRH est aux prises avec une lourde charge administrative, mais que des échappatoires (des espaces de respiration) sont possibles, et que cette lourdeur varie selon les étapes des cursus.

Une lourde charge administrative au quotidien

La charge administrative constitue une composante majeure du travail quotidien des DRH probablement accrue par la judiciarisation de la société et de la fonction[1]. Le tableau n° 1 fait ressortir les segments répétés du *corpus*.

TABLEAU N° 1

Inventaire des segments répétés sur le contenu des missions

Fréquence	Texte du segment	Fréquence	Texte du segment
80	Ressources humaines	12	Politique salariale
58	Relations sociales	12	Entretien annuel
30	Communication interne	12	Recrutement gestion
30	Gestion administrative	11	Formation gestion
23	Personnel paie, salaires, masse salariale	11	Règlement intérieur
22	Partenaires sociaux	10	Négociation annuelle
21	Droit social	8	Gestion prévisionnelle
19	Recrutement, formation, compétences	8	Mobilité interne
18	Plan social	8	Convention collective
16	Instances représentatives	7	Nouveaux embauchés
15	Direction générale Siège social	6	Elections professionnelles
14	Veille juridique, conseil juridique	6	Procédures disciplinaires
13	DRH groupe	6	Formation professionnelle

---

1. Cf. Actes du colloque « Devenir des compétences et métiers RH », Paris-Dauphine, 13 octobre 2004.

Une fois le sujet exposé : les « ressources humaines », les segments insistent dans l'ordre suivant :

1. sur la place importante consacrée aux tâches administratives (relations sociales, gestion administrative, partenaires sociaux, procédures disciplinaires, etc.) ;

2. (souligné) : sur le fonctionnement des « outils » de la GRH : recrutement, formation, (sous diverses flexions), entretien annuel, politique salariale ;

3. (en grisé) : sur des tâches plus « nobles » : la communication interne, la gestion prévisionnelle.

Ce sont ces espaces de « respiration » qu'il convient d'explorer.

Mais des espaces de « respiration »

L'encadré n° 1 de l'entretien mené avec Patrice CAVELIER, et l'encadré n° 2 mené avec Yves MÉGRET reprennent ces différentes actions et font le tour des nombreux domaines que doit traiter le DRH. Ainsi, s'ils confirment bien (l'encadré n° 1 en particulier) l'importance de l'administration et du « social », ils expriment en quoi les DRH n'en sont pas prisonniers, disposent « d'espaces de respiration » et restent disponibles pour de nombreuses formes d'action.

Encadré n° 1

**Entretien avec Patrice CAVELIER,
secrétaire général de Radio France Internationale,
portant sur la période où ce dernier exerçait
en tant que DRH chez RFI**

« *Connaître le terrain ce n'en est que mieux ; le DRH pourra aussi apporter à sa direction des informations et la mettre en garde sur les aspects sociaux de la fonction par exemple* ». Patrice CAVELIER inclut également dans les éléments importants de la RH « *la communication interne, la gestion de crise* », afin de prendre l'ensemble des champs d'investigation possibles en compte. « *Il faut pour autant s'entourer de spécialistes, droit social, paye... et responsabiliser chacun. Pour ce qui le concerne, le DRH doit se réserver les négociations syndicales* ». Pour Patrice CAVELIER l'intérêt de la fonction est « *d'avancer à la marge de la vie professionnelle et personnelle (ce pour quoi il n'est d'ailleurs pas formé et qui rend la tâche difficile*) », sur des problèmes comme « *la médiation sociale et le maintien du lien social [...] et c'est lui qui doit en fixer les règles* ». Le DRH doit « *conduire une équipe de terrain* », mais « *ce n'est pas un technocrate, il va au contact* »; à titre d'exemple « *nous organisions chez RFI des visites mensuelles dans les services en qualité de DRH de proximité présent sur le terrain vis-à-vis de ses managers ou de tout type de personnel.* » De façon plus synthétique « *il s'agit d'empathie au service de l'entreprise* ». Le DRH est un homme qui doit intervenir « *en qualité de médiateur pour faire en sorte que chacun avance et que l'ensemble des parties atteigne leurs objectifs.* » C'est un « *homme équitable qui sait poser des questions même si ces questions sont difficiles.* » Cela nécessite [...] « *d'écouter l'encadrement de le mettre en confiance en répondant à ses questions [...] quand il le demande* ». C'est aussi « *mettre en place des formations au management et anticiper les évolutions* ». Vis-à-vis de l'ensemble des salariés, l'entreprise doit viser à déployer leur employabilité (mise à jour des compétences, etc.). « *Tout doit concourir au fait que les salariés aient un sentiment d'appartenance à l'entreprise.* »

À l'expérience, pour assurer la cohérence de cet ensemble, il s'agit « *d'apporter reconnaissance et satisfaction à l'ensemble du personnel en essayant d'être objectif* » ; pour y parvenir: grande écoute et prise de décision rapide; le salarié doit pouvoir trouver les solutions aux problèmes posés : « *cela s'appelle respecter l'autre et se faire respecter* ». Cela demande beaucoup d'investissement de la part du DRH largement compensé par le retour qu'il peut en avoir. « *Pour ingrat qu'il soit, le métier vaut d'être vécu* ».

Yves Mégret insiste plus, concernant une population ouvrière, sur l'importance de la reconnaissance des hommes au travail, et dans ce but, sur le caractère clé de la communication interne.

Encadré n° 2

**Interview de Yves MÉGRET, responsable des relations humaines
de l'usine du groupe ElcoBrandt de lave-vaisselle,
située à La Roche-sur-Yon**

« *Face à un métier difficile et répétitif il s'agissait de valoriser les
salariés dans l'exercice de leur travail au quotidien*[1] .» Son objectif est de « *faire des salariés des « stars » dans le cadre d'une entreprise citoyenne les mettant en valeur.* » La réalisation passe par **les
outils de communication interne.** « *20 écrans télé ont été instal-
lés dans les salles de pause de l'usine* » avec diffusion d'un journal
permanent, jour et nuit, relatif à la vie dans et hors de l'entreprise
des salariés concernant les résultats de production, les sorties des
nouveaux produits, etc. Est aussi instauré un système de challenges sur « *les meilleures idées, la sécurité (réduire les arrêts de travail et récompenser l'équipe ayant le moins d'arrêts de travail sur
l'année par exemple)* ». Yves MÉGRET note les résultats très
encourageants : « *d'abord, une validation par les salariés, par un
sentiment d'appartenance (des enquêtes de satisfaction mesurent
cela), mais aussi par des gains de productivité, (mesurés en dixiè-
mes de milliers d'heures) et une réduction des arrêts de travail.* »
En plus, en terme d'amélioration des conditions de travail,
« *d'autres axes de travail sont mis en place en collaborant avec
des organismes comme l'ARACT pour la lutte contre les TMS
(troubles musculo-squelettiques)* ».

Il convient de voir comment évoluent les missions en fonction des différents cursus.

Un quotidien évolutif selon les cursus et les étapes de la carrière professionnelle

On repère aisément dans les CV le niveau d'études et l'expérience professionnelle.

---

1. La population concernée : régionale, très peu mobile, n'ayant connu que cette entreprise
(premier employeur de la région), avait besoin de s'épanouir et d'être partie prenante de la
culture de l'entreprise dans un cadre de travail « abrutissant ».

Le niveau d'études

Même si le socle reste à orientation très administrative, il semble que la nature des missions évolue avec le niveau de formation. Le schéma n° 1 retrace le gradient comme suit :

SCHÉMA N° 1
Gradient des activités selon le niveau d'études

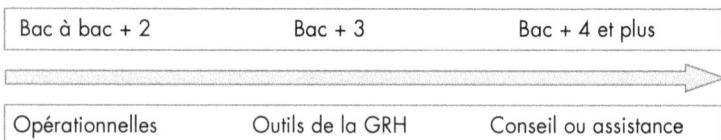

Bac à bac + 2	Bac + 3	Bac + 4 et plus

Opérationnelles	Outils de la GRH	Conseil ou assistance

▷ Un tâche caractéristique du niveau bac + 2 peut-être décrite comme suit : « *suivi des tableaux de bord et des budgets RH gestion prévisionnelle et formation de personnel, gestion des réunions sociales, négociations annuelles et 35 h, gestion et suivi de plans sociaux animation des relations avec les partenaires sociaux, le personnel et les organismes extérieurs gestion de l'embauche* » ;

▷ Le niveau bac + 3 est retracé de la manière suivante : « *optimiser les recrutements, créer un vivier d'experts, élaborer un référentiel de compétences, accroître la mobilité, gérer les carrières* » ;

▷ Au niveau bac + 4, on trouve : « *conseiller et assister les managers en matière de GRH : gestion des effectifs, évolution professionnelle, mobilités géographiques, évaluation de la performance, plans salariaux et gestion des rémunérations, analyse des besoins de formation - apporter mon support sur les aspects légaux et disciplinaires - assurer un climat social constructif (en période de restructuration), etc.* ».

L'expérience

L'âge et le nombre d'emplois en sont d'assez bons indicateurs.

L'âge

L'âge permet de discriminer les tâches selon une progression non linéaire, avec, sur certaines portions, superposition des missions et des âges.

SCHÉMA N° 2
Critères de répartition des missions selon l'âge

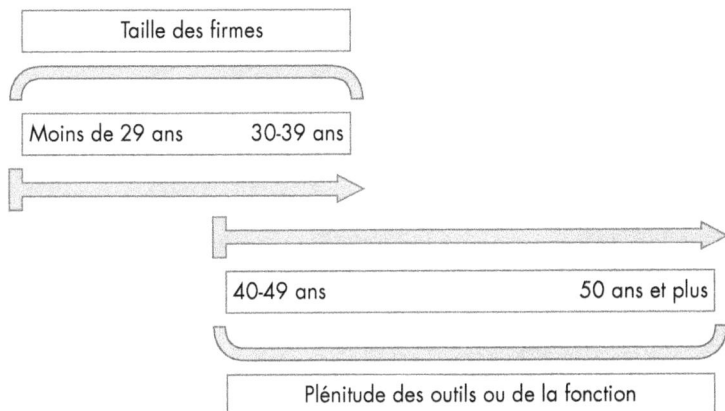

Taille des firmes

Moins de 29 ans	30-39 ans

40-49 ans	50 ans et plus

Plénitude des outils ou de la fonction

Le caractère discriminant de l'âge se situe sur deux « critères » : taille des firmes et plénitude des outils, ces critères, non exclusifs, pouvant s'imbriquer.

On trouve ainsi les réponses types suivantes :

▶ Mission type moins de 29 ans : « *taxe d'apprentissage, analyse du turnover, politique salariale (comités de salaire), refonte des différents supports et outils de travail RH, mise en place d'un outil de gestion et d'évaluation des compétences, cartographie des métiers* » ;

▶ Mission type 30-39 ans : « *(grand groupe hôtelier international) RRH gestion de 1800 salariés : gestion des relations sociales : conseil et assistance technique auprès des directeurs (droit du travail, sécurité) réunions des DP & CHSCT garant du bon climat social formation : analyse des besoins, préparation du plan annuel de formation, etc.* » ;

▶ Mission-type 40-49 ans : « *DRH 4 sociétés - 11 sites - 1650 personnes réorganisation des RH sur l'Ile-de-France : fusion des activités internationales et domestiques ; mise en place d'un nouvel outil de paye et GRH ; recrutement et formation ; relations sociales : président de 2 CE et 2 CHSCT - animation DP pour l'activité internationale. Contentieux – prud'hommes* » ;

▶ Mission type 50 ans et plus : « *DRH crée la fonction dans cette entreprise de plus de 600 salariés, assure l'ensemble des responsabilités en lien étroit avec le PDG et en tant que membre de l'équipe de direction négocie et conclut un accord défensif ARTT Aubry 1, un accord de modulation du temps de travail [...], un accord d'intéressement, etc.* ».

Dans un noyau dur marqué par les tâches administratives, les gains de compétences se réalisent naturellement avec l'âge.

Le nombre d'emplois

On peut mesurer l'expérience au nombre d'emplois, c'est-à-dire à la pratique acquise dans d'autres entreprises.

SCHÉMA N° 3
Évolution des missions selon le nombre d'emplois

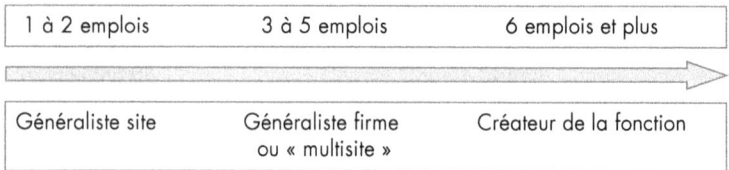

1 à 2 emplois	3 à 5 emplois	6 emplois et plus

Généraliste site	Généraliste firme ou « multisite »	Créateur de la fonction

L'évolution s'effectue avant tout selon un gradient de responsabilités reflétant à la fois le nombre de sites et l'ampleur des tâches, comme on peut le voir dans les descriptifs *infra* :

- Mission type 1 à 2 emplois : « *généraliste en ressources humaines* » ;
- Mission type 3 à 5 emplois : « *(multinationale France) responsable développement des cadres : définition et mise en place de la politique de développement des compétences managériales pour (multinationale France). Création et lancement du cursus de formation managériale des cadres. Mise en place du programme de développement des hauts potentiels ; lancement du coaching individuel, animation du programme, etc.* » ;
- Mission type 6 emplois : « *création et développement de la fonction RH dans un groupe, en pleine évolution, de 8 sociétés (composées de 300 personnes). Mise en place d'une nouvelle organisation du dialogue social (constitution des instances représentatives correspondantes), choix et installation d'un nouveau SIRH, développement d'une RTT spécifique pour chacune des sociétés du groupe (effectifs + 20 et - 20), organisation de la restructuration des filiales en difficulté* ».

2. La grandeur du travail au quotidien : reconnaître le travail des salariés

Si cette « grandeur » peut se ressentir en filigrane dans les CV, certains témoignages sont particulièrement éloquents, qui, sans gommer les aspects parfois répétitifs des missions, donnent une large place à l'expression de tâches plus valorisantes dans l'investissement quotidien ou dans le management de proximité.

Permettre aux collaborateurs de s'investir au quotidien

Encadré n° 3

RENCONTRE AVEC MADAME MIGUEL LABOURG, DRH de la banque EGG[1]

Le collaborateur a besoin d'être reconnu pour ce qu'il est et pour le temps qu'il passe dans l'entreprise avec des objectifs d'évolution de salaires. *« Pour éviter les décalages entre l'entreprise et les salariés, EGG a créé la théorie du chaos : il en sortira toujours quelque chose ! Soyez créatifs et convertissez votre créativité en business client. »* La créativité s'est développée fortement mais ne s'est pas développée en parts de marché, *« ce qui a mis les salariés encore plus en difficulté compte tenu du fait qu'ils avaient une grande confiance en l'entreprise, la foi et la motivation nécessaires au développement de l'entreprise. »* Pensant que c'était passager, *« ils se sont sentis encore plus frustrés en voyant que les affaires ne repartaient pas. »* [...] *« Face à des projets novateurs on accepte mal d'échouer car on s'investit beaucoup, on travaille tard, on est dévoué à l'entreprise. »* *« Aujourd'hui d'ailleurs on attend beaucoup plus des salariés de la qualité et des résultats plutôt que du quantitatif. »*

Pour autant, on ne peut pas s'investir indéfiniment *« sans répondre aux besoins des salariés en termes de : reconnaissance salariale, de reconnaissance par la confiance, le degré d'autonomie qu'on leur donne. »*

---

1. EGG succède à ZeBank. Le climat est difficile compte tenu de la reprise des activités par deux organisations différentes assurant la reprise d'une partie des salariés. En tout, ce sont 413 personnes, moyenne d'âge 28 ans, en plan social ; une population très diversifiée, et pour beaucoup de salariés, une première expérience.

L'entreprise doit donc répondre à ces besoins « *par un* « *mix* », *salaire/résultat* ». Il s'agit pour l'entreprise de conjuguer les besoins des collaborateurs et les siens propres même si le projet semble identique, il s'agit donc de prendre en compte la gestion des équipes pour **créer les liens nécessaires à la cohérence.** On a eu tendance à prendre en compte les qualités intrinsèques des individus sans être attentifs à la cohésion **des équipes et à leurs valeurs ajoutées.** Il s'agit de **s'intéresser au collectif** de plus près, moins à l'individualité en temps que tel. **Trouver le juste milieu** c'est faire en sorte que chacun apporte à l'autre : l'entreprise des moyens, les salariés des idées, par exemple.

L'entreprise a donc décidé d'agir sur le management pour animer les équipes « *en agissant sur le dialogue, la qualité des échanges, les responsabilités de chacun au regard de sa fonction, sur les relations des collaborateurs en interne et en externe, la vie de l'entreprise étant aussi liée aux acteurs extérieurs. Il a fallu faire prendre conscience aux collaborateurs que l'environnement extérieur était vital pour que les progrès soient effectifs et rentables.* »

« *Nous avons changé le système de formation/récompense au profit d'une formation permettant, tant aux collaborateurs qu'à l'entreprise, de progresser [...] en augmentant le pourcentage de la masse salariale dédié à la formation afin de mettre en place des formations diplômantes mais aussi des mesures d'accompagnement compte tenu des plans sociaux en cours. En effet, l'entreprise a connu une phase de croissance forte et de décroissance aussi forte. Cela posé, ces deux dernières années, 80% du staff a été formé et sur trois ans chaque salarié a bénéficié d'une formation. À titre d'exemple dans mes équipes, 3 personnes ont obtenu un DESS RH et ont pu évoluer comme adjointe ou RRH.* »

Agir en tant que manager de proximité

L'entretien avec Claude MATHIEU, DRH membre du comité de direction de Messier-Dowty estime qu'il est prioritaire, quel que soit le niveau de responsabilités, de rester un manager de proximité et de donner du sens au travail. L'encadré n° 4 reprend cette thématique.

Encadré n° 4

Entretien avec Claude MATHIEU, DRH,
membre du comité de direction de Messier-Dowty[1]

« *Au plan pratique, le rôle du manager de proximité est très important : cela implique d'être en prise directe avec la situation de travail. Le DRH doit aussi reconnaître la singularité de chacun. C'est donc pour lui aussi plus contraignant : il doit ainsi prendre en compte l'ensemble des compétences de chacun et mettre en place des systèmes adaptés concernant par exemple les primes sous l'aspect quantitatif et qualitatif.* » Cette situation est d'autant plus cruciale « *qu'on demande beaucoup plus au personnel qu'avant. Les moyens de reconnaissance sont donc différents.* »

Dans la mesure où l'on réclame « *plus d'implication du salarié et plus d'intelligence* », l'attitude du salarié doit être plus impliquante. « *Mais en contrepartie, le personnel est devenu beaucoup plus exigeant en matière de reconnaissance en tant qu'homme ou femme "singulier" dans l'entreprise. Il faut ajouter que l'impression peut être différente vu côté entreprise car les conditions de travail sont moins pénibles aujourd'hui et en même temps on en demande plus au salarié (à titre d'exemple: machine à café, automatisation des tâches)* ».

Un autre grand défi auquel doit répondre le DRH est celui que posent les salariés qui « *sont en recherche de sens, d'utilité au travail.* » Le salarié se pose la question : « *je suis payé mais à quoi je sers, quel est le sens de ma contribution ?* » Or il semble bien que « *dans les entreprises, les images ne sont pas très bonnes et les enquêtes le démontrent. L'entreprise est aujourd'hui vécue comme un lieu d'insécurité et de subordination : changement, remise en cause, licenciements possibles, etc.* » et les salariés le supportent moins. D'un côté, l'homme est plus libre mais de l'autre, moins en sécurité. Au sens service public du terme **l'entreprise doit donner du sens à l'activité** en son sein. Il s'agit au bout du compte d'assurer la reconnaissance de la contribution individuelle et, pour le manager de reconnaître la singularité du salarié. « *Notre objectif est d'encourager chacun à faire plus et à valoriser la prise de risque* ».

---

1. Messier-Dowty fait partie du groupe SNECMA ; il est le leader mondial dans la conception, la fabrication et les supports de trains d'atterrissage pour avions civils, militaires et hélicoptères.

3. Conclusion

Cet exposé sur la reconnaissance du travail au quotidien des DRH exploite des CV *via* la statistique textuelle et combine ces résultats avec des entretiens. Il rappelle que ce travail possède un « noyau dur » d'administration du personnel, quel que soit le niveau où le DRH se situe. Le DRH doit ainsi être reconnu dans et pour cette dimension parfois peu gratifiante. Il n'en dispose pas moins d'espaces de liberté, d'autant plus conséquents qu'il acquiert de l'expérience. Cette « respiration » se réalise dans un engagement de terrain, surtout lorsque l'on est impliqué dans les comités de direction, avec comme objectif de permettre aux salariés de s'investir et pour cela, d'être reconnus au quotidien. Le DRH doit aussi être reconnu pour cet engagement et pour ce talent « stratégique ».

Chapitre 14

Reconnaître la personne

Jacques ORSONI

Reconnaître quelqu'un, au sens ordinaire du mot, c'est non seulement juger qu'un individu a été déjà connu, mais c'est plus encore dire qu'il est une personne en sa plénitude. Or, chacun désire être reconnu dans les diverses circonstances de l'existence : dans la famille, en tant que citoyen ou au travail par exemple. Voilà pourquoi le management moderne se penche sur le besoin de reconnaissance des salariés. Un tel intérêt provient assurément du souci économique visant à tirer le meilleur parti de la ressource humaine mais, pour parvenir à cette fin, on ne peut éviter d'aborder le domaine des relations humaines, elles-mêmes fondées sur des relations éthiques, c'est-à-dire sur ce que l'on doit faire (RICH, 1994).

L'éthique a toujours affaire à l'homme. D'emblée celui-ci est pris dans une double relation qui constitue la personne :

– celle du « je » au « moi » ;
– celle du « je » à un « tu » ou plutôt à un « vous ».

1. La relation « je »-« moi »

C'est le premier des liens. Le « je » est ce qui constitue l'homme dans sa particularité ; c'est sa subjectivité qui est à la source de son individualité. Ce noyau apparaît dès les premières années à l'enfant qui côtoie ses parents et plus largement ceux qu'il rencontre.

Or, comme dans le modèle atomique, autour de ce noyau gravitent d'autres particules qui constituent le « moi ». Ce dernier forme un ensemble de possibles qui sommeillent en l'homme, mais qu'il réalisera plus ou moins au cours de son existence. De là résulte le sentiment de réalisation de soi, l'accomplissement, qui apparaît lorsque de nombreux possibles fortement désirés ont été réalisés. Dans le cas contraire, c'est l'échec, l'aliénation qui risque de conduire au désespoir.

Toutes les potentialités ne parviennent jamais à l'état de réalisations concrètes, les conditionnements historiques, sociaux, individuels réduisant le nombre de ces possibles. Le « moi » résulte de choix qui aboutissent à une construction plus ou moins harmonieuse, mais toujours limitée. Ainsi, dans le monde de l'entreprise, en raison de contraintes familiales, on devra renoncer à un poste alléchant ; on refusera par exemple la proposition de diriger une filiale à l'étranger pour ne pas perturber l'éducation des enfants. Ce n'est que lorsque le « je » est en accord avec le « moi » que l'on a le sentiment de réussir sa vie en réalisant sa propre individualité. Mais pareille chance dépend aussi des autres.

2. La relation « je »-« tu ou vous »

Comme l'exprime toute la tradition philosophique d'ARISTOTE à HEIDEGGER, l'homme n'est homme qu'avec ses semblables. En réalité, loin que l'être humain se réduise à une « abstraction inhérente à l'individu » isolé, il est de fond en comble, comme l'écrit MARX, « l'ensemble des rapports sociaux » (MARX, 1966). Le christianisme a depuis longtemps pointé le fait que l'homme a besoin d'amour pour devenir lui-même (VARILLON, 1974) mais ce sont aussi les courants majeurs de la philosophie contemporaine, de l'existentialisme (BEAUFRET, 1971) au personnalisme (MOUNIER, 2000), qui considèrent l'homme comme un « je » dont l'être authentique n'est possible qu'à partir du « tu ». En d'autres termes, il n'y a pas de « je » sans « tu », l'un et l'autre formant un tout, qui ne supprime pas l'aspect individuel, mais qui est plus qu'une individualité.

C'est le terme de personne, dans le vocabulaire moderne, qui désigne souvent la totalité de l'existence humaine, celle qui contient l'individu et le dépasse en même temps. Plus précisément, si l'individu est le « je », la personne reste ce « je » auquel se rattache le « tu », au singulier ou au pluriel (« vous »).

Ces relations n'existent pas les unes séparées des autres. Au contraire, elles sont imbriquées. Au « je » appartient le « tu » autant que le « moi », les perturbations de l'une des relations affectant les deux autres.

3. La nature du besoin de reconnaissance

Le problème moral que nous avons à résoudre, exprimé dans les règles du jeu relationnel que nous venons de mettre au jour, est le suivant : n'étant jamais une personne pour moi seul, je me trouve face au « tu » de l'autre que je dois reconnaître afin de le laisser être un « tu » ; inversement ce dernier doit me reconnaître comme « moi », dans le but de me laisser être une personne.

Soulignons que ce comportement éthique n'est pas de l'individualisme, qui méconnaît le caractère communautaire de toute existence personnelle et mène à l'isolement, abandonnant l'homme dans une sorte de néant. Il n'est pas davantage du collectivisme, qui transforme le « je-nous » en magma anonyme.

C'est dans le cadre de cette vision de la personne que se manifeste le plus clairement le besoin de reconnaissance. Emmanuel MOUNIER, le fondateur du personnalisme, évoquait déjà la manière dont le besoin doit être satisfait dans le cadre travail. « *Dans le domaine de la production, l'exigence démocratique veut que chaque travailleur soit à même d'exercer au maximum les prérogatives de la personne : responsabilité, initiative, maîtrise, création et liberté, dans le rôle qui lui est assigné par ses capacités et par l'organisation collective… Cette exigence est une revendication pour l'émancipation, au sens propre des travailleurs, leur passage du rang d'instrument au rang d'associés de l'entreprise, en un mot pour la reconnaissance de leur majorité économique… C'est une étape de la personnalisation progressive de l'humanité, c'est-à-dire de la spiritualisation de l'homme* » (KANT, 1988).

Dans l'entreprise, si l'homme est reconnu en tant que personne, le management laisse place à la prise de décision autonome, aux possibilités d'action spontanée et par là à la responsabilité personnelle. Au contraire, si ces possibilités viennent à manquer parce que l'organisation, ou le style de direction condamne le salarié à des opérations programmées d'avance, ce dernier ne se comprendra pas comme une personne, mais comme une mécanique dépersonnalisée, qui peut être remplacée par une machine ou par un clone moins coûteux.

4. Un impératif catégorique

Le problème éthique soulevé, ce souci du « je » pour le « tu/vous »dépasse le cadre de l'utilitarisme à la MAYO, selon qui la productivité s'accroît à la mesure de l'amélioration des relations humaines. Il est un surgeon direct de l'impératif catégorique de KANT, qui demande de « *traiter l'humanité aussi bien dans ta personne que dans la personne de tout autre comme une fin et jamais simplement comme un moyen.* »

On sait, hélas, que la stricte application de cet impératif rend l'action concrète impossible. Dans l'entreprise, chacun reste toujours, de quelque manière que ce soit, le moyen de l'autre. D'une telle impossibilité, PÉGUY concluait que les adeptes de KANT ont les mains pures parce qu'ils n'ont pas de mains. Une telle critique de la morale kantienne reste superficielle. KANT exige, en effet, que l'on mette en œuvre tous les moyens dont on peut disposer pour tendre vers l'idéal. C'est le but que nous poursuivons dans cet ouvrage. Le désir de satisfaire le besoin de reconnaissance représente pour le management une étoile non atteinte, mais vers laquelle on ne peut manquer de s'orienter.

Chapitre 15

Une responsabilité : reconnaître celle des autres

Laurent B*IBARD*

Le désir de reconnaissance est identifié depuis les années trente du XXe siècle comme un désir non seulement universel mais vital pour l'homme (FREUD, 1999 ; KOJÈVE, 1947). S'interroger sur la dynamique de la reconnaissance dans les organisations est essentiel pour la dignité et si possible, le bonheur des personnes, mais également pour y favoriser un minimum d'harmonie collective tôt ou tard favorable en retour à la bonne marche des organisations. La question se pose cependant de savoir ce qui peut et doit être reconnu des personnes pour favoriser des dynamiques organisationnelles vertueuses : reconnaître une différence peut avoir pour conséquence de s'y paralyser, quand la négliger peut avoir l'effet dévastateur d'un nivellement à tout le moins démotivant. Tel est le cas pour la question si importante de la place et du rôle des femmes dans l'entreprise, ou encore de toutes sortes de handicaps physiques ou moteurs. À partir d'une approche de l'humain en fonction du temps, nous proposons une approche de la reconnaissance en relation avec la notion de responsabilité, tant du côté des « reconnaissants » que du côté des « reconnus ». Cette approche permet à la fois d'éviter de tomber dans l'écueil d'un désir de reconnaissance général, ne prenant pas en compte l'individualité de chacune et chacun, et dans celui de la reconnaissance exclusive et paradoxale de différences alors péjoratives pour les dynamiques collectives. Il s'agit d'approcher la reconnaissance comme un processus à rejouer sans cesse et non comme un principe fixe de droit. Nous commençons pour cela par examiner sommairement le rapport de la question de la reconnaissance en entreprise en regard de celle de la reconnaissance en général.

1. L'humain, l'entreprise, le politique

Les interrogations contemporaines sur la responsabilité sociale des entreprises, en vue du développement durable de toutes et tous (dont celui des entreprises…) révèlent, par-delà l'affirmation dominante selon laquelle le but des entreprises est exclusivement de faire du profit (FRIEDMAN, 1962), que les entreprises publiques et privées ont à jouer, et jouent de fait un rôle éminemment politique au sens noble du terme (ARISTOTE, 1982). Ceci, en particulier du fait de leur puissance économique et financière, souvent bien supérieure à celle de nombreux pays, conditionnant la bonne marche des affaires publiques, nationales ou internationales. S'il en est bien ainsi, et si l'on peut dire que la vie politique est consubstantielle à l'humain (ARISTOTE, 1982), la question de la reconnaissance des personnes au cœur des organisations revient à celle de la reconnaissance des personnes *tout court*. Or, loin de tarir les problèmes de reconnaissance, l'effondrement du mur de Berlin les active, étendant *de facto* au niveau mondial une problématique réputée désuète du fait de l'effondrement des régimes communistes : loin que la problématique marxienne de l'aliénation des individus au sein des organisations et autour d'elles s'épuise, elle se trouve toujours plus alimentée. La peur du chômage d'une part, et le consumérisme d'autre part, sont autant d'expressions *a contrario* de la puissance des institutions, et de la dynamique économique et financière mondiale, qui se déploie parfois de manière brutale en défaveur des personnes, de leur reconnaissance, voire de leur vie ou de leur survie (DEJOURS, 2002; LE GOFF, 2000).

La question du respect et de la reconnaissance des personnes au sein des organisations concerne bien celle de leur reconnaissance tout court, en tant qu'humains. Il faut donc, pour approcher notre thème de la façon la plus complète possible, passer par la question de savoir ce qu'il faut reconnaître des personnes pour en reconnaître les pleines et entières humanité et dignité.

2. L'humanité : entre nature et liberté

La nécessité grandissante où se trouvent les individus de prendre en main leur carrière, que ce soit dans le secteur public ou dans le secteur privé, rehausse la puissance des institutions, en installant le sentiment que la liberté est à la limite impossible. Il faut, pour trouver du travail et se faire reconnaître et admettre au sein des organisations, se plier à leurs règles. Or, du fait d'un environnement concurrentiel exacerbé par la mondialisation de l'activité économique, les règles de fonctionnement des organisations sont de plus en plus exigeantes et contraignantes, alimentant à tous les niveaux hiérarchiques le sentiment de peur. Les collectifs jouent de plus en plus le jeu d'attribution d'autorité à des entités inatteignables, et réputées incontestables à proportion de toutes puissances financières, techniques, psychologiques tour à tour provisoirement réelles et fantasmées. Nous sommes loin de la reconnaissance des personnes en leur liberté et en leur dignité.

Nous en sommes d'autant plus loin, que le XXe siècle a vu s'ériger en principe la reconnaissance des personnes au travers de leur *liberté*. L'origine du lien entre reconnaissance et liberté remonte à longtemps avant le XXe siècle, au moment où les humanistes de la Renaissance revendiquent de libérer l'homme de ses limites naturelles et de l'autorité divine (BIBARD, 2003). Cette revendication, dûment reprise par les inventeurs du libéralisme moderne (LOCKE et ses successeurs), conduit progressivement à l'existentialisme du XXe siècle, dont l'affirmation anthropologique constitutive se trouve chez SARTRE, selon lequel « l'homme est ce qu'il se fait » (SARTRE, 1943). KOJÈVE formulera autrement en disant que l'homme « est son action », et n'est que son action (KOJÈVE, 1947). Autrement dit, ce qui en et de l'homme se trouve « déjà là » avant qu'il ne fasse de lui-même ce qu'il veut, n'est pas réputé strictement humain. Ce qui est humain est le *vouloir* de l'homme – comme l'humanisme l'affirme, le vouloir par l'homme de sa liberté.

Seulement voilà : tout le monde n'est jamais d'emblée doté des moyens d'être libre. Il existe *de facto* des différences sociales, culturelles, ethniques, voire psychophysiologiques, qui limitent les capacités des uns ou des autres, des unes ou des autres, dans l'effort de vivre une vie autonome ou souveraine. C'est ainsi que, voulant dépasser définitivement les limites imposées par la nature et exploitées par les uns au détriment des autres, les humains sont tôt ou tard conduits à revendiquer que soient reconnues leurs différences non pas comme des occasions pour les plus puissants de tirer toujours plus profit de leur puissance, mais au contraire, comme les points de départ de politiques publiques et d'initiatives privées en faveur de leur libération effective. C'est ainsi que se multiplient, d'abord aux États-Unis, pionniers de la modernité, puis mondialement, les revendications de liberté, et de reconnaissance de la dignité des personnes, que l'on soit femme, « Latino », Noir, handicapé, etc. Autrement dit, le désir de libération de l'homme en regard de ses limites ou conditions naturelles d'existence, le conduit paradoxalement tôt ou tard à revendiquer sa liberté sur le fond même de ces dites conditions.

L'histoire de la théorie des organisations exprime et témoigne à sa façon de ce paradoxe. Les effets du taylorisme ont de fait été un jour de produire l'avènement du Mouvement des relations humaines, lequel a d'abord connu son succès au travers de l'affirmation selon laquelle les besoins des humains sont universels et dûment hiérarchisés (MASLOW, 1954). Les multiples échecs des politiques de GRH menées en fonction de cette affirmation, comme ce fut le cas en France pour les cercles de qualité, montrent que tous les humains ne veulent pas être responsabilisés, que tous les travailleurs ne souhaitent pas voir leurs tâches enrichies ou travailler en équipes par projet, etc. Autrement dit, il existe une irréductible diversité de circonstances (« naturelles », sociales, culturelles, etc.) et de motivations, qui font varier à l'infini les modalités possibles de la reconnaissance de chaque personne au sein des organisations et en général. « En face » du principe unique, radical et irréductible de la reconnaissance de chacune et chacun dans sa liberté et sa dignité propres, s'affirme la variété infinie des situations personnelles fonction de facteurs tout autant « naturels » que sociaux, culturels, etc. Comment, sur la base de ce constat, se renouvelle la problématique de la reconnaissance des personnes au sein des organisations ?

3. L'homme et le temps

Sans l'humanisme ou sans les « Modernes », nous ne connaîtrions pas une situation où le sentiment de dignité est devenu mondial, et imprescriptible. Le sens du respect de l'humain qui se généralise est directement fonction de la décision d'accorder sa place pleine et entière ici-bas à l'homme, au détriment des « autorités » naturelles et divines anciennes. Par ailleurs, si l'homme n'est que « ce qu'il se fait », il n'est rien si ce n'est action, qui le conduit tôt ou tard au néant du nihilisme : si l'on peut tout vouloir, tout se vaut, et rien n'a de sens particulier (STRAUSS, 1986). Ce n'est que sur le fond d'une reconnaissance première de ses conditions naturelles, sociales, culturelles d'existence, que la liberté de l'homme prend donc sens.

On peut formuler ce constat autrement. La revendication humaniste de faire de la place pour que l'homme se trouve « chez soi » ici-bas s'inscrit en faux contre les notions de « nature » et de « dieu » qui viennent du passé. C'est en faveur d'un avenir meilleur pour l'homme que militent, à tort ou à raison, les humanistes. Cette proposition peut être généralisée : lorsque l'homme – au sens générique du terme – revendique sa liberté, c'est toujours au futur, contre des traditions, des usages, des conditions préétablies qu'il hérite du passé. Or, la liberté « pure » d'abord, comme la nature ou les conditions *totalement* aliénantes d'existence ensuite, n'existent jamais : elles sont des points limites, ou des horizons de pensée qui orientent les émotions et les désirs, mais jamais des réalités concrètes. La seule réalité concrète ou vivante est d'entre eux ou *l'homme même*, toujours tendu *entre* son désir d'une liberté totale idéale et future, et des conditions sociales, culturelles, naturelles d'existence qu'il hérite du passé. L'homme est son propre présent, c'est-à-dire *tension* entre ce qui lui vient de son passé acquis et inné, et ce qu'il se veut pour l'accomplissement de sa liberté.

Ceci vaut évidemment tout autant pour les organisations, et les individus au sein des organisations. L'infinie variété des modèles formels, des règles explicites, des chartes et projets d'entreprises, des décisions stratégiques, renvoient l'organisation et ses parties prenantes à des projets *explicites* de liberté pour *l'avenir*, de marge de manœuvre, de jeu au sein de la concurrence, etc., quand la tout aussi infinie variété des « cultures » personnelles et organisationnelles, véritables « secondes natures » individuelles et collectives, prennent leur assise sur ce que les organisations et les acteurs *ont été* dans la durée par le *passé* et tendent encore à être. Autrement dit, la véritable réalité organisationnelle et personnelle n'est pas décrite par les multiples rationalités limitées des acteurs individuels ou collectifs (CYERT & MARCH, 1963), ni par l'ensemble des projets que les personnes et les institutions sont capables de formuler explicitement à leur propre propos, mais par *l'interaction* entre les deux, qui définit le *présent* même des organisations et des acteurs qui les composent.

Comment se pose alors le problème de la reconnaissance des personnes au sein des organisations ?

4. Présence, reconnaissance et responsabilité

Les « Modernes » ont raison, qui affirment que l'homme ne se limite pas à certains caractères « naturels » donnés : l'homme est bien son action. Mais il n'est son action pour un futur meilleur que sur le fond d'un passé sur lequel il s'appuie pour prendre son élan. Autrement dit, l'homme est présence, tension vectorisée vers le futur, fonction d'une irréductible assise dans le passé qu'il faut savoir reconnaître pour entamer l'effort de la passer. Tout collaborateur, toute collaboratrice, est dans ce cas. Ce qui implique que reconnaître les personnes dans l'entreprise demande de reconnaître à la fois leurs projets et le passé sur quoi elles s'appuient pour définir leur avenir. Ceci suppose que les personnes sont bien capables de définir ce que doit être leur avenir, comme de reconnaître le passé sur fond de quoi il leur échoit de se vouloir. « Echoit », car le passé ou les conditions de départ d'un futur ne sont pas toujours choisies, et c'est parfois le moins que l'on puisse dire. Se vouloir libre ou se vouloir un avenir, tient en revanche de la responsabilité éminente de chacune et chacun – d'abord envers soi-même (WEIL, 1969), puis, à moins d'être reconnu médicalement ou juridiquement incapable[1], envers les autres.

Reconnaître le passé irréductible sur fond de quoi l'on se projette un avenir est parfois éminemment difficile : il peut être souhaitable de se faire seconder dans cette reconnaissance, condition *sine qua non* de la vitalité du désir qui projette le futur. Par ailleurs, encore une fois, à moins d'être (reconnu) incapable, se former un futur tient de l'éminente liberté et responsabilité de chacune et chacun. Reconnaître entièrement chaque personne, chaque collaborateur et collaboratrice, implique de reconnaître la tension dynamique où il, où elle se trouve mis(e) et qu'il ou elle se trouve être comme son propre *présent*. Une telle reconnaissance implique entre reconnaissant et reconnu, à la fois la possibilité de former des projets en commun, et la nécessité de reconnaître, pour élaborer un avenir que l'on veut partager, les passés différents de chacune et chacun – sur les deux plans personnel et professionnel. Et puisque enfin l'on ne sait jamais au présent d'une décision ce que donnera l'essai d'un choix fait en vue du futur, la dynamique croisée de la reconnaissance implique une prise collective de responsabilité, en situation risquée car d'incertitude. Au présent, l'événement dynamique de la reconnaissance engage la responsabilité tant du reconnaissant que du reconnu, celui-là étant évidemment pris dans la même tension vive que celui-ci, et constitué comme tel. Autrement dit, la dynamique de la reconnaissance tient d'un événement, événement constituant de la réalité croisée de toutes et tous, et creuset où s'essayent et se jaugent les responsabilités prises, sur le fond de provenances toujours issues du fond des temps.

À ce titre, les organisations où se joue de nos jours le sens du collectif, ont à leur tour, outre la responsabilité « sociale » qui leur est à la fois exigée et reconnue désormais, une immense responsabilité, celle de favoriser en leur sein les moyens de la reconnaissance des personnes les unes par les autres telle qu'elle vient d'être analysée. Une telle responsabilité revient à se donner les moyens de formuler et reformuler sans cesse au présent le projet d'avenir en quoi consiste toute entité, sur le fond de la reconnaissance préalable de son propre passé, pour que l'humain, à proprement parler, continue d'habiter l'économique.

---

1. Notons que la question de savoir qui définit l'incapacité de qui reste éminemment difficile – *cf.* sur cette question évidemment FOUCAULT, 1976.

Partie 2

Des attentes de reconnaissance diverses

Hubert LANDIER, dans l'éloge du pluralisme qui introduit cette partie souligne que le manager est contraint, par souci d'efficacité, à prendre en considération le point de vue propre aux différentes parties prenantes et à construire le cadre ou le référentiel qui lui permettra d'engager des relations jugées équitables par les uns et par les autres. Les chapitres rassemblés dans cette seconde partie présentent les attentes de reconnaissance de quelques-uns des groupes qui composent la population salariée. La segmentation retenue a pour seule ambition d'alimenter la réflexion des dirigeants ; bien d'autres catégories auraient pu être étudiées avec des attentes de reconnaissance spécifiques.

Jacques IGALENS et François MANCY s'interrogent sur les besoins de reconnaissance des Bnq (Bas niveaux de qualification) qui représentent 4 à 5 millions de travailleurs. Ils désignent l'employabilité comme facteur essentiel de la reconnaissance.

Michèle MILLOT et Jean-Pol ROULLEAU étudient la non-reconnaissance des représentants du personnel et font ressortir les fruits de la reconnaissance, ses chemins et les risques de la méconnaissance.

Jean-Pierre BOUCHEZ étudie le besoin de prestige et des professionnels du savoir.

Jean-Luc CERDIN organise les attentes de reconnaissance des expatriés autour de six points : attentes logistiques, soutien émotionnel, formation interculturelle, rémunération, carrière et retour.

Pierre Guy HOURQUET et Alain ROGER dégagent les attentes spécifiques des chercheurs et, en particulier, leur influence dans le choix des projets.

Marie-Christine GRENOUILLEAU et François SILVA auscultent les professionnels de la santé et dégagent les difficultés de reconnaissance professionnelle et leurs enjeux.

Les attentes de l'entreprise vis-à-vis de ses managers sont de plus en plus fortes, de même que celles des managers vis-à-vis de l'entreprise. Bernard COULATY et Jean-Claude MERLANE étudient comment les concilier.

Eléonore MARBOT et Claire KOMISAROW font ressortir les attentes de reconnaissance des seniors au travail et propose d'inventer le management des seniors.

Jacques ORSONI introduit une partie prenante non salariée, le consommateur et la nécessité d'un marketing personnalisé, reconnaissant chaque consommateur.

Alain GAVAND et Samuel MERCIER s'intéressent à une attente commune aux diverses catégories : l'éthique professionnelle.

Dominique BALLOT et Gérard GIMENEZ présentent les attentes du personnel de vente.

Jérôle DUVAL-HAMEL et Jacques ROJOT, en synthèse, concluent cette partie sur les attentes de reconnaissance des salariés.

Chapitre 16

Éloge du pluralisme

Hubert LANDIER

La tentation, pour le manager, est de n'écouter que lui-même. Cela se comprend : il est payé pour trouver et pour mettre en œuvre des solutions, il estime être compétent, il est armé de techniques éprouvées et sa démarche, que justifie le souci de la réussite de l'entreprise, s'inscrit dans une perspective qui se veut rationnelle.

L'ennuyeux, c'est que ces belles certitudes se heurtent souvent à la résistance des faits, à l'inertie des comportements et aux objections émises par des contradicteurs. Le réflexe, pour le manager, est bien sûr de s'en prendre à ceux qui lui donnent l'impression de lui barrer ainsi le chemin : s'ils se comportent de telle façon, estime-t-il, c'est qu'ils sont insuffisamment informés, qu'ils manquent de formation, qu'ils font preuve de mauvaise volonté, voire même, s'il s'agit de représentants du personnel, parce qu'ils sont animés de mauvaises intentions. Comment en effet pourrait-on autrement s'opposer à des décisions qui se veulent rationnelles ? Le manager se montre alors volontiers soucieux d'expliquer, de s'expliquer, mais il ne saurait pour autant renoncer à des idées qu'il estime être justes. Y renoncer serait admettre implicitement qu'il n'est pas compétent ou qu'il n'est pas animé de bonnes intentions.

Le manager tend alors à s'enfermer dans la solitude du pouvoir. Il cherche à se convaincre qu'il a raison et que les autres ont tort. Or, une telle attitude ne peut que le conduire à des déboires. Nul ne peut affirmer que le point de vue qu'il défend soit nécessairement le seul qui soit admissible comme vrai. Et le progrès ne peut résulter que du choc des idées, du débat, donc, de la reconnaissance de l'autre, de ce que son point de vue comporte de pertinent, de ses attentes, des intérêts qui lui sont propres et, en fin de compte, de sa part de vérité.

1. Le principe de réfutabilité

Venant après GÖDEL et le théorème qui port son nom (GÖDEL, 1985), Karl POPPER (1985), le grand épistémologue des sciences contemporaines, a exposé en quoi une théorie ne peut jamais être définitivement tenue pour vraie ; elle ne peut en effet être considérée comme telle que pour autant qu'il n'a pas été prouvé qu'elle était fausse (Karl POPPER, 1985).

L'exemple du passage du géocentrisme à l'héliocentrisme en fournit l'illustration. Depuis Ptolémée, l'on considérait que le soleil tournait autour de la terre ; rien de plus normal, sachant que Dieu avait créé l'univers en vue d'y installer l'homme et que la terre en constituait donc nécessairement le centre. Astronomes et mathématiciens s'étaient donnés beaucoup de mal pour en fournir la démonstration. Vint le temps où Galilée, à partir des mesures plus précises qu'il avait tiré de sa lunette astronomique, montra que les calculs suggéraient d'une façon beaucoup plus pertinente que c'était la terre qui tournait autour du soleil et non l'inverse. Cependant, il remettait ainsi en cause des convictions qui avaient valeur de dogme et on sait dans quelles conditions il dut s'incliner devant les autorités religieuses. Et pourtant, la théorie jusqu'alors admise pour vraie allait laisser place à une théorie plus respectueuse des réalités nouvellement découvertes par l'observation. De même la physique newtonienne allait-elle être tenue pour vraie jusqu'à ce que l'instrumentation moderne ait permis, avec Einstein puis les théoriciens de la physique quantique, d'établir ses limites.

Encore faut-il que celui qui énonce une théorie qu'il tient pour vraie accepte qu'elle puisse être remise en cause. Celle-ci ne présente un caractère scientifique que pour autant qu'elle se soumette à la possibilité d'être réfutée. Autrement dit, seule l'erreur peut être tenue pour définitive (c'est le cas de la théorie géocentrique) ; en revanche, toute vérité doit être considérée comme provisoire : elle ne peut être considéré comme telle que pour autant qu'elle n'a pas été réfutée ; ce qui suppose que celui qui la défend ait l'humilité de la soumettre à la critique de ses pairs. Ainsi la science progresse-t-elle de réfutations en réfutations de théories tenues à tort pour vraies à un moment donné.

De ce principe, POPPER, dans son maître ouvrage, « La société ouverte et ses ennemis » (POPPER, 1979), a tiré une conclusion beaucoup plus large. Une société qui progresse ne peut être qu'une société qui reconnaît le pluralisme des points de vue, qui protège la liberté de critique, donc la liberté d'expression, et où chacun peut librement expérimenter des idées ou des solutions nouvelles. Tel est le principe de la société ouverte : une société qui n'admet pas que la vérité soit confisquée par une cléricature, quelle qu'elle soit, qui protège le pluralisme des idées et prend pour principe l'existence du marché, quitte à en réguler le fonctionnement. Contraint par Hitler de s'exiler de son Autriche natale, celui qui allait devenir Sir Karl POPPER savait où conduisait un Etat qui ne respecte pas ces principes.

La question posée, dès lors, est la suivante : dans l'entreprise, le manager, dans l'exercice de ses fonctions, respecte-t-il les principes d'une société ouverte ? Accepte-t-il la contradiction ? Admet-il, sur un sujet donné, qu'il puisse y avoir plusieurs points de vue différents ? A-t-il l'humilité de considérer que ce qu'il estime être juste à un moment donné et dans l'état des informations dont il dispose, puisse être mis en doute, voire réfuté, à partir de points de vue différents et d'informations dont il ne dispose pas ? Si ce n'est pas le cas, il se place dans le modèle d'une société fermée ; et les sociétés fermées ne laissent jamais un bon souvenir d'elles.

2. Le risque de l'unilatéralisme

Selon les cas, l'action que mène le manager se situe dans l'une ou l'autre des deux perspectives suivantes :

▶ Dans la première, il considérera que son attitude est la seule qui soit défendable. Ses contradicteurs, estime-t-il alors, sont mal informés, n'ont pas compris ou font preuve de malveillance. Quoi qu'il en soit, il n'y a pas à prendre leurs arguments en considération. D'un côté la vérité, de l'autre l'erreur ; il ne peut pas y avoir de demi-mesure, ni même de discussion possible. Tel est aujourd'hui le principe de l'unilatéralisme qui aux États-Unis anime l'administration du Président Bush. Une fois que « l'axe du mal » a été défini, chacun est tenu de se situer, soit d'un côté, soit de l'autre. Une telle attitude, observera-t-on, n'est pas très nouvelle : c'était déjà celle des communistes et, plus loin de nous, celle de Cromwell (pour celui-ci, l'axe du mal passait par Rome et Dublin). Le manager, dans ce cas, se situe dans la perspective que condamne POPPER : il absolutise son point de vue, prétend lui conférer un caractère définitif et universel ; mais il ne respecte ni les principes de la démarche scientifique ni ceux d'une société ouverte.

▶ À quoi s'oppose la seconde attitude possible : celle qui interdit à quiconque, conformément au principe énoncé par POPPER, de considérer qu'il aurait définitivement raison contre tous les autres. C'est le principe du multilatéralisme défendu par l'ONU face aux États-Unis. Elle impose à quiconque, fut-il le représentant de la puissance militaire la plus importante du monde, de se soumettre à ce qu'on appelait naguère « le concert des nations ». C'est l'extension, à la sphère internationale, du principe admis au sein des démocraties parlementaires : la solution à promouvoir doit émerger au terme d'un débat auquel chacun aura eu la possibilité d'apporter sa contribution.

Certes, l'entreprise n'est pas une démocratie. Mais le manager ne saurait pour autant se comporter d'une façon qui serait celle d'un dictateur enfermé dans ses certitudes et qui refuserait d'en discuter le bien-fondé. Une telle attitude, qui lui est souvent reprochée, n'est pas seulement inacceptable, elle est tout simplement inefficace, et cela pour deux raisons :

- la première, c'est que les décisions qu'il cherche de la sorte à imposer risquent fort de ne pas être pas acceptées par ceux qui auront ensuite à les mettre en œuvre ; certains s'y opposeront ouvertement, pour autant qu'ils en auront la possibilité ; d'autres, probablement plus nombreux, traîneront des pieds ; il n'y a pas à s'étonner du fait que certaines décisions peinent ainsi à s'inscrire dans la réalité ; c'est qu'elles se heurtent à la résistance muette de tous ceux auxquels elles apparaissent dangereuses ou irrationnelles ;

- une telle attitude, venant de ces derniers, s'explique par les informations dont ils disposent eux-mêmes et dont ils tirent argument ; ce qui est rationnel à leurs yeux, c'est donc de s'opposer à une décision qu'ils jugent irrationnelle, compte tenu de ce qu'ils croient eux-mêmes savoir et des intérêts qui sont les leurs ; en prétendant ne pas prendre en considération le point de vue de ses interlocuteurs, leur façon de poser le problème, de « voir les choses », le manager s'engage ainsi dans une impasse ; sa décision n'est fondée que sur une partie de l'information disponible ; elle manque donc nécessairement de pertinence au regard de la situation à laquelle elle s'applique et se heurte forcément aux réactions d'autres parties prenantes qui, disposant d'informations différentes et se fondant sur une logique différente, en tirent bien, entendu, des conclusions différentes.

3. À chacun ses informations, à chacun sa part de vérité

Dans un monde où se multiplient les formes d'interdépendance, et donc les parties prenantes à des situations toujours plus complexes, un individu seul ne saurait donc s'isoler dans l'illusion de sa capacité à avoir raison tout seul. Il lui faut, pour tenter d'avancer dans le sens d'une perception qui soit juste des données du problème, prendre en considération des points de vue qui sont différents du sien et qui, peut-être s'y opposent. Ces points de vue, s'agissant de l'entreprise, peuvent être fort nombreux : il s'agit d'abord de points de vue internes : encadrement, représentants des différentes fonctions, syndicats ; mais également de points de vue extérieurs : actionnaires et apporteurs de capitaux, clients et consommateurs finaux, autorités publiques et ainsi de suite.

Forcément, parce qu'ils bousculent ce qu'il aurait spontanément envie de faire, ces différentes parties prenantes peuvent apparaître au manager comme autant d'importuns qu'il s'efforcera d'ignorer, de faire taire ou de réduire à l'impuissance. Ils sont, dit-il, mal informés ; ils s'inspirent, estime-t-il, d'un point de vue idéologique. Une telle accusation le dispense d'aller plus loin. Il ne s'agit plus d'écouter mais, clairement, d'imposer silence. Ce refus d'engager le débat se nourrit bien entendu de préjugés bien ancrés. Inutile d'écouter ce délégué syndical : c'est un communiste et on sait par avance ce qu'il va dire. Inutile d'écouter ce représentant de l'administration : il ignore ce que c'est qu'une entreprise. Le manager s'engage alors sur un registre qui est celui de la polémique. La reconnaissance de l'autre, dans son altérité, laisse place à la volonté de le réduire à l'impuissance, de l'anéantir. Ainsi naissent tous les conflits : l'autre, en effet, n'a alors d'autre ressource, pour exister, que de chercher lui-même à s'imposer.

Les principes de fonctionnement de la société fermée conduisent au conflit ; ceux de la société ouverte inclinent vers le débat. Reste, dans l'entreprise comme ailleurs, à organiser celui-ci, sachant qu'elle est d'abord tournée vers l'efficacité. Il s'agit là d'un problème central du management : comment organiser les consultations préalables afin de préparer la décision, déterminer les enjeux, trouver un niveau d'équilibre entre les intérêts en présence, faire en sorte que chacun se sente partie prenante de la solution qui aura été retenue ? Cette recherche de l'efficacité, pourtant, ne saurait servir d'unique critère de choix. Reconnaître l'autre, c'est faire appel à un autre principe, qui est celui de l'équité.

Or, il s'agit là d'un domaine dans lequel le manager n'est pas très à son aise. Ce qu'il sait faire, c'est rechercher des résultats, atteindre des objectifs. C'est pour cela qu'il est payé, en ce sens qu'il a été formé à l'utilisation de ce qu'il appelle des « outils ». L'idée d'équité relève d'une catégorie morale qui est à ses yeux étrangère. Et pourtant, pas d'efficacité sans équité, qu'il s'agisse de l'affectation des résultats, de la répartition des risques, de la hiérarchie des salaires, des possibilités de promotion ou de la contribution de l'entreprise à la vie de la cité. Ainsi le manager se trouve-t-il malgré lui contraint, conformément même à la logique d'efficacité qui l'anime, à prendre en considération le point de vue propre aux différentes parties prenantes et à construire avec leurs représentants le cadre ou le référentiel qui leur permettra d'engager des relations jugées équitables par les uns et par les autres.

Sur quels principes un tel cadre, ou un tel référentiel, pourra-t-il reposer ? ARISTOTE a répondu par avance qu'il pouvait y en avoir plusieurs : « *en ce qui concerne les partages, tout le monde est d'accord qu'ils doivent se faire selon les mérites de chacun ; toutefois, on ne s'accorde pas communément sur la nature de ce mérite, les démocrates la plaçant dans la liberté, les oligarques dans la richesse ou la naissance, les aristocrates dans la vertu* » (Éthique à Nicomaque, V, ch.III, 7). La reconnaissance de l'autre, en d'autres termes, passe ainsi par la définition de priorités reposant sur des valeurs communément admises qu'il s'agit de faire émerger et de consolider par la pratique du dialogue.

4. L'éloge du « non agir »

Une telle démarche, autant le dire, est à l'opposé de celle qu'induit le « *je pense donc je suis* » cartésien. Mieux vaudrait affirmer : « *tu es donc je pense* », ou mieux, à la suite de TCHOUANG-TSEU : « *s'il n'y a pas d'autre que moi, il n'y a point de moi*[1] ». Le progrès ne saurait être le fait d'un seul individu. Comme le montre l'histoire des sciences, il résulte de la confrontation entre de multiples points de vue, souvent opposés, venant d'interlocuteurs qui, d'abord, se reconnaissent entre eux. Affirmer un point de vue exige en premier lieu de savoir écouter.

Quand les managers français découvrirent ainsi la pratique des entreprises japonaises, dans les années quatre-vingts, ils furent proprement ahuris. Le patron, dans une assemblée de managers français, se repère aisément : c'est celui qui parle le plus, devant un auditoire si possible silencieux ; en Japon, c'était l'inverse : le patron était celui qui, durant toute la réunion, se contentait d'écouter puis, en une courte synthèse, de prendre acte de la décision telle qu'elle résultait du consensus qui s'était établi, pour ainsi dire par le seul effet de sa présence. Ainsi donnait-il raison à TCHOUANG-TSEU, « *en ne faisant rien, il n'y a rien qui ne se fasse*[2] ». Tel est le principe du « non agir ».

« *Toi et moi, nous ne sommes que des rêveurs encore mal éveillés*[3] », affirme le vieux philosophe chinois. Seul, je m'expose à être victime de ma subjectivité. Mon point de vue, par ailleurs, sera nécessairement étriqué, incapable

---

1. L'œuvre complète, chapitre ii, traduction de LIOU KIA-HWAY, philosophes taoïstes présentés par ETIEMBLE, Gallimard, coll. La Pléiade, p. 95.
2. *Op.cit.* XXII, page 250. Le rapprochement n'a rien d'incongru : le management japonais a été profondément influencé par le bouddhisme zen ; celui-ci constitue lui-même la continuation du bouddhisme shan, c'est-à-dire d'un bouddhisme profondément influencé par le taoïsme.
3. *Op. cit.*, VI, page 134.

de saisir une situation dans toute sa complexité. « *De même que d'un coup d'œil on ne peut embrasser tous les aspects d'un objet, de même les jugements d'un seul homme ne peuvent gouverner le monde*[1] ». Pas d'autre solution alors que de frotter ma perception, mon jugement, à la perception et au jugement d'autrui ; alors, de nos échanges, naîtra une vision nouvelle, élargie, autour de laquelle nous finirons en fin de compte par tomber d'accord. Reconnaître l'autre, c'est se reconnaître soi-même. Or, qui pourrait prétendre gouverner les choses sans d'abord se gouverner lui-même ?

---

1. *Op.cit.*, XXIV, page 280.

Chapitre 17

Les attentes des salariés situés aux bas niveaux de qualification

Jacques IGALENS
François MANCY

Les politiques de reconnaissance s'adressent le plus souvent à des populations qualifiées de « stratégiques », qu'il s'agisse des commerciaux, des cadres ou des dirigeants (IGALENS, 2004). Sans remettre en cause ces choix, nous souhaitons démontrer que les salariés les moins qualifiés - que l'on désigne parfois par le terme BNQ « bas niveaux de qualification »- ont encore plus de besoins en terme de reconnaissance, que de telles politiques sont possibles et qu'elles sont indissociables d'une conception responsable de la gestion des ressources humaines.

Après avoir défini les BNQ, nous évoquerons les caractéristiques de qualité des emplois avant de proposer les axes des politiques de reconnaissance adaptés aux salariés les moins qualifiés.

1. Essai de définition et de quantification

De qui parle-t-on lorsque l'on se réfère aux titulaires des emplois du bas de l'échelle des classifications opérant dans les entreprises ? Nous retiendrons la catégorie des employés et des ouvriers, elle-même subdivisée en employés qualifiés (EQ) et employés non qualifiés (ENQ) et ouvriers qualifiés (OQ) et ouvriers non qualifiés (ONQ), catégories sociales que l'Insee identifie dans les recensements (1982 et 1999) et dans ses enquêtes emploi.

À l'origine, la nomenclature des professions et catégories socioprofessionnelles (PCS 1982) distinguait deux niveaux de qualification pour les ouvriers qualifiés et non qualifiés mais un seul pour les employés. En 2001-

2002, on a introduit cette même distinction chez les employés. Les professions dont le contenu correspond à la spécialité de formation de jeunes les exerçant sont considérées comme qualifiées. Dans le secteur privé, les professions d'employé non qualifié sont aussi celles dont l'accès ne nécessite pas de formation spécifique. Dans le secteur public, les employés non qualifiés comprennent les professions qui recrutent sans exiger un niveau de formation minimal et qui ne dispensent pas de formation à l'entrée.

Les employés non qualifiés sont constitués des agents de services et d'entretien, des agents de sécurité et de surveillance, des standardistes, des opérateurs de saisie, des caissiers de magasin, des vendeurs en alimentation, des employés de libre-service et de l'ensemble des professions de services aux particuliers à l'exception des coiffeurs et esthéticiens.

L'évolution de ces catégories au cours des vingt dernières années au travers des recensements fait apparaître des mouvements significatifs. Sur un total de 23 millions de personnes en emploi en 1999, effectif en croissance de 1 579 milliers par rapport à 1982,

- les employés étaient au nombre de :
        6,645 millions en croissance de 1,142 million depuis 1982,
    dont   3,819 millions d'EQ en croissance de 0,102 million depuis 1982,
        2,826 millions d'ENQ en croissance de 1,042 million depuis 1982,

- les ouvriers étaient au nombre de :
        5,909 millions en baisse de 1,134 million depuis 1982,
    dont   3,490 millions d'OQ en baisse de 0,195 million depuis 1982,
        2,419 millions d'ONQ en baisse de 0,939 million depuis 1982.

En 20 ans pour ce qui est de l'emploi non qualifié, les emplois de manœuvre et d'ouvrier ont diminué d'un tiers dans le textile, la métallurgie, la mécanique, le génie civil.

En 1982, les personnes non qualifiées démarraient leur vie professionnelle en tant qu'OS, aujourd'hui, elles le font dans des emplois de caissier de magasin, d'employé de libre-service, de serveur, ces emplois étant en majorité dévolus aux femmes, les hommes s'orientant plus vers des emplois d'agent de sécurité, d'ouvrier de tri, d'emballage, d'expédition.

Parmi les dix professions classées par ordre décroissant où les effectifs masculins ont progressé entre 1982 et 1999, on en compte quatre concernant les BNQ employés et ouvriers :

- agents de service de la fonction publique en n 2 (ENQ),

- ouvriers d'entretien en n 5 (ONQ),

- serveurs et commis de restaurant ou de café en n 6 (ENQ),

- employés de libre-service en n 10 (ENQ).

De même, parmi les professions où les effectifs féminins ont le plus progressé sur la même période, on en décompte cinq concernant exclusivement les employées non qualifiées :

- assistantes maternelles et travailleuses familiales en n° 1 (ENQ),
- aides-soignantes en n° 2 (ENQ),
- employées de libre-service en n° 4 (ENQ),
- caissières de magasin en n° 8 (ENQ),
- agents de service de la fonction publique en n° 10 (ENQ).

▷ Tendance

Des études prospectives portant sur 2010 réalisées par le Bipe montre que sur la période de 2000 à 2010 les emplois d'ouvriers qualifiés devraient progresser de 6,1 %, par contre ceux d'ouvriers non qualifiés baisseront de près de 10 %.

Le total des ouvriers représenterait en 2010, 6,317 milliers d'emplois (4,378 OQ et 1,939 ONQ), contre 6,169 en 2000 (4,128 OQ et 2,041 ONQ).

Bonheur et malheur au travail

Les études par enquête approfondie menée par Christian BAUDELOT, Michel GOLLAC et leurs équipes de chercheurs sur le bonheur au travail (BAUDELOT, GOLLAC, 2004) offrent un panorama contrasté qui prend appui sur un échantillon de six mille personnes interrogées entre 1996 et 1999.

Il ne s'agit pas ici de résumer leur étude extrêmement riche, mais d'isoler quelques éléments qui nous paraissent pertinents dans le cadre de cette analyse portant sur la reconnaissance des BNQ :

- Les sources de satisfaction et d'insatisfaction produites par le travail peuvent être hiérarchisées de manière très différente selon les personnes. Autrement dit, à situation de travail identique on obtient des résultats très différents suivant les opinions exprimées et dans toutes les catégories et les métiers, on peut avoir un rapport heureux ou malheureux au travail. Il n'y a pas de relation mécanique entre un facteur lié au travail et le degré de satisfaction au travail ;

- L'épanouissement au travail constitue un facteur puissant d'investissement dans le travail, *a contrario* le retrait et l'investissement minimaux renvoient souvent à la souffrance au travail ;

- Le plaisir au travail est lié au plaisir de créer, à la fierté du métier, au fait que les tâches soient sous l'entier contrôle de l'opérateur, définies et coordonnées sous son initiative, sa volonté. À ces éléments est souvent associé le contact avec les gens qui permet de s'instruire et s'enrichir au plan des connaissances ;

- *A contrario*, la dureté, la pénibilité sont liées au travail répétitif, parcellaire, fatigant, comportant des horaires incommodes, de mauvaises conditions de travail, des salaires perçus comme injustes, une hiérarchie autocratique couplés au sentiment d'appartenir à une classe inférieure, d'être « interchangeable », « ce que je fais, n'importe qui peut le faire », au sentiment de ne pas être utile et écouté ;

- La souffrance exprimée par les individus est liée à une durée de travail élevée, à une forte intensité, à des postures pénibles, au risque d'accident, à l'absence de perspectives, au sentiment de perdre pied, de ne plus faire face ;

- Mais l'absence de travail est bien pire qu'un travail dur et pénible. 27 % des personnes interrogées considèrent que le manque de travail est un obstacle au bonheur, mais ce sentiment est partagé par 65 % des chômeurs ou précaires. Le travail est un mode de socialisation et son manque constitue une désagrégation du statut social et une dissolution du lien aux autres, un facteur d'isolement.

Les résultats de leur enquête font apparaître que la satisfaction produite par le travail concerne 70 % des cadres alors que ce n'est le cas que pour 30 % des BNQ. La satisfaction augmente avec les degrés de la hiérarchie sociale, le cursus académique, l'échelle des rémunérations.

Mais ces auteurs nous disent que la trajectoire sociale de la personne, la place occupée dans l'espace social, déterminent ce degré de satisfaction. Le statut du conjoint, des frères et sœurs, le groupe de référence, le milieu fréquenté, les aspirations, les parcours, ce que l'on est, ce que l'on estime en droit d'attendre, sont souvent à l'origine d'un sentiment de déclassement.

2. Les indicateurs de qualité de l'emploi

L'indicateur de travail décent du Bit constitue un outil de mesure au niveau de l'entreprise pour certaines de ses composantes : sécurité au travail (accidents et maladies), sécurité du maintien des qualifications et compétences, sécurité du revenu (régularité de celui-ci et absence d'incidents de paiement), sécurité de représentation (existence de représentants du personnel élus ou désignés dans l'entreprise).

Un outil plus complexe et plus adapté à la mesure de la qualité de l'emploi a été développé et présenté par François BRUNET, chercheur à la Direction des études (Dares) du ministère du Travail (BRUNET, 2002-2003). Cet outil nous semble particulièrement transposable dans le monde de l'entreprise et peut être utilisé pour mesurer avec précision la qualité des emplois occupés par les catégories ouvriers et employés.

Les vingt-cinq indicateurs recensés qui les composent portent sur les conditions d'emploi, de rémunération et de travail. Vingt de ces indicateurs donnent une photographie de la situation à un instant donné et cinq autres sont des indicateurs de trajectoire qui permettent de suivre des évolutions dans la durée. On présentera ici ces vingt-cinq indicateurs repris ou reconstitués à partir des études de la Dares, de l'Insee, du Cerc, de l'enquête formation continue 2000 (Dares), de l'enquête conditions de travail 1998 et de l'enquête emploi mars 1997 (Insee).

Ces indicateurs peuvent être alimentés par des statistiques et des enquêtes d'opinion auprès des catégories concernées sur des périmètres plus ou moins restreints.

Dans le tableau ci-après, figurent l'indicateur et sa définition : le pourcentage d'emplois concernés par ce facteur dans l'ensemble des branches et activités de l'économie française ①, ce même pourcentage dans le secteur de l'industrie ②, de la construction ③, dans l'ensemble du tertiaire.

On observera que les chiffres les plus élevés lorsqu'ils sont répétitifs pour un même groupe d'emplois et *a fortiori* s'il s'agit des indicateurs de trajectoire ou de permanence dans la durée, définissent les emplois de moins bonne qualité c'est-à-dire qui cumulent des caractéristiques peu appréciées voire négatives.

La clé du problème relatif à la reconnaissance réside dans l'amélioration de ces indicateurs. Cela est tout particulièrement vrai pour les indicateurs de trajectoire où la permanence durant un an, voire au-delà, de facteurs négatifs comme un temps partiel non choisi et non évolutif vers un temps plein, la permanence non volontaire en CDD, la permanence dans une activité où la rémunération se situe dans les tranches les plus basses, l'absence de formation sur plusieurs années.

Une politique de ressources humaines mettant l'accent réellement sur les hommes et les femmes présents à l'effectif doit permettre de faire évoluer ces personnes ne serait-ce que modestement et de leur apporter la preuve qu'ils ne sont pas positionnés sur des emplois de bas de l'échelle sans perspective de mobilité dans l'échelle sociale.

Tableau N° 1
Vingt-cinq indicateurs pour caractériser les emplois

Indicateur	Définition	Proportion d'emplois concernés Ensemble branches activité Â	Industrie Ç	Construction É	Tertiaire Ñ
Accident	A eu un accident de travail dans l'année	8	11	14	7
Bruit	Subit des bruits forts dans son travail	17	35	24	11
CDD	Occupe un emploi à durée limitée (CDD, intérim, contrats aidés)	11	6	8	12
Dimanche	Travaille le dimanche	29	18	11	31
Efforts physiques	Endure au moins trois efforts physiques sur six (rester debout, subir des secousses, etc.)	39	40	71	34
Non formé	N'a pas suivi de formation professionnelle dans l'année	74	70	87	73
Nuit	Travaille la nuit	15	18	4	14
Organisation non collective	N'aborde pas collectivement les questions d'organisation de l'unité de travail	31	–	–	–
Repos hebdo < 48 h	Ne s'arrête pas de travailler 48 h consécutives chaque semaine	27	14	16	29
Reste à temps partiel subi	Était à temps partiel subi il y a un an et l'est toujours	55	50	41	56
Reste en CDD	Occupait un emploi à durée limitée il y a un an et n'a pas de CDI	73	65	73	74
Risque de chômage	Travaillait il y a un an et est au chômage	5	3	–	5

Risques	Est exposé à au moins trois risques sur douze (risque de brûlure, chute, intoxication, etc.)	41	50	79	33
Rythme par cadence	Travaille à la chaîne ou à un rythme imposé par le mouvement de machine ou pièce	9	28	6	4
Rythme par demande	Rythme imposé à a demande extérieure obligeant une réponse immédiate	55	49	46	60
Rythme par normes	Rythme imposé par des normes de production ou des délais de moins d'une heure	22	–	–	–
Salaires dans dernier cinquième	Gagne un salaire parmi les 20 % les plus bas au plan national	20	9	12	23
Salaire dans dernier tiers	Gagne un salaire parmi les 30 % les plus bas au plan national	30	–	–	–
Salaire reste bas	Le salaire était parmi les 30 % des salaires les plus bas il y a un an et l'est toujours	80	73	68	82
Salaire reste bas (variante)	Le salaire était dans le dernier tiers de la distribution il y a an et n'a pas augmenté de décile	66	–	–	–
Sans pause repas	Ne bénéficie pas de pause pour déjeuner	14	11	3	17
Sentiment de responsabilité	Considère qu'une erreur personnelle aurait des conséquences multiples (trois parmi quatre : sur la qualité du produit, les finances de la société, la sécurité ou sa rémunération)	45	–	–	–
Temps partiel subi	Subit un temps partiel car voudrait travailler plus	6	1	1	8
Tensions avec collègues	Subit des tensions avec sa hiérarchie ou collègues	33	41	30	33
Tensions avec public	Subit des tensions avec le public	31	–	–	–

TABLEAU N° 2
Qualité de l'emploi et catégorie socioprofessionnelle

Proportion d'emplois avec...[2]	Cadres	Professions intermédiaires	Employés	Ouvriers	Ensemble[1]
Accident	3	6	6	15	8
Bruit	6	12	10	36	17
Dimanche	33	27	28	18	29
Efforts Physiques	6	26	34	64	39
Nuit	12	14	13	19	15
Organisation non collective	14	17	38	41	31
Repos hebdomadaire de moins de 48 heures	20	21	28	17	27
Risques	17	32	38	69	41
Rythme imposé par cadence	1	5	3	25	9
Rythme imposé par demande	61	63	60	39	55
Rythme imposé par normes	15	22	17	35	22
Sans pause repas	6	11	22	15	14
Sentiment de responsabilité	45	50	36	55	45
Tension avec le public	39	41	34	13	31
Non formé	58	60	75	83	74
Salaire dans dernier tiers	4	13	46	35	30
CDD	5	8	13	17	11
Temps partiel subi	2	4	13	6	6
Risque de chômage	2	3	6	6	5

1. Y compris exploitants agricoles, artisans, commerçants, professions libérales.
2. Les définitions des indicateurs sont celles qui figurent au tableau n° 1.

Les travailleurs pauvres : les « working poor »

En France, les études sur les « actifs pauvres », personnes actives occupées ou non pendant plus de six mois qui appartiennent à un ménage dont le niveau de vie est inférieur au seuil de pauvreté (moitié du salaire médian), datent de 2000 et portent sur l'année 1996 (LAGARENNE, LEGENDRE 2000).

On en dénombrait 1 300 000 en France en 1996, soit 6 % de la population active, auxquelles il faut ajouter toutes celles qui cohabitent avec, soit 2 000 000 de plus de 17 ans et 830 000 enfants moins âgés. Dans ce total, on comptait 345 000 personnes au chômage une partie de l'année, 134 000 travailleurs ayant été en contrat à durée déterminée (CDD) ou contrat aidé toute l'année, 270 000 salariés en contrat à durée indéterminée (CDI) toute l'année, 106 000 en CDI à temps partiel. Pour ces personnes, plus du tiers (37 %) de leurs revenus proviennent des prestations sociales.

Ce sont des épisodes de chômage, le caractère temporaire ou instable de l'emploi, le temps partiel, l'absence de qualification, le fait de débuter sa vie professionnelle qui constituent les facteurs de risques de pauvreté. À ces facteurs individuels viennent s'ajouter ceux résultant des caractéristiques du ménage d'appartenance, la taille et le nombre de ses membres contribuant à ses ressources par leur apport personnel.

Le phénomène qui a le plus surpris l'opinion est que la ligne de démarcation de la pauvreté ne sépare pas titulaires d'un emploi et chômeurs. On peut être en activité à un salaire voisin du salaire minimum, *a fortiori* si on est à temps partiel et si on a des personnes à charge et se trouver alors en situation de pauvreté.

Il convient d'évoquer très rapidement le fait que dans de nombreux cas la rémunération indirecte vient compléter la rémunération directe. Cette rémunération indirecte est plus faible, voire inexistante, là où les rémunérations directes sont les plus faibles. La rémunération indirecte est liée à la couverture conventionnelle (conventions collectives, accords d'entreprise) dont bénéficient les salariés.

Cette couverture conventionnelle concerne :

▶ les remboursements complémentaires maladie, la prévoyance (indemnités journalières longue maladie, invalidité, capital décès) ;

▶ l'épargne salariale : intéressement, abondement des plans d'épargne entreprise (PEE), les plans d'épargne retraite (Perp, Perco) ;

▶ les œuvres sociales du comité d'entreprise qui représentent un pourcentage de la masse salariale et qui bénéficient de manière prioritaire aux titulaires des plus basses rémunérations.

Ces données doivent permettre à chaque entreprise de référence qui le souhaite de se positionner sur le sujet des rémunérations, et de mesurer les écarts positifs ou négatifs qui la caractérisent à propos des différentes catégories d'emploi. Ce premier repérage, complété à partir d'autres sources, doit permettre d'éventuelles mesures correctrices.

Les conditions de travail, facteurs de risques et de pénibilité du travail

Suivant l'expression de MICHEL GOLLAC et SERGE VOLKOFF, « les déterminants organisationnels de l'activité conditionnent les risques d'accidents, de maladie, d'usure au travail ».

Au nombre des facteurs on peut relever :

- les postures et les mouvements ;
- les informations visuelles et recueillies par les autres sens, gestes, déplacements ;
- les relations entre ces informations et les opérations qu'elles sont censées induire : le dialogue homme machine ;
- les facteurs environnementaux : bruits, vibrations, éclairage, température, exposition à des substances toxiques ;
- le rythme, les procédures à respecter ;
- la fréquence et la durée des plages nocturnes.

Tous ces éléments peuvent produire inconfort, irritation, douleurs, fatigue, maladie et ceci à effet plus ou moins différé. Les cancers liés à l'exposition à l'amiante apparaissent 20 à 30 ans après l'exposition à cette substance. 100 000 décès seront provoqués par l'amiante dans les 20 prochaines années, alors qu'aujourd'hui on estime à 3 000 par an le nombre de victimes.

Tous les spécialistes l'admettent, les études sont encore insuffisantes à propos de l'ampleur, la nature et la hiérarchie des risques professionnels.

Les indicateurs de charge mentale traités par les enquêtes du ministère de l'Emploi méritent d'être cités car ils sont moins connus que ceux relatifs à la pénibilité physique :

- conséquences d'une erreur dans le travail : sur la qualité du produit, les coûts financiers, la sécurité personnelle ou celle des autres, sanction ;
- abandon d'une tâche pour en effectuer une autre ;
- l'exécution du travail : impose de ne pas le quitter des yeux, de lire des petits caractères, d'examiner de petits objets ;

- pour effectuer le travail : absence de temps suffisant, d'informations claires, de la possibilité de coopérer, absence de collaborateur ;
- vécu de situation de tension avec le public, les supérieurs hiérarchiques, les collègues ;
- ordres et indications contradictoires.

Ces éléments peuvent être facteurs de stress, mais la majorité des experts indique qu'à la différence des pénibilités et nuisances physiques, le stress ne provoque pas de troubles ou d'incapacité irréversibles : lorsque le facteur qui provoque le stress cesse (efforts physiques, risques, nuisances sonores), la fatigue ou les troubles physiques cessent rapidement.

Tels sont schématiquement passés en revue des facteurs de pénibilité au travail. On peut apprécier là aussi le registre très étendu des mesures destinées à améliorer l'environnement du travail et le travail lui-même (rythme, intensité).

3. Une politique de reconnaissance des BNQ

Toute entreprise désireuse de mettre en œuvre une politique de reconnaissance doit définir l'objectif de cette politique : s'agit-il d'une politique de valorisation de l'ensemble des catégories de salariés, s'agit-il de cibler cette politique sur une ou des catégories spécifiques. Les BNQ ne sont généralement pas qualifiés de catégorie stratégique. Doit-on pour autant les oublier ?

L'objet de ce chapitre a été d'esquisser dans certains domaines à l'aide de statistiques nationales, la définition de réponses et d'indicateurs. On a pu répertorier jusqu'à 25 critères d'un emploi de qualité. Il serait utile de positionner les BNQ par rapport à ces critères. On devra porter par priorité ses efforts là où les écarts négatifs se révèleraient les plus importants par rapport aux indicateurs disponibles de la profession ou nationaux.

Ce repérage devra être complété si possible par une identification des situations individuelles de tel ou tel salarié – personne avec enfants à charge, présence de chômeurs ou Rmistes au foyer – afin de pouvoir par exemple offrir des opportunités de passage à plein temps à des salariés dans cette situation et de promouvoir plus rapidement les plus fragiles. À défaut de ce travail préalable, sans doute difficile à mener, des constructions plus ou moins empiriques sont toujours possibles mais qui pourront être en décalage par rapport aux faiblesses objectives de l'entreprise.

Une contribution nécessaire des catégories impliquées

Cette contribution est nécessaire en vue de hiérarchiser les priorités d'un plan d'action. Tout n'est pas possible, même à moyen terme. La perception que peuvent avoir la direction, l'encadrement des facteurs de pénibilité et de dureté du travail peut ne pas coïncider avec celle des salariés eux-mêmes qui peuvent les hiérarchiser différemment en termes d'aspirations, de priorités, d'urgences. L'opinion des destinataires des mesures concernées est souhaitable et, en la matière, il convient sans doute d'aller au-delà de l'avis des élus du personnel exprimés par les comités d'hygiène et de sécurité et les comités d'entreprise ou les délégués du personnel, voire les délégués syndicaux.

Néanmoins il existe une priorité absolue : la sécurité en matière d'accidents de travail et de maladies professionnelles. Il ne s'agit pas de mieux rémunérer de mauvaises conditions de travail considérées comme intangibles car trop coûteuses à améliorer. C'est un domaine sur lequel il ne faut pas transiger quelle que soit l'opinion ou la perception des acteurs.

Des concours externes possibles

Il sera peut-être difficile aux professionnels en charge des ressources humaines d'établir un diagnostic, de concevoir les mesures correctives. Une assistance externe est possible de la part de la branche professionnelle, des chambres de commerce, de l'Anact (Agence nationale pour l'amélioration des conditions de travail), des Cram (Caisses régionales d'assurance-maladie), de l'Inrs (Institut national de recherches sur la sécurité), sans parler des consultants et cabinets d'organisation. Cette intervention externe est sans doute plus nécessaire dans le domaine de l'amélioration des conditions matérielles de travail que dans d'autres registres comme les rémunérations, la formation.

En résumé, on peut ainsi synthétiser les thèmes sur lesquels agir dans le cadre d'une politique de reconnaissance à l'égard des BNQ :

- la précarité de certaines formes de contrats de travail – CDD, intérim – qui peuvent à la longue créer un sentiment d'insécurité associé au risque de chômage ;

- le temps partiel non choisi pour les emplois faiblement rémunérés qui peut contribuer à des situations de pauvreté et le temps choisi pour celles et ceux qui veulent concilier vie au travail et vie de famille ;

- les rémunérations directes et indirectes : niveau de salaire et niveau des avantages sociaux annexes (prévoyance, œuvres sociales, épargne salariale) liés au contrat collectif, existence et contenu de celui-ci ;

▶ les conditions de travail : qu'elles soient liées aux charges, postures, cadences, températures, émanations, charge mentale, etc.

▶ la formation continue : comme facteur de promotion possible, ou simplement de maintien des connaissances adaptées à l'évolution des technologies et donc des emplois disponibles sur le marché du travail.

Sans doute cette liste n'est pas exhaustive. Il convient d'ajouter à ces facteurs de dureté, de précarité, un facteur qui tient aux personnes, à leurs origines ethniques étrangères. Les discriminations liées à l'origine étrangère des ascendants malgré la nationalité française des candidats à l'emploi, constituent un handicap supplémentaire pour accéder à ces emplois et plus encore pour d'autres mieux situés dans la hiérarchie. En effet, souvent la pénurie de candidats pour les emplois du bas de l'échelle connote ces emplois comme d'authentiques réserves d'emplois d'immigrés, ou de fils d'immigrés. Des politiques anti-discriminatoires, voire même de discrimination positive, ont pour objet de remédier à ces injustices et à ces facteurs de tension dans la société française. Le rapport de l'Institut Montaigne, présidé par Claude Bébéar, ancien PDG du groupe Axa, se prononce très clairement en ce sens.

La limitation de la durée de permanence dans ces fonctions

Quels que soient les efforts, les problèmes d'amélioration des conditions d'exercice de ces emplois, leur mise en œuvre sera lente et inégale. Leur coût, eu égard en particulier aux multiples domaines sur lesquels elles peuvent porter, doivent être compatibles avec la capacité économique d'y faire face.

Il faut donc être conscient des efforts à faire, des priorités à définir, des problèmes de financement et en conséquence de leur impact dilué dans le temps. Un facteur d'allègement de la dureté, de la pénibilité de ces situations au plan matériel et psychologique est la possibilité de « s'en sortir », de bénéficier de l'« ascenseur social ».

L'idée que la permanence dans ces fonctions n'est pas indéfinie, que des voies internes sont disponibles pour une évolution et une promotion au sein de l'emploi constitue un facteur certain de motivation. L'entreprise doit construire cette politique de la mobilité interne, mettre à la disposition de ses salariés les outils de cette mobilité pour répondre aux aspirations des salariés : privilégier la promotion ce qui veut dire mettre en place des parcours de formation en parallèle aux parcours professionnels.

Ce même facteur positif de limitation de la permanence dans ces fonctions est vrai pour les contrats à durée déterminée et le temps partiel non choisi, comme on l'a déjà souligné.

L'employabilité, facteur essentiel de la reconnaissance

Selon le sociologue Robert CASTEL, dans les sociétés pré modernes la sécurité était assurée par l'appartenance à une communauté et la force des liens entre ses membres déterminait les protections que l'on pouvait en attendre. L'individu « désaffilié » ne pouvait aspirer à ces protections. Mais dans les sociétés modernes, la capacité d'affronter le ou les risques, c'est-à-dire les événements qui compromettent la capacité des individus à assurer leur indépendance sociale, à maîtriser le présent et à anticiper l'avenir, est liée aux droits attachés à la condition de travailleur salarié. L'assurance contre le risque s'est rattachée au salariat et à la double forme du contrat individuel et collectif.

La perte de l'emploi, si elle est de longue durée, entraîne la désocialisation des individus, le « décrochage » des systèmes collectifs. S'amorce alors la mobilité sociale descendante, épreuve consciemment ou inconsciemment redoutée par tous.

Comme le souligne R. CASTEL, ce sont les ouvriers et les employés les moins qualifiés qui sont les plus vulnérables car détenteurs de « spécialités figées qui remontent à une division du travail obsolète, à un stade antérieur de la division du travail. » D'où l'importance de ce thème et de cet objectif de l'employabilité, facteur de sécurisation des situations de travail et des trajectoires professionnelles.

Le droit à l'emploi garanti dans un même poste, une même entreprise, ne peut plus être garanti quels que soient les articles du code du travail et les protections imaginées. Par contre, un droit encore en gestation peut être revendiqué et peut s'avérer compatible avec le processus de destruction créative qui caractérise les économies en mutation.

Ce droit à l'employabilité n'est autre que la disposition d'un capital de connaissances, et de savoir-faire adaptés aux outils techniques et au process du moment. Cette actualisation des connaissances des plus défavorisés contribuera à faciliter leur évolution et leur progression professionnelle et un retour à l'emploi si celui qu'ils occupaient précédemment a été amené à disparaître. Cela n'est pas simple et facile, car les taux d'accès à la formation permanente sont plus de deux fois plus importants pour les cadres et les professions intermédiaires que pour les employés, les ouvriers qualifiés et *a fortiori* les non qualifiés. Cela demande d'orienter les efforts et les budgets vers ces catégories.

La formation et l'accès à des formations qualifiantes constituent un élément essentiel des politiques de reconnaissance vis-à-vis de ces groupes vulnérables sur le marché de l'emploi. Des outils nouveaux tels que le droit individuel à la formation, la validation des acquis de l'expérience (VAE) vont prendre peu à peu leur place dans l'organisation des parcours professionnels. Il ne faut pas les réserver aux mieux dotés dès leur entrée sur le marché du travail.

4. En guise de conclusion

Les enquêtes d'opinion déjà évoquées démontrent que l'emploi stable, le salaire jugé équitable, une pression modérée, une bonne ambiance sont sans surprise des sources de satisfaction reconnues et appréciées. *A contrario*, la souffrance exprimée est liée à de mauvaises conditions de travail, à une pression excessive, à une absence de perspectives dans l'emploi et la carrière, et à un sentiment d'insécurité.

Une politique de reconnaissance doit s'efforcer de réduire *a minima* ce « carré de la souffrance » où sont concentrés tous ces facteurs négatifs.

Les directeurs des ressources humaines ont à convaincre les gestionnaires que des efforts réalisés dans ces domaines auront des effets positifs non seulement sur les hommes mais également sur leur performance au travail et donc sur la compétence de l'entreprise. C'est là où réside la difficulté de la fonction que l'on assimile à des coûts immédiats – alors que les gestionnaires et les financiers sont plutôt associés à des économies – dont on peut difficilement estimer et chiffrer les effets positifs en terme de résultats de gestion. C'est le problème de la définition des « metrics » de la fonction ressources humaines au sens de nos collègues anglo-saxons et de leur crédibilité. Le combat est encore très inégal entre les réducteurs de coûts à échéance immédiate, et ceux qui prônent un plus de dépense sociale, un investissement dans le capital humain avec des effets positifs à terme. C'est la limite de trop de politiques mises en œuvre, qui touchent un cercle très limité des hauts potentiels, ceux qui apparaissent aux yeux des managers comme les facteurs de succès de l'entreprise, au-delà des personnels interchangeables sur le marché du travail et au sein de « l'armée de réserve » des chômeurs.

Aux hommes et aux femmes de la fonction ressources humaines d'avoir la lucidité, le courage, la ténacité, le sens de la justice et l'équité, pour apporter la preuve que le succès et la performance ne sont pas le fait d'une minorité éclairée, mais d'une performance globale et collective sans laissés-pour-compte.

Chapitre 18

Militants syndicaux
Et si la méconnaissance récoltait la tempête ?

Michèle MILLOT
Jean-Pol ROULLEAU

Le conflictuel, l'opposition idéologique l'emportent le plus souvent sur le contractuel et le partenariat, déplore-t-on. D'autant plus, souligne-t-on, que dans presque tous les autres pays européens, les partenaires réussissent, eux, à gérer leurs différends par la négociation. L'accord marginalise ou même élimine la grève, au plus grand profit de la performance économique de ces pays.

Et si l'archaïsme de nos relations sociales françaises provenait de l'absence, ancienne, obstinée, récurrente de la non-reconnaissance des représentants du personnel ?

1. Le poids de l'héritage

L'avènement de l'ère industrielle au début du XXe siècle, entraîne la naissance de la classe ouvrière. Pouvant enfin utiliser l'énergie, les grandes usines se développent. Des centaines de milliers d'hommes, de femmes et aussi d'enfants viennent s'entasser dans les banlieues manufacturières. Les conditions de vie y sont sordides. Un document officiel, le rapport VUILLERMÉ (1846) donne une vision terrible de la pauvreté ouvrière. Les patrons de l'époque, des plus célèbres, les Wendel ou les Schneider, jusqu'aux plus petits, ne supportent pas l'existence de représentants de leurs salariés. Pour eux, les ouvriers restent une masse indistincte que la police et l'armée doivent avoir à l'œil et maîtriser. La grève est interdite. Elle relève même du code pénal (art. 444) et peut entraîner cinq ans de prison (ou de bagne pour les « meneurs »).

L'autre grand pays industriel, la Grande-Bretagne, connaît le même décollage industriel, la même pauvreté des ouvriers. Mais ceux-ci, dès 1820, seront reconnus. Ils pourront venir discuter, négocier avec leur patron. Le syndicalisme est né. Il devient l'interlocuteur avec qui, pas à pas, d'accords en accords, s'équilibrent les contraintes et les concessions et s'améliore la condition ouvrière.

En France, il faudra attendre la fin du siècle pour que le syndicalisme soit autorisé à exister (1884). Pendant plusieurs générations, les ouvriers se sentirent ignorés, méprisés et donc perméables à l'analyse d'un certain Karl Marx qui décrivait si bien l'exploitation capitaliste. Il proposait même des solutions pour sortir de cette injustice. La lutte des classes s'installait. Le refus patronal de reconnaître la classe ouvrière, son besoin de dignité, allaient avoir de lourdes conséquences. Les plus déterminés, les plus révoltés des ouvriers allaient créer des réseaux clandestins. Puisque la société refusait de les reconnaître comme porteurs des attentes des salariés, ils agissaient pour combattre et demain changer le système économique.

À la même époque, leurs collègues ouvriers britanniques puis allemands, belges, suédois, bien que vivant dans les mêmes conditions industrielles, s'installeront dans leur rôle de partenaires sociaux, plus soucieux d'obtenir des améliorations salariales ou des conditions de travail que de changer le monde ou de préparer la révolution.

2. Une reconnaissance imposée

À l'exception d'un certain nombre de dirigeants, plus lucides, qui acceptèrent de reconnaître l'existence de porte-parole des salariés, la plupart des entreprises françaises continuèrent d'ignorer la classe ouvrière. Ils se cramponnaient à la notion juridique du contrat de travail : un contrat de subordination. Le mot est éloquent, la réalité aussi.

C'est donc un acteur extérieur à l'entreprise, l'Etat, qui sous la pression d'événements politiques importants imposa à quatre reprises la reconnaissance des militants syndicaux. On sait ce que vaut l'impact d'une contrainte sur ce qui relève du psychologique. On la respecte formellement. On la contourne dès que c'est possible.

1936, le gouvernement de Front populaire donne plusieurs signes de reconnaissance aux salariés qui viennent d'immobiliser la France. C'est la journée de 8 h, le droit aux congés payés (15 jours) et l'instauration de « délégués ouvriers » devenus nos actuels délégués du personnel.

La grande vague de la Libération apporte aussi sa dose de reconnaissance. Le général de Gaulle crée les comités d'entreprise. Le personnel se voit reconnaître à la fois le droit à gérer les œuvres sociales et à être informé sur la marche de l'entreprise.

L'hostilité patronale sauf dans la plupart des grandes entreprises, reste la règle à l'égard des représentants du personnel. On ne tolère aucune activité syndicale dans l'entreprise. Les Jeunes patrons (devenu le CJD) reconnurent pourtant, dans les années soixante, le rôle des délégués syndicaux. Ce qui valut d'ailleurs au CJD l'exclusion de l'organisation officielle du patronat, le CNPF.

En 1968, pour sortir à nouveau d'une grève générale, le gouvernement gaulliste s'engage sur le plan salarial et accepte de reconnaître et protéger les délégués syndicaux dans l'entreprise.

L'arrivée de la gauche au pouvoir en 1981 se traduit par de nouveaux droits pour les salariés. Leur « citoyenneté » dans l'entreprise est reconnue. Ils restent subordonnés mais ils acquièrent le droit à la parole : les groupes d'expression : « Nul ne peut apporter aux droits des personnes et aux libertés individuelles et collectives des restrictions qui ne seraient pas justifiées par la nature de la tâche à accomplir ni proportionnées au but recherché » (loi du 31 Décembre 1982).

Les délégués syndicaux se voient reconnaître le droit d'être reçus, au moins une fois chaque année, par leur direction pour négocier sur les salaires, la durée et les conditions de travail. Comme le constate la rédactrice des lois Auroux, Martine Aubry, il ne sera désormais plus nécessaire de faire grève pour pouvoir commencer à négocier.

Ces reconnaissances tardives, toujours imposées par le législateur, donnent des droits aux salariés, à leurs représentants mais la culture d'opposition peine à s'atténuer.

3. Les accords de réparation

Le militant qui se présente aux élections sociales, qu'il soit élu DP ou membre du CE, du CHSCT, ou désigné comme délégué syndical n'est pas souvent reconnu dans sa fonction. Il est vite étiqueté « contestataire ». L'attitude des cadres ayant à gérer des militants dans leur service est significative.

La plupart, au cours de leur formation initiale dans les grandes écoles n'ont reçu aucune information sur le syndicalisme et sur le rôle des instances de représentation. L'Observatoire des relations économiques et sociales a conduit une enquête auprès de 1 500 ingénieurs et cadres. La très grande majorité d'entre eux, n'avait jamais eu l'occasion de réfléchir sur ce qui pouvait motiver les élus qu'ils devaient « gérer ». Pour la plupart, la fonction syndicale dans l'entreprise constitue une gêne ou représente un adversaire. Le militant leur apparaît au mieux comme l'empoisonneur qui pose des questions gênantes au cours des réunions du service. Du coup, bien des cadres s'efforcent de « marquer » au maximum celui qui leur apparaît souvent comme un ennemi. Ils répondent aux questions avec agressivité ou ironie, s'efforcent de déconsidérer le militant devant ses collègues. C'est souvent la « guéguerre ». Du coup, l'élu use de ses droits d'une manière offensive. Il prend ses heures de délégation à l'improviste, prévenant son responsable au dernier moment pour le mettre dans l'embarras. Les tracts deviennent méchants, mettant en lumière, en les amplifiant, les moindres erreurs !

Beaucoup de directions d'entreprise considèrent, elles aussi, que la présence des représentants du personnel est une contrainte. On n'a guère envie de reconnaître leur rôle : faire remonter les problèmes, se soucier de ce qui ne va pas bien dans la marche de l'entreprise. Ces gêneurs ne bénéficieront donc pas de promotions, ni même d'augmentations individuelles. On renforce ainsi chez les syndicalistes, le sentiment d'injustice qui pousse à l'agressivité.

La CGT d'abord, puis la CFDT ont récemment lancé des opérations baptisées « réparation ». Des avocats étudient le parcours professionnel, le niveau de rémunération de militants engagés dans une responsabilité syndicale. Ils la comparent avec la rémunération des collègues entrés en même temps qu'eux avec le même niveau professionnel. Ces cas sont portés devant les tribunaux. Ceux-ci constatent qu'après 20 ou 30 ans d'activité professionnelle et un mandat syndical, les élus ont subi une discrimination systématique. Les tribunaux ont ainsi condamné plusieurs dizaines entreprises à effectuer un « rattrapage » en coefficient, avec des indemnités. Ces rattrapages se situent entre 100 et 530 euros par mois et ce sur 10 ou 15 ans. On a ainsi découvert un militant dont la situation n'avait pas évolué depuis 32 ans.

Ce refus de reconnaître la mission des élus syndicaux a une conséquence claire et paradoxale. Elle éloigne de l'engagement les éléments modérés, ceux qui, avec bonne volonté, voudraient jouer un rôle positif pour l'entreprise. Résultats : seuls les plus motivés, habités par un projet de transformation sociale acceptent de se sacrifier. Mais alors, ils se battent durement contre la direction. Le système confrontation-opposition se trouve ainsi conforté. Les directions peuvent alors constater « qu'il n'y a rien de possible à faire avec de tels délégués » et ceux-ci de souligner que le seul moyen d'être reconnu, c'est de se battre contre la direction.

4. Les fruits de la reconnaissance

Le syndicalisme n'est pas automatiquement porteur de tensions. L'exemple des pays voisins constitue un témoignage intéressant.

La reconnaissance des représentants du personnel y apparaît comme un des éléments clés de la performance économique. Si le système des relations sociales fonctionne de manière consensuelle, ce n'est pas le fait de règles imposées par l'Etat. Au contraire, le législateur a posé quelques principes, mais n'intervient pas. La reconnaissance est d'abord dans les têtes des managers. En Allemagne, en Autriche, en Belgique, au Danemark, aux Pays-Bas, en Suède, la tonalité est la même. Les syndicalistes constituent des partenaires naturels et respectés. Un dirigeant patronal suédois a déclaré aux auteurs, comme une évidence : « *ici, en Suède, être syndiqué c'est être bon citoyen* ». De fait, 85 % des salariés adhèrent au syndicat, sans pour autant faire la guerre à l'entreprise. En Allemagne, troisième puissance économique du monde, les dirigeants d'entreprise ont le souci de reconnaître réellement les représentants du personnel. « *Un PDG a besoin de relais pour réussir la transformation permanente que vit l'entreprise. Il lui faut obtenir l'adhésion des représentants du personnel afin qu'ils soient, eux aussi, des acteurs positifs dans les évolutions nécessaires.* » Un autre dirigeant confirme : « *sans dialogue social, on n'aura pas les résultats économiques que l'on espère.* »

Ainsi reconnus, les syndicalistes peuvent jouer leur rôle de contrepoids sans chercher à être des contre-pouvoirs. Le président apprécie parfois qu'avant de prendre une décision, il puisse entendre les objections et contre-propositions. Les partenaires peuvent mettre en lumière des difficultés auxquelles il ne pensait pas ou qu'il sous-estimait. Souvent, en effet, le PDG est entouré d'une équipe de grands cadres qui, volontairement ou non, occultent les conséquences sociales de la stratégie de l'entreprise. « *On a besoin de contrepoids même si ce n'est pas toujours agréable* » « *En développant les arguments de leur opposition, les syndicalistes nous aident* ».

Cette reconnaissance se manifeste de nombreuses manières. Souvent, le président du conseil d'entreprise (un salarié) dispose d'un bureau installé à côté de celui du DRH et à proximité de celui du PDG. Les échanges sont pratiquement quotidiens. Quand un représentant du personnel voyage, il le fait dans les mêmes conditions matérielles que les cadres. Les relations entre les dirigeants et les élus sont cordiales. Il n'est pas exceptionnel que managers et représentants du personnel déjeunent ou dînent ensemble. « *Plus on se connaît, plus il est facile de résoudre les problèmes.* » Un patron belge confirme : « *j'invite le responsable du syndicat à dîner une fois par semestre. Ainsi, lorsqu'il y a une tension dans l'usine, je peux lui téléphoner. On essaie d'arranger les choses.* »

Cette relation ne signifie pas que les représentants des salariés renoncent à jouer leur rôle de porteurs du progrès social. Mais la progression des salaires, la réduction du temps de travail, s'effectuent par la négociation. Celle-ci s'efforce de concilier les contraintes de la performance économique et les attentes des salariés. Le « rapport de forces » ne disparaît pas pour autant. À l'issue de la convention collective, si la négociation n'aboutit pas, la grève redevient possible.

En Allemagne et à des degrés divers dans la plupart des autres pays du système rhénan, la reconnaissance des représentants des salariés les introduit même dans les lieux de pouvoir.

Les membres du comité d'entreprise disposent dans certaines situations, d'un droit de veto suspensif (jusqu'à ce que le tribunal du travail tranche). En France, dans des situations analogues, le dirigeant est tenu de consulter son comité d'entreprise. Celui-ci vote, mais le dirigeant n'est pas obligé d'en tenir compte. Ce qu'il fait systématiquement, soulignant ainsi le peu de cas qu'il fait de l'avis des représentants des salariés.

L'Allemagne, comme les pays scandinaves, va encore plus loin dans la reconnaissance. Dans les entreprises de plus de 500 salariés, les élus et délégués du syndicat siègent à égalité de droits et en nombre paritaire avec ceux des actionnaires dans le conseil de surveillance (le président cependant est toujours un représentant des actionnaires et dispose d'une voix double). Recevant ainsi toutes les informations économiques, étudiant avec les dirigeants la stratégie de l'entreprise, les syndicalistes deviennent réellement des parties prenantes. Du coup, ils font le choix de la coopération, de la participation. Ce qui serait impossible s'ils ne se sentaient pas pleinement reconnus.

5. Les chemins de la reconnaissance

Lentement, difficilement, la France est peut-être en train de vivre une transformation en profondeur de ses relations sociales.

Cela se traduit déjà dans le style des réunions. Avant d'ouvrir une réunion du comité de groupe ou du comité européen, on voit le PDG suivi du

DRH faire le tour de la table et serrer la main des 25 ou 30 représentants des salariés. Le même cérémonial se reproduit à la fin de la réunion.

La reconnaissance réelle des partenaires s'amorce sur trois plans complémentaires :

▶ Les dirigeants d'entreprises commencent à mieux utiliser un outil de transformation des attitudes : la négociation. En dehors même de son contenu, de ses résultats pour résoudre les problèmes, la négociation surtout au niveau de l'entreprise, de l'établissement, revêt une dimension psychologique majeure. Négocier, c'est reconnaître l'autre. Les syndicalistes sont très sensibles à cette caractéristique.

Fait relativement nouveau, désormais, chaque partie vient à la négociation avec ses propres revendications, y compris du côté patronal. Auparavant, la négociation consistait pour les syndicats à « arracher » des concessions à la direction. Désormais, on va « échanger » des avantages réciproques. C'est ce que la CFDT appelle des accords gagnant-gagnant. Cette évolution vers la voix contractuelle commence souvent, et c'est significatif du retard français, par un accord de « droit syndical » dans lequel, l'entreprise précise les conditions et les moyens dont disposent les représentants du personnel.

Exemple

Cegetel a peut-être ouvert une voie porteuse d'une profonde transformation des mentalités. Un accord reconnaît l'intérêt et l'importance pour l'entreprise de l'engagement des salariés dans les missions représentatives. Les élus ou le délégué, à l'issue de son mandat, bénéficiera de la reconnaissance des compétences qu'il a ainsi acquises (en matière de droit du travail, de connaissance du fonctionnement de l'entreprise, de sa capacité à communiquer, à animer des réunions). Une telle démarche peut modifier l'attitude des salariés, réticents à s'engager. Ce n'est plus un acte de méfiance ou d'agression envers l'entreprise, mais au contraire une contribution jugée positive.

Des entreprises ont aussi résolu le délicat problème des rémunérations. Du fait de l'absence de vocation, des militants sont, hélas, conduits à cumuler plusieurs mandats. Lorsque leur temps syndical dépasse les 50 %, ils sont alors gérés par la DRH. Celle-ci constitue un « panel » à partir d'une dizaine de personnes entrées en même temps et au même niveau que le délégué. Tous les deux ou trois ans, la DRH analyse les écarts de coefficient et de salaire de ce panel. Il replace le délégué en position moyenne pour éviter une discrimination.

▶ Les cadres demeurent des acteurs essentiels dans la non-reconnaissance des élus. Des entreprises organisent, de plus en plus, des actions de formation (sur un jour ou deux) permettant de mener une réflexion sur la fonction syndicale, ses réelles attributions, la nature de son influence. Les cadres découvrent alors les raisons des attitudes, pour eux souvent incompréhensibles, des militants. Ceux-ci sont habités par la conviction qu'ils représentent une cause qui dépasse leur propre personne. Ils sont les porteurs de besoins, d'aspirations des autres salariés, ce qui les oblige, pensent-ils, à une certaine raideur et intransigeance. Les cadres peuvent ainsi devenir des « concurrents sociaux » également responsables de la gestion sociale de leur service.

▶ Les organisations syndicales, elles aussi, ont entamé un cheminement vers une pratique plus contractuelle :

– Dès les années 80, la CFDT a reconnu le rôle essentiel de l'entreprise, lieu de création de richesse et d'emplois ;

– La CGT, longtemps fer de lance d'un syndicalisme de contestation, a décidé de « *ne plus être le syndicat qui dit toujours non* ». Elle essaie de faire passer l'idée auprès de ses adhérents que la négociation est aussi un acte militant et que le compromis est source d'efficacité ;

– La CFTC, comme la CFE-CGC ou l'UNSA ont toujours mis en avant l'idée d'une entreprise « communauté d'intérêts », tout en souhaitant que le syndicalisme soit aussi reconnu et admis dans les conseils d'administration ;

– FO tente de concilier la tradition de méfiance envers l'entreprise et l'approche contractuelle et pragmatique.

▷ Tendance

La construction de l'Union européenne devrait consolider ce mouvement de reconnaissance réciproque des partenaires sociaux.

Depuis le traité de Maastricht, le législateur européen lorsqu'il a l'intention d'élaborer une directive dans le domaine social doit d'abord proposer aux partenaires reconnus, la Confédération européenne des syndicats et à l'organisation patronale (UNICE) de traiter eux-mêmes le sujet. Si ceux-ci s'en saisissent et aboutissent, leur texte devient alors la base de la future directive. S'ils refusent ou n'aboutissent pas le législateur reprend ses droits.

Par ailleurs, la CES réunissant toutes les confédérations syndicales de l'Union européenne est à tonalité nettement contractuelle. Les acteurs français sont donc incités à s'engager encore plus résolument dans cette voie. La reconnaissance réciproque des partenaires devrait s'effectuer pour le plus grand profit des entreprises et des hommes qui les constituent.

Chapitre 19

Les attentes des professionnels du savoir

Jean-Pierre BOUCHEZ

Parler des attentes des professionnels du savoir, nécessite que l'on identifie dans un premier temps, ce que recouvre le concept, souvent flou et protéiforme, de professionnel du savoir et que l'on en repère les caractéristiques majeures. Cet aspect sera développé dans une première partie et nous permettra de faciliter l'appréhension de leurs attentes. Nous montrerons en effet dans une seconde partie que ces attentes s'inscrivent, pour une très large part, autour de la construction d'une échelle de prestige, qui s'étend de la reconnaissance à la consécration, en passant par la réputation. Nous conclurons cette contribution, en faisant apparaître, les risques et dérives associés à la construction de cette échelle de prestige.

1. Les professionnels du savoir au carrefour de la résolution de problèmes complexes et de la conduite de projets innovants

L'importance grandissante du travail intellectuel dans les activités professionnelles a été largement soulignée par de nombreux auteurs depuis quelques décennies, qu'il s'agisse des Américains comme Fritz MACHLUP, Daniel BELL, Peter DRUCKER et plus récemment Robert REICH, Jeremy RIFKIN et quelques autres. Le terme de *Knowledge Worker*, popularisé notamment par DRUCKER dans les années 90 tend à s'imposer progressivement, sans que l'on sache toujours ce qu'il recouvre réellement. Nous avons pour notre part tenté d'apporter une contribution en la matière, en opérant une première distinction au sein de cette population, fondée sur la nature de leur activité dominante entre, d'une part les *travailleurs du savoir,* et d'autre part les *professionnels du savoir* (BOUCHEZ, 2004).

Les travailleurs du savoir autour du traitement de l'information

De manière raccourcie, nous dirons que l'activité intellectuelle dominante des *travailleurs du savoir* est principalement centrée sur le *traitement de l'information,* en ce qu'ils *appliquent* du savoir ou *produisent et reproduisent* du savoir. Ils se différencient ainsi des *professionnels du savoir* qui agissent principalement en *manipulant des concepts et des idées, créant* le plus souvent du savoir[1].

S'agissant des *travailleurs du savoir,* on opérera une distinction entre :

◗ les activités de *copies* ou de *reproduction,* qui visent à apporter des réponses ou à proposer des solutions le plus souvent prédéterminées, en suivant pour cela par exemple les consignes associées à des procédures (exemple : les employés de *call center,* dès lors que la marge de manœuvre des opérateurs reste très étroite, comme cela semble être le cas de manière dominante aujourd'hui) ;

◗ les activités *d'adaptation* ou de *modification* qui conduisent le plus fréquemment à atteindre les exigences formalisées par un référentiel d'activité ; qu'il s'agisse par exemple d'un formateur interentreprises chargé d'animer un groupe d'apprenants en vue d'atteindre un objectif pédagogique préformulé, ou d'un consultant chargé de vendre et de mettre en place des « solutions » ou d'auditer des comptes relativement simples.

Les professionnels du savoir autour de la manipulation de concept et d'idées et leurs caractéristiques

Dès lors que l'on évoque le terme de *professionnel du savoir,* l'on se situe en effet dans le registre de la création du savoir, impliquant un véritable dépassement et un changement d'état en agissant sur le réel, à travers la résolution d'un problème complexe (notion de *transformation*) et/ou la conduite d'un projet innovant (notion *d'innovation*).

---

1. Naturellement les frontières entre *travailleurs du savoir* et *professionnels du savoir* ne sont jamais complètement étanches.

La transformation et la mobilisation de compétences expertes

Dans notre esprit, les *professionnels du savoir* mobilisent nécessairement des compétences expertes, forcément supérieurs à la simple maîtrise professionnelle. Sans rentrer dans la problématique de l'expertise, nous ferons nôtre, certaines expressions glanées ici ou là, qui nous semblent en effet caractériser cet état, ou plus exactement cette position. Ainsi TRÉPOS évoque la notion de « professionnels repérés » (TREPOS, 1996). L'emploi de termes tel que « professionnel chevronné » ou « professionnel réputé » est également entendu. Dans une contribution antérieure, considérée comme fondatrice, Catherine PARADEISE pouvait écrire que l'expertise constituait « *une image accomplie des traits de la professionnalité* » (PARADEISE, 1985). On peut ainsi considérer que le professionnel du savoir apparaît en quelque sorte comme la figure aboutie du professionnel compétent, mobilisant ainsi des compétences expertes. Enfin, pour compléter et clore provisoirement cette présentation, il faut y ajouter les compétences socio-relationnelles associées dans ce cadre à la flexibilité comportementale et intellectuelle, à l'intuition stratégique, et à tout ce qui permet de se situer dans un environnement social complexe (PERRET, 1995) (c'est dans ce cadre que nous proposerons dans la partie suivante, une échelle de prestige).

Exemple

Un certain nombre d'activités professionnelles relèvent de cette posture : les banquiers et les avocats d'affaires, qui sont amenés à manipuler des dossiers sensibles et complexes, dans le cadre de la préparation de fusions ou d'acquisitions. Il faut également y ajouter les experts dans les grands groupes français, ou certains consultants intervenant dans le cadre de prestations « haut de gamme » et complexes.

Les innovateurs

Les activités qui se situent dans le cadre de l'innovation visent à découvrir et à proposer des prestations issues d'inventions, mais capables de répondre à des besoins susceptibles de se commercialiser sur le marché. Notons d'ailleurs qu'il existe souvent en pratique, des combinaisons entre la résolution d'un problème complexe (*transformation*) et la conduite d'un projet innovant. Ainsi un transformateur peut-il être amené à opérer un dispositif complexe pour « boucler » une fusion sensible et risquée en proposant un montage particulièrement… innovant. De même un innovateur pourra être amené à mobiliser des compétences expertes pour concevoir un projet novateur. Il peut également se fier à sa seule imagination… On voit donc que la ligne de partage entre eux, n'est pas totalement perméable.

Deux grandes familles sont particulièrement représentatives de cette posture : les *designers* et les chercheurs industriels. Le modèle du *designer* couvre d'ailleurs plusieurs activités professionnelles. Outre le design industriel dont on connaît aujourd'hui, notamment pour l'industrie automobile, l'importance stratégique, on peut y adjoindre les créateurs de mode, les créatifs dans les agences de publicité et les architectes.

Le tableau qui suit, synthétise cette première présentation.

	Travailleurs du savoir Approche industrielle plutôt dominante		Professionnels du savoir Approche personnalisée plutôt dominante	
Nature dominante de l'activité	Copie Reproduction	Adaptation Modification	Transformation	Innovation
Modèles et Illustrations	- Employés de *call centers*	- Formateurs interentreprises - Métiers du chiffre (auditeurs) - Consultants « solutions »	- Famille d'experts - Avocats d'affaires - Banquiers d'affaires - Consultants « haut de gamme »	- *Designers* - Chercheurs industriels

2. Des attentes à l'épreuve de la construction durable d'une échelle de prestige : repérage, reconnaissance, réputation et consécration

Les professionnels du savoir, du moins tels que nous les avons caractérisés, ont des attentes légitimes, dont le fondement repose implicitement ou explicitement et pour une très large part, sur la construction d'une échelle de prestige (souvent associée d'ailleurs à une échelle de notoriété et aussi de… revenus monétaires)[1]. Cette échelle s'inscrit dans une forme de

---

1. Cette conviction repose sur les échanges entretenus depuis une dizaine d'années auprès et avec des *professionnels du savoir* ainsi qu'à travers l'écriture de deux ouvrages qui ont abordé cette problématique (voir bibliographie). Naturellement certains *professionnels du savoir*, peuvent parfaitement ne pas se retrouver dans cette échelle de prestige, en préférant par exemple cultiver la discrétion (ce qui n'exclut pas d'ailleurs la réputation). Seule une recherche permettrait d'étayer de manière plus approfondie cette conviction.

progression visant à assurer et consolider une légitimation, et passe par les stades du repérage, de la reconnaissance, de la réputation, puis de la consécration (voir tableau ci-dessous). La construction et la pérennisation de ces différentes postures se concrétisent, notamment par leur inscription dans la durée, à travers la réalisation de prestations reconnues de qualité, par ceux-là mêmes, qui, comme nous le verrons, sont susceptibles d'énoncer un tel jugement.

Dans le cadre du marché nécessairement « haut de gamme » de l'expertise et du talent, ces différentes postures ne sont jamais définitivement acquises et ne peuvent se construire sur « un coup ». Il ne doit pas exister de rentes de situations. Dans ce royaume des *ego* (parfois démesurés), cette construction passe nécessairement par l'épreuve de l'évaluation pour étayer et légitimer l'attribution du prestige. Relevons au passage qu'elle se traduit d'ailleurs souvent par le détachement progressif du professionnel (notamment le *transformateur*) de l'organisation, à laquelle il appartient, à moins qu'il en prenne la tête, qu'il en fonde une nouvelle, ou tout simplement qu'il travaille pour son propre compte.

On voit donc que l'on se situe ici dans un autre registre que l'évaluation, disons plus conventionnelle, des *travailleurs du savoir*. Ces derniers, compte tenu des caractéristiques de la nature dominante des activités, seront généralement évalués, s'agissant de nos exemples illustratifs, principalement sur les résultats de leur intervention (atteinte des objectifs quantitatifs et qualitatifs, respect des délais, respect du budget et satisfaction des différents acteurs, interne et externe, du système client) et complémentairement, sur le déroulement de l'intervention et sur la relation client-intervenant. Le commanditaire est naturellement ici partie prenante, mais le responsable hiérarchique du *travailleur du savoir*, sera également présent, alors que son poids sera fortement atténué (voire à l'extrême, inexistant), dans le cadre de *professionnels du savoir*, qui sont de fait propriétaires de leurs compétences expertes et de leur talents.

S'agissant toutefois de l'évaluation et de la construction du prestige des *professionnels du savoir*, nous observerons qu'il existe cependant quelques différences entre les *transformateurs* et les *innovateurs*.

Échelle de prestige des professionnels du savoir			
Professionnel repéré	Professionnel reconnu	Professionnel réputé	Professionnel consacré
Les clients satisfaits et le bouche-à-oreille, font progressivement leur œuvre…	Les pairs entrent dans le jeu, en compléments des clients et confèrent un début de légitimité « scientifique » à la production du professionnel, laquelle s'inscrit progressivement dans la durée.	C'est l'inscription confirmée dans la durée, la captation de clients plus prestigieux et la reconnaissance des pairs, qui confèrent souvent la réputation.	C'est en quelque sorte l'aboutissement de l'échelle de prestige, qui se confond souvent avec la notoriété (voire dans la starisation), avec les risques potentiels associés (voir conclusion).

Les transformateurs et la prise de risque partagée et calculée

L'activité des *transformateurs* se caractérise par quelques traits dominants que nous évoquerons pour bien saisir les enjeux associés à l'évaluation, comme base de la construction du prestige.

D'abord, la prestation délivrée est le plus souvent unique et singulière, donc non reproductible à l'identique. La prestation peut être parfois si réellement talentueuse dans l'ingénierie du montage, que l'on n'hésitera pas à émettre un « jugement de beauté », de manière analogue à celui des innovateurs.

Ensuite, la prestation est souvent partagée avec le client. On parle alors de coproduction, dans la mesure où ce dernier participe avec le professionnel au montage de l'opération (on pense en particulier aux avocats et aux banquiers d'affaires). Tous deux ont souvent tout à gagner ou… tout à perdre ensemble, compte tenu des risques fréquemment associés à ce type d'opération (prise de participation risquée, montage financier délicat…). La théorie de l'asymétrie de l'information (HOMLSTROM, 1985) qui postule que les acteurs d'un marché ne disposent pas et ne peuvent disposer des mêmes informations pour contracter, a tendance à s'atténuer ici, dans la mesure où les deux parties ont intérêt à favoriser la transparence et où ils sont généralement très qualifiés. C'est en définitive surtout la confiance qui apparaît ici déterminante dans leur travail singulier. L'évaluation apparaît donc souvent aussi complexe que la réalisation proprement dite.

Qui participe finalement à l'évaluation et donc à la construction de cette échelle de prestige ? Le client, qui est généralement un dirigeant d'une firme importante, joue certainement un rôle décisif, compte tenu de la nature de la relation qui s'instaure avec le professionnel. Les pairs (qui peuvent être aussi des concurrents) restent par ailleurs des observateurs particulièrement attentifs à la qualité de la prestation. Au-delà, les médias spécialisés et l'*establishment*, peuvent contribuer à construire, mais aussi à défaire des réputations. On voit donc que la compétence experte, au fur et à mesure que le professionnel progresse dans l'échelle de prestige, est de plus en plus combinée avec un sens politique et relationnel aiguisé. Elle se concrétise notamment à travers l'affermissement, l'entretien et le maillage d'un réseau, et par la publication recommandée et recommandable d'ouvrages et d'essais, qui contribueront à accroître la notoriété de l'impétrant.

Les créateurs à la recherche de l'énonciation du jugement de beauté

Beaucoup d'aspects évoqués pour les *transformateurs* trouvent matière à s'appliquer aux innovateurs, (notamment aux *designers*, sur lesquels nous nous concentrerons), comme la coproduction, le caractère souvent unique et singulier de la délivrance de la prestation, et naturellement, la confiance. Toutefois dans le cadre d'innovateurs, l'on se situe complémentairement sur un registre légèrement différent. Pour nous permettre d'en rendre compte, nous nous référerons à un petit ouvrage de Christophe DEJOURS (DEJOURS, 2002) qui propose de distinguer en psycho-dynamique deux types de jugement : le jugement d'utilité et le jugement de beauté. Ce dernier nous paraît judicieusement transposable à la problématique des innovateurs.

Pour DEJOURS, le jugement de beauté comporte deux aspects :

▶ Le premier concerne « la conformité du travail, de la production, de la fabrication ou du service avec les règles de l'art ». Ce jugement, poursuit-il, confère à l'acteur (*ego* selon ses termes) l'appartenance au collectif ou à la communauté d'appartenance. Il contient toujours dans son énonciation un jugement sur la beauté du travail rendu : « c'est de la belle ouvrage ». Naturellement, les énonciateurs de ce jugement sont, pour DEJOURS, restreints. Il s'agit de ceux qui connaissent aussi bien sinon mieux que l'auteur les règles de l'art, c'est-à-dire essentiellement les pairs, les collègues, voire les maîtres ;

▶ Le second aspect de ce jugement est contingent, mais il est le plus prisé. Il consiste, au-delà de la reconnaissance de conformité aux règles de l'art, à apprécier « ce qui fait la distinction, la spécificité, l'originalité, voire le style de travail ». En contrepartie ce jugement confère à son auteur « la reconnaissance de son identité singulière ou de son originalité ». Là encore, précise DEJOURS, ce jugement est essentiellement énoncé par la ligne horizontale de parité.

Naturellement cette forme de jugement est capitale, mais encore insuffisante. Dès l'instant où l'on se situe dans l'univers marchand, le client commanditaire doit faire part de sa satisfaction (jugement de satisfaction). Cette énonciation peut d'ailleurs constituer une « épreuve » pour le client, même s'il a participé à la cocréation, tant l'énonciation est incertaine, évolutive et aussi aléatoire, qu'il s'agisse de la conception d'un ouvrage d'avant-garde et prestigieux, du *design* d'un nouveau modèle automobile ou d'une campagne publicitaire pour le lancement d'un nouveau concept. Les acteurs environnementaux complémentaires (média, *establishment*, réseaux…), jouent ici un rôle analogue à celui évoqué avec les *transformateurs*, dans la construction de cette échelle de prestige.

En guise de conclusion : les risques associés à la construction du prestige

Le marché des *professionnels du savoir* est particulièrement exigeant et tolère donc difficilement autant les défaillances que les réputations surfaites. Les défaillances répétées ou non (à condition qu'elles soient réelles et non instrumentées), sont répertoriées, et peuvent conduire à l'exclusion du marché ; mais cela constitue la loi du genre, dans un champ par nature exposé. Par contre le risque de la réputation surfaite voire usurpée, constitue une dérive potentielle réelle. La surexposition médiatique et la consécration peuvent constituer un premier indice germe de premiers risques. En effet, la quête incessante et irrémédiable de la réussite dans un univers particulièrement exigeant peut conduire à vendre des « illusions ». Mais nous avons la conviction qu'une tendance lourde, qui est une bonne nouvelle, est à l'œuvre : les clients se professionnalisent et sont de plus en plus avertis et donc de plus en plus vigilants.

Chapitre 20

Les attentes des expatriés et des internationaux

Jean-Luc CERDIN

Une population particulièrement sensible, lorsque la question de la reconnaissance se pose, est celle des expatriés et des internationaux.

Un expatrié peut être défini comme une personne qui quitte temporairement l'entreprise de son pays d'origine pour une affectation de quelques années dans un pays étranger avec une perspective de retour (GUZZO, 1997). L'expatriation est ainsi une mobilité internationale temporaire intra-entreprise. La catégorie des internationaux inclut celle des expatriés. Elle est cependant plus large. Elle comprend toutes les personnes qui, dans le cadre de leur travail, sont amenées à se déplacer à l'étranger pour des périodes plus ou moins longues.

De l'expatrié à l'international, les attentes peuvent varier en fonction des situations particulières. Cependant, la question de la reconnaissance apparaît centrée sur des attentes communes pour toutes les populations confrontées à la mobilité internationale. Aussi, nous nous focaliserons sur les expatriés tout en élargissant nos propos aux internationaux chaque fois qu'une particularité nous semblera utile à souligner.

Nous avons retenu dans ce chapitre six attentes qui nous paraissent capitales pour les expatriés. Il s'agit :
1) des attentes de soutien matériel avec l'aide logistique,
2) des attentes de soutien émotionnel,
3) des attentes de formation, notamment de formation interculturelle,
4) des attentes au niveau de la rémunération,
5) des attentes envers la carrière,
6) des attentes relatives au retour d'expatriation.

Ces attentes s'imposent aux entreprises soucieuses d'une politique de gestion des ressources humaines responsable envers les personnes concernées par une mobilité internationale.

1. Les attentes logistiques

L'expatriation est parfois perçue comme un événement anodin par ceux qui ne la vivent pas directement. Pourtant, toute mobilité internationale constitue un changement fondamental dans la vie d'un individu, et de sa famille dans le cas où cette dernière l'accompagne. Ce changement comporte deux dimensions principales, à savoir l'environnement physique et l'environnement humain. La réponse en termes de soutien se traduit par une aide logistique et une aide sociale apportée principalement par l'organisation.

Les travaux théoriques et empiriques sur l'adaptation internationale (BLACK, MENDENHALL et ODDOU, 1991) soulignent l'importance de l'aide logistique dans l'adaptation d'une personne lors d'une mobilité internationale. Le principe théorique qui sous-tend l'adaptation est celui de la réduction de l'incertitude. Les aspects logistiques d'une mobilité internationale peuvent être à l'origine de nombreuses incertitudes. Aider l'expatrié à réduire ces incertitudes est l'objet de l'aide logistique. L'aide logistique comprend tous les aspects matériels d'une mobilité. Elle permet à l'expatrié de se concentrer rapidement sur son travail, son esprit étant libéré des principaux soucis matériels liés à une mobilité.

Lorsqu'une personne vit dans un environnement donné, elle finit par oublier la complexité des démarches administratives propres à cet environnement. Une mobilité nationale lui rappellera probablement que ces démarches peuvent prendre du temps. Une mobilité internationale ajoute au facteur temps un facteur de compréhension des nouvelles règles. Arriver dans un nouvel environnement, c'est d'abord trouver un logement et s'installer. Les règles d'achat ou de location varient en fonction des pays. Cela peut paraître une évidence de le noter. Cependant, lorsqu'une personne est réellement confrontée à cette situation, cette évidence revient à un saut d'obstacles, parfois périlleux. Sous la pression du temps, l'individu doit trouver un nouveau logement, le meubler, obtenir toutes les connexions nécessaires, en particulier électricité et téléphone. Dans certains pays, y compris les plus développés, cette étape peut s'avérer délicate. Autre aventure, se procurer une voiture et l'assurer peut devenir une aventure épineuse. Cette liste est loin d'être exhaustive. Le salarié livré à lui-même peut y laisser beaucoup d'énergie, au détriment d'une adaptation réussie.

Dans la mesure où l'aide logistique apportée par l'entreprise est un facteur d'adaptation internationale, les salariés ont une forte attente à ce niveau. L'entreprise peut apporter une réponse à cette attente en fournissant un service de relocation. Il s'agit le plus souvent de confier à une entreprise spécialisée l'accompagnement matériel de la mobilité internationale.

Apporter une aide logistique, c'est reconnaître que la mobilité internationale n'est pas un changement anodin dans l'environnement du salarié. En fournissant cette aide, l'entreprise montre au salarié combien il compte pour elle. C'est à la fois reconnaître toute sa contribution à ce jour, et reconnaître les efforts qu'il fait dans le cadre de la mobilité actuelle. L'aide logistique facilitera d'ailleurs la mobilité de toute la famille. Lorsque l'entreprise néglige cet aspect fondamental de la mobilité, c'est souvent le conjoint qui s'improvise dans le rôle. Pourtant, les recherches ont montré que l'adaptation du conjoint accompagnateur est plus difficile que celle du salarié (BLACK ET STEPHENS, 1989 ; CERDIN, 2002).

2. Les attentes en termes de soutien émotionnel ou social

Les personnes en mobilité attendent aussi, au-delà du soutien matériel, un soutien organisationnel plus large et davantage relié au travail lors de l'affectation internationale. Le soutien matériel avec l'aide logistique doit alors être accompagné d'un soutien davantage émotionnel. Il s'agit d'un soutien social, qui compte parmi les déterminants de l'adaptation internationale, en particulier l'adaptation au travail. Le soutien social réduit le stress au travail par un ou plusieurs des trois mécanismes suivants (FENLASON et BEEHR, 1994) :

1. en agissant directement sur les tensions (les résultats du stress) ;
2. en agissant directement sur les agents de stress (les causes du stress) ;
3. en « amortissant » les agents de stress (effet amortisseur).

Trois types de soutien social ont été proposés (LATACK, 1993), à savoir :

▶ le soutien émotionnel : il s'agit de la dimension affective du soutien social. Pouvoir compter sur quelqu'un et lui confier ses préoccupations est le moteur de cette dimension ;

▶ le soutien tangible : ce soutien se matérialise par une aide directe. Cette aide est reliée au travail ou concerne des éléments propres au pays d'affectation ;

▶ le soutien informationnel : information, feed-back et conseils constituent cette dimension.

La personne en mobilité internationale peut obtenir un soutien social d'au moins quatre sources, à savoir dans le pays d'accueil, de son supérieur, de ses collègues, de sa famille et de ses amis, et depuis le pays d'origine, de l'organisation dans son ensemble, et d'un parrain en particulier.

Lorsque l'organisation est considérée dans son ensemble, le concept du « soutien organisationnel perçu » apporte un éclairage utile. Le soutien organisationnel perçu par un salarié se mesure par le fait qu'il pense ou non que l'entreprise accorde de la valeur à sa contribution, et qu'elle attache de l'importance à son bien-être. Dans le cadre de la mobilité internationale, ce soutien sera élevé si le salarié pense qu'il est important pour l'entreprise, et que cette dernière considère la mobilité internationale comme une contribution significative pour l'entreprise. Le soutien logistique, la rémunération proposée ou les politiques d'accompagnement du salarié une fois dans le pays d'accueil, peuvent contribuer à une perception positive. Le soutien organisationnel perçu est associé positivement à l'adaptation de l'expatrié aux conditions générales de vie et à l'interaction avec les membres de la culture d'accueil, et à une meilleure performance au travail (KRAIMER, WAYNE et JAWORSKI, 2001).

Les systèmes de mentoring peuvent aussi avoir un impact positif sur le soutien organisationnel perçu. Au cœur de ces systèmes, le parrain permet de maintenir le cordon ombilical avec son entreprise d'origine. En effet, à l'étranger, l'expatrié perd vite contact avec son entreprise d'origine. Il peut alors ignorer certaines modifications comme des changements dans l'organigramme ou de nouvelles orientations prises par son organisation. Instaurer un système de parrainage efficace fait partie de la panoplie des outils qui reconnaissent les difficultés d'une mobilité internationale, en particulier en ce qui concerne le retour.

Le parrain peut aussi intervenir au niveau de la formation interculturelle, en délivrant des conseils à l'expatrié. Les attentes en termes de formation interculturelle sont en général fortes pour les expatriés.

3. Les attentes en termes de formation interculturelle

La formation interculturelle contribue à une meilleure adaptation internationale (BLACK, MENDENHALL et ODDOU, 1991). Le processus d'adaptation peut être décrit comme une courbe en U présentant quatre phases :

▷ La première phase est nommée « lune de miel ». Elle correspond au début de l'expatriation. Comme un touriste, l'expatrié reste à la surface des choses. Il apprécie la nouveauté de son environnement qu'il perçoit au travers du cadre de référence qu'est la culture de son pays d'origine ;

▶ Après une période variable selon les individus et les pays, la lune de miel est suivie par une période de désillusion et de frustration. À ce stade, la personne est quotidiennement confrontée à la nouvelle culture sans en comprendre la complexité. Son cadre de référence, toujours celui du pays d'origine, ne lui permet pas de répondre adéquatement aux demandes de son environnement. Il s'agit du choc culturel évoqué précédemment ;

▶ Pour s'adapter, la troisième étape, la personne a besoin de changer de cadre de référence en adoptant en partie celui du pays d'accueil. Cette adaptation est progressive ;

▶ Elle conduit à la quatrième étape, nommée « maîtrise » qui se caractérise par de légers progrès dans les capacités de l'individu à fonctionner efficacement dans la nouvelle culture.

La théorie de la courbe en U est une invitation à considérer la formation interculturelle tout au long des différentes étapes de mobilité internationale. Il s'agit de la formation interculturelle séquentielle, qui commence avant le départ, et inclut aussi l'étape du retour (SELMER, TORBIÖRN et de LEON,1998).

Les expatriés attendent que l'entreprise les accompagne dans les différentes étapes de leur mobilité. Leus attentes sont particulièrement fortes pendant le choc culturel. Le retour nécessite aussi une formation spécifique, afin de pouvoir se réadapter à sa propre culture. Le retour d'expatriation peut s'accompagner d'un contre-choc culturel important. Il peut être amplifié par une rémunération qui change de logique lors du retour. Cette rémunération n'est pas toujours comprise. Les attentes des expatriés en termes de rémunération incluent la phase du retour.

4. Les attentes au niveau de la rémunération

Les expatriés, et en général les internationaux, sont très sensibles à la question de la rémunération. L'équité est au cœur de la reconnaissance pour les salariés non mobiles. Pour les expatriés et les internationaux, elle constitue aussi une attente forte, d'autant plus que la mobilité n'est plus aujourd'hui associée automatiquement à une augmentation de revenu.

Lorsqu'une entreprise poursuit la recherche de l'équité du système de récompense des expatriés, elle peut prendre en compte au moins quatre types de population, à savoir (CERDIN, 1999 ; CERDIN, SAINT-ONGE et SAVIGNY, 2000) :

1. Les expatriés du pays d'origine ;

2. Les expatriés de pays tiers ;
3. Les locaux ;
4. Les sédentaires du pays d'origine.

Les expatriés du pays d'origine peuvent facilement se comparer aux autres expatriés provenant du même pays, notamment du fait de leur proximité culturelle. Ils se compareront aussi aux expatriés de pays tiers, et ces derniers ont aussi normalement cette possibilité. Une différence de traitement pourrait avoir pour résultat un comportement de retrait des salariés se sentant en sous-équité.

Les locaux peuvent percevoir une sous-équité, surtout lorsque le système de rémunération des expatriés est calqué sur le système du pays d'origine où le niveau de vie est plus élevé que celui du pays d'accueil. Lorsque les locaux perçoivent une divergence en termes de rémunération, ils ont une probabilité de se retrouver « dépossédés », ce qui peut les conduire à des comportements de retrait (TOH et de NISI, 2003). Ces derniers se traduisent notamment par une diminution de leur contribution. Ils peuvent refuser de coopérer avec les expatriés, adoptant une attitude hostile.

Cette attitude et ce comportement de retrait peuvent avoir un impact sur la capacité des expatriés à travailler efficacement avec les locaux. Les expatriés ont besoin du soutien des locaux pour réussir leur affectation. Symétriquement, les expatriés pourraient se retrouver en suréquité dans la mesure où les locaux font partie de leurs référentiels.

Enfin, les nationaux sédentaires du pays d'origine constituent aussi un référentiel possible. Les expatriés se sentiront en situation d'équité dans la mesure où ils comprendront les ressorts de leur rémunération. Ils pourront alors trouver leur rémunération d'expatrié juste par rapport à la rémunération qu'ils avaient avant la mobilité, ou par rapport à celle des salariés qui travaillent dans le pays d'origine. Une communication pourrait aussi être faite aux sédentaires afin de leur donner une vision plus réaliste de l'expérience d'expatriation. Accepter de partir et remplir une mission, souvent loin d'être une sinécure, mérite une compensation. Les expatriés attendent de leur entreprise une reconnaissance de l'effort lié à la mobilité. Cet effort devrait aussi être communiqué auprès des sédentaires afin qu'il soit reconnu de ces derniers.

Lorsque les expatriés ont une famille, leur adaptation sera facilitée s'ils partent en famille plutôt qu'en célibataires. Le soutien familial s'avère important pour l'adaptation de l'expatrié. Aussi, l'expatrié souhaite que l'effort consenti par sa famille soit reconnu par l'entreprise. Cette reconnaissance passe généralement par la prise en compte de la famille en ce qui concerne les billets d'avion, et les assurances santé. Les couples à double carrière étant de plus en plus nombreux, les expatriés attentent que l'entreprise prenne en compte cette situation par un accompagnement du conjoint dans la définition de son projet lors de la mobilité internationale. Ce projet, traduit par une activité professionnelle ou non, devrait être soutenu par l'entreprise.

Lorsque la mobilité est justifiée du point de vue de l'entreprise par un besoin spécifique de compétences, les expatriés attendent d'être rémunérés pour le risque qu'ils prennent pour leur carrière. Leurs attentes se situent dans une perspective à court terme. Par contre, lorsque la mobilité internationale a pour objectif le développement de leurs compétences, leurs attentes en termes de progression de carrière sur le long terme peuvent primer des considérations pécuniaires à court terme. Dans la mesure où les expériences internationales constituent des étapes incontournables dans leur progression de carrière, et que ces expériences sont reconnues par l'entreprise, ils considéreront la mobilité internationale comme un investissement pour la progression de leur carrière.

5. Les attentes envers la carrière

Les attentes envers la carrière s'inscrivent aujourd'hui dans le paradigme des carrières sans frontières. En effet, la carrière traditionnelle serait aujourd'hui supplantée par une carrière sans frontières ou carrière nomade (ARTHUR et ROUSSEAU, 1996). Pour de FILLIPI et ARTHUR (1996, p. 116) une carrière sans frontières est « une séquence d'opportunités de postes qui vont au-delà des frontières d'un cadre unique d'emploi. »

Six critères différencient la carrière traditionnelle et la carrière sans frontières (SULLIVAN, 1999) :

▶ Le premier est la relation d'emploi. Pour la carrière traditionnelle, les entreprises donnent une sécurité de l'emploi contre une loyauté des salariés. Dans la carrière sans frontières, il s'agit de développer de l'employabilité pour obtenir des salariés performance et flexibilité ;

▶ Le second critère est le niveau des frontières organisationnelles franchies. Dans la carrière traditionnelle, les salariés connaissent une à deux entreprises, alors que dans la carrière sans frontières, comme sa dénomination l'indique, les personnes connaissent de multiples entreprises ;

▶ Le troisième critère concerne les compétences, qui sont plutôt spécifiques à une entreprise dans la carrière traditionnelle, alors qu'elles sont plutôt transférables dans la carrière sans frontières ;

▶ Le quatrième critère est le succès de carrière. Il est mesuré par des éléments objectifs dans la carrière traditionnelle, comme le salaire ou les promotions, alors qu'il est davantage subjectif dans la carrière sans frontières, par un travail qui a du sens. Dans la carrière traditionnelle, la responsabilité de la carrière est surtout portée par l'entreprise, alors que dans la carrière sans frontières, l'individu est davantage acteur de sa carrière ;

▶ Le cinquième critère est la formation. Il se matérialise par des programmes formels pour la carrière traditionnelle. La formation s'effectue « sur le tas » pour la carrière sans frontières ;

▶ Le sixième critère se concentre sur l'élément déterminant des deux approches. Il est l'apprentissage pour la carrière sans frontières, et l'âge pour la carrière traditionnelle.

Pour les expatriés, les carrières nomades semblent s'imposer. Leur contrat psychologique avec l'entreprise est transactionnel où l'employabilité est la contrepartie de leur performance. La mobilité internationale, dans un environnement de plus en plus global, contribue fortement au développement de cette employabilité. Les expatriés associent à leur mobilité internationale un développement personnel, l'acquisition de compétences et un avancement de carrière. Cependant, sceptiques par rapport aux opportunités de progressions dans l'entreprise qui les a expatriés, ils sont prêts à envisager leur progression à l'extérieur (CERDIN, 2004 ; STAHL et CERDIN, 2004). Ce point nous conduit à examiner les attentes des expatriés par rapport au retour d'expatriation. Les attentes envers la carrière et le retour sont fortement imbriquées.

6. Les attentes relatives au retour

Le retour d'expatriation constitue une source d'inquiétudes pour les personnes qui acceptent une mobilité internationale. Cette phase de la mobilité internationale est particulièrement sensible à gérer pour les entreprises.

Les problèmes de l'adaptation au retour proviennent souvent d'un décalage entre les attentes des personnes avant le départ et ce qu'elles vivent concrètement à leur retour (FORSTER, 1994). Les expatriés ont une forte attente par rapport à leur entreprise dans les politiques destinées à faciliter le retour.

Une large panoplie d'outils existe, parmi lesquels (CALIGIURI et LAZAROVA, 2001) :

▶ briefing avant le départ du pays d'expatriation sur ce qu'il faut attendre au retour ;

- réunion avant le retour avec un/des responsables des ressources humaines ou autres managers afin d'aborder les préoccupations concernant la carrière des expatriés ;
- avant le départ, une garantie écrite ou un accord précisant dans les grandes lignes le type de poste au retour ;
- programmes formels de parrainage pendant l'expatriation ;
- programmes de réintégration immédiatement après le retour afin d'informer les expatriés des changements dans l'entreprise ;
- séminaires de formation qui préparent les salariés à comprendre leurs éventuelles réactions psychologiques lors du retour (« contre-choc culturel ») ;
- séminaires de formation qui préparent les familles des expatriés à comprendre leurs éventuelles réactions psychologiques lors du retour (« contre-choc culturel ») ;
- aide financière et fiscale pour aider les expatriés à s'adapter à leur changement de situation financière ;
- communication continue avec l'organisation du pays d'origine pendant l'expatriation ;
- signes perceptibles que l'organisation valorise l'expérience internationale pour montrer que cette dernière est bénéfique à la carrière (par exemple en utilisant les compétences acquises à l'étranger et en faisant progresser la carrière des « rapatriés » dans l'organisation) ;
- communication avec l'organisation du pays d'origine pendant le processus du retour sur les détails de ce dernier.

Les résultats d'une recherche récente indiquent que ce sont les mesures centrées sur la communication qui sont les plus communes pour les expatriés français en situation de retour (CERDIN, 2004). Cependant, elles restent présentes dans moins de 50 % des entreprises de l'échantillon. Dans la même recherche, les expatriés devaient apprécier, parmi les onze politiques mentionnées, celles qui apparaissaient comme les plus efficaces pour un retour réussi. Pour 69,9 % de ces anciens expatriés, la politique comprenant des réunions avant le retour avec un ou des responsables des ressources humaines afin d'aborder les préoccupations concernant la carrière, est extrêmement importante pour la réussite du retour. Une autre pratique jugée extrêmement importante pour la réussite du retour est celle porteuse de signes perceptibles que l'organisation valorise l'expérience internationale pour montrer que cette dernière est bénéfique à la carrière. Cette pratique est jugée extrêmement importante par 65,1 % des expatriés alors que seulement 25,3 % des entreprises de l'échantillon l'appliquent. Une expatriation réussie dépend non seulement d'une sélection efficace et d'une formation, mais aussi de la perception qu'a l'individu de ses perspectives futures au-delà de l'affectation, particulièrement les opportunités de travail lors du retour et de la construction de la carrière sur le long terme (Yan, Zhu et Hall, 2002). Les programmes formels de parrainage sont presque inexistants dans les entreprises, selon les anciens expatriés. Pourtant, dans leur ensemble, ils sont 16,9 % à considérer cette pratique comme extrêmement importante et 28 % comme plutôt importante. Le système de parrainage comporte l'avantage de maintenir un lien entre l'expatrié et son entreprise d'origine. Aussi, l'expatrié pourra-t-il suivre les changements dans l'entreprise et rester visible pour son évolution de carrière.

Les expatriés ont de fortes attentes envers leur carrière. Par exemple, Stahl et Cerdin (2004) trouvent qu'aussi bien les expatriés français et allemands pensent majoritairement que leur affectation internationale aura un impact positif sur leur carrière. Ils perçoivent aussi qu'elle affûte à la fois leurs compétences professionnelles et interculturelles. L'expatrié apparaît alors largement gagnant en termes de développement professionnel. Cependant, les expatriés français sont plus préoccupés par le retour, et en particulier par l'avancement de leur carrière au retour. Pourtant, ils sont moins disposés à quitter leur entreprise au retour que les Allemands. Quand l'entreprise qui les a affectés à l'étranger s'avère incapable de leur proposer des postes où leurs nouvelles compétences peuvent s'exprimer, les expatriés les offriront sur le marché externe, dans la logique des carrières nomades. Aussi la gestion du retour peut-elle apparaître davantage comme le problème de l'entreprise que de l'expatrié. Le retour d'expatriation s'avère surtout un problème pour l'entreprise lorsqu'elle constate le départ des salariés porteurs de compétences clés. Selon Black, Gregersen, Mendenhall et Stroh (1999), certaines entreprises européennes et nord-américaines auraient perdu 40 à 45 % de leurs anciens expatriés dans les trois ans après le retour. Aussi, lorsque les attentes des expatriés ne sont pas reconnues par leurs entreprises, ces derniers ont tendance à les faire reconnaître à l'extérieur.

7. Conclusion

Une des attentes centrales de l'expatrié et des internationaux est la réussite de leur mobilité internationale. La réussite d'une mobilité internationale englobe la phase d'expatriation et celle du retour. Yan, Zhu et Hall (2002) proposent deux dimensions pour apprécier la réussite d'une mobilité internationale :

▶ Les intérêts à la fois pour l'individu et pour l'organisation ;

- Le stade de l'affectation internationale, avec l'expatriation, où la réussite s'inscrit sur le court terme, et le retour, où la réussite est examinée sur une perspective à plus long terme.

Dans la perspective des carrières sans frontières, la perspective à long terme devrait primer pour l'individu. Les salariés s'inscrivent dans une perspective de développement. Ils attendent aujourd'hui probablement moins une augmentation de revenus à court terme qu'un développement de compétences qui seront valorisées sur le marché du travail, interne ou externe. Même si la rémunération n'apparaît pas comme une motivation première (STAHL et CERDIN, 2004), cela ne signifie pas qu'elle peut être négligée. Par contre, les expatriés attendent de l'entreprise qu'elle reconnaisse l'investissement que représente pour le salarié la mobilité internationale en la récompensant par une évolution de carrière où les compétences acquises puissent s'exprimer.

Une mobilité internationale devrait être reconnue comme :

- un effort pour l'expatrié et sa famille, en termes d'adaptation à un nouvel environnement ;
- une perte de connaissances, aussi bien celle de personnes, amis ou réseaux, que celle de produits, services ou aspects du fonctionnement de l'entreprise du pays d'origine (BIRD, 2001) ;
- un risque en termes de carrière, avec une connexion entre mobilité internationale et progression de carrière parfois incertaine ;
- une augmentation de compétences (il faut être capable de les mesurer). L'individu après une mobilité internationale est métamorphosé, avec un répertoire de compétences élargies (MCCALL et HOLLENBECK, 2002, BIRD, 2001).

Aussi, les expatriés ont des attentes particulières en ce qui concerne :

- les aspects logistiques de la mobilité internationale ;
- le soutien émotionnel de la part de l'entreprise ;
- la formation interculturelle séquentielle ;
- la rémunération ;
- la carrière ;
- le retour.

Chapitre 21

Reconnaître les attentes des chercheurs

Pierre-Guy HOURQUET
Alain ROGER

Reconnaître les attentes spécifiques des chercheurs et y répondre, c'est le défi auquel sont confrontées les entreprises soucieuses de valoriser au mieux leurs ressources scientifiques. Ceux-ci valorisent généralement la liberté de mettre en œuvre leurs propres idées, l'atmosphère dans laquelle ils travaillent, la qualité des équipements mis à leur disposition et la sécurité de leur emploi. Dans un environnement de plus en plus concurrentiel, où la technologie et l'innovation jouent un rôle moteur, les entreprises cherchent souvent à faire évoluer les attitudes de leurs chercheurs pour encourager leur « professionnalisme » et développer ainsi leur potentiel de recherche et développement.

Pour y parvenir, elles doivent, dans un premier temps, reconnaître l'opposition possible entre leurs modes de fonctionnement traditionnels et l'identité des chercheurs. Ceux-ci sont souvent confrontés à une dualité d'orientation en étant à la fois tournés vers leur organisation et vers leur profession. Ainsi appréhendées, les attentes des chercheurs peuvent trouver une réponse appropriée dans des filières spécialisées, des systèmes d'évaluation centrés sur les compétences, ou des structures organisationnelles adaptées.

1. Une identité professionnelle difficilement conciliable avec le fonctionnement des organisations traditionnelles

Les attentes des chercheurs

Une étude réalisée par BLANDIN, LE BOTERF & LECLAIR (1991) fait ressortir que les chercheurs ont une « relation atypique à la motivation », qui se traduit par un fort besoin d'autonomie et de reconnaissance, et par une forme d'angoisse face à l'activité anxiogène qu'est la création. Ils recommandent de leur laisser une certaine part d'initiative dans la détermination de leurs sujets de recherche et de reconnaître leur rôle d'« experts » pour les valoriser à l'intérieur comme à l'extérieur de l'organisation.

Dans une étude sur les ancres de carrière, HOURQUET (2003) montre que les chercheurs continuent à privilégier la sécurité et l'expertise, et qu'ils valorisent moins que les autres catégories de personnel les reconnaissances matérielles ou les signes extérieurs de réussite. L'un d'eux par exemple insiste sur l'intérêt de son travail : « *l'important, c'est de faire quelque chose qui m'intéresse* ». Un autre ne connaît pas précisément le titre de sa fonction au sein de l'entreprise : « *je suis passé chercheur en titre, je ne sais pas comment on peut dire ça* ». Dans cette optique, la recherche considérée comme intéressante, voire passionnante, est opposée à la gestion ou à l'administration, jugée fastidieuse et parfois peu valorisée : « *si on ne fait pas attention, on perd pied et on devient plutôt un administratif et ça, ce n'est pas ce que je voudrais devenir* ». TARONDEAU (1994) remarque également une plus grande loyauté des chercheurs vis-à-vis de la discipline scientifique ou technique qu'envers l'entreprise.

Une identité de « professionnels »

Les travaux qui considèrent les chercheurs en tant que groupe spécifique leur attribuent des caractéristiques et un mode de fonctionnement particuliers à l'intérieur de l'organisation. En fait, il s'agit vraiment d'une identité propre qui confère aux chercheurs « une même logique d'acteurs », avec leurs objectifs et leurs référentiels particuliers (SAINSAULIEU, 1977). Les chercheurs sont alors considérés comme une population à part. Cette spécificité, cette forme d'isolement, se traduit par le stéréotype du chercheur vivant pour ses théories, dans sa tour d'ivoire, hors du monde pratique, négligeant les aspects économiques pour se concentrer sur « son monde ». Il est considéré comme un « professionnel » caractérisé par son expertise, son autonomie, son implication (dans son travail et dans sa profession), son identification à un groupe de professionnels, son éthique, et sa participation collégiale à l'établissement et au contrôle des standards de sa profession (KERR *et al.*, 1977). Si beaucoup de chercheurs en R&D exerçant leur activité au sein de la sphère publique répondent, *a priori*, à ces caractéristiques, les études réalisées dans d'autres centres de recherche privés montrent que la plupart ne répondent plus vraiment à cette définition.

En fait, le modèle professionnel diffère souvent de la réalité du fonctionnement des entreprises industrielles, à tel point que la discussion sur le professionnalisme pourrait n'avoir aucun intérêt si une grande partie des ingénieurs et chercheurs industriels ne se considéraient pas eux-mêmes comme des experts. SHEPARD (1956) remarque que « cette auto-attribution a des conséquences importantes, car elle agit sur les attitudes, les attentes, et les réactions aux demandes de l'environnement industriel ». Les attentes et les comportements des chercheurs résulteraient donc en grande partie de leur identité sociale « latente », c'est-à-dire des caractéristiques qui leur sont attribuées par les autres. Cette identité spécifique des chercheurs est encore renforcée par les processus organisationnels qui, avec la bonne intention de leur apporter une forme de reconnaissance, conduisent plutôt à les isoler.

L'identité forte des chercheurs, leur sentiment d'être différents des autres, limite leur mobilité. Leur forte spécialisation rend parfois leurs possibilités d'évolution externe ténues, comme le souligne l'un d'eux : « *dans mon domaine… en spécialité recherche pure comme ça, au niveau privé je ne pense pas que (le marché de l'emploi) soit très large… il n'y a pas 50 boîtes dans le monde. Il y en a 3 ou 4 qui sont d'un niveau important* » (HOURQUET, 2003). Dans le secteur public, mais aussi dans certaines entreprises privées où le niveau d'expertise est très fort, ils font souvent carrière en tant que chercheurs, mais dans la majorité des entreprises où l'activité de R&D est plus intégrée au fonctionnement global de l'organisation, il est fréquent que la fonction de chercheur ne constitue qu'une étape dans un parcours professionnel, un tremplin vers d'autres fonctions commerciales, administratives ou de production.

Une identité difficile à concilier avec les attentes des organisations traditionnelles

De nombreux chercheurs doivent s'intéresser aux objectifs et au fonctionnement de leur organisation autant qu'à leur réputation professionnelle ou aux possibilités qui leur sont offertes de développer de nouvelles connaissances. Les entreprises attendent d'eux, aujourd'hui, de plus en plus d'ouverture et des capacités de communication accrues pour pouvoir travailler efficacement avec leurs collègues d'autres services et participer activement à des groupes projets de plus en plus transversaux.

Les buts, les valeurs et les caractéristiques structurelles des organisations traditionnelles « bureaucratiques » semblent être en contradiction avec ceux d'une « profession ». Des conflits assez fréquents portent alors sur la structure ou sur le système d'autorité lorsqu'il est appliqué de façon indifférenciée aux chercheurs comme aux autres catégories de personnes dans l'entreprise. Pichault et Cornet (1993) montrent par exemple comment le personnel du centre de recherche d'une petite entreprise rejette les procédures formelles qui leur sont imposées dans le cadre d'une harmonisation de la politique appliquée indistinctement à l'ensemble des services.

2. Une conciliation difficile entre orientation professionnelle et organisationnelle

Quatre types d'orientation

Il est classique de distinguer parmi les chercheurs les « cosmopolites », ceux qui sont loyaux vis-à-vis de l'organisation, fortement impliqués par des tâches spécialisées et susceptibles de prendre comme référence un groupe extérieur, et les « locaux », ceux qui sont loyaux vis-à-vis de l'organisation qui les emploie, peu impliqués par des tâches spécialisées et susceptibles de prendre comme référence un groupe interne. On retrouve ici l'expression de l'opposition entre l'idéal type des professions et celui de la bureaucratie comme mode de fonctionnement des organisations. Ces deux orientations ont été longtemps considérées comme exclusives et antinomiques, mais plusieurs études ont montré qu'il n'y avait pas d'opposition systématique entre elles et que beaucoup de chercheurs avaient une orientation mixte « locale-cosmopolite ».

Sur ces bases, Durand (1972) propose les quatre types de rôles présentés dans le schéma 1 :

- le « cosmopolitisme » correspond à une orientation professionnelle (forte valorisation des valeurs professionnelles, détachement vis-à-vis de l'entreprise) ;
- le « localisme » correspond à une orientation organisationnelle (fort attachement à l'entreprise) ;
- la « double identification » représente une sorte d'équilibre idéal où les deux orientations ne sont pas concurrentes, mais se renforcent l'une et l'autre ;
- le dernier type symbolise l'abandon de tout engagement au travail, l'indifférence et la démotivation.

Schéma 1
Attachement à l'entreprise ou à la profession

		Attachement à l'entreprise	
		Faible	Fort
Attachement à la profession	Faible	*Utilitarisme*	*Localisme*
	Fort	*Cosmopolitisme*	*Double identification*

Une recherche de HOURQUET (2003) montre que la dimension autonomie est très valorisée et ressort comme le premier élément structurant de l'identité professionnelle des chercheurs qu'il a rencontrés, mais cette identité professionnelle ne remet pas en cause leur loyauté vis-à-vis de leur organisation. Il constate que le type dominant est celui du « local-cosmopolite » représentatif d'un double attachement à l'entreprise et à la profession. L'accent est porté en général sur la qualité de vie au travail plus sur que le statut, mais les parcours sont très stables, et la mobilité externe faible.

Au-delà des quatre catégories ainsi définies, ROGER (1991) montre que les chercheurs peuvent être répartis dans des catégories plus précises et que leur système motivationnel est plus complexe qu'il n'y paraît au premier abord. Il varie selon l'environnement dans lequel ils se trouvent, l'activité de leur centre, et les modes de gestion qui leur sont appliqués.

Une multiplicité d'orientations qui peut être bénéfique

Le conflit que certains voyaient comme inévitable lorsqu'ils posaient comme postulat des identités concurrentes fait place alors à une situation où les identités peuvent coexister sans conséquences dommageables. Certains voient même dans ces orientations professionnelles multiples davantage de possibilités d'enrichissement de la personnalité, moins de stress, plus d'estime de soi et un meilleur accès des chercheurs aux ressources dans et hors de leur organisation (DIETZ et RITCHEY, 1996, p. 4). Les entreprises doivent alors dépasser cette complexité pour offrir aux chercheurs la réponse à leurs attentes en mettant en place des réponses organisationnelles spécifiques.

3. Les moyens utilisés par les entreprises pour répondre à ces attentes

Des filières spécialisées

Pour tenter de mieux apporter aux chercheurs la reconnaissance qu'ils attendent et éviter un sentiment de plafonnement souvent frustrant et démotivant, certaines entreprises ont mis en place des systèmes de gestion de carrière spécifiques. Le plus connu, et probablement aussi le plus controversé de ces systèmes, est celui dit de « l'échelle double » (*dual ladder*) dont l'objectif est d'offrir des opportunités de carrière aux scientifiques tout en leur évitant des conflits de rôles potentiels.

Le principe peut donc être séduisant, mais il se heurte à plusieurs obstacles :

- Au cours du temps, les organisations ont tendance à se démarquer du modèle méritocratique d'avancement sur l'échelle scientifique (fondé sur l'excellence technique) pour dériver vers une progression récompensant la loyauté vis-à-vis de l'entreprise ;

- La promotion sur l'échelle technique est parfois utilisée comme une sorte de lot de consolation pour ceux qui ne se montrent pas de bons managers ;

- Les normes culturelles font que, dans la société au sens large, la reconnaissance accordée aux fonctions de management (liées au pouvoir) est généralement plus élevée que celle accordée aux fonctions techniques. La voie managériale reste la « voie royale ».

La transition vers des fonctions managériales est parfois un pis-aller pour apporter une reconnaissance à des chercheurs qui souhaiteraient rester dans la recherche mais ne trouvent pas dans la voie scientifique les perspectives d'évolution qu'ils attendent. Ils ont du mal à faire face à cette orientation conflictuelle, et l'entreprise perd souvent un réel potentiel technologique en échange de compétences de management médiocres. D'autres chercheurs peuvent par contre très bien réussir leur transition vers des fonctions de management (ROBERTS et BIDDLE, 1994).

Des systèmes d'évaluation fondés sur les compétences

Des systèmes de gestion des compétences ont aussi permis aux entreprises de mieux répondre aux attentes de leurs salariés, et notamment des plus qualifiés qui aspiraient à plus d'autonomie et de participation et ressentaient parfois le cadre des descriptions de poste traditionnelles comme une sorte de carcan. Les méthodes d'évaluation des emplois, souvent conçues pour les fonctions de managers, ont tendance à privilégier la contribution directe des titulaires aux résultats de l'entreprise. Ainsi par exemple, l'une des plus utilisées dans les grandes entreprises, la méthode HAY, ne prend pas en compte comme un critère à part entière l'initiative créatrice, qui évalue la capacité à innover ou à résoudre des problèmes nouveaux. Ce critère est calculé comme un pourcentage des compétences requises pour tenir une fonction. Les chercheurs, dont les fonctions incluent une grande part d'initiative créatrice, peuvent alors avoir le sentiment que leurs contributions ne sont pas reconnues au même niveau que celles de leurs collègues d'autres fonctions.

Des structures organisationnelles adaptées

La démarche compétence permet aussi aux entreprises de répondre de façon plus souple à la transformation de leurs structures organisationnelles qui prennent de plus en plus souvent des configurations matricielles et dans lesquelles la gestion par projets vient bouleverser la structure hiérarchique traditionnelle. Dans ce type de démarche il est difficile de trouver le bon équilibre entre, d'une part, une approche générale et conceptuelle qui permette des comparaisons et assure une bonne homogénéité du système et une équité interne, et d'autre part une approche pragmatique concrète, proche du terrain, dans laquelle les salariés se reconnaissent et à laquelle ils adhèrent (ROGER, 2004). Pour que les démarches compétences favorisent une dynamique vers des organisations du travail évolutives et qualifiantes répondant aux aspirations des salariés en général et des chercheurs en particulier, l'organisation doit faire l'effort de s'adapter aux compétences des hommes et de les développer.

Les échanges, la collaboration dans des réseaux, la formation et la communication remplacent progressivement les collèges élitistes, isolés et centrés sur eux-mêmes. Le risque de ces formes d'organisation est d'isoler les chercheurs à un moment où le fonctionnement de l'entreprise requiert de plus en plus un partage d'expérience et un échange d'information.

L'adaptation des politiques de l'entreprise aux attentes spécifiques des chercheurs conduit alors généralement à leur permettre d'accéder à des niveaux de statut supérieurs ou d'avoir plus d'influence dans le choix des projets sur lesquels ils travaillent. Si cette forme de reconnaissance renforce leur loyauté et leur implication, le risque réside cependant dans le fait que ces projets ne correspondent plus tout à fait aux objectifs de l'entreprise. Certaines organisations acceptent ce risque de voir aboutir des projets qui ne correspondent pas exactement à leurs orientations stratégiques et sont prêtes à favoriser l'essaimage aux frontières de l'organisation.

Exemple

France Telecom a mis en place des formes d'aide à la création d'entreprise pour permettre à certains de ses chercheurs d'accompagner le développement de projets qu'elle ne souhaitait pas conserver en interne. Il s'agit cependant d'un risque mesuré en regard du bénéfice obtenu en maintenant à un haut niveau le potentiel de R&D de l'entreprise.

Les difficultés actuelles des géants de la pharmacie illustrent de manière criante les enjeux de telles pratiques pour les entreprises qui dépendent fortement de leurs capacités technologiques et d'innovation.

Chapitre 22

Être reconnu
dans les métiers de la santé

Marie-Christine GRENOUILLEAU
François SILVA

L'acte de soin, qui caractérise les métiers de la santé, se distingue de tous les autres métiers consacrés au service à la personne : il agit sur des dimensions intimes et essentielles au vrai sens du terme, c'est-à-dire sur ce qui constitue le plus profond d'un être, son domaine le plus privé, généralement tenu caché aux autres. Et régulièrement, cette relation concerne l'existence même de la personne soignée. Dans les soins palliatifs, c'est le cœur même de la relation.

Touchant au corps, l'acte de soin crée d'emblée, entre le soignant et le soigné, une relation faite d'une intimité que tous deux vont partager, qu'ils le veuillent ou non. Mais cet acte ne se borne pas à une intrusion dans l'intimité du patient, il comporte également des aspects de pouvoir, entre celui qui sait et celui qui ne sait pas, et d'empathie entre le professionnel de santé qui met son savoir au service de la guérison du patient, et le patient qui met sa volonté dans sa propre guérison : on parle souvent de lutte contre la maladie. Cette lutte, ce combat est mené conjointement par le soignant et le soigné.

Intimité, pouvoir et empathie caractérisent donc la relation soignant/soigné. On doit dès lors admettre que le besoin de reconnaissance des professionnels de santé, qui, comme tout être humain, éprouvent ce besoin est d'une nature différente des autres métiers. En effet, le combat livré contre la maladie, adversaire extérieur, ne peut être remporté que s'il s'établit une reconnaissance mutuelle entre le soignant et le soigné, entre celui qui met son savoir et ses efforts au service du soin, et celui qui livre son corps – son existence donc – au soin.

1. Deux grandes familles de professionnels

Dans le secteur de la santé, il existe deux grandes familles de professionnels :

- les médecins qui sont titulaires d'un diplôme unique, garant du savoir médical, le doctorat en médecine, pouvant être assorti ensuite d'un diplôme de spécialité. C'est à eux qu'est reconnue la compétence exclusive et générale de poser un diagnostic et de prescrire ;

- les autres professionnels de santé qui ont pour rôle l'assistance au médecin et en particulier l'exécution de la prescription. Ils ont au quotidien un rôle de prise en charge qui comporte le soin, l'accompagnement et la gestion des patients.

Le corps médical constitue une véritable corporation, regroupée au sein de l'Ordre national des médecins. Il obéit à ses propres règles de confraternité et de justice ordinale, décrites dans un code de déontologie. Les autres professionnels de santé, en revanche, constituent une mosaïque de métiers très différents les uns des autres, dont les niveaux de compétence sont variables (de la non-qualification au BTS ou au niveau licence).

À ces deux grandes familles, il faut ajouter dans le domaine hospitalier (public et privé), l'ensemble des professionnels dont l'activité, le plus souvent méconnue, contribue à faire fonctionner les structures hospitalières. Ils représentent pourtant près du tiers des effectifs d'un hôpital : ouvriers, administratifs, personnels de nettoyage et de restauration. Ils éprouvent, à juste titre, le sentiment fort de travailler pour les malades et d'être indispensables à leur prise en charge. Cependant, ils ne bénéficient d'aucune reconnaissance du public qui le plus souvent ignore jusqu'à leur existence, et moins encore de celles des médecins et du personnel soignant. Pour ces derniers, en effet, seuls comptent le soin et la relation directe avec le patient qui constituent le métier noble de l'hôpital. En particulier, les personnels qui exercent dans les activités de nettoyage et de restauration souffrent d'un déficit de considération, aggravé par le fait que nombre d'entre eux sont dépourvus de qualification et le plus souvent sous-payés. De plus, ces activités, considérées comme n'étant pas le cœur du métier de l'hôpital ou de la clinique, sont souvent sous-traitées à des prestataires privés, ce qui contrarie le sentiment d'appartenance à l'entreprise de santé que voudraient développer ces personnels et les écarte symboliquement de la considération du public.

2. La place du médecin dans l'acte de soin

L'acte médical a pour objectif essentiel de diagnostiquer et soigner une pathologie d'organe ou de système et ce rôle est encore plus marqué par la tendance à la sur-spécialisation des médecins et chirurgiens.

Malgré un savoir médical de plus en plus développé et des techniques de plus en plus perfectionnées, la médecine n'est pas une science exacte : le raisonnement médical demeure déductif, fondé sur des hypothèses à vérifier constamment, et empreint, en cas d'erreur, d'un risque médico-légal fort. Il en résulte pour le médecin une tendance logique à se focaliser sur la maladie (hypothèses diagnostiques, stratégies thérapeutiques) et non sur le malade. Il peut donc en arriver à oublier de considérer la personne, et ceci d'autant plus que l'enseignement dispensé par les facultés de médecine ne le prépare pas à cette relation. Le « dialogue singulier » entre le malade et le médecin risque de se trouver ramené à un interrogatoire factuel et désincarné, aggravé par le rôle symbolique que joue le médecin et la difficulté de compréhension par la plupart des patients du vocabulaire médical. Cela ne peut correspondre à l'une des attentes des malades : être rassuré et informé.

La question « docteur, est-ce grave ? » comporte toujours une ambivalence : angoisse du patient face à une situation qui peut faire basculer sa vie mais peut aussi faire de lui un « cas » et désir de reconnaissance en tant que personne. Son besoin d'être rassuré est aussi fort que celui d'être considéré. La réponse « non ce n'est pas grave» ou «c'est grave mais ça se soigne» a pour effet de rassurer le patient. Elle constitue à elle seule la preuve de la compétence du médecin, sûr de son diagnostic et de son expérience, pour traiter le cas ce qui a pour effet de rassurer le malade sur ses chances de guérison. Mais cette expérience frustre le patient dans son désir d'être un « cas » unique auquel le médecin attachera une considération particulière.

Nous sommes au cœur des contradictions dans la relation entre le patient et le médecin dans laquelle s'exprime un conflit évident entre les attentes de l'un et celles de l'autre. Le malade attend d'être rassuré en tant tel et d'être considéré en tant que personne. Il a également besoin d'évacuer son angoisse et son stress par la parole. Mais cela nécessite du temps pour dialoguer. Or, indépendamment de la question du temps – denrée rare s'il en est – que le médecin peut consacrer à son patient, plus le cas est grave, plus le médecin risque de se focaliser sur l'organe ou la fonction malade, au détriment du dialogue et de l'écoute de la personne. Et, en tout état de cause, le médecin cherchera à éviter d'entrer dans une relation fusionnelle avec son patient, qui l'impliquerait trop sur le plan affectif et le mettrait dans l'incapacité de « prendre soin » de l'Autre.

Il est indispensable de dépasser cette première contradiction entre les attentes des soignants et celles des soignés. Cela ne peut se faire que si l'empathie qui doit caractériser leur relation se traduit par une attention à la personne dépassant l'attention à sa pathologie, bref par une prise en charge globale du patient. Cette compréhension de l'autre que désigne le terme empathie devrait être une composante essentielle de la relation soignant/soigné car il est primordial que la personne en difficulté perçoive la compréhension de son interlocuteur. C'est ainsi que commence à intervenir, en particulier dans des situations médicalement lourdes, un spécialiste du dialogue, psychiatre, psychologue, chargé de gérer les angoisses du patient et de les libérer par la parole... et le médicament.

La difficulté pour parvenir à cette empathie a des origines diverses, liées aux métiers et au temps. On l'a mentionné plus haut, la préparation des médecins à la relation soignant/soigné fait défaut. En effet, la culture, l'enseignement et les pratiques du corps médical survalorisent le savoir scientifique et son acquisition. Dans les métiers médicaux, le critère de reconnaissance et de promotions professionnelles réside dans le nombre d'articles scientifiques publiés. D'une façon générale, les critères de qualité retenus par la presse grand public concernent le nombre d'interventions pratiquées ou le taux d'infections nosocomiales. Ainsi, tout concorde pour poser en principe que le rôle des médecins est de soigner un organe malade – dimension essentielle du métier – mais ce faisant, toutes les questions concernant la relation avec autrui et la psychologie sont marginalisées, alors que les patients précisément attendent de leurs médecins une reconnaissance non pas de leur maladie mais de leur personne. Tel n'est pas le cas pour les infirmier(e)s qui reçoivent une préparation à la relation soignant/soigné durant leurs études et bénéficient souvent, dans le cadre de leur formation continue, de programmes liés au développement de cette relation.

L'autre difficulté liée à la création de l'empathie soignant/soigné, est le temps disponible. Le temps consacré par les médecins aux patients, en particulier dans le milieu hospitalier, est long mais se situe peu « au lit du malade ». Le développement des techniques médicales et des examens complémentaires a contribué à faire du diagnostic une affaire d'équipe, où le temps passé à la recherche, à la discussion, à l'étude des résultats dépasse le temps consacré à l'examen clinique direct. D'où cette réflexion fréquente : « les docteurs, on ne les voit jamais ». Comment dans ces conditions créer une relation d'empathie entre le médecin, si peu présent là où il est attendu, et le patient, ignorant de la réalité du travail qui le met au cœur des préoccupations du médecin ?

3. La place du personnel soignant dans l'acte de soin

Les professions de santé sont multiples : au côté des médecins, se situent les infirmier(e)s, kinésithérapeutes, aides-soignant(e)s, etc. Les uns ont pour mission de diagnostiquer et prescrire, les autres d'exécuter la prescription.

Le statut – et donc la reconnaissance – que leur réserve la société est différent, et commence par leur dénomination. Médecin – ou docteur – est un terme générique qui désigne l'ensemble d'une profession qui se décline ensuite en spécialités. Il n'existe pas de terme générique désignant l'ensemble des professionnels de santé non médicaux, ou plus précisément, le terme générique qui les désigne ne leur confère pas une identité propre : on parle des professions paramédicales ou – pire encore - non médicales, c'est-à-dire qu'on les situe par rapport à d'autres d'une manière négative. Ce seul fait est révélateur de l'identité sociétale de ces professionnels : des non-médecins, dont la fonction est d'exécuter. Des non-médecins, moins bien payés, moins considérés, moins écoutés par les pouvoirs publics : il suffit de constater, dans le monde hospitalier, la valeur accordée à la représentation des paramédicaux par rapport à celle donnée aux médicaux : le pouvoir se situe bien du côté des médecins. Ce déficit de considération n'est pas compensé par le discours public sur le dévouement des infirmier(e)s et la dureté de leurs conditions de travail. Bien au contraire : l'image qui leur est renvoyée, celle de leur dévouement, s'écarte de celle de professionnalisme, voire de spécialisation, qu'ils cherchent à faire triompher pour acquérir le droit de s'affirmer comme des interlocuteurs valables dans les choix réalisés en matière de santé publique.

Ecartés de la reconnaissance publique, les professionnels de santé n'ont d'autre ressource de reconnaissance que celle des patients, qu'ils puisent dans la relation qu'ils ont avec eux.

Les professionnels de santé non médicaux ont en effet une relation aux malades d'un ordre différent de celle des médecins. Historiquement, cette relation s'inscrit dans la compassion et dans la permanence. L'époque où les soins étaient dispensés par les congrégations religieuses est loin, mais le symbole de la vocation est demeuré fort – même si les paramédicaux veulent s'affirmer aujourd'hui d'abord comme des professionnels – et la profession infirmière continue à porter les valeurs de la compassion et du « prendre soin ». De la même manière, la notion de permanence du soin et de la relation demeure, bien qu'elle ait considérablement évolué du double fait de la réduction de la durée de séjour des patients et de la réduction du temps de travail : les malades sont hospitalisés moins longtemps, les infirmier(e)s sont moins présents au travail, ce qui distancie la relation. Cette évolution n'empêche pas, malgré tout, la création d'une relation d'intimité et d'empathie qui appartient à la culture de ces métiers.

En effet, les infirmier(e)s demeurent très présents auprès des malades. Leur activité se situe bien, comme celle des aides-soignants, auprès d'eux et les touche, au sens propre du terme, directement : soins, pansements, toilettes, repas, aide au confort font partie de leur relation quotidienne avec les patients.

De plus, le temps de soin s'inscrit dans la durée, parfois sur des années lorsqu'il s'agit de prendre en charge une maladie chronique. Le malade devient ainsi patient, c'est-à-dire situé dans une relation au temps dont les qualités sont une combinaison d'attente, de résignation et de persévérance. Il va souvent avoir besoin d'être rassuré et d'avoir face à lui un professionnel attentif à ses inquiétudes, un professionnel qui pénètre son intimité sans la forcer, un professionnel auquel il peut se confier et avec lequel il peut parler parce qu'il comprend mieux son langage que celui des médecins. Dès lors, parallèlement à son rôle d'assistance au médecin et en particulier d'exécution de la prescription, le professionnel de santé assume au quotidien la charge d'accompagner le patient, et de gérer ses inquiétudes voire ses angoisses. Ce n'est pas un hasard si, en France, les premiers à réclamer une prise en charge de la douleur ont été les infirmier(e)s : très proches des patients, ils ont été les premiers à la mesurer.

Nous abordons ici une thématique différente de notre propos, ne concernant pas, *a priori*, la vie professionnelle : la reconnaissance du patient. Néanmoins cette question peut avoir un impact par rapport à l'exercice d'un métier. En effet, suivant le degré de reconnaissance que porte le corps médical sur le personnel soignant, ce dernier, en retour, sera en situation d'avoir une gradation dans sa reconnaissance du patient. Ainsi, suivant l'adage « dis-moi comment tu es considéré, je te dirai comment tu reconnais ton patient », la reconnaissance professionnelle peut ainsi avoir une conséquence sur la qualité de la relation que l'on a avec le patient. Dans une autre activité de service, cela ne constitue qu'un élément dans la qualité de la prestation. Mais dans les métiers de la santé, les difficultés de reconnaissance professionnelle peuvent avoir des conséquences plus délicates, en particulier, en perturbant la relation que l'on a avec le patient. Ce dernier n'a pas à subir des difficultés du milieu professionnel dans lequel il est soigné. Mais, au contraire, il doit être accompagné dans le respect et l'attention que l'on doit à tout être humain, particulièrement en situation de maladie.

Chapitre 23

Les attentes des managers

Bernard COULATY
Jean-Claude MERLANE

Les managers sont au cœur des différents défis que les entreprises doivent relever. C'est pourquoi elles attendent d'eux des surperformances.

Face à ces attentes, le rapport des managers à l'entreprise est marqué par l'ambivalence entre le désir de l'implication, l'espérance de retour et de reconnaissance de l'investissement et le besoin de se protéger, de garder une distance personnelle. Il est marqué par la peur du risque lié à une autonomie insécurisante.

Devant des attentes si diverses et contrastées, seule une approche individualisée, de la part du management de l'entreprise, peut apporter des réponses adaptées à chaque cas et chaque contexte.

1. Le contexte et les défis qui impactent les attentes vis-à-vis des managers

L'entreprise se trouve aujourd'hui au croisement de multiples enjeux et défis, parfois et même souvent contradictoires, qui l'invitent à une remise en cause de son fonctionnement interne. Le manager, quel que soit son niveau de responsabilité dans l'organisation, est lui-même et avant les autres collaborateurs, au cœur de ces défis qu'il est supposé comprendre et intégrer pour mener à bien et faire évoluer ses missions. Nous avons identifié cinq défis principaux pour l'entreprise et le manager.

Défi économique

Dans un contexte économique de plus en plus indéchiffrable, comment l'entreprise peut-elle créer de la valeur à travers le capital humain ? Comment réguler l'action entre la pression du résultat court terme et la nécessité de construire le long terme ?

Au-delà de la politique de ressources humaines qui doit apporter des réponses à cette question, le manager doit agir concrètement pour optimiser les contributions individuelles des collaborateurs de son équipe, en gérant aussi le ratio paradoxal : résultat financier court terme recherché/investissement sur les hommes à long terme souhaitable.

Défi démographique

Quelle gestion des rapports entre générations au sein de l'équipe ? Comment recruter et fidéliser les hommes clés face au papy-boom qui s'annonce ?

Pour fonctionner de manière efficiente, le manager a besoin de recruter des « bons » collaborateurs, de les motiver, de les évaluer, de les développer. Oui mais voilà : rien de va plus entre les juniors, qui estiment n'avoir qu'un « engagement détaché » avec l'entreprise (pour eux la vie est « ailleurs »), d'une part, et les seniors qui ont un «désengagement attaché» vis-à-vis de leur entreprise (fidèles mais démobilisés et fatigués…), d'autre part. Il s'agit bien pour le manager de responsabiliser les premiers et de remobiliser les seconds, afin d'assurer la relève des uns puis des autres pour les années à venir.

Défi de la compétence

Comment développer une meilleure « employabilité » (en interne et/ou en externe) des collaborateurs ? Comment développer son propre talent managérial et relationnel qui prend le dessus sur le savoir-faire technique ?

Pour ses collaborateurs comme pour lui-même, le manager doit dorénavant avoir la même exigence de professionnalisme et de « formation tout au long de la vie ». La prise de conscience de la nécessité de développer ses propres compétences managériales, et donc humaines, devrait par ricochet le pousser à mettre en œuvre des actions concrètes pour « faire grandir » ses collaborateurs : délégation supplémentaire, prise d'autonomie, formation-action, responsabilisation…

Dans un contexte où on ne peut plus sauver les emplois, il convient de tout mettre en œuvre pour sauvegarder la compétitivité des collaborateurs.

Défi de la radicalisation du dialogue social

Comment faire face à des actions revendicatives plus décalées et plus radicales au sein des équipes ?

Reconnaissons que l'entreprise n'a jamais sérieusement investi sur la formation et la responsabilisation de ses managers en matière de relations sociales et syndicales, chasse gardée des DRH et hommes de relations sociales. Le paradoxe est d'autant plus grand que les partenaires sociaux sont aussi et d'abord des collaborateurs intégrés dans des équipes opérationnelles : les problèmes qu'ils remontent à la direction de l'entreprise sont d'abord des problèmes de management de terrain…

Déjà « désarmé » en période de climat social favorable, le manager ne peut plus faire face dans un contexte actuel de radicalisation du dialogue social, de montée de revendications qui s'expriment avec des « armes non conventionnelles », de séquestration, etc.

Défi des nouvelles technologies et du lien social

Le cocktail « RTT + GSM + Black Berry » fait exploser le lien hiérarchique traditionnel entre managers et managés : quelles conséquences sur le mode d'animation de l'équipe ?

Davantage de distance et de proximité à la fois, c'est le paradoxe auquel doit faire face le manager : pour animer et mobiliser des équipes désormais moins présentes physiquement (du fait des 35 heures et la nomadisation grandissante des collaborateurs), la qualité des temps de rencontre « physique » devient primordiale : qualité et efficacité des réunions et entretiens individuels de cadrage d'objectifs…

Au global, ces défis pèsent sur le rapport dirigeant/managers/collaborateurs, chacun des acteurs attendant des autres la plus grande partie de l'effort. Mais c'est sur le manager que se concentrent les attentes les plus fortes : celles combinées des collaborateurs et des dirigeants.

2. Des attentes de plus en plus fortes de l'entreprise vis-à-vis de ses managers

Dans ce contexte de changement du travail et surtout de la relation des salariés à celui-ci, la définition de fonction du manager change : plus que jamais, l'entreprise attend de ses managers une surperformance autour de trois attentes clés.

Des attentes liées à l'activité opérationnelle du manager

Dans un contexte d'accélération globale du rythme des affaires, le manager qui surnage est celui qui sait le mieux optimiser son temps et gérer ses priorités ; celui qui pilote son stress et minimise le risque d'erreur inhérent à tout travail fait dans l'urgence (dans certaines entreprises, la qualité c'est la vitesse !) ; celui qui sait importer du stress (celui de son propre manager) et exporter de l'énergie (auprès de ses partenaires internes et externes) ; celui enfin qui pilote efficacement son activité en mode projet qui devient le mode permanent de fonctionnement de l'entreprise.

Des attentes centrées sur le collaborateur

Il s'agit d'abord à court terme de dépasser ses propres aspirations de « manager salarié » pour recruter les bons (avec ou sans l'appui des DRH), les motiver, les responsabiliser, redonner aux collaborateurs le goût de la performance au quotidien.

Il s'agit ensuite d'optimiser ces ressources humaines au-delà de leur activité quotidienne : savoir évaluer leur performance et leur potentiel, les dévelop- per, mobiliser les compétents non motivés (souvent des jeunes) et les incompétents motivés (souvent des loyaux anciens), lâcher la bride aux compétents motivés, enfin se séparer en douceur des incompétents non motivés (avec l'appui attendu de la DRH)… Tout cela en réalisant les objec- tifs collectifs, en tenant les jeunes qui réclament « la lune et les étoiles ».

Des attentes liées à l'organisation globale de l'entreprise

Objectifs atteints et collaborateurs motivés : fin de la mission du manager ? Non, le manager moderne doit aussi prendre le relais du dirigeant en déve- loppant des valeurs communes, en créant et en donnant du sens, en déve- loppant la coopération entre les équipes, en facilitant la communication au sein de l'entreprise, en gérant les conflits entre générations… bref en incar- nant les valeurs et l'âme de l'entreprise pour… améliorer le processus de décision et de réactivité.

3. Des attentes contrastées et complexes des managers vis-à-vis de l'entreprise

Face à ces attentes de plus en plus fortes de l'entreprise, les préoccupations des managers se révèlent très contrastées et fonction du type de relation qu'ils développent avec elle. Selon que le manager sera très impliqué, qu'il participera aux instances dirigeantes, qu'il sera chargé d'un poste à forte responsabilité hiérarchique ou au contraire qu'il se montrera réticent et sceptique, voire mécontent ou très distant avec l'entreprise qui l'emploie, les attentes vont varier significativement.

L'attente d'un contexte rassurant pour mieux s'investir

Les environnements turbulents des entreprises, les variations brutales de conjoncture, les restructurations, les réorganisations suivies souvent de plans sociaux créent des conditions difficiles peu propices à l'investissement des managers les plus sensibles à la peur de la perte d'emploi. Ces facteurs de contexte influent fortement sur le climat interne et donc jouent sur les relations entre le manager et son entreprise.

La clarté de la politique générale et des choix stratégiques faits par la direction, le sens expliqué et donné à l'action sont autant d'éléments qui rassurent les managers et augmentent leur confiance en l'avenir, en leur propre avenir dans l'entreprise et donc leur implication. Les mieux placés dans l'organisation, les mieux appréciés, les plus identifiés et reconnus vont conforter leur investissement et leur confiance.

Par le mécanisme de réduction de la dissonance cognitive, les plus mécontents et les plus sceptiques, souvent jeunes, vont au contraire y trouver des raisons de renforcer leurs inquiétudes. Les plus menacés ou en position de l'être par leur distance vis-à-vis de leur entreprise, par leurs comportements ou l'expression de leur mécontentement vont développer de fortes attentes de protection y compris légales ou, pour les plus volontaires, des tentations de recherche de solutions alternatives à l'extérieur.

L'identification au travail plus qu'à l'entreprise

Le rapport au travail s'est de plus en plus centré sur l'intérêt intrinsèque de la mission confiée ainsi que sur la qualité du travail fourni au détriment ou en contrepartie d'un détachement de l'entreprise ; le sentiment d'appartenance reste fort dans des entreprises à très forte culture ou produisant des produits ou des services à fort pouvoir symbolique (humanitaire, médical...), de représentation (leader mondial...), ou d'image (technologie d'avant-garde, grands projets internationaux...).

Selon le Cadrotypes de l'APEC, 65 % des cadres du secteur privé expliquent cet intérêt au travail par des critères comme : répondre aux attentes de la hiérarchie, avoir plus de responsabilités ou être davantage reconnu, avoir une augmentation de salaire, conserver son poste, la bonne ambiance de travail, satisfaire un besoin de réalisation de soi, le sentiment de faire un travail utile... On retrouve certains thèmes déjà largement décrits dans les études anciennes sur la motivation (MASLOW, HERZBERG...) avec leurs nuances et même leurs contradictions. Une nouvelle recherche de réponses adaptées à la simple satisfaction des besoins évoqués ici serait réductrice. Des approches comme la sociologie des organisations ou la psychologie cognitive appliquées aux mécanismes de la motivation nous alertent sur la complexité des processus qui expliquent les attitudes et les comportements des salariés au travail.

L'attente d'un travail intéressant reste cependant une constante qui, combinée à la fierté due à la qualité du travail rendu, soutient un mécanisme de motivation important pour un manager.

Le paradoxe de l'autonomie : désir et crainte

L'autonomie s'accompagne du sentiment de reconnaissance pour 91 % des cadres, mais aussi du sentiment d'isolement pour 61 % d'entre eux.

Ce sentiment paradoxal est encore différent selon la relation du manager à son entreprise. S'il est dans une relation constructive et impliquée, la reconnaissance est alors fortement liée à l'autonomie. Le sentiment d'isolement sera beaucoup plus fréquent pour les managers mécontents, voire en rupture et occasionnel pour les managers sceptiques. Il paraît donc difficile de concilier des attentes fortes en matière d'autonomie, de responsabilité et le sentiment opposé d'isolement dans tous les cas.

Encore une attente qui démontre toute la complexité psychologique et l'ambivalence du rapport entre le désir d'implication, l'espérance de retour et de reconnaissance de l'investissement et le besoin de se protéger, de garder une distance personnelle, la peur du risque lié à cette autonomie insécurisante.

La recherche d'un équilibre difficile entre la vie professionnelle et la vie privée

On constate un fort impact de la vie professionnelle sur la vie hors travail, en effet 75 % des cadres disent faire des heures supplémentaires, 45 % affirment travailler pendant leurs congés, 85 % travaillent le soir chez eux ou le week-end et c'est une tendance stable dans le temps ! Huit cadres sur dix souhaiteraient dans l'avenir privilégier leur vie privée mais les cadres de direction sont les plus enclins à favoriser leur vie professionnelle bien que mécontents du manque d'équilibre et des renoncements que cela implique. Les plus investis privilégient le travail par ambition personnelle.

À l'heure où la réduction du temps de travail est repositionnée, les jeunes générations souvent de formation technique ont une plus forte propension à utiliser leurs congés RTT que leurs aînés beaucoup plus impliqués ou les managers issus d'écoles de gestion et de commerce.

Voilà à nouveau une attente pleine de contradictions à nuancer en fonction des populations de managers. Même si dans les discours la demande d'équilibre entre la vie au travail et la vie hors travail reste fortement exprimée, les comportements des managers varient selon leur niveau de responsabilité et leur volonté d'implication, leur ambition.

L'accroissement des responsabilités et les attentes d'évolutions professionnelles

Le paradoxe de l'autonomie recherchée liée à un accroissement de responsabilités s'enrichit encore par l'attente et l'acceptation ou non de mobilité. En effet, les cadres sont de moins en moins mobiles : c'est le plus haut niveau d'immobilisme enregistré par l'APEC depuis 10 ans en interne. Quant à la mobilité externe, le recul se poursuit également, il est le plus bas depuis que la création du panel APEC : 4 % ont changé d'entreprise en 2002, comme en 1993. Cet attentisme et cette prudence sont largement liés au ralentissement du marché de l'emploi alors que le niveau de chômage des cadres est globalement bas.

Ce sont les plus mécontents ou les sceptiques qui résistent aux changements internes et à plus forte raison externes. Lorsque la mobilité interne est imposée ou en relation avec une situation économique difficile, le manager accepte par défaut, mais le lien avec l'entreprise a tendance à se distendre. La possibilité de mobilité interne est largement fonction des échanges préalables avec son manager et de la relation entre le choix de cette opportunité et une progression professionnelle, alors le lien avec l'entreprise se renforce.

L'accès à la promotion est, quant à lui, souvent conditionné par la qualité de la relation avec la direction, les preuves de loyauté, de confiance. Le manager peut alors penser qu'il maîtrise mieux ses possibilités de promotion. Son implication génère une relation forte avec sa hiérarchie, des opportunités plus fréquentes sont proposées et discutées et donc son degré de satisfaction est élevé.

Les raisons de départ sont encore le niveau de responsabilité proposé et le travail en lui-même ; à la recherche d'autonomie pour les cadres de direction, s'ajoutent l'image de l'entreprise et sa stratégie, le poste, l'équipe et l'environnement pour les plus impliqués. La volonté de mobilité externe dépend également de la satisfaction entre la place de l'emploi confié et le projet professionnel du manager, ses perspectives de carrière et de progression de sa rémunération au sein de l'entreprise actuelle. On cherche des opportunités externes et passe à l'acte du départ en priorité pour des raisons de rémunération pour les plus mécontents, d'élargissement des responsabilités pour les plus ambitieux. La motivation a donc soit un caractère négatif, de fuite ou réactionnel, soit un caractère volontaire et proactif.

Cependant, le manque d'opportunités externes explique pour beaucoup l'échec de projets de mobilité, l'environnement incertain freine les motivations mais les raisons familiales ou privées pèsent pour 25 % dans le choix de ne pas bouger. Le contexte privée impacte fortement les choix professionnels. On rejoint ici le souci de recherche d'équilibre entre la vie personnelle et la vie du travail combiné à l'ambivalence des moteurs de la motivation. Il semble donc que pour l'entreprise, offrir des opportunités internes peut contribuer à limiter les départs en fidélisant les meilleurs si tel est son objectif.

Le manager confronté à un niveau d'attente et d'exigence fort de la part de son employeur se sent pris en étau entre son désir de progression de carrière, de reconnaissance, y compris par la rémunération, et son souhait de préserver un équilibre avec sa vie privée, sa santé psychologique et physique, sa famille, sa qualité de vie. Le conflit entre désir personnel et situation professionnelle, plaisir et réalité, conduit les managers à osciller entre des périodes d'investissement massif et des périodes de détachement, voire de découragement. Seuls les plus motivés arrivent à maîtriser leur progression professionnelle. Si 67 % des cadres jugent la gestion RH problématique dans leur entreprise selon une récente enquête du *Journal du Management* (février 2004), c'est en priorité parce qu'ils attendent un support pour les épauler dans leur carrière.

Face à des attentes si diverses et contrastées, seule une approche individualisée peut apporter des réponses adaptées à chaque cas, à un moment donné de sa carrière ; cela suppose beaucoup d'écoute… de la part du management !

4. Peut-on concilier les attentes des deux : l'entreprise et ses managers ?

Pour conclure (provisoirement) et tenter de « réconcilier » l'entreprise et ses managers, il nous semble primordial de souligner la contingence de cette situation :

▷ il n'existe pas de solution unique mais de plus en plus des réponses individualisées, « sur-mesure » face à des attentes très mouvantes et très évolutives. Cela est vrai tant pour le manager que pour l'entreprise ;

▷ chaque étape de la vie d'un manager nécessite une attention particulière de la part de ses responsables successifs : la fonction ressources humaines devrait en particulier veiller à la cohérence globale du parcours professionnel du manager en fonction de son « cycle de vie ou de carrière » ;

▷ l'âge et l'expérience du manager sont des facteurs clés qui vont impacter le degré et le type d'implication du manager, les entreprises devraient donc en tenir compte dans le style de leadership et de mobilisation à mettre en œuvre ;

▷ les conditions d'emploi et le contexte économique et social jouent un rôle non négligeable dans la force du lien entre l'entreprise et ses managers : le manager est aussi un salarié et le « filet protecteur » du statut d'agent d'encadrement ne joue plus…

▷ le maintien et le développement du portefeuille de compétences doivent se faire en rapport avec les besoins liés à la chaîne de valeur de l'entreprise afin de ne pas se déqualifier à moyen et long terme.

Chapitre 24

Les attentes des salariés en matière d'éthique organisationnelle

Alain GAVAND
Samuel MERCIER

Même si l'entreprise est aujourd'hui une institution centrale, elle doit, en permanence, gagner le droit d'exercer son activité en démontrant qu'elle crée de la valeur tout en respectant les personnes et en servant les intérêts de la société.

L'entreprise est, en effet, soumise à une pression croissante de la part de toutes ses parties prenantes. Les *stakeholders* sont les éléments et individus qui contribuent, de façon volontaire ou non, à sa capacité à créer de la valeur et à ses activités, et qui en sont les principaux bénéficiaires et/ou en supportent les risques (POST, PRESTON et SACHS, 2002, p.8).

Dans la théorie des parties prenantes, l'entreprise est vue comme un instrument permettant de coordonner les intérêts des différents *stakeholders*. Chacun mérite de la considération, et pas seulement parce qu'il est capable de servir les intérêts des autres. La maximisation du profit est contrainte par le besoin de justice.

Les ressources humaines, par leur investissement en capital humain spécifique, prennent part activement au processus de création de valeur. Ce sont des parties prenantes légitimes qui peuvent prétendre recevoir la juste contrepartie de leurs contributions.

L'éthique peut être définie comme « la visée de la vie bonne avec et pour autrui dans des institutions justes » (RICŒUR, 1990, p. 202). Quelles sont les attentes des salariés vis-à-vis de leur entreprise ? Qu'est-ce qu'une entreprise éthique pour eux ?

Il est bien délicat de répondre à ces interrogations avec précision, les salariés ne formant pas une catégorie homogène. En outre, leurs intérêts sont souvent sous-représentés dans la littérature en gestion des ressources humaines (au détriment de l'orientation managériale des réflexions).

Notre contribution s'articule de la manière suivante : nous proposons, tout d'abord, d'appréhender la relation entreprise-salariés grâce au concept de contrat psychologique ; puis, nous tentons de cerner plus précisément les attentes des salariés en matière d'éthique organisationnelle.

1. La relation entreprise-salariés vue à travers le concept de contrat psychologique

Le terme de contrat psychologique a été utilisé par ARGYRIS et LEVINSON dans les années soixante pour caractériser la nature subjective de la relation individu-organisation.

SCHEIN (1985) définit ce contrat comme étant une panoplie d'attentes réciproques non écrites entre un salarié et une organisation. Il est fondé sur l'échange de contributions et de rétributions. Les individus mettent leur capacité productive au service de la réalisation des buts de l'organisation et celle-ci rétribue les employés en échange de leurs contributions (voir la figure 1).

Les contrats psychologiques comprennent généralement des attentes concernant les conditions de travail, le niveau d'effort à déployer, l'importance et la nature de l'autorité que l'organisation exerce sur le salarié pour orienter le travail.

Les termes de ce contrat, qui reflètent ce que les deux parties contractantes considèrent comme normal et équitable, sont susceptibles de varier largement dans l'espace et dans le temps (DESREUMAUX, 1998, p. 20). Ainsi, cet ensemble d'attentes mutuelles a évolué de façon spectaculaire au cours de ces dernières années (BURACK et SINGH, 1995). La recherche de la flexibilité et de la productivité organisationnelles, l'évolution de l'environnement technologique ont modifié les références et les manières de travailler.

Le contrat psychologique qui donnait sécurité et stabilité à la relation individu-organisation a changé de nature. Auparavant, la promesse implicite de garantir la sécurité de l'emploi conduisait les salariés à mêler leur intérêt

FIGURE N° 1
Le contrat psychologique,
processus d'échange entre contributions et rétributions

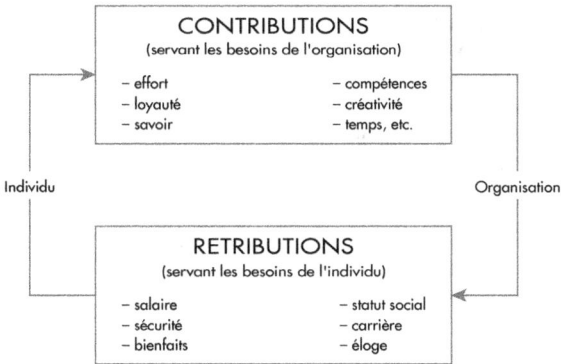

```
                    CONTRIBUTIONS
                (servant les besoins de l'organisation)

              – effort                – compétences
              – loyauté               – créativité
              – savoir                – temps, etc.

Individu                                          Organisation

                    RETRIBUTIONS
                (servant les besoins de l'individu)

              – salaire               – statut social
              – sécurité              – carrière
              – bienfaits             – éloge
```

Source : adapté de HUNT et al. (1988, p. 38).

personnel avec celui de l'entreprise. Les salariés devaient faire preuve de loyauté. En retour, l'employeur offrait une sécurité de l'emploi, des hausses de salaires régulières (en fonction de l'ancienneté) et un avancement progressif. Les restructurations n'apparaissaient, en dernier ressort, en cas de difficultés financières ou de variations conjoncturelles de la demande (ROUSSEAU, 2003, p. 39).

Depuis la fin des années 70, le lien qui unit employeur et employé s'est distendu (HILTROP, 1995, p. 287). La sécurité de l'emploi a disparu : le collaborateur reste dans l'entreprise tant qu'il continue d'apporter une valeur ajoutée et doit lui-même trouver de nouvelles solutions pour apporter de la valeur. En retour, l'entreprise s'engage à reconnaître sa contribution et à développer des pratiques allant dans ce sens. Cela se traduit par la mise en place d'un modèle de gestion des ressources humaines individualisant (au sens de PICHAULT et NIZET, 2000).

Par rapport à ces évolutions, les salariés se trouvent bien souvent en position de faiblesse. Les nombreuses restructurations mises en œuvre à partir des années quatre-vingts ainsi que le recours à des formes d'emploi flexibles (CDD, intérim, temps partiel) ont été perçus comme une violation du contrat psychologique. La perception de justice par les salariés affecte grandement leurs attitudes et comportements. La justice organisationnelle (voir GREENBERG, 1990) comprend la justice distributive (contenu et équité des résultats atteints), la justice procédurale (façon dont les procédures sont jugées comme équitables) et la justice interactionnelle (traitement des salariés par ceux qui les informent des décisions prises).

La dimension éthique est un élément central dans ces contrats psychologiques : plus la connaissance des attentes respectives de chacun est grande, plus la probabilité de trouver un accord est élevée.

La recherche d'un certain équilibre entre les différentes contradictions inéluctables liées à la vie de l'entreprise est essentielle. La direction (et notamment la direction des ressources humaines) doit pouvoir relever ce défi et faire en sorte que ces contradictions se transforment en complémentarités.

Un écart considérable semble, toutefois, séparer les pratiques de travail et la vie professionnelle idéale telle que les salariés l'imaginent.

2. Quelles sont les attentes des salariés ?

Les enquêtes réalisées montrent que les salariés deviennent plus exigeants sur la qualité de leur vie au travail, aspirant à évoluer dans un cadre qui ne leur soit pas préjudiciable, c'est-à-dire respectueux de leur sécurité et de leur santé, de leurs droits fondamentaux et de leur vie privée. Un bon cadre de travail doit également permettre le développement personnel : les salariés veulent être reconnus et considérés (CJD, 2004, p. 116). Leurs réalisations, pratiques de travail et leurs personnes doivent être appréciées à leur juste valeur.

Dans une perspective éthique, cette reconnaissance est avant tout une question de dignité humaine et de justice sociale. Ils attendent de leur organisation plus que de la rationalité économique ou des principes minimaux de bonne conduite. Le rôle de l'entreprise s'en trouve grandement enrichi : il lui est demandé de donner du sens à la vie des salariés et de contribuer au bien-être social.

Une enquête de la Sofres (2001)[1] permet de mieux appréhender les attentes des Français dans leur ensemble par rapport à la responsabilité sociale de l'entreprise[2]. Le fait de bien traiter ses salariés (65 %), l'absence de toute discrimination raciale (41 %) ou entre les sexes (33 %), figurent parmi les comportements éthiques les plus attendus de la part de l'entreprise. De même, c'est d'abord vis-à-vis de ses clients et de ses salariés que l'entreprise est jugée avoir des devoirs.

---

1. Réalisée auprès d'un échantillon représentatif de 1030 personnes.
2. Voir également le chapitre consacré à l'entreprise responsable.

Le graphique ci-dessous présente les principales responsabilités de l'entreprise vis-à-vis de ses salariés.

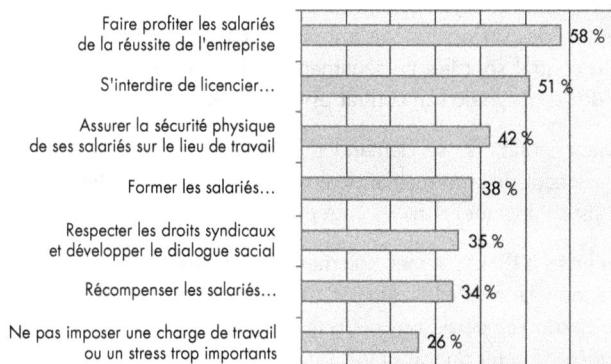

Les principales responsabilités de l'entreprise vis-à-vis de ses salariés

Faire profiter les salariés de la réussite de l'entreprise	58 %
S'interdire de licencier...	51 %
Assurer la sécurité physique de ses salariés sur le lieu de travail	42 %
Former les salariés...	38 %
Respecter les droits syndicaux et développer le dialogue social	35 %
Récompenser les salariés...	34 %
Ne pas imposer une charge de travail ou un stress trop importants	26 %

Source : Sofres, « *L'entreprise responsable* », 15 janvier 2001.

Ce graphique met en évidence la montée des préoccupations individuelles faisant partie du nouveau contrat psychologique : employabilité et reconnaissance de la contribution.

De même, dans son analyse de données issues d'enquêtes sur les valeurs, BOUDON (2002, p. 27) montre que les salariés recherchent plutôt l'épanouissement personnel que les avantages matériels qu'il procure ; l'autorité ne fait pas l'objet de rejet mais l'obéissance aveugle est difficilement acceptée. Cela traduit une exigence de respect à l'endroit de l'individu. Les jeunes salariés exigent davantage que le travail soit une occasion de se réaliser et non une contrainte, ils veulent être considérés comme étant capables d'initiative et de responsabilité.

Par ailleurs, une étude réalisée[1] pour CFE-CGC, en septembre 2004, fait apparaître des décalages importants entre les contributions des cadres et leurs rétributions. L'étude montre que 49 % des cadres ont le sentiment que leurs efforts ne sont pas reconnus à leur juste valeur par leur entreprise et 77 % que leurs efforts ne sont pas récompensés à leur juste valeur.

---

1. Par Opinion Way auprès d'un échantillon représentatif de 998 cadres français.

Une enquête de l'Institut de l'Entreprise[1] (2002) s'intéresse plus particulièrement aux attentes des jeunes cadres. 76 % d'entre eux perçoivent le
contrat qui les lie avec l'entreprise comme étant plus qu'un contrat juridique. Il est vu comme un contrat moral, de réciprocité, qui engage le salarié
comme l'entreprise. Les jeunes cadres attendent ainsi plus de personnalisation et une plus grande capacité des entreprises à leur offrir le maximum
d'opportunités en termes de responsabilités et de contenu des missions. Le
respect du contrat psychologique entre le salarié et l'entreprise est perçu
comme une des valeurs les plus importantes. La poursuite et le renouvellement du contrat sont liés au sentiment d'équilibre ressenti ou non sur les
termes de l'échange de son contrat psychologique.

Il convient, enfin, de se demander comment les salariés perçoivent le
développement de la formalisation éthique (qui vise à clarifier la nature du
contrat psychologique) dans les entreprises.

Une enquête d'IPSOS remet utilement les choses à leur place : l'éthique
organisationnelle n'est citée que par 10 % des cadres[2] (en dixième position)
comme raison principale qui pourrait les inciter à changer d'emploi, bien
loin derrière l'intérêt du travail (58 %) ou la rémunération (54 %). Les salariés s'interrogent, par ailleurs, sur la validité des normes édictées par l'entreprise et sont sceptiques quant à sa volonté de concrétiser les engagements
formalisés. Ils semblent également hostiles à une dérive américaine de l'éthique, instrumentalisée et utilitariste.

La majorité des 1200 anciens élèves interrogés par l'association Centrale
Paris, en janvier 2004, exprime une grande méfiance vis-à-vis des mécanismes d'origine anglo-saxonne qui commencent à se diffuser dans les entreprises françaises. Ainsi, près des deux tiers des personnes interrogées se
déclarent hostiles à la dénonciation anonyme des comportements déviants
par l'intermédiaire de lignes téléphoniques dédiées (seules 19 % approu-
vent des pratiques). Plus de la moitié des personnes interrogées considèrent
que la nomination d'un déontologue (ou responsable de l'éthique) n'est pas
indispensable et seulement un quart des répondants soutiennent cette pratique.

Les codes de conduite sont parfois perçus comme étant susceptibles de
porter atteinte à la vie privée. Ainsi, le code de Novartis a été invalidé par le
tribunal de Nanterre[3]. L'éthique organisationnelle ne doit pas être imposée
mais reposer sur des valeurs partagées.

---

1. Etude réalisée par l'IFOP auprès d'un échantillon de 602 cadres âgés de 25 à 35 ans.
2. Enquête réalisée en 2004 auprès de 7000 cadres.
3. Voir *Le Monde* du 16 octobre 2004.

3. Conclusion

Les salariés veulent être vus comme des personnes. Le respect de la maxime énoncée par Kant : « Agis donc de telle sorte que tu traites l'humanité, aussi bien dans ta personne que dans la personne de tout autre, toujours en même temps comme une fin, et jamais simplement comme un moyen » conduit à une vision déontologique plutôt qu'utilitariste de la gestion des ressources humaines.

La logique économique n'est pas la seule manière de discriminer ce qu'il est bien ou mal de faire dans une entreprise. Cependant, chercher à respecter une éthique axée sur les droits des salariés (droit au travail, à la vie privée, à une rémunération équitable…) est difficile :

- cela conduit à une vision statique et intemporelle de l'éthique au travail qui nie l'importance de son intégration dans le contexte institutionnel ;
- le respect de certains droits est délicat ;
- il n'est pas évident de justifier l'existence de pratiques qui ne contribuent pas positivement aux objectifs de performance.

Plus globalement, dans le contexte organisationnel, l'idée que les salariés ne peuvent être utilisés comme un moyen d'atteindre les objectifs organisationnels est intenable. Si les individus sont employés, c'est bien pour contribuer à la réalisation de tels objectifs. Il convient alors de suggérer l'amendement suivant : les individus ne doivent pas être utilisés exclusivement comme un moyen. L'organisation doit reconnaître l'existence de leurs intérêts et buts propres.

Par ailleurs, le développement des réflexions en matière de responsabilité sociale de l'entreprise permet d'aller plus loin et de passer de l'engagement éthique (parfois purement discursif) à l'action :

- en développant des processus de dialogue et de concertation afin de faire émerger les attentes de chaque partie prenante, de débattre des valeurs de l'entreprise et de ses grandes orientations. Ces démarches de négociation représentent un vrai enjeu social mais ne suppriment pas pour autant le pouvoir de direction qui apporte vision et sens et qui, au final, doit savoir arbitrer ;
- en mettant en place des processus d'évaluation avec des indicateurs permettant de se fixer des objectifs et de suivre leur évolution.

Chapitre 25

La reconnaissance du consommateur

Jacques ORSONI

Si le commerce remonte à la nuit des temps, le marketing, lui, est récent. Depuis que les entreprises, quelle qu'en soit la forme, sont apparues au fil de l'histoire, les gestionnaires ont tenté de déceler les occasions de ventes qui s'offraient à eux, afin d'écouler les biens produits à des prix permettant de couvrir le total des coûts et de dégager un bénéfice. Ces opérations constituent l'essence même de la fonction commerciale.

Or, de nos jours, cette fonction se trouve guidée par la logique du marketing. Ce dernier terme et les pratiques qu'il implique sont apparus aux États-Unis d'abord, puis en Europe, après la Seconde Guerre mondiale, à un moment où de grands bouleversements économiques et sociaux se produisaient. La population croissait et la fraction des disponibilités monétaires qui excédait les besoins de base augmentait. Partant, les marchés s'élargissaient. Ils se développpaient d'ailleurs d'autant plus que les moyens de communication se perfectionnaient. De petites entreprises, à la clientèle régionale, voyaient soudain le cercle de leurs clients déborder les frontières nationales. Par ailleurs, les techniques de distribution s'affinaient et l'apparition, au début des années soixante, des grandes surfaces en libre-service intégral, transformait fondamentalement le panorama du commerce de détail dans les pays occidentaux.

1. Le credo du marketing

Toutes ces modifications, tous ces changements entraînèrent l'obligation, pour les gestionnaires, d'aborder de manière différente les problèmes commerciaux. C'est ainsi qu'on est arrivé à penser qu'il ne convient plus de créer, dans le calme obscur des laboratoires ou des bureaux d'études, des produits qui seront imposés aux consommateurs. Ce qui est de mise, au contraire, c'est de renverser la démarche : on consulte des clients éventuels, on les observe pour connaître leurs désirs. Puis on fabrique les produits souhaités, en y joignant les services attendus. La conception que l'on se faisait des problèmes commerciaux a changé. Le consommateur doit occuper le centre du monde managérial. Tel est le *credo* du marketing, qui substitue la logique du besoin à la logique de la technique et pratique un raisonnement centripète, partant du consommateur pour aller vers l'intérieur, à savoir ce que l'on produit donc ce que l'on vend. Au fond, il ne s'agit pas, comme on le pensait précédemment, de pousser le produit, grâce à tous les artifices de la promotion, mais il convient de satisfaire le public. Un maître du marketing naissant, Théodore LEVITT, n'hésitait pas à proclamer : « *ne vendez plus des produits, vendez des satisfactions* ».

Si le marketing est d'abord tournure d'esprit (market minded), il consiste aussi en l'adoption d'un comportement scientifique par les managers occidentaux. Le marketing s'appuie sur des études quantitatives et qualitatives qui font appel aux sciences humaines, aux statistiques, à l'informatique. Plus encore, il pratique la validation des hypothèses que les responsables posent, à la suite de véritables expérimentations. En marketing, on soumet toutes les variables d'action: les qualités physiques du produit, son nom (la marque), son habillage (le conditionnement), son prix, sa publicité même, à des tests qui permettent d'améliorer la formule finale. On utilise des techniques de créativité destinées à engendrer les idées de nouveaux produits. Enfin, le marketing oriente la stratégie de la firme, car il est à la racine du choix des domaines d'activité stratégique: les couples produits/marchés que l'entreprise exploite.

On peut donc tenter de rassembler dans une définition ce que nous venons d'exposer : le marketing est une démarche qui, fondée sur l'étude scientifique des attentes des consommateurs, permet à l'entreprise, tout en atteignant son objectif de rentabilité, d'offrir au consommateur un produit ou un service adapté. Si l'on admet, dans une perspective soucieuse du bien de tous, que la finalité première de l'économie consiste à servir la vie des hommes, le marketing présente alors de grands avantages. Il permet de satisfaire les besoins vitaux, qui ne restent jamais les mêmes. Ces derniers se transforment et grandissent; liés à la culture induite par et pour l'homme, ils dépendent par conséquent de l'histoire. Tant que ce processus se déroule de cette manière idéalisée, le marketing reste un bon outil de management. Mais nous allons voir qu'il n'en va pas toujours ainsi; le marketing n'est pas une panacée ; il ne reconnaît pas toutes les aspirations des personnes.

2. Les failles du marketing

De graves défauts proviennent de pratiques perverses des gestionnaires commerciaux. On peut classer les reproches sous deux rubriques : d'une part, l'efficacité du marketing n'est pas aussi grande qu'on le prétend. Ainsi ne permet-il pas d'atteindre le but qu'il se fixe, celui de mieux servir les consommateurs ; d'autre part, sa validité est remise en cause, certains objectifs du marketing apparaissant franchement mauvais pour l'homme.

Concernant la critique d'inefficacité relative, trois motifs d'accusation sont avancés :

▶ Le premier concerne l'accélération du vieillissement des produits. De fait, il existe bien des cas où les responsables de marketing programment un vieillissement précoce des produits. Ainsi la création de modes nouvelles par les stylistes de vêtements ou de nouvelles carrosseries par les designers contraint le consommateur, soumis à la pression collective de l'effet d'imitation, à renouveler sa garde-robe ou à changer de voiture avant l'heure. Parfois une modification de la forme du produit, par exemple d'un appareil ménager, rend périmées les pièces de rechange et oblige à acheter un nouveau modèle. Pire encore, dans certains cas, on va jusqu'à introduire dans la texture du produit un élément fragile qui s'use avant les autres et pousse au renouvellement ;

▶ La seconde critique a trait au sacrifice des équipements collectifs causé par la multitude de biens individuels, attirants mais inutiles, et dont la production semble rentable. Par exemple, en matière de protection de la nature, l'entreprise est rarement sollicitée pour assurer la destruction collective des déchets qu'engendre l'emploi de ses propres produits. La collectivité paye la dépollution ;

▶ Enfin, la dernière critique porte sur la stérilisation de l'innovation technique que provoque le marketing. De fait, on présente souvent une modification mineure, la transformation d'un conditionnement ou le changement d'une marque par exemple, comme une nouveauté bouleversante. En outre, comme la recherche et le lancement de produits nouveaux coûtent très cher, maintes entreprises préfèrent attendre que le produit du concurrent ait fait ses preuves avant de le copier (stratégie « me too ») tout bonnement.

Mais d'autres critiques, plus essentielles, sont adressables au marketing. Elles portent, nous l'avons relevé, sur les objectifs de la fonction commerciale :

▶ La première concerne le domaine d'exercice du marketing. Ce dernier a vu le jour dans les entreprises, à la fin de la Seconde Guerre mondiale, à une période où régnait encore, en Europe du moins, une forte pénurie. Que le marketing aide à rationaliser la production et à augmenter le niveau de la consommation, rien ne paraît plus légitime. En revanche, il devient dangereux lorsque son domaine déborde celui du commercial. Ainsi présenter un programme politique ou vendre un candidat en recourant aux méthodes du marketing risque de conduire à la démagogie. Le peuple entendra ce qu'il désire entendre, même si la promesse est futile ou malsaine ;

▷ Aussi grave paraît être la seconde critique. Elle vise tout simplement à contredire le principe de suprématie du consommateur. En effet, la pratique réelle des entreprises ne consiste pas, comme l'affirment les zélateurs du marketing, à observer les besoins des consommateurs pour leur proposer des produits adéquats. Les souhaits des clients éventuels sont en fait orientés, voire provoqués, pour que le produit, déjà conçu, trouve un bon accueil. Si l'on persiste à proclamer la royauté du consommateur, celui-ci, pour reprendre l'expression consacrée, n'en reste pas moins « un roi sans couronne ». Au moment où d'aucuns rêvaient, ingénument peut-être, d'un marketing généralisé à toute la vie sociale, d'un marketing sociétal tourné vers la satisfaction du client et le bien-être à long terme du consommateur, GALBRAITH, dès les années soixante, a bien montré que relève de l'illusion la croyance selon laquelle l'initiative appartient aux consommateurs, dont les injonctions commanderaient toute la stratégie des firmes. À la filière classique, il convient d'opposer la filière inversée : les entreprises commencent par créer, par façonner une demande pour les produits, à coup de manipulations publicitaires. Elles offrent ensuite, sans risque, un bien qui correspond à des désirs à vrai dire programmés. La demande n'est alors plus autonome, mais, modelée par les firmes; elle devient tributaire de l'habileté ou du cynisme des responsables de marketing.

Toute la controverse s'articule autour de la notion de besoin. De fait, la logique marketing consiste à découvrir les besoins des consommateurs pour leur proposer ensuite des produits sur-mesure. Mais de quels besoins s'agit-il ? De besoins réels ? Solvables ? Individuels ? Provoqués ? Collectifs ? Existe-t-il d'ailleurs des différences entre un besoin essentiel révélé et un besoin artificiel suscité ? Oui, sans doute, mais les limites, il faut en convenir, restent floues.

En bref, le bien-être du consommateur n'est peut-être pas, en dépit des affirmations répétées, l'objectif du marketing. Le passage par la satisfaction du consommateur ne représente qu'un détour, qu'un moyen au service de fins différentes : la recherche du profit ou la volonté de puissance des dirigeants d'entreprise. Si la réponse à la question de savoir « que produire et que vendre ? » n'est pas toujours guidée par le souci de la personne, il faut cependant observer que, depuis quelques années, les spécialistes s'interrogent et proposent de modifier leurs objectifs et leurs méthodes.

3. À la recherche d'un marketing personnalisé

Certains observateurs estiment que les consommateurs ont évolué. Dans les années quatre-vingt-dix, serait même apparu un nouveau consommateur, « consommateur caméléon » selon l'expression de Bernard DUBOIS, qui achète en fonction des circonstances et de son humeur. Il est plus prudent, mieux informé, en quête de nouveautés, versatile donc moins fiable, exigeant sur la qualité des produits et des services. C'est ainsi que le nouveau consommateur recherche de plus en plus la traçabilité du produit, une labellisation, une certification de la qualité, des appellations d'origine contrôlées par exemple. En définitive, ce client, plus soucieux de ses intérêts et surtout mieux à même de les défendre, peut être considéré comme un expert dont les entreprises doivent intégrer les aptitudes nouvelles dans leur politique de marketing.

Le client est considéré comme un partenaire, un coproducteur qui participe à l'élaboration des produits et des services et qui oblige à envisager des adaptations organisationnelles dans l'entreprise. Cette idée d'un client coproducteur qui caractérise les relations commerciales d'entreprise (business to business), engendre de nouvelles relations, ainsi les rapports entre les entreprises de production, le distributeur et le consommateur s'entremêlent de plus en plus. Au fond, le client, qu'il s'agisse d'un consommateur ou d'une organisation, devient un partenaire, mieux encore une personne avec laquelle on n'effectue pas des transactions anonymes et épisodiques, mais avec qui on s'efforce de construire une relation privilégiée. Le marketing « one to one » désigne ce passage d'un marketing transactionnel à un marketing relationnel.

Pour nouer des liens plus étroits, plus constants, plus personnels entre l'entreprise et ses clients, voire plus largement entre la firme et son personnel, on s'emploie à développer la confiance que les partenaires de l'entreprise éprouvent pour elle. On considère la confiance comme un sentiment de sécurité, comme l'assurance psychologique ferme de celui qui se fie aux produits, aux services, aux marques, aux promesses des responsables du marketing d'une entreprise. C'est sur la confiance que devrait reposer le succès d'un marketing relationnel performant. En effet, les relations de confiance, que les responsables du marketing vont établir avec leurs clients, incitent à adopter des pratiques plus vertueuses, donc moins opportunistes.

Ainsi résistera-t-on à la tentation douteuse de réaliser une belle affaire à court terme sans mesurer ses effets néfastes à long terme. Dans le cadre de partenariats (trade-marketing, B to B), on montera avec le partenaire des opérations d'autant plus ambitieuses et prometteuses qu'on a foi en la solidité de ses engagements.

Comme le management stratégique prône une gestion plus morale (business ethics), le marketing cherche à instaurer des pratiques plus vertueuses, car la confiance se perd lorsqu'elle est déçue. À une époque où l'on se réfère d'autant plus à l'éthique que fleurissent les « affaires », on doit formuler le vœu suivant : que le marketing parvienne à développer des relations effectives de confiance, de sécurité, s'appuyant sur des promesses fermes et solides, car sinon le consommateur ne pourra donner sa « foi » à l'entreprise et nul ne pourra s'étonner alors de son infidélité. L'opportunisme reproché au consommateur provient souvent de pratiques douteuses qui, sous couvert de recherche d'efficacité, conduisent à un anti-marketing.

Au-delà des considérations générales sur les liens entre marketing et éthique, qui portent prioritairement sur la politique de communication, on voit se développer l'idée d'un commerce équitable qui garantit la protection de l'environnement, une juste rémunération pour les producteurs, des conditions de fabrication protégeant les personnes démunies.

Exemple

Monoprix référence des cafés sous la marque *Max Havelaar*.

Pour personnaliser le contact, dans le cadre d'un marketing relationnel, les managers disposent d'outils informatiques et de communication de plus en plus performants. C'est ainsi que la majorité des grandes entreprises ont constitué des bases de données réunissant une multitude de renseignements sur chaque client potentiel.

Exemple

Procter & Gamble a créé une nouvelle marque *Reflect* qui n'est vendue que par Internet. Les acheteuses précisent leurs caractéristiques (couleur de peau, mode de vie, habitudes de maquillage, etc.) et le site leur propose des produits adaptés. 50 000 combinaisons sont réalisables !

Tout le mouvement évoqué trouve son aboutissement dans le « customer relationship management » (CRM), autrement dit la gestion de la relation avec le client. Le CRM peut se comprendre comme un perfectionnement du marketing direct, auquel il ajoute l'interactivité : le client répond aux sollicitations des marketers. Visant autant la conquête que la fidélisation pour améliorer la satisfaction et augmenter ainsi le capital client, le CRM permet d'abord d'identifier les meilleurs clients potentiels, puis de les attirer par une offre finement adaptée, enfin de les garder fidèles en nouant avec eux une relation qui se veut gagnante/gagnante.

Les transformations de la société, les progrès technologiques ont conduit quelques observateurs à penser qu'un nouveau monde naissait et qu'en conséquence un marketing « post-moderne » devait prendre la place d'un marketing révolu. On a donc vu certains auteurs critiquer le modernisme rassis et dessiner les contours de l'âge futur. Toutefois, les vues des uns et des autres divergent. Certains prétendent que les consommateurs post-modernes seront caractérisés par l'individualisme et cultiveront la recherche de l'originalité forcenée. D'autres spécialistes considèrent que l'individua-lisme sera passager et qu'au contraire, la société évoluera vers des commu-nautés à la recherche d'émotions collectives. Société froide fondée sur des comportements individuels ou société chaude dans laquelle s'ébroueront de nombreuses tribus ? Le débat n'est pas tranché.

Sites internet

www.aarm.org, site de l'Association for Advancement of Relationship Marketing.
www.planeteclient.com, portail de la relation client.
www.cio.com/research:crm, site du CRM research center.
www.crmba.com, site de la CRM Benchmarking Association.
www.i-km.com, site orienté CRM.

Chapitre 26

Les attentes du personnel de vente

Dominique BALLOT
Gérard GIMENEZ

Mercure, dieu du commerce, est aussi celui des voleurs. L'image de la vente porte ainsi en elle une connotation fortement négative, en contradiction avec la réalité du métier de vendeur et avec les besoins des entreprises, en particulier les distributeurs spécialisés.

GALLIBIER (1994) indique que « *l'image du vendeur est celle d'un autodidacte qui peut tout vendre à n'importe qui par le simple effet de son bagout et de son charme* ». Or, cette image a vécu, un marchand n'est plus un colporteur, il possède un étal et le client vient à lui. La vente moderne doit être considérée comme un acte de management qui requiert écoute, analyse et proposition. Le vendeur est maintenant considéré non pas comme voulant vendre n'importe quoi, à n'importe qui et à n'importe quel prix mais plus comme un gestionnaire de centre de profit dont l'objectif est de répondre à des besoins plus ou moins exprimés par le consommateur. L'objectif étant de satisfaire au maximum le client pour que celui-ci renouvelle son acte d'achat ; l'objectif n'étant pas de vendre mais de revendre. SPRIMONT (2003, p.20) marque bien la différence entre vendeur et commercial : « *le vendeur est un savoir-être, une aptitude à entrer en contact et à convaincre. Le commercial fait référence à un métier, un savoir et une connaissance technique* ».

Nos propos vont essentiellement être illustrés par nos expériences dans le domaine de la distribution spécialisée dont les chaînes succursalistes de l'habillement représentent un effectif d'environ 95 000 salariés (CNSH 2004.)

1. Reconnaître le métier de vendeur

La vente dans la distribution spécialisée est un métier qui s'exerce dans un environnement changeant, dans une situation unique, pour des circonstances particulières. C'est un métier qui intègre une palette de savoirs très variés, en particulier la psychologie, la sociologie, la gestion et pour certains cas, la fabrication et l'esthétisme. L'écoute et la curiosité, la communication et la réactivité, nous paraissent être des qualités essentielles requises par les vendeurs.

La vente est par conséquent un métier aux savoirs très larges permettant :

▶ soit d'accroître ses compétences de généraliste en prenant de plus en plus de responsabilités au sein des structures dans lesquelles se situe le vendeur ;

▶ soit en approfondissant des disciplines particulières, de prendre des responsabilités plus spécifiques, telles que acheteur ou responsable de l'identité visuelle, ou bien encore logisticien.

La vente peut ouvrir une large possibilité de métiers sous réserve d'être mobile. C'est un paramètre qui devient vite essentiel à l'évolution de carrière. La carrière traditionnelle en magasin propose une évolution verticale : vendeur, vendeur qualifié, responsable de magasin. La mobilité est un critère d'évolution transversale, un responsable de magasin pouvant ainsi varier ses expériences en prenant la tête de magasins plus importants en termes de chiffres et donc de rémunération. Un bon vendeur doit être autonome, doué de capacités d'initiative. Il doit être aussi écouté par sa direction et participer aux décisions qui le concernent.

L'évolution des mentalités rend la dimension de la vente de plus en plus importante. En effet le vendeur doit à la fois répondre aux attentes de ses clients et de son encadrement, celles-ci pouvant être antagonistes. Wotruba (1990) et Nilles (1999) ont identifié cinq dimensions complémentaires de l'éthique du vendeur :

▶ altruisme : considérer tous ses clients de la même manière ;

▶ justice : respecter les aspects juridiques de la vente ;

▶ prudence : donner des informations exactes aux clients ;

▶ courage : conserver son indépendance d'esprit ;

▶ tempérance : ne pas chercher à manipuler abusivement le client.

Le métier de vendeur est ainsi au cœur de la modernité. Comme le soulignent Zeyl et Dayan (2003), « *la force de vente doit donc aller au-delà de la communication de valeurs et adapter l'offre au client, le rassurer, renforcer les contextes sociaux, résoudre ses problèmes, trouver des solutions pour lui, être son avocat au sein de l'entreprise.* »

Le vendeur doit bénéficier d'un contexte commercial favorable. Pour cela, il s'attend à être bien formé sur les produits/services qu'il doit vendre, à avoir des objectifs clairs et réalistes et en même temps jouir d'une certaine autonomie. En outre, pour être encore plus efficace, le vendeur s'attend à pouvoir agir dans un univers de commerce à taille humaine, attractif tant par ses produits que par son ambiance. Puisqu'il est de fait au cœur du système productif, le vendeur doit maîtriser l'ensemble de l'offre : client, produit, offre concurrente (entreprise et produits). Il est donc nécessaire de l'informer sur les clients et les tendances du marché. En contrepartie, il s'attend à être écouté pour contribuer à l'anticipation des tendances de la demande. Il est, comme l'indique BERGADAA (1993), « *un acteur impliqué dans la prise de décisions stratégiques au niveau du magasin* ». Le vendeur participe au succès de l'entreprise et en attend de la reconnaissance. De par sa fonction, il représente publiquement l'entreprise : « *celle-ci met entre les mains du commercial son actif le plus important : le client* » (SPRIMONT, 2003, *op.cit.*).

L'intégration au sein d'une équipe est un temps fort, il s'agit de faire adhérer les nouveaux collaborateurs, quelle que soit leur expérience, aux valeurs de l'enseigne.

Exemple

Une chaîne de distribution spécialisée décline ses valeurs autour des notions d'ouverture, de plaisir et de sérieux. L'ouverture correspond à la curiosité et au fait que les magasins soient ouverts sur l'altérité ; le plaisir, parce que l'achat de produits culturels, de mode ou de maison valorise le client dans un marché dominé par la valorisation de soi ; le sérieux, parce que l'équipe de vente représente l'entreprise et ses produits. Après son intégration en magasin, tout nouvel embauché devrait être systématiquement convié au siège de l'enseigne pour une journée d'accueil dont la finalité serait de donner de la visibilité sur son organisation et son fonctionnement.

2. Reconnaissance et contrôle

La performance commerciale de l'entreprise dépend en partie de la performance de ses vendeurs. Si les qualités propres de ces derniers sont indispensables à l'atteinte des objectifs commerciaux, l'organisation mise en place conditionnera la performance des vendeurs. Toutefois, faire accepter au vendeur le principe de la mesure de la performance, de l'évaluation et des propositions d'actions correctrices est fondamental et indispensable. En effet, le vendeur doit comprendre l'importance du contrôle mis en place et y adhérer. Le contrôle est bidirectionnel (vendeur et entreprise).

D'après Zeyl A. et Dayan A. (2003) pour le vendeur, le contrôle peut s'inscrire dans la recherche d'une certaine justice et impartialité, et ainsi lui permettre de bénéficier :

- d'une appréciation comparative des valeurs individuelles ;
- du maintien de l'égalité des chances ;
- d'une aide pour se situer par rapport à sa carrière et l'entreprise ;
- d'une aide pour améliorer sa formation ;
- de la possibilité d'évoluer dans l'entreprise.

Pour l'entreprise, le contrôle de sa force de vente lui permet :

- de discerner les qualités des vendeurs ;
- de favoriser la promotion interne ;
- de faciliter la comparaison et la sélection ;
- de découvrir les besoins en formation ;
- d'établir les normes pour les recrutements ultérieurs ;
- d'avoir une meilleure connaissance du profil de l'équipe ;
- d'avoir l'assurance d'une saine gestion à long terme et d'un climat de travail satisfaisant.

Cette politique de contrôle s'accompagne d'une politique de rémunération, mécanisme essentiel pour orienter les efforts des vendeurs vers les objectifs de l'organisation.

Au-delà du contrôle de la performance et de la rémunération, le vendeur peut aussi attendre de la part de l'entreprise une position éthique clairement établie. Selon Dubinski *et al.* (1992), si les variables démographiques telles que le sexe, l'âge ou le niveau d'étude, peuvent influencer le comportement éthique du vendeur, l'action de l'encadrement permet d'orienter son comportement éthique. Un code éthique émis par l'entreprise selon des procédures formalisées peut ainsi permettre aux vendeurs d'identifier clairement les comportements proscrits et les pratiques commerciales jugées non éthiques et donc interdites (Robin et Reidenbach, 1987).

L'objectif de l'entreprise est de fidéliser ses vendeurs. Se pose alors la problématique paradoxale de devoir réunir deux données contradictoires, d'un côté le besoin de « zapper » du vendeur, et de l'autre la durabilité des performances de l'organisation. Il faut donc trouver un juste équilibre qui permet à la fois de répondre au besoin impérieux de changement et d'inscrire un développement dans la durabilité.

Le vendeur s'attend à ce que l'entreprise lui permette :

- d'accroître son autonomie par la formation ;
- de rendre lisible sa carrière par des perspectives variées à moyen terme ;
- de développer son esprit « entrepreneurial ».

Malgré les systèmes de prévoyance que mettent en place les entreprises, les vendeurs peuvent rester insensibles à ce type d'actions. Certaines entreprises ont développé des enquêtes d'opinion pour connaître le degré de satisfaction de leurs personnels sur le management global et connaître leurs attentes dans le domaine des ressources humaines.

3. Reconnaître par les perspectives de promotion

La distribution spécialisée propose un univers de commerce à taille humaine bien différent de celui de la grande distribution auquel on a tendance à les comparer voire à les assimiler. C'est un univers fait pour valoriser les visiteurs, où les produits sont mis en scène pour stimuler leur imagination et leur permettre de s'inventer des histoires. Elles apportent aux vendeurs souvent jeunes des méthodes, des savoir-faire, des expériences qui construisent des *curriculum vitae*. Elles offrent aussi des carrières à long terme.

La vente est un métier complexe, varié et plein de finesse, encore souvent laissée-pour-compte dans les plans de formation, y compris par des entreprises dont c'est le cœur de métier. La formation interne apporte les connaissances nécessaires pour permettre au vendeur de se sentir prêt à faire du client quelqu'un d'immédiatement heureux et de durablement satisfait. L'achat est ludique, c'est un moment de plaisir et de reconnaissance associé pour le vendeur et le client. La vente est un métier d'aide et de valorisation réciproque. Le client sollicite le conseil du vendeur pour l'aider à trouver le produit qui va le valoriser auprès de sa famille, de son employeur ou pour une circonstance particulière. Le vendeur, par la qualité de sa réponse, va participer à la réussite de l'événement, c'est un partenaire important. Satisfaire durablement le client, c'est donner du sens au métier de vendeur et donner du sens, c'est ce qu'attend tout un chacun de son travail.

La vente est un métier riche et varié qui conjugue différents talents, qui joue un rôle social important. Le vendeur devient un acteur économique efficace, reconnu et durable. Le métier de vendeur constitue donc un véritable ascenseur social.

Chapitre 27

Reconnaître les seniors au travail

Eléonore MARBOT
Claire KOMISAROW

Pendant trente ans, tout a été fait pour favoriser le départ des seniors dans l'entreprise. Aujourd'hui le creux démographique, engendré par le baby-boom et le baby-gap qui a suivi, change la donne. La loi du 21 août 2003 (dite loi Fillon) impose le passage d'une culture de retrait précoce du marché du travail à un développement des capacités de travail des salariés les plus expérimentés. À 50 ans, commence la deuxième partie de la carrière et non la fin du parcours professionnel.

Il serait illusoire de croire que le nouveau contexte (non-renouvellement des générations des partants et pénurie de compétences) suffise à introduire de nouvelles logiques. Des politiques volontaristes de gestion des âges, à l'opposé de celles précédemment suivies, sont nécessaires. Connaître les souhaits et les comportements des seniors au travail devient donc indispensable pour que l'entreprise ait les moyens de les garder engagés. La logique de l'acquisition, du développement, de la conservation et de la valorisation des compétences des travailleurs en deuxième partie de carrière doit remplacer celle de l'exclusion. Valoriser et reconnaître le travail des seniors est nécessaire pour accompagner la fin des cessations anticipées d'activité.

1. Le sentiment précoce de fin de vie professionnelle

Les réformes des retraites, de 1994 et 2003 obligent les organisations à réintégrer et à garder la plupart des seniors au-delà de 60 ans et jusqu'à 65 ans. Les entreprises vont donc se trouver confrontées à la question suivante : comment les conserver motivés et engagés alors que, majoritairement, ils pensaient partir bien avant ?

La notion de sentiment de fin de vie professionnelle (SFVP) permet de comprendre l'engagement des seniors au travail. Le SFVP est l'acceptation par l'individu des changements des engagements de sa vie. Ce sentiment se traduit par six manifestations, étroitement liées :

◗ Un désengagement au travail : l'individu réduit la place qu'il accorde à son travail, et au travail en général. Le travail représente pour ces seniors en SFVP, un quotidien obligatoire mais non essentiel. C'est un moyen et non une fin. Leur engagement au travail est donc très faible. Ils expliquent leur détachement par l'évolution de la relation âge/travail. Tous admettent qu'ils n'ont pas été tout au long de leur carrière aussi peu engagés dans leur travail. Mais suite à un échec, aux conséquences de leur âge (fatigue), à leur évolution psychologique ou familiale, ils se sont désengagés ;

◗ Un recentrage sur soi : le salarié a décidé, parce qu'il se sent dans une autre phase de vie de se consacrer à lui-même, d'écouter ses nouveaux rythmes, de réaliser ses propres désirs. Il relativise l'importance qu'il accorde à son image sociale et donc l'influence des autres sur lui ;

◗ Une évolution des rôles : le salarié modifie la nature et la place qu'il accordait à chaque sphère sociale (professionnelle, familiale et personnelle). Il privilégie désormais des rôles familiaux, ou qui ne concernent pas le travail ;

◗ Une évolution des objectifs de vie : l'âge a provoqué chez les salariés des changements d'aspirations, de désirs et donc d'objectifs qui concernent désormais des domaines privés ;

◗ Une évolution vers l'intégrité : les individus travaillent sur l'acceptation de leur seul et unique cycle de vie. Ceux qui se sentent en fin de vie professionnelle expliquent que la vieillesse est une de leur grande préoccupation. Certains l'ont acceptée. Les autres admettent qu'ils y travaillent. Ils ont pris, ou sont en train, de prendre conscience de leur relative vieillesse, soit à cause de leur condition physique qui se dégrade et des problèmes de santé qu'ils rencontrent, liés selon eux à l'âge, soit par le décès d'êtres familiers. Ils détaillent longuement leur « déclin », tout en le relativisant par rapport au quatrième âge « vraie vieillesse ». La mort fait partie intégrante de leur réflexion sur leur vieillissement ;

▶ Une acceptation de son âge : les individus acceptent d'appartenir à un groupe d'âge et donc l'image de leur âge.

Tous les seniors ne sont pas en sentiment de fin de vie professionnelle. Ceux qui n'ont pas le SFVP considèrent encore le travail comme un élément central et fondamental de leur bien-être psychologique et donc de leur bien-être dans les autres sphères sociales. Seniors et entreprises partagent donc l'objectif d'éviter le sentiment précoce de fin de vie professionnelle (SPFVP). Le sentiment est dit précoce lorsqu'il apparaît avant l'âge possible de départ à la retraite.

Avoir ou ne pas avoir le SFVP n'est donc pas une question d'âge ! Il est provoqué dans la plupart des cas par les politiques ressources humaines que les seniors considèrent comme dévalorisantes.

2. Des pratiques ressources humaines à revisiter

Le sentiment précoce de fin de vie professionnelle est créé, par des politiques ressources humaines perçues comme discriminantes par les seniors. Recensons en quelques-unes.

L'entretien d'évaluation

Dans certaines entreprises, à partir d'une certaine expérience (et non d'un certain âge), les salariés expérimentés considèrent ces entretiens comme dépassés. Certains estiment que ces entretiens ne sont pas utiles, parce qu'ils n'auront pas d'effet sur leur avenir organisationnel. Tout le « bla-bla » scolaire des entretiens est inadapté à ce public qui en a vu bien d'autres, qui souvent est déjà grand-père ou grand-mère et à qui on ne peut plus dire si le comportement convient ou non. Enfin, comme leur âge les place dans la partie haute des rémunérations, ils pensent sans doute que l'entretien n'aura pas d'incidence sur leurs revenus.

D'autres estiment qu'à plus de 50 ans, il n'est plus nécessaire d'évaluer leur travail, leurs comportements et leurs compétences.

On peut se demander si ces salariés n'éprouvent pas déjà le SPFVP. En effet, les salariés, qui au contraire, pensent que l'entretien peut encore avoir un impact sur leur avenir, désirent continuer à se prêter à l'exercice. Et s'ils perçoivent, soit de la part de leur manager, soit du service ressources humaines, une inéquité lors des décisions de rétribution en matière d'âge, ils développeront un SPFVP. À la fois le processus et le contenu doivent être revus en totalité par les entreprises pour cette cible si elles veulent continuer à les garder impliqués.

La formation

La formation est une des conditions d'une adaptation efficace aux changements techniques et organisationnels. Or, le consensus sur les temps sociaux en France, conduit plutôt à considérer qu'aucune formation n'est possible après la cinquantaine. La même attitude s'exprime quant aux capacités d'adaptation et donc de mobilité à cet âge. Plus des deux tiers des salariés formés en France ont moins de 45 ans. Sans formation, le cercle vicieux de la baisse de performance et du potentiel des salariés est amorcé, et plus rien ne peut le briser. Les travaux portant sur l'accès à la formation continue ont souligné l'inégalité d'accès en fonction de l'âge. Ce processus est aggravé par le fait que les travailleurs âgés ont repris à leur compte les stéréotypes qui les concernent. La résistance au changement attribuée aux quinquagénaires repose sur le fait qu'ils sont moins confrontés aux occasions de changement que les plus jeunes. Mais ils sont en réalité tout aussi ouverts que leurs cadets.

Parallèlement, il est prouvé que s'il n'y a pas de différence dans les capacités d'apprentissages des jeunes et des anciens, s'ils ont été formés régulièrement, les voies d'apprentissage ne sont pas les mêmes : l'ingénierie de la formation des seniors doit être revisitée. « Attendre d'un senior qu'il reste huit heures sur sa chaise à entendre la bonne parole tient du fantasme pur et dur. Au bout d'une demi-heure les seniors baillent à s'en décrocher la mâchoire, ont mal au dos et aux fesses et trouvent l'intervenant « paléonthesque » [1] ». Si les seniors sont demandeurs de formation, ils attendent qu'elles soient utiles, concrètes et qu'elles tiennent compte de leur savoir-faire accumulé par des années de travail.

Pour éviter le sentiment de fin de vie professionnelle des seniors, il faut leur ouvrir largement l'accès à la formation en choisissant des modalités adaptées à leurs attentes et à leurs capacités d'apprentissage.

La mobilité

Certains seniors, contrairement aux idées reçues souhaitent, changer de poste. Soit parce qu'ils connaissent trop bien leur travail, soit parce qu'ils ont vécu tout au long de leur vie professionnelle, de nombreux changements et qu'ils souhaitent conserver ce rythme qui les satisfait toujours et auquel ils se sont habitués.

Lorsque l'individu connaît trop bien son travail, il n'a donc plus rien à apprendre. Il commence à s'ennuyer. Il désirerait soit que l'entreprise l'investisse de nouvelles missions ou lui propose un changement de poste.

---

1. Parole d'un senior.

Dans certains cas, le senior, parallèlement à sa mise à l'écart informelle de projet ou de mobilité, s'aperçoit que l'entreprise propose de la mobilité à d'autres, souvent plus jeunes. Pour ne pas se retrouver en position d'échec, le senior commence à mettre en place la parade que représente le sentiment de fin de vie professionnelle.

Dans de nombreux cas, les entreprises ne peuvent plus aujourd'hui assurer au salarié une progression hiérarchique. Par contre, l'image de la progression hiérarchique peut être réévaluée. L'entreprise peut relativiser la valorisation que cette progression apporte à l'individu, surtout pour les seniors et, par contre, valoriser les rôles de coordinateur, consultant interne, formateur ou mentor. Certaines grandes entreprises, s'apercevant qu'elles s'étouffaient elles-mêmes en réservant les promotions et la gestion des carrières aux 30/45 ans, ont décidé de revoir la temporalité des carrières internes. Allonger la période d'apprentissage, retarder les mobilités tout en les rendant plus systématiques, intégrer des temps de formation (sur le tas et traditionnelles) permettent ainsi d'assurer une gestion des compétences sur le long terme et une mobilité hiérarchique équitable à tout âge.

Les politiques ressources humaines qui permettent de retenir un senior heureux au travail possèdent un dénominateur commun : elles ne doivent pas être perçues par les seniors comme discriminatoires. Les discriminations par l'âge sont ressenties par les salariés expérimentés comme dévalorisantes. Cette perception provoque le SPFVP : si les seniors se sentent exclus par l'entreprise, ils réduisent leur engagement au travail et pour le développer dans d'autres sphères.

3. Inventer le management des seniors

Le manager doit être le pilier de la mise en œuvre de ces pratiques équitables de gestion des ressources humaines. En effet, le management a un rôle important parce qu'il est le premier à véhiculer les pratiques de ressources humaines, et qu'il est le seul à pouvoir les mettre en œuvre. Le management des seniors va devoir s'inventer.

Valoriser

Les seniors sont très sensibles à toutes les marques de reconnaissance. La perception de leur niveau d'équité dépend très largement des signes de reconnaissance qu'ils reçoivent. Tout comportement managérial dévalorisant l'âge et l'expérience, crée de la souffrance chez les quinquagénaires. Le comportement scolaire de certains jeunes managers devra voler en éclats. Si le senior n'a rien contre un manager plus jeune, il ne supporte pas qu'on lui apprenne à faire son travail et que l'on dévalorise son ancienneté. Valoriser, c'est aussi savoir écouter. Par exemple, les mots maladie et mort devront être réintroduits dans le lexique du parfait manager, sans « qu'il défaille ou se bouche les oreilles[1] ».

Entretenir l'intérêt du travail

La motivation au travail est extrêmement liée à la perception de l'intérêt et de la richesse du travail. Le besoin des seniors d'avoir un travail utile pour l'organisation, c'est-à-dire qui ait du sens, est extrêmement fort. Un salarié, qui n'aurait pas de travail « intéressant », aurait l'impression que l'organisation n'attend plus rien de lui. Le salarié n'aurait plus qu'à attendre sa retraite passivement. Par intérêt du travail nous entendons richesse et autonomie. Il convient de rappeler que le vieillissement peut être caractérisé par une accentuation du besoin d'autonomie. Si ce besoin n'est pas satisfait, le senior va chercher cette satisfaction ailleurs, en dehors de l'entreprise, et se désengage. La perception d'avoir une certaine autonomie vient du supérieur hiérarchique. L'encadrement doit être fortement interpellé sur cette question en expliquant qu'un manque d'autonomie provoque, chez les plus âgés, un sentiment précoce de fin de vie professionnelle.

Le parfait jeune manager devra donc penser que les seniors peuvent s'ennuyer, eux aussi, à faire depuis 40 ans les mêmes tâches, les mêmes rengaines et qu'il faudrait penser à les ressourcer, les réintéresser, « *faute de quoi ils bayeront aux corneilles, réintroduiront le rêve éveillé dans l'entreprise ou la démission intérieure, processus très en vogue dans les années 60/70* ». Ce propos d'un senior décrit parfaitement le sentiment de fin de vie professionnelle.

Les entreprises devront garder les seniors plus longtemps. Pour que cela soit une opération gagnante pour tout le monde, elles vont devoir inventer et faire preuve de bon sens. Pour mettre en place des pratiques innovantes, il peut être recommandé aux ressources humaines de :

- sensibiliser tous les salariés de l'entreprise et surtout les jeunes managers à leur représentation des âges ;
- veiller à ce que les pratiques ressources humaines soient destinées à tous, grâce à des ratios de contrôle en matière d'augmentation, de mobilité, de formation en fonction des différents groupes d'âges ;
- veiller à ce que les pratiques ressources humaines ne soit pas discriminantes en matière d'âge.

---

1. Parole de senior.

Chapitre 28

Les attentes de reconnaissance des salariés

Jacques ROJOT
Jérôme DUVAL-HAMEL

L'attente de reconnaissance des salariés a toujours existé, mais son contenu est aujourd'hui modifié par de nouvelles attentes (Albert, Bournois, Duval-Hamel, Rojot, Roussillon, Sainsaulieu, 2003). Il s'agit le plus souvent de besoins cumulatifs et non plus alternatifs. La reconnaissance par la carrière n'est plus exclusivement privilégiée.

Ces nouvelles attentes s'articulent autour de quatre axes. Pour les qualifier, nous avons repris des expressions de salariés.

1. La reconnaissance par la rémunération

La relation au travail aujourd'hui, comme hier, demeure bien sûr soumise d'abord aux impératifs matériels : « *je travaille d'abord pour gagner ma vie* ». La place dans le monde professionnel est matérialisée par la rémunération, la qualité de l'engagement, dans une certaine mesure, aussi. C'est là une attente de reconnaissance préalable à toutes les autres.

Les types de rétributions attendus ont sensiblement évolué. D'abord dans le temps. Les gains financiers du travail doivent désormais être plus immédiats et moins décalés, car l'espérance de vie d'une entreprise, et dans une entreprise, se réduit, alors que celle de l'individu s'accroît : « *avant*, on *était prêt à faire des concessions dans l'espoir d'engranger des gains futurs.* » Aujourd'hui, les salariés veulent obtenir des garanties tout de suite. On assiste à ce que Marcel GAUCHET (GAUCHET, 2003) appelle « l'inversion de la dette sociale ». La rétribution doit précéder ou être concomitante à la contribution.

Pour beaucoup de salariés, la rémunération doit rimer aussi avec la reconnaissance matérielle de leur performance, la qualité de leur engagement, et les résultats qu'ils ont atteints. Ceci peut être obtenu par exemple par le biais d'une individualisation de leur rémunération… sans pour autant les conduire dans une situation précaire, ni blesser leur sentiment de justice et d'égalité de traitement. Dans la pratique, la différenciation reste faible. Les managers essaient de satisfaire ces attentes individuelles sans pour autant menacer l'équilibre collectif et la cohésion de l'équipe. Les décalages qui en résultent ne sont acceptés que s'ils sont temporaires et s'inscrivent dans un arbitrage avec la gestion de carrière et la gestion d'équipes. La rémunération demeure un indicateur de réussite professionnelle.

2. Être reconnu pour soi

De plus en plus, le salarié veut être reconnu comme individu, et non comme simple « agent de l'entreprise ». Cette globalité porte tant sur leur dimension professionnelle (savoir-faire, potentiels professionnels…), que personnelle (intérêts personnels et compétences extra-professionnels, projets personnels…) : « *je veux avoir dans l'entreprise une place à moi, et pas être un matricule interchangeable* ».

À ce titre, les salariés attendent une gestion « individualisée », valorisatrice de qui ils sont, et non seulement de ce qu'ils font. Ce pourrait être l'augure de la fin (temporaire ?) des modèles standards de politiques de management. C'est en effet une logique centrée plus fréquemment sur l'individu qui prend place, comme l'illustrent certains choix de vie professionnelle : arrêts volontaires de carrière, congés sabbatiques, travail nomade, reconversions, télétravail, reprise d'études… L'entreprise semble avoir intégré, voire encouragé, ce souci de soi en proposant des pratiques de développement personnel, de coaching.

Nombre de salariés attendent de l'entreprise qu'elle soit aussi un lieu d'épanouissement, et d'enthousiasme professionnels. Elle est censée offrir des mises en situation personnelle et professionnelle plus riches et plus variées que la vie privée. L'entreprise est ainsi pour beaucoup de salariés un lieu d'ouverture, pour apprendre sur soi, pour découvrir des mondes différents, pour se développer. Si les salariés sont demandeurs de nouvelles expériences, c'est aussi pour renforcer leur employabilité dans un monde du travail instable. Ils s'arment pour l'avenir.

Les attentes de participation des salariés à la vie de l'entreprise sont toujours présentes. Toutefois les déconvenues du management participatif des années quatre-vingts ont conduit les salariés à gérer leur relation au travail avec recul, exigence. Etre impliqué dans la vie de l'entreprise et dans la gestion de sa propre relation de travail est important : « *nous voulons être reconnus comme des acteurs de l'entreprise avec un regard critique, notre engagement n'est pas aveugle, il est sous condition. Nous voulons un équilibre entre ce que nous donnons et ce que nous recevons.* » D'aucuns ont évoqué ici le développement d'une logique de prestation, d'un passage du statut au contrat, d'une gestion « sur-mesure ». Les salariés aspirent à une relation employé-employeur plus équilibrée, moins « *subordonnante* », et dont les modalités seraient souvent négociées.

3. Pour une reconnaissance de l'équilibre « vie privée/vie professionnelle »

Si la valeur travail existe toujours, elle n'est plus unique. Nous avons constaté avec quelle force les salariés aspirent à mener conjointement vie privée et vie professionnelle. « *On ne veut plus sacrifier sa vie privée à l'entreprise comme l'ont fait nos parents* ». Ce souci d'équilibre déjà évoqué dans les années soixante-dix[1], prend aujourd'hui une dimension plus revendicative et cumulative : il faut réussir et sa vie privée et sa vie professionnelle.

Deux raisons principales expliquent cette évolution. La crise de l'emploi des années quatre-vingt-dix a conduit les salariés à prendre plus de distance vis-à-vis de l'entreprise. Certains ont vu leurs proches malmenés par l'entreprise. Beaucoup ont connu le chômage et certains d'entre eux ont eu des statuts précaires avant leur insertion. En réaction, « *aujourd'hui, on diversifie ses ancrages, ses lieux d'investissement* ». Par ailleurs, l'émergence de la société de loisirs, la réduction du temps de travail et l'individualisme, ont repositionné la vie professionnelle par rapport à la sphère privée.

À travers cette recherche de temps personnel les salariés souhaitent être reconnus aussi pour leur vie privée, à côté de leur vie professionnelle. Il y a, et ceci est nouveau, une ambition de réussir cumulativement ces deux champs de la vie.

---

1. « Des jeunes salariés parlent librement », *Entreprise*, n° 841, 22 octobre 1971.

Encore faut-il qu'ils aient pu exprimer cette attente : « *pour l'instant l'entre-prise admet qu'on parle d'équilibre, mais on est prudent, il y aura peut-être un retour en arrière* ». Perçu par tous comme fragile, cet équilibre est pour les DRH, complexe à gérer : « *imaginez, mes 40 collaborateurs veulent un équilibre mais personne ne met la même chose derrière et en plus, chacun a des attentes qui évoluent, alors c'est un vrai casse-tête* », « *et quand ils ne sont pas contents, ils en font moins et si nous, managers, on ne fait rien pour corriger la situation, ils partent* ».

4. Être reconnu socialement et professionnellement

Les salariés attendent du travail qu'il contribue à la construction d'une iden-tité (FRANCFORT, OSTY, SAINSAULIEU, UHALDE, 1995) « *on se définit aussi par son travail. On existe par ce que l'on fait* ». Cette fonction identitaire n'est pas nouvelle, mais elle est étonnamment vive… elle a survécu. L'identité existe à travers le lien, la relation à l'entreprise et ce que l'entreprise représente dans la société. En l'absence de ce « label » social, c'est un réel manque per-sonnel qui s'exprime.

Les termes de cette reconnaissance sociale sont nouveaux. Les images tradi-tionnelles dues à la position sociale, au prestige des statuts, s'estompent au profit d'une image mixte liée à l'entreprise, dans laquelle on travaille et exerce des responsabilités, et à la sphère privée. Cette identification peut conduire à une défense de l'entreprise en cas d'attaque externe, ou à une contestation interne du rôle des dirigeants qui risquerait de compromettre l'avenir ou l'image de l'entreprise. Ceci a aussi un impact sur le choix de l'employeur : on veut travailler dans une entreprise à laquelle on peut s'identifier, et qui permettra la réalisation de projets personnels et d'accom-plissement professionnel.

La reconnaissance sociale ne rime plus nécessairement avec faire carrière : être « chef » n'est plus toujours une fin en soi. Si les salariés veulent progres-ser, et vite, cela n'implique plus toujours une évolution hiérarchique. « L'astre travail » existe donc toujours, mais désormais au sein d'une constel-lation. Les salariés attendent une reconnaissance multiforme. Les 45-55 ans se placent encore sur un mode de reconnaissance plus unipolaire et classi-que. Leur confrontation avec les plus jeunes collègues, collaborateurs, voire hiérarchiques, les contraint à évoluer.

Quant à l'entreprise, elle est confrontée plus que jamais à une grande diversité, qu'il n'est pas toujours aisé de cerner, ni même de gérer. De cette nouvelle donne devrait découler une action multipolaire de l'entreprise... au risque sinon de se faire surprendre par des dysfonctionnements plus lourds à maîtriser, et par des salariés en position de retrait ou de départ. L'entreprise peut trouver une réponse intermédiaire en s'inscrivant dans un management inspiré d'une gestion du « contrat psychologique » c'est-à-dire, en des termes très réducteurs, une gestion axée sur l'exploration régulière des attentes explicites ou implicites des salariés et de l'entreprise (ALBERT, BOURNOIS, DUVAL-HAMEL, ROJOT, ROUSSILLON, SAINSAULIEU, 2003 p.155).

Partie 3

Comment reconnaître

L'entreprise, après s'être interrogée sur ce qu'elle est désireuse de reconnaître en prenant en compte ses objectifs propres et les attentes diverses de ses collaborateurs, est confrontée à une nouvelle question : comment reconnaître ?

Douze chapitres de cette troisième partie nous accompagneront dans cette réflexion. Claude BOURCIER, s'appuyant sur les riches travaux de l'Institut de la reconnaissance, nous présente une large palette des signes de reconnaissance et les moteurs alimentés par chaque signe tout en prenant ses distances avec une vision de la reconnaissance, « dernier avatar du conditionnement ».

Martine de LA CODRE et Louis FORGET analysent comment reconnaître chaque collaborateur par la formation, la carrière et le statut en soulignant le rôle et la responsabilité du management en ce domaine.

Jacques BROUILLET présente le contrat de travail comme le premier signe de reconnaissance.

Bruno SIRE, Henri COCHET et Francis LACOSTE, étudient la rétribution comme mode de reconnaissance de la contribution du salarié et font de la justice organisationnelle la condition d'efficacité d'une politique de reconnaissance par la rétribution. Le rôle des managers, garant de la justice organisationnelle est mis en valeur.

Les trois chapitres suivants mettent en évidence la reconnaissance que le salarié retire de son appartenance à une organisation de référence qui respecte certaines valeurs et assume ses responsabilités sociales et sociétales.

Rodolphe Colle et Jean-Marie Peretti montrent comment, à travers les choix offerts à ses salariés, l'entreprise à la carte reconnaît leur attente d'autonomie.

François Mancy et Jacques Igalens font ressortir la reconnaissance de son rôle citoyen par l'entreprise responsable. Diverses enquêtes ont montré l'importance attachée par le salarié à l'image responsable de son entreprise.

Laïla Benraiss et Jean-Marie Peretti mettent en valeur comment la reconnaissance par l'entreprise équitable de l'attente de justice de tout collaborateur contribue au sentiment d'être pleinement reconnu.

Les chapitres abordant trois dimensions des politiques de reconnaissance dont l'importances est aujourd'hui reconnue : favoriser l'équilibre vie professionnelle – vie personnelle, développer le potentiel de chacun par le coaching, partager les profits à travers l'actionnariat, la participation et l'intéressement.

David Alis et Marc Dumas examinent comment le besoin croissant des salariés d'équilibrer vie privée et vie professionnelle est reconnu et pris en compte par les managers dans un souci de conciliation avec les exigences de l'entreprise.

Gilles Arnaud et Maryse Dubouloy abordent le coaching comme outil de reconnaissance par l'entreprise du potentiel de la personne.

Parmi les dispositifs qui assument la reconnaissance, Jean-Claude Mothie et Thierry Wiedemann-Goiran font ressortir l'importance de la participation, de l'actionnariat salarié et de l'épargne salariale.

C'est une dimension souvent négligée qu'abordent Fernando Cuevas et Xavier Gayan, la reconnaissance venant de l'extérieur de l'entreprise et, en particulier, l'image sociale du métier et les clients.

Gwénaëlle Poilpot-Rocaboy et Michelle Kergoat étudient les actions à mettre en place pour une reconnaissance des femmes au travail.

Mettre en œuvre une stratégie de reconnaissance combinant l'ensemble des « comment » évoqué dans cette 3e partie est le thème retenu par Zahir Yanat.

Enfin Georges EGG s'intéresse à l'audit des systèmes d'évaluation et de reconnaissance tout en regrettant qu'il n'y ait pas encore de demande explicite d'audit de tels systèmes. Aujourd'hui, les pratiques des entreprises en matière de reconnaissance sont rarement alignés avec les objectifs stratégiques de l'organisation et intégrés dans l'ensemble des pratiques RH (HUSELID, BECKER, BEATTY, 2005).

Pour que tous soient reconnus dans son entreprise, des progrès considérables sont nécessaires. C'est un défi primordial que les DRH devront relever dans les prochaines années.

Chapitre 29

Une large palette
de signes de reconnaissance

Claude BOURCIER

Qu'est-ce que la reconnaissance ? Quels en sont les signes ? Comment répondre aux attentes des uns et des autres ? Que reconnaître ?

Les réponses sont multiples car la notion et la pratique de la reconnaissance sont protéiformes. Les pages qui précèdent et celles qui suivent ne font que confirmer cette panoplie de points de vue. La quête de reconnaissance est aujourd'hui généralisée, proclamée voire revendiquée, mais on trouve toujours quelqu'un, comme cet interlocuteur d'il y a quelques jours, pour affirmer qu'il ne s'agit que d'une béquille fournie à des personnes qui ne savent pas se prendre en main. Mais qui n'a pas été heureux de trouver à un moment ou à un autre de sa vie l'ami sur lequel s'appuyer pour mieux s'en sortir ? Qui peut contester cette affirmation de TODOROV[1] à l'effet qu'« *autrui est nécessaire à ma propre complétude* » ? Il faut pourtant, comme mon interlocuteur, dénoncer ce souhait de voir toute caractéristique devenir un motif de considération ou de compassion. La reconnaissance est à la fois un besoin et sa réponse, un droit et un devoir. Elle peut devenir une béquille si elle constitue le palliatif à un handicap et permet ainsi d'exploiter d'autres capacités. Au-delà de l'intention de mon interlocuteur, son expression peut faire émerger l'idée que les béquilles utilisées par l'autre sont nécessairement plus visibles que celles auxquelles j'ai recours. Il y aurait ainsi des niveaux de reconnaissance plus ou moins « nobles » pour des catégories de personnes plus ou moins méritantes.

---

1. *La vie commune,* Le Seuil.

Il y a différentes façons d'aborder ce sujet des signes de reconnaissance ; j'en utiliserai deux dans ce court chapitre. Ces approches se complètent mutuellement d'un point de vue méthodologique tout en présentant des résultats à la fois complémentaires et convergents. Je qualifie la première approche d'intuitive dans le sens où elle révèle de façon à la fois spontanée et assistée, ce que recouvre le mot reconnaissance dans un groupe limité de personnes. La seconde fait appel à l'enquête par questionnaire auprès d'échantillons de populations, et sera en ce sens qualifiée de quantitative. Je conclurai en montrant comment vérifier, à l'aide d'un cadre théorique, si des signes, issus de l'une ou l'autre approche, relèvent bien d'une démarche de reconnaissance.

1. L'approche intuitive

J'invite le lecteur qui veut rapidement prendre le pouls des attentes en matière de reconnaissance de son entourage, de son équipe dans un contexte organisationnel à réaliser l'exercice que nous avons mené plus d'une centaine de fois avec des groupes de toutes compositions[1] : opérateurs comme cadres dirigeants, hommes/femmes, jeunes/plus âgés, provenant d'organisations publiques comme privées.

L'activité consiste à dresser en groupe et durant cinq minutes[2] la liste des synonymes et des antonymes au mot *reconnaissance*. C'est ce que j'appelle faire émerger une définition de la notion de reconnaissance propre au groupe. Bien évidemment, les listes sont très semblables d'un groupe à l'autre[3] car sur ce type de questionnement, les personnes se rejoignent rapidement sur l'essentiel. Et pourtant, lorsque j'ai tenté l'expérience (5-6 fois) de demander à un groupe X (des cadres dirigeants) de réaliser l'activité en se mettant à la place d'une groupe Y (des opérateurs, des commerciaux), j'ai obtenu au contraire des résultats très différents.

L'exercice peut être enrichi par deux autres étapes : d'abord, recueillir les sentiments des uns et des autres sur la liste, puis classer les mots. Quelques expressions font presque systématiquement surgir un sentiment de surprise,

---

1. J'estime très approximativement avoir réalisé l'exercice avec un peu plus de 3 000 personnes.
2. Cette durée permet de dresser une liste de 50 à 70 mots ou expressions avec un groupe de 15-20 personnes.
3. La liste élaborée par un groupe est annexée à titre d'exemple ; elle constitue un premier aperçu de cette large palette de signes de reconnaissance.

voire d'opposition. Qu'il nous suffise de mentionner les mots *Bonjour* et *salaire de base* pour illustrer le propos. *Bonjour* est considéré par certains comme le premier geste de reconnaissance, comme le plus fondamental et par d'autres, comme n'ayant pas lieu d'être associé à de la reconnaissance car, soit se situant en amont de celle-ci, soit n'exprimant pas une véritable intention d'entrer en relation avec l'autre. Le *salaire de base* (ce qui exclut toute forme de prime) ne serait pour certains que la contrepartie négociée d'un contrat alors qu'il est pour d'autres le reflet de la philosophie sociale d'une organisation et, en conséquence, un reflet partiel de reconnaissance. Presque toutes les classifications réalisées comportent des catégories qui distinguent les signes purement et exclusivement relationnels des signes contenant une dimension matérielle. Certaines classifications, sans rejeter cette dichotomie, privilégient le processus chronologique, certains signes étant considérés comme préalables à d'autres ; les participants soulignent ainsi qu'une action est souvent initiée par des aspects relationnels, confiance et encouragements, et conclue sur une note matérielle, récompenses diverses. Enfin, d'autres classifications rappellent les différents sens du mot reconnaissance tels qu'ils sont relevés par les dictionnaires.

Un clin d'œil, un sourire, un mouvement précis de la main, autant de gestes qui se veulent positifs sont signes de reconnaissance tant pour la personne émettrice que pour celle ou celles à qui ils s'adressent. Ces gestes peuvent par contre véhiculer des messages différents. Ils marquent soit la connaissance d'un fait, d'une opinion (*j'ai vu, j'ai entendu*), soit l'accord (*je partage ton point de vue*), soit un jugement, une appréciation (*ce que tu as fait est très bien*), soit une gratitude, un remerciement (*félicitations, je t'en sais gré*) ou plusieurs de ces sens en même temps. Ces différentes significations, toutes largement exprimées quotidiennement par chacun d'entre nous, sont identifiées de façon beaucoup plus nuancée dans les dictionnaires et certaines ont fait l'objet récemment d'une discussion par Paul RICŒUR (RICŒUR 2004)

2. L'approche quantitative

De 1998 à 2002, nous avons enquêté pour le compte d'un grand nombre d'organisations sur les attentes des salariés en matière de reconnaissance ; notre questionnaire comportait près de 125 items portant sur autant de pratiques qualifiées par les entreprises de signes de reconnaissance. Les répondants étaient invités à exprimer le niveau d'importance[1] qu'ils accordaient à ces pratiques.

Les résultats[2] ci-après présentent 25 grands thèmes, chacun regroupant statistiquement entre deux et dix des questions initiales ; l'intitulé du thème reflète le contenu de ces questions. Sauf exceptions, l'homogénéité globale de chacun des thèmes est acceptable.

Globalement, on peut considérer que les salariés attachent :

- une très grande importance (résultat moyen autour de 3,5) à cinq aspects : la participation, le recours à leur créativité, l'intégration, l'information et la considération du mérite ;

- de l'importance (résultat moyen autour de 3) aux 12 thèmes suivants : primes, orientation, relations inter-services, gestion de carrière, relations intra-équipe, souplesse des règlements, horaire, mobilité interne, dérogations, formation, invitations à des manifestations internes, réprimandes ;

- une importance toute secondaire (résultat moyen autour de 2,75) à la considération de l'ancienneté, aux cartons de félicitations, à la participation aux relations extérieures, au temps choisi, à de la formation récompense et à la rétribution choisie ;

- une bienveillance (résultat moyen autour de 2,5) presque neutre aux avantages en nature et aux signes distinctifs.

Les éléments de la première catégorie expriment très clairement l'importance des aspects relationnels. Les salariés sont en attente d'informations donnant du sens à leurs activités ; ils souhaitent prendre une part active à l'élaboration de leur travail en proposant des idées et en en discutant avec leurs responsables ; ils attendent que leur travail soit d'abord valorisé, puis reconnu tant de façon informelle que par, notamment, des politiques et des pratiques d'appréciation.

La deuxième catégorie renforce ces aspects relationnels (tout ce qui concerne les relations avec les collègues, le travail en équipe et l'aide du patron) tout en montrant l'importance d'autres considérations, notamment les éléments monétaires que sont les primes, collectives ou individuelles, l'application personnalisée des règlements, et des éléments de politiques de gestion des ressources humaines comme la gestion des carrières, la mobilité, la formation et la gestion des horaires.

---

1. Pas du tout importante (1), peu importante (2), assez importante (3) ou très importante (4).
2. Partiels par rapport au nombre total de questionnaire recueillis.

La troisième catégorie regroupe des éléments à la fois symboliques et concrets, relatifs aux conditions de travail. Ces signes présentent une importance secondaire dans le sens où il paraîtrait imprudent d'y renoncer surtout s'ils existent déjà dans l'organisation. Sont concernées les pratiques touchant à l'ancienneté, la remise de cartons de félicitations ou les fêtes pour célébrer des événements, les présentations faites auprès de groupes extérieurs ou de la direction, les explications données par les salariés à des personnes extérieures à l'entreprise, les crédits d'heures pour participer à des associations, la possibilité de choisir de travailler à temps partiel, les formations cadeaux ou les formules de rémunération choisie.

Enfin les salariés attachent peu d'importance à l'accès qu'ils peuvent avoir aux produits de l'entreprise, à ses actions, aux différents avantages en nature et aux signes de distinction en général, que ceux-ci soient de l'ordre du certificat de mérite, de la participation à un club d'excellence, de la participation à des manifestations honorifiques ou de la mise en évidence publique de leurs résultats.

Très généralement, on peut considérer, en reprenant un concept connu, que les salariés ont des attentes pour ce qui concerne les aspects intrinsèques du travail (HERZBERG) et beaucoup moins pour les aspects extrinsèques. En d'autres mots, ils recherchent d'abord ce qui donne de l'intérêt au travail, les considérations quant aux conditions matérielles étant secondaires. Une autre lecture pourrait être faite à savoir qu'ils nous répondent que ces dernières étant globalement satisfaisantes, il faut maintenant se préoccuper de donner du sens au travail par une plus grande participation et implication à la définition de celui-ci.

La primauté accordée aux aspects relationnels nous conduit à présenter une deuxième conclusion. Il ne s'agirait plus de dissocier le relationnel du concret mais de bien intégrer que le matériel n'est pleinement satisfaisant qu'accompagné du volet explicatif. Ainsi à titre d'exemple, dans la rémunération, si le « combien » importe toujours, le « comment » ou le « pourquoi » ajouterait à la satisfaction. Les explications données sur le fonctionnement général d'un système, sur les conditions d'obtention d'une prime (la relation exprimée avec la performance) et la façon de distribuer cette prime (annonce lors d'un entretien ou versement automatique...) sont plus importantes que le montant en lui-même. C'est aussi une façon de signifier que tout passe par la relation et que celle-ci est déterminante. Les salariés veulent connaître les tenants et les aboutissants d'une politique, quelle qu'elle soit, surtout si elle est présentée comme leur étant avantageuse. Toutes ces explications sur une politique et son application permettent à chacun de se situer, de donner du sens à ce qui est fait, de comprendre les choix exercés par l'organisation et par la suite d'apprécier sa contribution ; c'est ce qui serait recherché par l'ensemble des salariés.

Les implications de ces résultats sont nombreuses ; les efforts et programmes axés sur l'amélioration de la qualité et leur composante « suggestions des salariés », les approches d'*empowerment* et de façon plus large de responsabilisation, notamment, sont autant de voies possibles de reconnaissance. Mais sa pratique quotidienne implique d'abord des réflexes axés sur une volonté de prendre en compte le développement de la personne et de donner systématiquement du *feed-back*.

3. L'insertion dans un cadre théorique

Tous ces signes suggérés par l'une ou l'autre des approches participent-ils réellement à une meilleure reconnaissance de l'être humain en général et du salarié en particulier ? Pour le vérifier et pour en même temps connaître à quel besoin fondamental de la personne répondent ces signes, j'utiliserai le cadre théorique proposé par HONNETH et l'adapterai à nos préoccupations managériales[1]. Ce cadre s'inscrit dans une perspective du développement de la personne tout comme la définition que nous avions donnée de la reconnaissance[2].

La sollicitude personnelle qui s'exprime par l'amour et l'amitié est le premier mode de reconnaissance selon cet auteur qui a repris les enseignements du philosophe HEGEL et du psychologue MEAD. Tout ce qui contribue à créer du lien et de l'autonomie s'insère dans ce mode. Le lien précède l'autonomie et la rend possible. Les personnes aspirent fondamentalement à l'autonomie mais elles ne peuvent l'atteindre que par le soutien apporté par autrui. Le lien sans l'autonomie tient à l'égocentrisme et l'autonomie sans le lien relève du guet-apens ; le supérieur qui n'en tiendrait pas compte risquerait de s'adonner à une certaine forme de mépris. Tous les synonymes qui suggèrent les notions de soutien, d'accompagnement,

---

1. Ce texte n'a pas vocation à démontrer rigoureusement comment les différents signes peuvent s'insérer dans le cadre théorique; qu'il me soit permis de simplement en esquisser l'idée générale.
2. La reconnaissance serait toute forme d'aide apportée à une personne pour se développer et se faire accepter par les autres et qui donne du sens à son développement. *Lettre de Liaison* de l'Institut de la reconnaissance, janvier 1999 et *Revue de la Gendarmerie nationale*, 2002.

d'autonomie, de délégation, et les pratiques correspondantes telle l'aide apportée sous toutes ses formes (informations, encouragements, *feed-back*…) appartiennent à ce mode de reconnaissance.

La considération cognitive qui suppose la détention de droits juridiques est le second mode de reconnaissance. Au-delà des simples droits prévus par un quelconque code du travail, on pense ici à tout ce qui contribue à la responsabilisation du salarié, à toutes les pratiques relevant de ce que nous appelions il y a quelques années l'*empowerment* et de ce que j'avançais sous le chapeau *participation*. Les synonymes, respect, responsabilité, nouveau projet, voire équité et confiance, déclinent cette idée de droits. Par analogie, tout salarié qui ne possède pas le statut de citoyen de l'organisation est imparfaitement reconnu[1].

Enfin un troisième mode de reconnaissance renvoie à l'estime sociale qui repose, d'une part sur les qualités spécifiques et distinctives de chacun, et d'autre part sur des valeurs communes ou sur un cadre de références partagé. Tout ce qui affirme le caractère distinctif et significatif d'une personne que ce soit au niveau du processus, telles les actions d'évaluation, d'appréciation et au niveau du résultat et de ses conséquences suggéré par des récompenses, des félicitations, des honneurs… illustre ce mode.

Ce cadre théorique permet dans la pratique de faire le tri entre ce qui relève de l'essentiel et de l'accessoire, et d'identifier les moteurs, tant psychique, psychologique que social, alimentés par chaque signe de reconnaissance. Il permet finalement d'aborder la reconnaissance comme une philosophie de l'action managériale, comme un mode de gestion et de prendre ses distances avec une vision qui considère la reconnaissance comme le dernier avatar de la théorie du conditionnement.

Annexe : synonymes et antonymes

Exercice réalisé le 9 septembre 2004 avec 23 personnes de 26 à 45 ans travaillant pour la très grande majorité en entreprise privée. Cet exemple n'est aucunement distinctif ou plus significatif ; il n'est que l'exercice le plus récent effectué au moment de l'écriture de ce texte.

---

1. Le statut actuel du salarié nous ramène à la Grèce antique !

Antonymes	Synonymes
Harcèlement	Respect
Récompense (!)	Empathie
Isolation	Récompense personnalisée
Indifférence	Se rapprocher
Impolitesse	Félicitations
Mépris	Écoute
Intolérance	Donner du sens
Dénigrement	Salaire
Blâme	Compréhension
Impersonnel	Responsabilité
Modèle unique	Poignée de main
Critique	Équité
Punition	Participation
Négation	Évolution
Ridiculiser	Motivation
Ignorance	Autonomie
Compétition	Confiance
Silence	Délégation
Jugement	Intégration
Militaire	Primes
Mise au placard	Fédérer
Méfiance	Évaluation
Oubli	Échange
	Relation
	Dialogue
	Accompagnement
	Considération
	Équipe
	Témoignage
	Augmentation
	Nouveau projet
	Tolérance
	Politesse
	Adaptation
	Formation
	Honneur
	Bonjour
	Connaissance
	Encouragement

Chapitre 30

Comment reconnaître par la formation, par la carrière et le statut

Martine de LA CODRE
Louis FORGET

Les compétences individuelles et collectives perdent graduellement leur efficacité et deviennent, si on n'y prend pas garde, de plus en plus rapidement dépassées.

La reconnaissance des aptitudes et des capacités est probablement la plus sensible parce que c'est le domaine où les conséquences espérés sont les plus étendues en termes de dynamique personnelle.

La formation répond au besoin de reconnaissance des aptitudes et capacités tandis que le statut et la carrière répondent à des besoins premiers d'insertion sociale, de sécurité, de gestion du stress et d'autonomie, de valorisation et de plaisir.

1. Reconnaître les aptitudes, les capacités et investir en savoirs et savoir-faire

Aptitudes et capacités sont les actifs stratégiques pour les personnes comme pour les entreprises

Marchés, environnements, et donc stratégies de l'entreprise, sont de plus en plus difficiles à prévoir, que ce soit sur les plans économiques, technologiques, concurrentiels, etc.

Les compétences individuelles et collectives perdent graduellement leur efficacité et deviennent, si on n'y prend pas garde, de plus en plus rapidement dépassées, voire obsolètes.

Pour construire il faut développer et gérer aptitudes et capacités ; ce sont les savoirs qui sont à la base de la compétitivité de demain !

Cibler les aptitudes et les capacités

Les textes sur la reconnaissance des compétences, la plupart du temps abordée à travers des typologies de rémunération, sont riches et de plus en plus nombreux. Les pratiques d'entreprises se concentrent sur les modèles de rémunération en prenant en compte les compétences utilisées mais, plus rarement, les compétences utilisables.

Il s'agit d'un enjeu de management important, dont l'horizon est souvent limité par les habitudes, les contraintes de l'organisation, le flou de son environnement actuel et futur, en particulier en matière de moyens, le manque de référentiels, la qualité du management, les problèmes d'équité et de subjectivité. La méthode consacrée est celle des entretiens d'évaluation « périodiques à tendance annuelle » rituels, plus ou moins bien conduits et exploités dans leurs principaux domaines que sont les compétences mobilisées, les performances, le potentiel…

« *La question de la reconnaissance des compétences bouleverse les schémas classiques d'organisation du travail… Ce sujet impacte les questions de qualification, de formation, d'évaluation, de validation et bien d'autres encore… La combinaison des termes compétences et reconnaissance ne peut donc amener qu'à des malentendus.* » D'où la pertinence du propos de F. HUBAULT : « *reconnaître les compétences ne veut rien dire. Les salariés attendent d'être reconnus non seulement comme des salariés compétents mis aussi comme des individus à part entière* » (Istria).

Nous proposons, dans cette approche, de considérer le couple aptitudes/capacités comme **l'objet central**, les compétences en étant des résultantes qui sont construites de façon progressive et contingente.

Représentation schématique

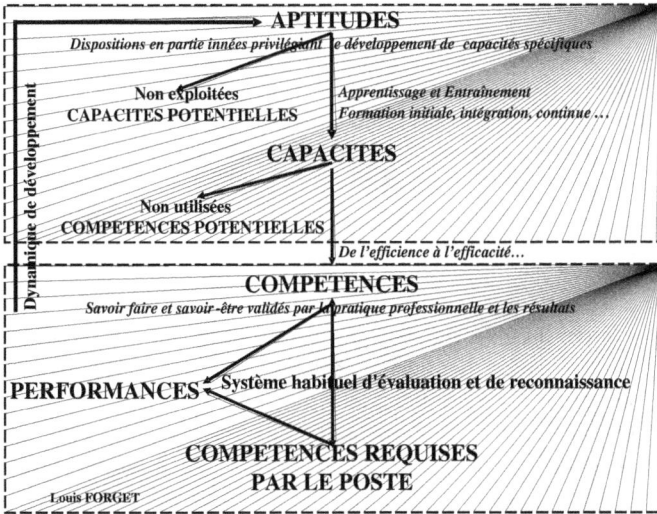

Aptitudes et capacités

La notion d'aptitudes, en tant que dispositions particulières à avoir certaines activités avec une plus ou moins grande efficacité, est souvent liée à la notion de capacités cognitives (intelligence ?). On y trouve également les approches (SPERRY, HERMANN) sur les préférences cérébrales (cerveau droit : faits, logique… cerveau gauche : concepts, émotions…). Bien sûr il y a l'inné, mais aussi l'acquis à développer dans le temps.

En fait, la distinction entre aptitudes et capacités est difficile à faire de façon pratique, nous proposons de considérer l'ensemble comme facteur détermi-nant objet de développement, d'investissement et de reconnaissance dans la mesure où cet ensemble est la représentation la meilleure de l'image de soi. Certaines études anglo-saxonnes ont montré que « *la possibilité d'avoir une expérience directe de l'autonomie, des responsabilités, de réalisations… **mettant en œuvre les aptitudes**, remanie profondément dans le temps l'importance relative accordée à ces facteurs de reconnaissance.* » La relation directe entre aptitudes et reconnaissance est évidente.

Pour faire des aptitudes/capacités la cible sensible de signes de reconnaissance, il faut connaître la personne

Il y a les tests multiples de recrutement ou les bilans et appréciations en cours de vie professionnelle, mais où sont-ils ? Sont-ils encore pertinents (s'ils l'ont été)? Peut-on établir une carte des aptitudes ? Une telle base de données peut-elle vivre en regard de la loi (CNIL)? Et il y a l'avis subjectif du manager. Et pourtant, combien de techniciens ou d'administratifs ont des aptitudes de communication et d'influence qui en feraient de très bons commerciaux, (capacités potentielles). Ils ne demandent qu'à être reconnus !

En termes de capacités, en France, le diplôme est toujours un signal majeur. Le mensuel *Liaisons Sociales* parle même de « dictature du diplôme ». Mais c'est aussi très souvent un écran qui empêche de reconnaître d'autres aptitudes et capacités, qui attendent de s'exprimer dans le sens du développement et de l'autonomie des personnes, de leurs compétences et de leurs performances. Beaucoup de savoirs sont « fossilisés » qui ne demanderaient qu'à se mobiliser s'ils étaient réveillés et reconnus. Dans la littérature actuelle on met en exergue les mots *talents* et *succès*. Les talents ne sont pas toujours permanents (on perd la main !), leur appréciation est souvent subjective, et les succès (à reconnaître et à célébrer comme il se doit) sont parfois passagers.

Être reconnu c'est donc être reconnu « en amont » au niveau des aptitudes et capacités. C'est probablement l'espace le plus sensible parce que c'est celui dans lequel les conséquences espérées ressenties sont les plus étendues en termes de dynamique personnelle.

Apprentissage et formation : outils majeurs de la reconnaissance

« *Un apprentissage humain est celui qui aboutit à des savoir-faire permettant d'en acquérir une infinité d'autres et qui éduque la personnalité tout entière* » (REBOUL, 1993).

Former par acquisitions privilégiant le savoir et le savoir-faire est probablement la voie royale parce que c'est celle qui permet le mieux à chacun de se situer, d'avoir une meilleure compréhension des choses et de l'environnement, de développer son autonomie... et donc de faire évoluer à terme, par lui-même, ses aptitudes (elles ne sont pas figées), ses capacités et donc, *in fine*, ses compétences.

La valeur de la formation n'a pas le même sens pour l'entreprise et pour l'individu

▶ pour l'entreprise : la valeur de la formation professionnelle est sa capacité à produire des compétences qui soient effectivement mobilisées en situation de travail ;

▶ pour le salarié : la valeur d'une formation c'est sa capacité à satisfaire des motivations, liées à l'acquisition de connaissances et / ou de compétences, au développement et à l'emploi d'aptitudes spécifiques, dans un contexte de besoins et de désirs professionnels et personnels.

Pour les deux partenaires il s'agit d'une valeur d'usage, donc de la valeur liée à la satisfaction de besoins plus ou moins difficiles à appréhender. Pour le salarié, la reconnaissance la plus sensible est, évidemment, celle qu'il met en regard de ses besoins et de ses désirs. Moins les salariés se forment, moins ils demandent de formation. En fait, on collecte des statistiques et des informations sur ceux qui se forment mais l'ignorance est grande sur ceux qui ne se forment pas. Plus les connaissances des individus sont développées, plus ils peuvent se poser, à eux-mêmes, les bonnes questions et en rechercher les réponses. Un mouvement est à créer : provoquer des demandes d'acquisition de savoirs plus diversifiées et plus nombreuses, fondées sur une dynamique de développement et d'autonomie croissante car elle naît des savoirs déjà acquis.

Ces demandes d'apprentissage et de formation résultent de la perception de reconnaissance liée à leur satisfaction et du sentiment de future reconnaissance des effets de leur mise en œuvre dans la vie professionnelle de chacun. **Reconnaître par la formation et donner à être reconnu, c'est tout le projet de la formation-investissement sur les Hommes.**

Les accords interprofessionnels et les lois actuelles sur la formation tout au long de la vie a créé des liens nouveaux (où les objectifs sont contraints par un réglementaire florissant) entre formation, diplôme et entreprise où ils ont vocation à donner accès à d'autres modes de reconnaissance…

2. Le statut et la carrière : quelle valorisation et quelle reconnaissance par l'entreprise ?

▶ reconnaissance du diplôme et de l'expérience, surtout à l'embauche ;

▶ reconnaissance des résultats, de la performance, puis du potentiel ;

▶ reconnaissance par la motivation si elle est considérée comme juste et équitable.

Statut et carrière répondent à des besoins premiers d'insertion sociale, de sécurité, de gestion du stress et au-delà, d'autonomie, de valorisation et de plaisir.

Le contrat entre l'entreprise et le salarié a pour objet de satisfaire les besoins de l'un et de l'autre, et notamment :

- besoin de flexibilité, d'efficacité, d'adhésion et de motivation, de progrès ;
- besoin de sécurité, d'autonomie et de directives, de transparence et de reconnaissance ;
- besoin de sentiment d'utilité sociale, de construction d'une trajectoire sociale...

Après un petit détour par la reconnaissance du diplôme au travail, redisons-le : dans contrat il y a réciprocité et dans l'entreprise les valeurs dominantes sont coût et investissement, alors parlons du retour sur investissement ! Et puis, en fait, où la reconnaissance se « niche-t-elle » chaque jour ? Dans le management quotidien, et enfin dans le statut et la carrière.

Reconnaître les diplômes ?

Si l'obtention d'un diplôme constitue une reconnaissance de la société et, peut-être, une augmentation des éléments de différenciation sur le marché de l'emploi, le diplôme reste un signe ambigu de la part de l'entreprise, même si elle finance les coûts pédagogiques de la formation. Certes, quelques rares diplômes semblent constituer un sésame pour trouver place dans l'entreprise et singulièrement dans ses comités de direction, mais ils sont très rares et de nombreux diplômés ont, en réalité, de réelles difficultés à trouver un emploi.

La démultiplication des accès aux diplômes et la difficulté à établir des comparaisons entre ceux qui sanctionnent un cursus classique et ceux qui seront issus de la VAE risque d'ailleurs de dévaloriser les « nouveaux » diplômes.

Quel impact aura sur un recruteur dans les prochaines années la phrase : « j'ai eu ma maîtrise par VAE » ?

Les entreprises mettront-elles assez vite des méthodes et moyens, constructifs et intelligents, pour orienter et gérer le Droit individuel à la formation (DIF) pour éviter un embouteillage dans six ans quand leurs collaborateurs voudront utiliser leur capital de « droits acquis à la formation » avant qu'il ne stagne ? Rares sont, aujourd'hui, les directions des ressources humaines suffisamment équipées en compétences dédiées, dans ce domaine, au développement personnel des collaborateurs.

À part la possession d'un diplôme sésame, la reconnaissance de l'entreprise est surtout attachée aux résultats qu'elle obtient grâce à la compétence, à l'expérience…Et, en fait, le diplôme s'il est, trop souvent peut-être, une condition nécessaire n'est que très exceptionnellement une condition suffisante.

Reconnaître par le retour sur investissement

La formation a un coût, le travail salarié a un coût, tant pour l'entreprise que pour le salarié :

▶ l'entreprise investit sur le salarié de la rémunération, des frais de formation, des coûts d'encadrement, de communication, de logistique et d'hébergement, etc.

▶ le salarié investit son temps, patrimoine non renouvelable, son énergie, ses compétences… Il y prend un risque identitaire.

Un des paradoxes de notre société « sécuritaire » est de s'en remettre à la loi, au code du travail et aux accords pour le sentiment de sécurité qu'a chacun, quitte à créer un sentiment d'insécurité essentiel : quelle est ma valeur ? Puis-je être fier de moi dans mes réalisations, dans mes contributions ? Est-ce que les efforts que je fournis servent à quelque chose ?

L'entreprise a besoin de résultats en chiffre d'affaires et en bénéfices, c'est certain, sinon elle meurt.

Mais, le salarié, qu'attend-il ?

Une rémunération, bien sûr, et la maintenance de son employabilité, oui, mais aussi des retours non marchands :

▶ reconnaissance immédiate de ses résultats, réalisations, succès et contributions ;

▶ carrière avec son cortège de plaisirs d'autonomie, de pouvoir de faire, de pouvoir de se satisfaire au travail, de retour d'image, de faire-valoir social ;

▶ statut et les éléments de valorisation et de sécurité qui lui sont attachés : emploi stable, retraite, valorisation auprès de son entourage, etc.

Ces signes de reconnaissance font partie intégrante de la relation contractuelle de travail, ils ne sont pas substitutifs.

Reconnaître chaque jour, le travail délicat du manager

Les résultats sont obtenus dans l'action quotidienne. Ils ont un effet immédiat et tangible dans la réalisation de l'objet de l'entreprise : le système d'information fonctionne, un client nouveau est satisfait, une réclamation est bien gérée…

Il y a beaucoup de micro-signes individuels de reconnaissance managériale tout aussi importants et nécessaires les uns que les autres, du mot de félicitations, le contenu de l'entretien annuel. Ils sont indispensables et doivent être cohérents et donner un sentiment d'équité. La portée du signe est au cœur d'une relation interpersonnelle, elle dépend de celui qui le donne :

▶ il faut qu'il soit le titulaire de la position d'autorité pour le donner ;

▶ il faut aussi qu'il en ait la légitimité personnelle et des qualités d'exemplarité.

La portée des signes de reconnaissance dépendent de la sincérité du manager, de sa réactivité à l'événement de l'adaptation des signes à l'attente du collaborateur, de l'équité, de la cohérence avec la stratégie et la politique de l'entreprise…

Un signe adapté a des effets très productifs tant pour le salarié que pour son entreprise : la validation de l'expérience, la motivation, la gestion du stress. Le salarié développe ses aptitudes, son potentiel et sa motivation à poursuivre. L'expérience le rend alors plus contributif, plus précieux.

C'est le travail de chaque jour du chef, petit ou grand, un travail délicat. L'entreprise, lieu collectif de cette relation interpersonnelle fondatrice, doit le relayer et situer le salarié dans sa grille de reconnaissance, par le statut et la carrière, manifestations de son système de management collectif.

Reconnaître par le statut et la carrière, une responsabilité collective du management

Le stress et le sentiment d'insécurité, sous-produits du déficit de confiance, rendent nécessaires des signes identitaires de reconnaissance, disons « collective ».

C'est une position dans la classification et son évolution, un titre, une place dans l'organigramme, une délégation de pouvoirs, une définition de fonction, des objectifs négociés, un référentiel…

Dans un marché de l'emploi où la demande est nettement supérieure à l'offre, ces signes de reconnaissance ont beaucoup de force. Ils améliorent le sentiment de sécurité du salarié dans son **statut social** : être intégré dans les effectifs « stables » de l'entreprise, avoir droit à davantage de protection sociale (retraite, prévoyance…).

Le salarié peut être légitimement ambitieux ; celui qui a un projet d'intérêt commun pour lui et pour l'entreprise, qui mobilise son énergie, ses compétences pour le conduire, qui obtient des résultats attend en retour, à l'intérieur même de l'entreprise, une évolution de sa **carrière**, plus d'autonomie, un plaisir renouvelé à travailler, une position valorisante dans l'entreprise ainsi que vis-à-vis de sa famille, de ses amis et de son entourage en général.

Pour l'entreprise, les éléments à arbitrer et à mettre en cohérence sont complexes : organigrammes de plus en plus réduits et plats, objectifs de gains de productivité, etc. mais aussi cohérence entre les générations, les âges et les anciennetés, prise en compte des risques de départ des uns et de démotivation des autres.

Attention aux signes plus ou moins clairs et explicites en terme d'équité, attention aux effets de « yoyo » des décisions commandées par la pression immédiate du marché de l'emploi : un signe de reconnaissance ne donnera satisfaction que s'il apparaît comme équitable de façon interne mais aussi externe, par rapport aux pratiques de l'entreprise et à celles du marché.

Des choix entre le court et le moyen terme s'imposent :

◗ Est-ce que, quelquefois, il ne vaut pas mieux risquer de perdre un collaborateur précieux que d'en démotiver plusieurs autres ? Comment créer les conditions d'une relation durable, d'un contrat gagnant-gagnant ? La confiance et l'estime réciproque, la clarté des objectifs, l'équité, pèseront tôt ou tard de manière déterminante dans la balance ;

◗ Est-ce qu'il ne vaut pas mieux offrir une promotion à un collaborateur déjà attaché à l'entreprise, contributif et loyal, que de perdre son dévouement et de démobiliser une partie de ceux qui lui ressemblent ? Oui, mais ?

Le marketing managérial a de beaux jours devant lui

Cohérence, équité, exigence et reconnaissance, la relation hiérarchique **bilatérale** client-fournisseur n'est pas encore vraiment entrée dans la pratique managériale. La loi du plus fort y est encore trop souvent dominante : chantage à l'emploi ou à la grève du zèle.

Reconnaître, c'est l'affaire du management, individuel et collectif. Si l'un ou l'autre est défaillant, c'est l'entreprise qui est malade, gravement !

▷ *Tendance*

Les départs de la génération du papy-boom vont créer des opportunités de gains de productivité, certes, mais aussi des déficits de compétences.

Une génération nouvelle et exigeante valorise le comportement sociétal de l'entreprise, son engagement dans le développement durable, la qualité du management et son aptitude à prendre en compte ses aspirations individuelles et collectives.

▷ *Tendance*

Déjà, le marché de l'emploi n'est plus systématiquement favorable à l'offre, certains secteurs d'activité ont des difficultés à recruter, et prennent des dispositions pour installer une relation durable.

Si manager c'est gérer des moyens matériels mais aussi humains, la conduite et la reconnaissance des hommes s'apprend difficilement. Quel enjeu pour l'entreprise, lieu d'apprentissage et de développement !

Chapitre 31

Le contrat de travail : premier signe de reconnaissance du salarié en tant que sujet de droit

Jacques BROUILLET

Dans le cadre de la réflexion collective sur le thème de *Tous Reconnus* il est apparu opportun de proposer quelques axes de réflexions tirées de l'expérience d'un praticien du droit social.

Toutefois, il s'agit en l'occurrence d'apporter plutôt la vision d'un juriste, certes imprégné de principes, de règlements et de jurisprudence etc. mais surtout inspiré par une approche du droit social qui s'appuie davantage sur **sa finalité** que sur sa forme ou son contenu habituels. Car c'est bien cette finalité particulière du droit social qui peut et doit inspirer une démarche visant à **favoriser la reconnaissance de l'individu, c'est-à-dire du sujet de droit** :

– En effet il convient de défendre une autre conception du rôle des juristes et du sens de la justice, qui ne se limite pas au respect de la légalité, mais vise également le respect de l'égalité (selon la recommandation de PLATON).

– C'est en cela qu'il s'agit moins de multiplier les règles destinées à défendre des droits, que de susciter des moyens susceptibles de modifier les comportements en vue de respecter des devoirs au premier titre desquels figure la **reconnaissance des droits de l'autre**[1].

---

1. Cf. Du droit d'ingérence au devoir de tolérance, J. BROUILLET, Ed. de l'Aube, 1999.

– C'est aussi pour cela qu'il est certes plus que jamais nécessaire de proclamer que **la force du droit doit primer le droit de la force**… même si l'incantation de LACORDAIRE[1] semble tragiquement s'inverser dans notre société progressivement et de plus en plus soumise à la domination des marchés et la prétention de certains impérialismes[2].

– Or, nous ne pouvons ignorer **le fait que l'exclusion** de ceux qui ne présentent même plus l'intérêt d'être des consommateurs potentiels l'emporte désormais sur le risque d'exploitation des plus faibles ou des plus pauvres. Ainsi, on ne peut se satisfaire de devoir corriger le taux réel de chômeurs en prenant en compte la population incarcérée ou en arrêt maladie[3], tout comme nous ne pouvons plus tolérer que subsistent environ 27 millions d'esclaves dans le monde[4].

– C'est notamment pour cela qu'il nous faut affirmer, sans faux complexe, **que la finalité de l'entreprise est sociale parce que la finalité de l'économie EST sociale**, en ce sens du moins que son but ne saurait se limiter à la création de richesses sans se préoccuper de leur meilleure répartition, et **des aspirations de chaque individu qui contribue à la réalisation de « l'objet social »**.

En tout cas, notre époque est incontestablement marquée par une singulière propension à vouloir régler tous les problèmes en multipliant les réglementations… À tel point que, loin d'atteindre son objectif d'harmonisation des relations sociales et de régulation des conflits, **le droit est devenu en lui-même d'une telle complexité qu'il conduit à une insécurité juridique croissante**, elle-même amplifiée par la nécessaire intervention des juges, pour interpréter des textes d'autant plus abscons qu'ils ont été hâtivement (et mal) rédigés sous la pression d'une conjoncture économique ou sociale qu'on tente de satisfaire[5].

---

1. Le droit protège le faible contre le fort.
2. Cf. la politique des États-Unis notamment *la puissance et la faiblesse* de Robert KAGAN, Ed. Plon, 2003.
3. Selon Jacques ATTALI (*L'Express* du 18/9/03), il y aurait (seulement) 7,7 M de chômeurs aux États-Unis… mais avec un nombre égal d'Américains en prison, en asile psychiatrique ou sans abri. Quant au modèle hollandais, il est quelque peu affecté par le recours extensif à l'assurance-maladie.
4. L'enquête publiée par la revue *National Geographic* de septembre 2003 qui présente de terribles exemples non seulement dans les pays du tiers-monde mais aussi aux États-Unis (150 000 esclaves!)… et en France!
5. En redonnant une actualité dévoyée au sage précepte de LOYSEL *«C'est le fait qui fait le droit»*.

De telle sorte que l'on peut légitimement s'inquiéter de cette déviance de notre démocratie, et notamment de la répartition des pouvoirs chère à MONTESQUIEU, dès lors qu'on semble de plus en plus subir les effets et les méfaits d'une médiacratie relayée par une forme de gouvernement des juges.

C'est en cela que l'élaboration d'un Modèle social européen paraît un enjeu majeur pour la société du XXIe siècle dans la mesure où elle doit nous inviter avant tout à **penser autrement pour agir autrement**[1], en résistant notamment à l'un des travers de notre société obsédée par la nécessité de réagir de plus en plus vite aux « changements » de plus en plus rapides de notre monde désormais en révolution permanente, en privilégiant le réflexe sur la réflexion, sous prétexte d'une urgence qui n'est souvent que le fruit d'une insuffisante prévision[2] !

Et c'est bien parce que **chacun est du moins responsable** du développement du laisser-faire[3] qu'il convient d'adhérer au mouvement de résistance qu'avait initié dès 1971 le philosophe Yvan Illich[4].

C'est finalement pour ces raisons que l'objet de cette contribution est moins d'évoquer des règles, principes ou définitions juridiques, etc. que de tenter d'explorer un certain nombre d'interrogations visant à inciter le lecteur à penser par lui-même… c'est-à-dire à **se préserver de la pensée unique.** Car il est primordial de s'interroger sur le Pourquoi et le Pour quoi plutôt que se contenter d'appliquer de prétendues recettes (le comment faire au moindre coût et au moindre risque étant souvent l'essentiel de la motivation de pseudo-juristes réduits au rôle de maîtres pâtissiers).

Parmi celles-ci, et souhaitant réduire la réflexion aux débats relatifs aux relations entre l'employeur et le salarié, il est apparu souhaitable de les réunir autour du thème générique de la nécessaire revalorisation du contrat individuel.

---

1. «*L'esprit n'est pas destiné à régner, mais à servir (…) vivre pour autrui devient le résumé naturel de toute la morale positive*» (Auguste COMTE 1857).
2. Cf. la canicule et le décès des personnes âgées en août 2003.
3. Cf. le principe de responsabilité proposé par H. JONAS.
4. Décédé en décembre 2002, il a notamment voulu démontrer que «*les outils finissent par être contre-productifs en faisant que l'individu perd de plus en plus de son autonomie (réelle) dès lors qu'il dépend de plus en plus de ce qu'il ne peut maîtriser lui-même*». Cf. *Libérer l'avenir*, Ed. du Seuil, 1971; *Le travail fantôme,* Ed. du Seuil, 1981.

1. Un enjeu pour le XXIᵉ siècle : reconstruire le lien social

Dans un précédent ouvrage collectif [1] j'ai déjà exposé certaines conséquences de la mondialisation sur les relations sociales et le droit du travail : celle-ci en effet se traduit non seulement par une globalisation progressive des systèmes politico-économiques, mais aussi par une **uniformisation des comportements et des modes de pensée**.

En tout cas, le citoyen et le lien social semblent de plus en plus abandonnés à l'auto-organisation de la société civile tandis que le monde politique s'intéresse presque exclusivement au consommateur ou à « l'électeur utile ». C'est notamment pour ces raisons qu'il paraît urgent et nécessaire de favoriser l'émergence d'un modèle social européen, sachant s'enrichir de la diversité de ses cultures et défendre une autre conception de la démocratie… c'est-à-dire une démocratie réelle, donc sociale, dans laquelle tous les acteurs sociaux aient un rôle effectif et reconnu, car chacun de ces acteurs a une place, donc une responsabilité à assumer.

Nous rejoignons là, très naturellement, le débat sur la répartition entre la loi et la négociation collective dans l'élaboration des normes sociales. C'est en tout cas l'un des défis essentiels pour le système des relations sociales du XXIᵉ siècle

Au niveau mondial, chacun sent bien que le développement des firmes-réseaux et de l'externalisation, ainsi que les exigences de flexibilité et de mobilité dans le cadre de la mondialisation de l'économie, ne peuvent que susciter une révision des modes d'élaboration des garanties sociales sur lesquelles les solidarités collectives doivent désormais se construire. De nouvelles formes de régulation, du type international, paraissent plus que jamais nécessaires[2]. Mais il paraît pour le moins illusoire d'espérer et donc d'attendre l'élaboration d'une législation uniforme ! Il est sans doute plus réaliste de contribuer à des négociations (de préférence d'ailleurs, sectorielles, cf. A. FRISON-ROCHE).

Au niveau européen, non seulement ce débat a pris une singulière acuité depuis le traité de Maastricht qui (en ouvrant désormais clairement la voie à la négociation d'accords collectifs) pourrait constituer un élément essentiel de la construction d'un modèle social européen, mais les pratiques actuelles,

---

1. *Tous DRH* (2ᵉ édition) dirigé par le professeur J.- M. PERETTI, Éditions d'Organisation, Juin 2001.
2. *idem.*

parmi les principaux Etats membres, révèlent d'importantes disparités tenant à d'indéniables (incontournables ?) traditions nationales... ce qui explique sans doute le faible nombre d'accords conclus à ce jour.

Mais nul ne semble plus contester qu'il convient de revaloriser le rôle de chacun des acteurs sociaux dans la société civile et renforcer la place du contractuel si nous voulons préserver au mieux le lien social. En tout cas, le constat est désormais fait par le plus grand nombre que la « *dérégulation bâclée du système implique de reconstruire des régulations*[1] ». Sans doute s'agit-il moins de critiquer le libéralisme que de vouloir le réguler si l'on veut qu'il serve effectivement le progrès social !

Certains[2] considèrent que pour ce faire, il appartient aux politiques de reprendre leurs responsabilités, au lieu d'abandonner le terrain à la sphère marchande : c'est peut-être souhaitable... mais sans doute insuffisant d'une part, à cause des défaillances (et compromissions) inhérentes à cette voie, d'autre part, en raison même de l'ampleur de l'enjeu qui exige l'engagement responsable de chacun. C'est pourquoi il convient, semble-t-il, d'envisager tous les moyens de contribuer à cette nécessaire régulation en examinant ceux qui sont le plus susceptibles d'avoir un impact concret adapté et... respecté ! Et c'est ainsi qu'une nouvelle répartition entre lois, « normes », accords, chartes, codes, etc. s'impose, en veillant particulièrement à ce que cette profusion de nouveaux outils ne noie pas le problème ou ne constitue pas une nouvelle source de complexité contraire à deux objectifs essentiels : la transparence et la cohésion.

De nouvelles formes de négociations collectives

Il apparaît ainsi évident que la mondialisation implique une révision des modes de régulations dans lesquelles il convient de savoir conjuguer des normes, dont le champ d'application est désormais universel, avec le respect des identités[3]

Les accords collectifs européens apparaissent, en ce sens, un moyen utile pour (enfin) développer ce modèle. Certes on peut s'étonner ou regretter les faibles réalisations depuis l'accord sur la politique sociale de 1992 qui ouvrait cependant cette voie nouvelle, toutefois on peut aussi espérer le développement d'autres types d'accords européens :

▶ Tout d'abord ceux conclus au niveau *sectoriel*, dans la mesure où certaines branches ont déjà su nouer (à l'exemple des entretiens de Val Duchesse initiés par Jacques Delors) des échanges fructueux ;

---

1. *Le capitalisme déboussolé*, Olivier PASTRÉ et Michel VIGIER, Ed La Découverte, 2002.
2. *Face aux marchés: la politique*, Anton BRENDER, Ed. La Découverte, 2002.
3. Cf. Jean GANDOIS, *Lettre de Confrontations*, 9/03.

▷ L'accord cadre concernant le télétravail est aussi un exemple d'une forme susceptible de favoriser les négociations au niveau de chacun des États membres selon une nouvelle conception du principe de subsidiarité.

Des accords négociés au niveau des Comités d'entreprise européens (CEE) sont également, depuis peu, envisagés et parfois même ont déjà eu un effet direct ou indirect sur d'autres stades de la négociation collective : ainsi certains CEE ont, de fait, instauré une sorte *d'accords de méthode* en recommandant fermement à leurs membres de peser sur les négociations prévues par les diverses législations nationales notamment en cas de restructuration ou licenciements économiques : le plus singulier étant d'ailleurs que l'exemple semble avoir été donné par le CEE d'une… société américaine ! (Ford).

En tout cas une nouvelle forme de *compétition* semble en œuvre entre la négociation syndicale directe avec les organisations syndicales, et celle suggérée ou imposée par des *représentants élus* au sein d'une instance (le CEE) dont ce n'est pas légalement le rôle (mais qui peut contester que cela puisse devenir une source de droit légitime ?). C'est du moins une preuve de plus que l'élaboration du modèle social européen repose sans doute davantage sur le *pragmatisme* de ses acteurs que sur des principes juridiques parfois sclérosants… surtout lorsque l'on perd de vue sa finalité.

On retrouve d'ailleurs une évolution comparable au niveau des *comités de groupe,* par rapport aux pouvoirs dévolus par la loi aux comités d'entreprise et / ou aux organisations syndicales : notamment par un arrêt du 30/4/03 Axa[1] la Cour de cassation admet que le comité de groupe puisse négocier un véritable accord qui ne soit pourtant ni un accord de branche, ni un accord d'entreprise et dont la validité spécifique est ainsi reconnue, sans pour autant pouvoir se substituer à un accord syndical proprement dit… L'intérêt de ce niveau de négociation est justement de permettre une cohésion entre diverses sociétés et l'harmonisation des statuts.

Et alors que la coordination des régimes de protection sociale reste en chantier… malgré le projet de révision du Règlement 1408-71, cette problématique ne peut qu'être relancée avec l'élargissement à 25 Etats, de telle sorte qu'on peut légitimement penser que le passage par un accord au sein d'un CEE ou d'un comité de groupe serait sans doute une solution transitoire pratique[2].

---

1. Cf. l'analyse faite par Me Joël GRANGÉ dans la *Semaine Sociale Lamy*, novembre 2003.
2. Cf. B. GABELLIERI, secrétaire général de l'Association européenne des institutions paritaires, *Semaine Sociale Lamy*, 24/11/03.

Par ailleurs, en France, on constate un certain regain d'intérêt pour les accords conclu avec le CE. Bien que ceux-ci soient qualifiés « d'atypiques » et ne portent pas les mêmes effets qu'un véritable accord d'entreprise, ils présentent (en particulier dans les entreprises dépourvues de syndicats) plusieurs intérêts, notamment de normes supplétives occasionnelles et plus facilement révisables[1].

En conclusion, on le voit bien, non seulement nous assistons à une remise en cause de l'élaboration des normes entre la loi ou les accords… mais au sein de cette politique visant à privilégier le contractuel on constate une multitude de techniques utilisées en marge des règles établies sur le principe d'une prérogative réservée aux organisations syndicales… pour admettre d'autres négociateurs tels que le CEE, le comité de groupe, voire même les comités d'entreprise et, pourquoi pas, les ONG ou d'autres acteurs de la société civile. Cette évolution ne démontre-t-elle pas qu'il est sans doute moins important de savoir qui dispose du *pouvoir légal de négocier,* que de reconnaître la légalité d'un accord dès lors qu'il a été négocié par des signataires dont la légitimité est parfois moins contestable ?

2. Savoir intégrer les chartes et réinventer le contrat de travail

Savoir intégrer les chartes et les codes

Dans le cadre de ce vaste mouvement de remise en cause de la primauté de la loi par divers types de négociations (cf. ci-dessus) on doit aussi examiner « l'irrésistible développement des chartes » et codes de diverses natures et dans divers domaines[2]. C'est l'exemple extrême de la *soft law* dont le moindre des paradoxes n'est pas l'engouement récent pour cet outil à la frontière entre le droit et le marketing et qui semble de surcroît accepté par la plupart des organisations syndicales[3].

Parallèlement à ce regain des codes de déontologie inspiré par diverses malversations financières, on a vu se multiplier les chartes relatives au bon usage des NTIC. Il est vrai que la mise en œuvre de ces extraordinaires

---

1. Cf. J .L. DENIER, *Les Cahiers du DRH,* 25/11/03.
2. *La Tribune,* 2/12/03.
3. En effet, si FO et la CGT ont le plus souvent exprimé une méfiance à l'égard de ce phénomène de mode (cf. *La Tribune* 9/5/03), la CGT et la CFDT semblent lui trouver certains attraits (cf. *Le Peuple* 17/12/03 et *Syndicalisme Hebdo* 18/12/03).

outils de communication a de quoi perturber les relations sociales et même provoquer une « corrosion des comportements[1] ». L'usage, dans l'entreprise ou en dehors d'elle, de l'Internet et l'intranet a profondément modifié les rapports de forces, les sources d'information, les moyens de communiquer etc. en dehors de toute référence aux piliers traditionnels du contrat de travail, à savoir : le lieu, le temps, le lien de subordination… Ils sont devenus un moyen exceptionnel pour favoriser l'expression (et donc la représentativité) des syndicats autonomes[2] ou institutionnels.

En tout   cas, avec l'usage débridé, sinon délirant, des mails au sein de l'entreprise un nouveau « langage parlé-écrit[3] » se met en place, balayant les règles de courtoisie, l'expression mesurée et réfléchie, le respect des personnes, de leur vie privée, des horaires (officiels…). Ces mails sont autant de sources de conflits possibles, avec, de surcroît la preuve intangible imprimée sur le « disque dur » qui devient un risque durable. Ne serait-ce que pour ces raisons liées à l'usage des nouvelles technologies, il convient de réviser la formulation des contrats de travail.

Parmi les questions soulevées par ce recours extensif aux chartes figurent bien entendu celles relatives à leur nature juridique et donc à leurs effets :

- un certain nombre de chartes sont discutées et signées avec des organisations syndicales (cf. Dalkia) et on voit mal ce qui les distingue d'un accord d'entreprise ;

- *d'autres sont effectivement élaborées de manière unilatérale* par l'entreprise et un cabinet de communication, mais on peut difficilement admettre qu'elles puissent s'abstraire d'une consultation du CE dans la mesure où, comme les dispositions d'un règlement intérieur, elles visent à organiser la vie collective et supposent une volonté de sanction en cas d'infraction. Et c'est bien pourquoi la plupart sont, en fait, intégrées au règlement intérieur[4] même si certains prétendent que cela n'est pas une obligation[5].

- d'autres comme Schneider Electric ou Bouygues vont jusqu'à les inclure dans une disposition spécifique du contrat de travail. La question à ce sujet étant de savoir s'il s'agit en l'espèce d'une clause contractuelle à

---

1. Selon l'expression du sociologue Richard Sennett dans *Le travail sans qualités*. Cf. à ce sujet le colloque organisé par l'Institut européen des juristes en droit social (IES) les 21 et 22 mars 2003, intitulé: «Travail et Nouvelles Technologies: Quelles Régulations en Europe et sur le plan international?».
2. Cf. Isabelle Schucké-Niel *Cahiers du DRH,* 24/10/03.
3. Selon le professeur J .E. Ray.
4. Cf. J. L. Denier, *Cahiers du DRH,* 24/10/03.
5. Cf. J. Y. Petit, *idem.*

part entière ou d'une simple mention informative (ainsi que la Cour de cassation a pu le juger pour une clause de mobilité).

Pour notre part il nous apparaît que la nature même de ces dispositions relève du règlement intérieur, mais que, bien entendu, rien n'interdit d'en faire une clause contractuelle spécifique pour certains postes tels que directeur administratif et financier, directeur informatique, etc. Il s'agit en l'espèce de mieux savoir utiliser le contrat de travail en distinguant les clauses contractuelles et les simples dispositions informatives, qui, selon nous doivent donc figurer en annexe du contrat.

Ceci nous amène naturellement à examiner une autre source de régulations, trop mal utilisée à savoir le contrat de travail proprement dit**.**

Réhabiliter l'usage du contrat de travail au niveau européen

Au cœur du débat visant à définir ce qu'il est préférable de privilégier comme outil de régulation, entre la loi ou l'accord (collectif)**,** il apparaît qu'on ne porte pas assez d'attention à ce qui constitue pourtant le lien le plus direct entre un employeur et « son » salarié : le contrat de travail.

Il s'agit pourtant d'un instrument juridique à la portée de tous et permettant donc à chacun de clarifier les modalités des droits et obligations respectifs, sans autre contrainte externe que de ne pas être contraire à une loi ou un accord. C'est du moins tout le sens qu'il convient de donner à l'art. 1134 du code civil[1], en résistant à la déformation qui en a trop souvent été faite par certains[2]. Au contraire, cet article 1134 doit retrouver sa vertu de fondement de toute relation contractuelle, en affirmant avec force qu'un accord engage les parties dès lors qu'il est légalement formé, c'est-à-dire qu'il ne comporte ni vices du consentement, ni dispositions contraires aux bonnes mœurs ou à l'ordre public ; c'est donc un extraordinaire outil d'expression de la liberté et de la responsabilité de chacun et sans doute le meilleur moyen de reconnaissance de la singularité de l'individu. C'est en tout cas le meilleur moyen de respecter l'individu comme sujet (individuel) du droit et

---

1. Art. 1134 «Les conventions légalement formées tiennent lieu de loi à ceux qui les ont faites. Elles ne peuvent être révoquées que par leur consentement mutuel ou pour les causes que la loi autorise. Elles doivent être exécutées de bonne foi (…)».
2. Cf. ceux qui ont laissé penser qu'un accord devait être nécessairement conforme à une loi, lui fixant en quelque sorte la quasi-totalité de son contenu… au point de le rendre pratiquement inutile, comme on a pu le constater avec les lois Aubry sur les 35 h!

par là même titulaire de droits (et d'obligations) liés à sa personne, au lieu d'être trop souvent et sommairement considéré comme un objet de droits collectifs.

Il n'est que trop évident que le contrat de travail dans son usage actuel est le plus souvent réduit à une pure formalité, (lettre d'embauche sans grande précision par rapport au bulletin de paie et à ses mentions obligatoires) ou simple « contrat d'adhésion ». L'obligation d'établir un écrit est pourtant explicitement soulignée par la directive européenne d'octobre 1991, pour toute forme de contrat. Or on lit encore trop souvent dans les manuels juridiques français, que l'écrit ne serait obligatoire que pour certains types de contrats (dits atypiques tels que CDD, temps partiel, intérim) ne visant donc pas les CDI.

Certes il est vrai que cette directive expose toutes les manières de respecter cette obligation d'établir un écrit sans forcément lui donner l'apparence d'un véritable contrat, mais ce serait oublier le langage nécessairement diplomatique de tout texte ayant une portée internationale. Nul ne peut douter que l'interprétation téléologique de cette directive par la Cour de justice européenne (CJCE), c'est-à-dire en fonction de la finalité du texte, conduit à préconiser, sinon formellement exiger, non seulement la rédaction d'un écrit pour tout contrat mais aussi à donner un contenu utile et transparent à cet écrit. C'est dire qu'on ne saurait se contenter des formules stéréotypées de trop nombreuses lettres d'embauche ou de prétendus contrats.

Il est par ailleurs opportun de relever que le texte de la directive de 1991 utilise la référence aux « éléments substantiels du contrat », qui conservent donc toute leur valeur distinctive, même si la jurisprudence française a cru bon d'opter depuis 1996 pour une expression différente en distinguant désormais les « clauses contractuelles » ne pouvant être modifiées qu'avec l'accord du salarié, des simples « conditions de travail » qui peuvent être changées unilatéralement par l'employeur dans le cadre de son pouvoir de gestion.

En fait, cette distorsion de langage entre les juristes français et ceux de l'UE ne peut que nous conforter dans la recommandation de l'usage d'un véritable contrat de travail (écrit) présentant plus clairement :

- ce qui relève des engagements contractuels, c'est-à-dire de l'accord des deux parties, et ne pourra donc être modifié que par avenant ;

- ce qui est rattaché à l'accord collectif (tels la convention collective, le règlement intérieur, le régime de retraite et prévoyance, etc.) et qui devrait figurer en annexe au titre de simples informations ;

▶ ce qui dépend du seul pouvoir gestionnaire de l'employeur (tels les horaires de travail, la date des congés, le remboursement de frais, la définition de fonction, etc.) figurant dans une autre annexe (dénommée organisationnelle).

Cette organisation du contrat en trois parties distinctes paraît extrêmement utile si l'on veut que le contrat de travail devienne un véritable contrat de confiance permettant (enfin) de clarifier ce qui relève du pouvoir et de la responsabilité de chacun. En outre elle favorise la distinction essentielle entre les trois pouvoirs de l'employeur :

▶ le pouvoir disciplinaire qui s'exprime notamment par le règlement intérieur, et concerne les mesures générales et permanentes relatives à la vie collective, ainsi que les mesures d'hygiène et sécurité. Il est soumis au contrôle du juge qui dispose à cet égard du pouvoir exorbitant d'annuler la décision de l'employeur ;

▶ le pouvoir contractuel qui se manifeste, soit dans le cadre d'accords collectifs, soit justement, dans celui des contrats individuels. Le juge peut alors condamner à des dommages et intérêts en cas d'inexécution d'une obligation contractuelle (*L'exceptio non adimpleti contractus*) ;

▶ le pouvoir gestionnaire qui constitue la contrepartie de la responsabilité de principe assumée par l'employeur, et l'autorise à prendre toute mesure nécessaire à l'organisation et à la gestion de l'entreprise. Le juge pouvant dans ce cas condamner à des dommages et intérêts sur la base de l'abus de pouvoir, voire à la nullité de la décision si celle-ci n'est pas proportionnée et justifiée (art. L 120-2 Code du travail).

Cette présentation en trois documents (le contrat proprement dit et deux annexes) a déjà été maintes fois proposée[1]. Et ceux qui l'ont expérimentée y ont trouvé un grand intérêt de clarification. Il est cependant regrettable de constater à cet égard les réticences pour en faire un usage plus général, du seul fait qu'il bouscule les habitudes. Ce qui nous ramène à nos observations préliminaires sur la nécessité de savoir et vouloir penser autrement...

Elle a en outre le mérite de souligner et d'expliciter l'une des caractéristiques fondamentales du contrat de travail ; à savoir qu'il s'agit d'un contrat à exécution successive (que l'on doit par conséquent qualifier de contrat évolutif par nature) dont l'objet même est de préciser les modalités de son évolution. En effet, le contrat de travail, contrairement par exemple au contrat de vente, n'existe qu'à partir du moment où il s'exécute dans le temps. Ce

---

1. Cf. notamment dans l'ouvrage collectif dirigé par le professeur J.-M. Peretti, *Tous DRH*, Éditions d'Organisation, 1ère édition 1996 sous le titre *Utiliser le contrat de travail comme outil de gestion*, 2e édition 2001 sous le titre *Réinventer le contrat de travail*.

qui implique qu'il subira nécessairement des modifications au fil des ans. Il est donc opportun de rappeler dans les termes utilisés (et notamment dans un préambule) cette caractéristique essentielle, qui redonne par ailleurs tout son sens au mot contrat : celui-ci ne signifiant pas contraindre (*contractus*) mais avancer ensemble (*cum-trahere*). Il apparaît ainsi que, contrairement à une vision rétrograde et sclérosante du contrat instaurant un cadre rigide et figé, l'objet même du contrat de travail est fondamentalement de préciser entre les parties les modalités permettant son évolution et son adaptation permanente et naturelle.

Certes, on ne peut occulter le déséquilibre qui se manifeste le plus souvent dans les rapports entre l'employeur et le salarié, notamment au moment de la conclusion du contrat : mais ce n'est pas en considérant le salarié comme un être incapable de négocier les modalités de sa collaboration que l'on pourra corriger cet aspect[1]. D'ailleurs pour favoriser cet équilibre on pourrait imaginer que les partenaires sociaux négocient au niveau européen un **accord de méthode** (ou un accord cadre du type de celui négociée pour le télétravail) visant à instaurer dans chaque entreprise l'usage de véritables contrats de travail selon cette typologie en trois parties. Cela permettrait de clarifier la répartition des pouvoirs entre ce qui relève de l'employeur seul, de la négociation collective, ou de l'accord individuel. Cela pourrait peut-être également assurer le respect d'un meilleur équilibre entre ces pouvoirs. Cela pourrait aussi être un excellent moyen de favoriser la mobilité des salariés au sein de l'UE, dès lors qu'en droit international il est possible de choisir le droit applicable[2] et le tribunal compétent[3] dans un contrat de type international.

Nous disposons en tout cas d'instruments juridiques permettant d'élaborer ce type de contrat de travail « européen », mieux adapté aux attentes des salariés préoccupés par la perte de leur repère national (et notamment leur régime de protection sociale)[4].

Il est temps maintenant de redonner à chacun la responsabilité de mieux définir les conditions de son engagement et celles de ses aménagements successifs, naturels et nécessaires. Et c'est bien en cela qu'il convient de réhabiliter le contrat de travail en contrat de confiance.

---

1. D'autant que nul ne conteste la capacité de ce même salarié pour «négocier» son contrat d'assurance ou l'achat de sa maison!
2. Cf. Convention de Rome, 19/6/80 (transformée en Règlement).
3. Cf. Convention de Bruxelles, 27/9/68.
4. Cf. B. GABELLIERI, *op. cit.*

3. Conclusion

L'identité européenne peut et doit se manifester dans une certaine conception des relations sociales renforçant l'usage du contractuel par rapport à la loi à condition de ne pas perdre de vue la finalité même du droit social qui est de favoriser l'harmonisation des relations sociales, et donc concilier et réconcilier l'économique et le social, ainsi que préserver la reconnaissance de l'individualité de chaque sujet de droit. Telle peut et doit être la marque du Modèle social européen !

Chapitre 32

Reconnaître par la rémunération

Bruno SIRE
Henri COCHET
Francis LACOSTE

« Il n'y a pas le plus petit commencement de preuve d'un soi-disant désintérêt pour la rétribution monétaire. L'anti-matérialisme est un mythe » ? Doit-on considérer que cette phrase de P. DRUCKER (DRUCKER, 1975) écrite en 1974, n'est plus adaptée en 2005 ? L'un des signes les plus clairs de la reconnaissance qu'une entreprise puisse manifester à son salarié ne s'exprime-t-elle pas, encore et toujours, en termes monétaires : augmentations de salaire, bonus et primes, paquet de stock-options ? La hausse des niveaux réels de rémunération depuis trente ans a-t-elle provoqué un changement de point de vue ?

Les enquêtes de climat social révèlent, avec une grande constance, que le principal grief des salariés à l'égard de leur entreprise reste celui d'un défaut de reconnaissance des efforts et des contributions individuelles. Pendant longtemps on a pu croire que la réponse à cette demande devait être faite en termes de salaires, la perception que l'on a aujourd'hui, s'est affinée. Notre vision est devenue multidimensionnelle, plus complexe, provoquant par là même une évolution des notions et des concepts que l'on utilise dans la plupart des grandes entreprises. On y parle plus volontiers, de rémunération globale, de rétribution, de reconnaissance totale, que de salaire, ou simplement, de rémunération.

L'expression « rémunération et reconnaissance » (reward & recognition) est même couramment utilisée par les Anglo-Saxons. Accoler aujourd'hui la notion de reconnaissance à celle de rémunération, c'est entériner, implicitement, une vision multidimensionnelle. Vision déjà exprimée par Jeffrey PFEFFER (1998), un des grands spécialistes des politiques de rémunération, en 1998, lorsqu'il écrivait : « *Bien sûr, les gens travaillent pour de l'argent, mais aussi et surtout, pour donner un sens à leur vie* ». De ce constat est née l'idée que les éléments monétaires et quasi-monétaires de la rémunération devaient être combinés, dans une vision globale, avec des éléments indirects, tels que la carrière analysée par les économistes comme de la rémunération différée, et l'intérêt du travail, c'est-à-dire par des éléments « porteurs de sens » pour le développement individuel. La grande nouveauté en matière de rémunération réside dans le fait d'aborder dans un seul et même concept, celui de rétribution, l'ensemble des éléments de la reconnaissance, ceux qui s'expriment en termes monétaires et ceux qui s'expriment en termes de développement personnel. Cette vision globale présente une réelle cohérence si on considère que les éléments du développement personnel ont une valeur comparable à une valeur monétaire. N'est-il pas, en effet, cohérent de considérer que, pour un salarié donné à un instant donné, un travail intéressant et mal payé peut être jugé équivalent à un travail moins intéressant mais mieux payé ?

Cette perception, largement partagée, d'une attente multidimensionnelle de reconnaissance a donné naissance à deux notions, souvent employées de façon synonyme, celle de rétribution globale et de reconnaissance globale. Elles combinent toutes les deux les éléments extrinsèques (ou tangibles) de la rémunération avec des éléments non monétaires liés au contenu du travail et à son environnement, éléments qualifiés d'intrinsèques (ou intangibles). Une illustration de cette approche est fournie par la présentation que fait le groupe Total de son système de rémunération (figure n° 1). Il est désormais clair que le bulletin de paie n'exprime plus à lui seul la reconnaissance de l'entreprise envers son salarié. Tout au plus son expression monétaire, et encore, de façon peu satisfaisante puisque à travers le « net versé », il est bien difficile d'appréhender la part de rémunération fixe de la partie variable, la part immédiate de la part différée, la part rémunérant la contribution du salarié de celle correspondant au résultat global ou à la valeur financière de l'entreprise[1]...

---

1. Le « bilan social individualisé » est un support de communication de plus en plus fréquemment utilisé pour compléter l'information du salarié sur son véritable niveau de rémunération reconnaissance.

Il en résulte une vision élargie de la rémunération qui invite à la concevoir comme une combinaison de variables, constituant un « package ». Le choix de recourir plus ou moins à tel ou tel élément étant dicté, ou supposé l'être, par la stratégie que poursuit l'entreprise en matière de ressources humaines.

FIGURE 1
Articulation des différentes composantes de la rétribution du groupe TOTAL

	Exemples	Éléments	Définition
Intangible	• Équilibre vie-travail • Ambiance de travail • Développement	Éléments non-financiers	RÉTRIBUTION
Tangible	• Voiture • Clubs • Assistance	Autres avantages	RÉMUNÉRATION TOTALE
	• Retraite • Prévoyance • Congés • Avantages statutaires	Avantages sociaux	
	• Actionnariat - Options • Bonus long terme	Variable L.T.	Rémunération directe
	• Primes spot • Bonus/Part variable	Variable annuel	Total Cash
	• Salaire de base • Primes statutaires	Base espèces	

Éléments auxquels on peut attribuer une valeur monétaire

(colonne de droite : TOTALE)

À l'ère de l'économie du savoir, où le capital financier apparaît comme la ressource abondante et le capital humain comme la ressource rare, celle qui donne à l'entreprise un avantage compétitif, il est fréquent que les entreprises aient une stratégie RH qui consiste à « attirer et retenir les meilleurs talents », tout en cherchant à « motiver tout le monde». Cette volonté d'agir sur les comportements a considérablement mis en avant le rôle des « Compensation & Benefits Manager » et des grands cabinets de conseils spécialisés dont ils s'entourent souvent : Hay, Hewitt, Mercer, Towers Perrin et autres Watt-son Wyatt. L'incitation à la fidélité et à l'effort au moyen du « package rémunération » donne lieu à une alchimie par laquelle le « Comp & Ben » tente de maximiser l'efficacité de l'organisation en utilisant les incitations fiscales et sociales et en influençant les comportements individuels au travail. L'alchimie des rémunérations qui en découle est généralement fondée, d'une part sur une volonté d'alignement de l'ensemble des politiques RH, d'autre part sur la recherche d'une congruence entre les attentes des clients et celles des salariés. En d'autres termes, les entreprises sont bien souvent en quête d'un cercle vertueux par une logique du « gagnant-gagnant », qui semble constituer « le Graal » du DRH moderne. Cependant l'alchimie des rémunérations s'avère délicate car souvent l'analyse des besoins de reconnaissance des salariés pêche par excès de simplisme, quand ce n'est pas par ignorance des ressorts réels du comportement au travail. C'est la raison pour laquelle il nous semble important d'insister ici sur deux aspects particuliers de la rémunération : celui des logiques de fonctionnement des variables de la reconnaissance globale, et celui de la logique d'équité qui doit sous-tendre toute décision en la matière.

1. La rétribution comme mode de reconnaissance de la contribution du salarié

La rétribution est composée de cinq variables. Les quatre premières sont dites extrinsèques, elles composent la rémunération globale : le montant fixe, la partie variable, les avantages en nature, les avantages sociaux (compléments de retraite et de couverture sociale). La cinquième est dite intrinsèque, elle correspond aux éléments tels que le contenu du travail, l'environnement du travail, les perspectives de carrière, etc. Comment chacune de ces variables peut-elle participer à la reconnaissance du salarié ? Quelle doit être leur logique de fonctionnement ? Quels faits générateurs peuvent-ils déclencher leur évolution ?

Avant toute chose, il faut noter que tout choix de rémunération ne saurait s'affranchir du fait qu'il s'agit avant tout d'un acte économique qui trouve son fait générateur dans l'acte de vente, c'est-à-dire dans le chiffre d'affaires. On ne peut verser des rémunérations, de façon durable, que dans la mesure où le travail réalisé est vendu à un tiers. L'intérêt du salarié est donc indissociablement lié à celui du client. La reconnaissance par le client de l'intérêt du travail réalisé est à l'origine de la reconnaissance par l'entreprise de la contribution du salarié. Rien ne s'oppose donc, sur le principe, à ce qu'existe une congruence des intérêts du salarié et de ceux du client.

Concernant la partie fixe de la rémunération (salaire de base et primes statutaires), elle constitue un des trois éléments substantiels du contrat de travail. Elle doit être analysée comme la contrepartie de l'activité et du lieu, c'est-à-dire des deux autres éléments du contrat. La première contribution du salarié est de « tenir son poste », c'est-à-dire de réaliser le travail qu'il s'est engagé à faire. La tenue satisfaisante du poste est le socle stable de la relation de travail, elle est le fait déclencheur du versement de la rémunération fixe. Dès lors que le travail normal est réalisé, la rémunération fixe est un dû. Elle ne saurait être considérée comme une récompense. Cela paraît une évidence... et pourtant, la tentation n'est-elle pas forte d'augmenter ceux qui ont « bien travaillé », c'est-à-dire de se placer dans une logique de récompense ?

La contribution du salarié ne peut, cependant, être entièrement appréhendée par la seule « tenue satisfaisante du poste ». Il faut aussi, bien évidemment, tenir compte de la performance qu'il réalise, du fait qu'il peut aller au-delà des attentes normales. Ce second type de contribution s'exprime en termes de performance. Celle-ci est par nature variable. Il est donc logique qu'elle fasse l'objet d'une reconnaissance elle-même variable, sous forme de primes réversibles et de bonus variables. Ces primes et bonus peuvent avoir un caractère soit individuel soit collectif (bonus d'équipe, intéressement). Les primes et bonus apparaissent comme le moyen d'introduire une discrimination entre les salariés, mais il s'agit d'une discrimination sous contrôle. En effet, le principe de non-discrimination abusive du droit privé, qui s'expriment à travers la règle « à travail égal, salaire égal », doit être appliqué dans le cadre de la détermination des montants des primes et bonus. Pour être à l'abri de recours il faut que la reconnaissance monétaire d'une contribution individuelle variable soit basée sur des critères objectifs et que les modes de détermination de ces montants soient les mêmes pour tous.

De même qu'une augmentation de salaire doit correspondre à un changement dans le périmètre des activités confiées, une prime ou un bonus doit correspondre à une performance objectivement validée. Il faut se garder d'accorder une rémunération variable sur des critères qualitatifs pour lesquels la preuve objective de leur matérialité ne pourrait être apportée, au risque de pratiquer une discrimination abusive.

Mais alors, si on considère la rémunération exclusivement comme un acte économique fondé sur un principe de non-discrimination, comment tenir compte du potentiel d'évolution de certains salariés et de la volonté légitime de les attirer et de les fidéliser ? Cette question est d'autant plus pertinente que l'entreprise se trouve dans un contexte de rareté de la ressource humaine.

Plusieurs techniques peuvent permettre d'attirer et de fidéliser certains salariés :

- la première consiste à proposer une rémunération au-dessus du marché. C'est un choix possible pour certaines catégories d'emploi, mais économiquement dangereux ;

◗ la seconde, qui n'échappe pas à la même critique, consiste à donner des « primes de rétention » (rétention bonus). Ce sont des primes accordées à celui que l'on souhaite garder, de manière à l'amener, par anticipation, au niveau de salaire qu'il aura lorsqu'il prendra des responsabilités plus importantes. On est ici dans de l'*intuitu personœ* qui s'accommode mal avec les règles de non-discrimination évoquées plus haut. C'est donc une technique à manier avec beaucoup de prudence ;

◗ la troisième possibilité est, en revanche, tout à fait compatible avec les règles juridiques en cours. Il s'agit d'accorder des reconnaissances immatérielles telles que :

- un contenu de travail plus intéressant ;

- des conditions et un environnement de travail plus agréable ;

- une action de développement des compétences ;

- des engagements sur le déroulement de carrière ou une mobilité fonctionnelle intéressante.

Ce sont des modes de reconnaissance qui, même s'ils ont un coût pour l'entreprise, correspondent pour le salarié à des contreparties plus « affectives » que monétaires. L'entreprise cherche à répondre, par ces moyens, aux attentes de développement personnel. Cette façon de reconnaître se fonde sur l'idée que l'affectif explique largement le comportement de fidélité à l'égard d'une organisation. Les entreprises qui se placent dans cette logique de reconnaissance utilisent volontiers la notion de rétribution lorsqu'elles évoquent leur politique de rémunération.

Certaines remarques doivent cependant être faites en contrepoint de l'intérêt de ces pratiques. Il n'est pas toujours possible d'accorder de tels éléments, particulièrement dans les PME où les opportunités sont restreintes. La plus belle entreprise du monde ne peux donner que ce qu'elle a ! Il faut se garder de faire des promesses qui ne seraient pas tenues. Si en politique, il est bien connu que les promesses n'engagent que ceux qui les écoutent, dans une entreprise il est beaucoup plus dangereux, pour l'efficacité organisationnelle, d'agir de la sorte. Les travaux sur la notion de contrat psychologique ont montré que la violation d'un engagement même implicite amène immanquablement à des comportements de retraits préjudiciables à la performance. C'est pourquoi on ne saurait trop recommander de ne pas transformer les éléments immatériels de la reconnaissance en éléments virtuels. Une rétribution qui vient en contrepartie d'une contribution doit s'exprimer par des décisions qui engagent l'entreprise.

2. La justice organisationnelle condition d'efficacité d'une politique de reconnaissance

La perception de justice que se fait l'individu du rapport salarial détermine son engagement et ses comportements de retrait. Il est donc tout à fait primordial que les décisions concernant l'évolution des rémunérations individuelles fassent l'objet d'une très grande attention de la part des DRH, d'autant plus qu'une partie de ces décisions est souvent transférée vers des managers pas ou peu formés à la notion de justice appliquée aux décisions de rémunération. Dans ce domaine la justice organisationnelle fait référence à deux notions complémentaires : la justice distributive et la justice procédurale.

La justice distributive[1] se mesure par la comparaison que l'on fait entre son propre ratio contribution / rétribution et celui d'une personne placée dans une situation comparable. Ce référant peut être soit à l'intérieur de l'organisation (équité interne) soit à l'extérieur (équité externe). Bien évidemment, les individus se comparent généralement à l'un et l'autre, avec les niveaux d'informations incomplètes dont ils disposent, et en tirent un sentiment relatif de justice, ou d'injustice, qui, dans ce dernier cas, va déterminer des comportements de revendication ou de retrait (absentéisme, démission…). Cette notion est un principe général du droit civil qui trouve sa première expression dans la Déclaration universelle des droits de l'homme par la règle « à travail égal, salaire égal ». Elle est depuis inscrite dans les législations de la plupart des démocraties et particulièrement dans le cadre institutionnel européen et dans le Code du travail français. Depuis quelques années l'application de cette règle fait l'objet d'un abondant contentieux, ce qui met en lumière les difficultés d'application de ce principe depuis que le rapport salarial, par la décentralisation des décisions et par la diversification des moyens de reconnaissance des contributions, s'est complexifié (Aubert-Monpeyssen, 2005).

La justice procédurale est celle qui trouve son origine dans les règles et modes de prise de décision. Concernant plus particulièrement les décisions relatives aux rémunérations, elle dépend d'un système de règles formel et informel qui constitue un des aspects important de la culture organisationnelle. Elle dépend aussi de relations interpersonnelles, généralement entre l'individu et son supérieur hiérarchique direct. La justice liée aux relations interpersonnelles ne se rapporte pas seulement à une culture organisation-

---

1. Il s'agit d'une transposition aux théories du management, faite en particulier par J. ADAMS à la fin des années 50, des théories de la justice sociale développées par John RAWLS.

nelle mais également à la culture du décideur lui-même. S'interroger sur l'existence ou non d'une justice procédurale c'est donc examiner à la fois l'ensemble des procédures et des règles qui amènent à telle ou telle décision d'augmentation, de prime, etc...., mais aussi examiner comment les individus chargés de prendre, ou de contribuer à prendre, les décisions se comportent avec leur collaborateurs.

Le premier aspect relève d'une logique organisationnelle, le second de la formation et de l'évaluation des managers. Les études sur la façon dont est perçue la justice organisationnelle révèlent que, très souvent, le sentiment d'injustice provient de la dimension interpersonnelle.

▷ Tendance

C'est la raison pour laquelle, après une phase de décentralisation importante vers les managers en matière de reconnaissance des contributions individuelles, on assiste depuis la fin des années 1990 à un encadrement beaucoup plus étroit des décisions. Il se manifeste, tout d'abord, par la confection, pour l'usage des décideurs, de matrice de décision hiérarchisées et dans lesquels les critères quantitatifs prédominent. Il se manifeste, également, par la demande faite aux managers de procéder à une classification de leurs collaborateurs en plusieurs groupes, selon les principes d'une loi normale de distribution : technique du « forced ranking ».

Plusieurs études ont montré que les deux composantes de la justice organisationnelle, distributive et procédurale, n'avaient pas les mêmes conséquences sur le comportement des salariés. La perception de justice distributive aurait principalement comme influence : la satisfaction à l'égard de la rémunération et la fidélité. La justice procédurale aurait une influence sur : la satisfaction à l'égard de l'entreprise, la satisfaction à l'égard de la hiérarchie, l'implication et l'engagement organisationnel (SIRE, TREMBLAY, 2000). On le constate la première dimension serait plutôt à mettre en rapport avec la capacité d'attraction et de fidélisation de l'entreprise, la seconde avec la motivation et le comportement au travail.

Si on en revient donc à la recherche d'un package de rétribution qui permette d'atteindre à la fois les objectifs de d'attraction-fidélisation des meilleurs talents et de motivation de tous les salariés de l'entreprise, il faut s'interroger séparément sur les éléments distributifs de la reconnaissance (niveau et hiérarchie) et sur ses éléments procéduraux (règles et modes de prise de décision). La compétitivité de ce « package total » peut et doit être mesurée à intervalle régulier, car si l'entreprise peut arriver à un instant donné à une situation d'équilibre qui lui permette d'atteindre conjointement ses objectifs économiques et sociaux, il n'y a aucune raison, *a priori*, pour que cet équilibre perdure dans le temps compte tenu des évolutions fluctuantes des attentes individuelles et du contexte économique de l'entreprise.

Chapitre 33

L'« entreprise à la carte » : reconnaissance du droit de choisir

Rodolphe COLLE
Jean-Marie PERETTI

Dans leur recherche de compétitivité, les entreprises se trouvent aujourd'hui face à de nouveaux impératifs en matière d'organisation du travail qui impliquent d'accorder une plus grande marge d'autonomie, de liberté et de flexibilité aux salariés. En effet, l'entreprise peut difficilement apporter les mêmes réponses à toutes les catégories de salariés. Une gestion de carrière ciblée apparaît nécessaire.

1. Une personnalisation croissante

À la différence des années 1980, les salariés réclament aujourd'hui davantage de liberté et d'autonomie. BOUCHIKHI et KIMBERLY (1999) constatent la création d'un fossé entre le pouvoir de choix des consommateurs et celui des salariés. En effet, les individus ont aujourd'hui la possibilité de faire de nombreux choix : vivre seuls ou en couple, avoir ou non des enfants, acheter le produit A ou le produit B, adhérer ou non à certaines communautés… En revanche, l'entreprise offre encore peu d'espaces de choix à ses salariés. Or les salariés ont aujourd'hui de plus en plus tendance à souhaiter une plus grande personnalisation des conditions de travail. Les individus veulent prendre leur vie en charge et la planifier de manière stratégique. Il n'est ainsi pas rare de voir des jeunes et / ou des cadres quitter leur emploi pour se diriger vers un travail plus autonome tel qu'une profession libérale. Les individus, aujourd'hui, souhaitent participer aux décisions concernant leur vie professionnelle de même que leur vie privée.

La prise en compte de la diversité du salariat doit avoir pour conséquence la sortie d'un système d'organisation uniforme pour l'entreprise et l'individualisation du rapport au travail pour le salarié (CJD, 1995). Ceci nécessite la mise en place d'une organisation du travail davantage personnalisée qui permette un équilibre entre les besoins de l'entreprise et ceux des salariés.

L'idée et la nécessité d'offrir divers espaces de choix à leurs salariés sont dès lors apparues aux gestionnaires des ressources humaines. Dans les années 1960, la littérature nord-américaine a vu naître le concept de « cafeteria plans[1] ». Ceux-ci consistent à donner à chaque salarié la possibilité de choisir sa propre combinaison d'éléments de rémunération en fonction de ses besoins personnels. L'objet de ces systèmes est de satisfaire pleinement les besoins des salariés tout en diminuant les coûts salariaux de l'entreprise.

Nous avons souhaité ne pas nous limiter au seul aspect lié à la rémunération. Nous nous intéressons au contraire à toutes les possibilités de choix mises à la disposition des salariés dans leur emploi. Nous parlons ainsi d'« entreprise à la carte », selon laquelle l'organisation se rapproche du projet personnel de chaque salarié en lui offrant divers espaces de choix dans son emploi. Proposer une « entreprise à la carte » peut permettre de concilier les objectifs et contraintes de l'entreprise et les attentes de chaque salarié.

Mais pour reconnaître chacun des salariés, il est nécessaire de reconnaître avant tout la diversité de leurs attentes. L'entreprise à la carte permettra alors de reconnaître un véritable droit de choisir aux salariés.

2. Reconnaître la diversité des attentes

Aujourd'hui, les salariés ont des attentes de plus en plus diverses. L'évolution historique des paradigmes de gestion semble montrer que les entreprises du XXIe siècle sont davantage sensibles à cette diversité des attentes.

Une évolution historique des paradigmes de gestion

Comme l'indique le tableau 1, il est possible de distinguer les paradigmes des XIXe, XXe et XXIe siècles en fonction du degré de flexibilité et de la faculté d'adaptation des entreprises aux besoins et attentes des différentes parties prenantes (Bouchikhi et Kimberly, 1999).

---

1. Traduit littéralement «*systèmes de rémunération cafétéria*».

TABLEAU N° 1
Les paradigmes de gestion des XIXᵉ, XXᵉ et XXIᵉ siècles
(adapté de BOUCHIKHI et KIMBERLY, 1999, p.8)

		Exigences des individus en matière de flexibilité	
		Faibles	Élevées
Exigences de l'entreprise en matière de flexibilité	Faibles	- Paradigme du XIXᵉ siècle - Insensibilité aux besoins des clients et des employés - Organisation axée sur la production	
	Élevées	- Paradigme du XXᵉ siècle - Sensibilité aux besoins des clients - Organisation axée sur le marché	- Paradigme du XXIᵉ siècle - Sensibilité aux besoins des clients et des employés - Structure personnalisée

Le paradigme de gestion du XIXᵉ siècle

Au XIXᵉ siècle, les entreprises étaient le plus souvent familiales et se préoccupaient peu des attentes des actionnaires et des clients. Ces derniers se contentaient d'acheter les produits qui leur étaient proposés.

De leur côté, les salariés étaient considérés, selon ce paradigme de gestion, comme étant au service de leur employeur et n'ayant pas la possibilité de s'exprimer. Sauf dans le cas d'un employeur compréhensif pratiquant un management paternaliste, les employés restaient des éléments que l'on recrutait ou licenciait selon les besoins et ne disposant d'aucun espace de choix.

Le paradigme de gestion du XXᵉ siècle

Le paradigme de gestion du XXᵉ siècle se caractérise par une prise en compte par les entreprises des attentes des actionnaires et des clients. Ceux-ci participent davantage au processus de décision. L'entreprise est centrée sur le marché. En revanche, les employés n'ont toujours aucune marge de choix. Ils doivent s'adapter aux besoins de la clientèle. Aucune flexibilité n'est dès lors possible en ce qui concerne notamment l'aménagement des temps de travail.

Certes, la fin du XXᵉ siècle a vu apparaître diverses innovations telles que le management participatif ou la rémunération en fonction du rendement. Toutefois, celles-ci ont eu un impact limité sur les attitudes et les comporte-

ments au travail des salariés et ne paraissent plus correspondre à leurs attentes. En effet, ces pratiques correspondaient à une exigence de flexibilité
émanant de l'entreprise elle-même, alors que ce sont aujourd'hui les salariés
qui demandent davantage de liberté et d'individualisation. Dès lors, un troisième paradigme de gestion est en passe de devenir dominant dans les pays
occidentaux.

Le paradigme de gestion du XXIᵉ siècle

BOUCHIKHI et KIMBERLY (1999) constatent l'émergence d'un nouveau paradigme de gestion pour le XXIᵉ siècle : l'entreprise à la carte. Selon ce paradigme, les employeurs devront personnaliser le milieu de travail en
permettant une flexibilité tournée vers les employés.

L'entreprise devra donc tenir compte à la fois des attentes des actionnaires
et des clients, mais également des salariés qui souhaitent participer au processus de décision et devenir davantage autonomes. Les outils de marketing
appliqués jusque-là aux seuls clients devront être étendus également aux
employés qui ne souhaitent plus laisser les autres décider à leur place.

Une diversité des attentes des salariés

Si la période des Trente Glorieuses a été marquée par une très forte tendance à l'uniformisation des conditions des salariés, les auteurs et les praticiens considèrent aujourd'hui qu'il faut privilégier une différenciation
durable corrélative à l'absence de forme dominante ou de domination d'un
« rapport salarial canonique » (BEFFAT *et al.,* 1999) : « *la diversité des composantes des relations d'emploi l'emporte sur la convergence d'un modèle unifié* ».

Le 30ᵉ baromètre EPSY a montré l'influence de certaines caractéristiques
sur l'importance attachée aux éléments de motivation dans le travail.

Exemple

Les femmes privilégient davantage que les hommes l'ambiance et
l'esprit d'équipe (55 % contre 40% pour les hommes). De même,
les cadres mettent davantage que les autres l'accent sur l'autonomie et les responsabilités (45 % contre 36 % plus globalement).

Chaque salarié a ainsi des attentes et des besoins différents dans son
emploi. Il est important de souligner ces différences selon diverses variables
individuelles et/ou organisationnelles.

Influence de l'âge

L'âge, tout d'abord, peut influencer les attentes : on distingue ainsi générale-ment les jeunes salariés, les trentenaires, les quadragénaires et les quinqua-génaires. Chacun aura des attentes différentes, notamment en termes de rémunération, de carrière, d'aménagement des temps de travail ou de conciliation travail – famille.

Exemple

Les salariés plus âgés valoriseront davantage un complément retraite par rapport au salaire direct.

Influence du genre

Les hommes et les femmes n'ont pas les mêmes attentes vis-à-vis de leur travail et de leur entreprise.

Exemple

Les femmes ont davantage d'attentes en matière d'équilibre entre la sphère privée et la sphère professionnelle.
De même, le genre peut influer sur les attentes en matière d'amé-nagement des temps de travail, les femmes ayant davantage de contraintes familiales. Les salariés considérés comme « hauts potentiels » ont souvent entre 28 et 35 ans. Or, cet âge correspond à celui de la maternité des femmes qui sont ainsi défavorisées dans leur progression de carrière.

Influence de la situation familiale

Le statut marital et le nombre d'enfants à charge peuvent également jouer un rôle concernant les attentes des salariés.

ST-ONGE *et al.* (1993) ont souligné que de nombreux changements démo-graphiques et sociologiques modifient la nature et les besoins de la main-d'œuvre : la féminisation de la main-d'œuvre, l'augmentation du nombre de familles monoparentales et l'apparition des couples à double carrière peuvent ainsi être des causes d'attentes diverses.

Exemple

Un homme célibataire et sans enfant n'aura pas les mêmes besoins ni les mêmes attentes qu'un couple avec deux enfants en bas âge.

Influence du niveau de qualification et du poste occupé

Les attentes des salariés peuvent encore varier avec le niveau de qualification et le poste occupé.

Exemple

Un ouvrier souhaitera sans doute davantage de rémunération directe alors qu'un cadre valorisera peut-être plus une complémentaire santé ou une voiture de fonction.

L'influence du poste occupé conduit à examiner également l'influence du niveau de rémunération. Par exemple, un cadre recevant une rémunération conséquente ne placera peut-être pas ses attentes principales sur la rémunération, mais plutôt sur de la gestion de carrière, un plan de formation renforcé ou davantage d'autonomie dans l'organisation de son travail.

Autres caractéristiques

De nombreuses autres caractéristiques individuelles et/ou organisationnelles peuvent également avoir une influence sur la diversité des attentes des salariés. Il peut s'agir notamment du diplôme et des formations précédemment suivies, de l'ancienneté dans le poste et dans l'entreprise, de la nationalité, de la taille de l'entreprise, du conflit travail – famille ressenti, ou encore des activités extraprofessionnelles exercées.

Nous avons vu précédemment que le paradigme de gestion du XXIe siècle nécessite la mise en place d'une organisation du travail personnalisée et individualisée au bénéfice des salariés. Dès 1995, le Centre des jeunes dirigeants d'entreprise (CJD, 1995) parle d'« entreprise à la carte », expression reprise ensuite par BOUCHIKHI et KIMBERLY (1999).

Nous définissons « l'entreprise à la carte » comme un paradigme selon lequel l'organisation, économiquement performante, se rapproche du projet et des besoins de chaque salarié en lui offrant divers espaces de choix dans son emploi.

Les recherches antérieures se sont essentiellement concentrées sur les systèmes de rémunération cafétéria : il s'agit de permettre à chaque salarié de choisir les modalités de sa rémunération dans le cadre d'une enveloppe (PERETTI, 2002). Ainsi, la littérature limitait jusqu'à présent le terme « cafétéria » au fait de pouvoir choisir son propre « mix » de rémunération en fonction de ses besoins personnels. De notre côté, nous avons souhaité ne pas limiter ce concept « cafétéria » au seul aspect lié à la rémunération. Nous proposons donc d'étendre le concept « cafétéria » à toutes les possibilités de choix mises à la disposition des salariés dans leur emploi et de passer d'une « rémunération cafétéria » à une « GRH cafétéria », que nous appelons entreprise à la carte. L'offre d'espaces de choix permettra ainsi de répondre aux attentes diverses des salariés.

Il s'avère dès lors nécessaire de préciser les différents espaces de choix pouvant être offerts aux salariés.

3. Reconnaître un droit de choisir pour les salariés

À notre connaissance, la littérature s'est encore peu intéressée à cette question des choix offerts aux salariés dans leur emploi. Tout au plus certains espaces de choix ont été abordés par certains auteurs. Il s'agit essentiellement des choix relatifs à la rémunération, l'aménagement des temps de travail, l'organisation du travail, la mobilité géographique et la formation. En outre, une étude qualitative a permis d'affiner et de compléter cet inventaire (COLLE, 2003).

Les espaces de choix relatifs à la rémunération

Les entreprises proposent aujourd'hui à leurs salariés un « mix » de rémunération qui intègre une partie fixe et une partie variable payées au comptant, différentes formules de partage du profit et divers compléments de rémunération tels que les avantages en nature, les compléments retraite et la prévoyance (SOULIÉ, 1995 et 1997). Les arbitrages peuvent se faire sur les couples fixe-variable, différé-immédiat, monétaire-non monétaire (CAVAGNAC et SIRE, 1994). On appelle le fait de pouvoir ainsi choisir son propre « mix » de rémunération en fonction de ses besoins personnels, les systèmes de rémunération « cafétéria ».

Il est ainsi possible de laisser les individus libres de choisir leur propre mode de rémunération en fonction des arbitrages qui correspondent à leur fonction d'utilité (TAYLOR, 1968). En effet, il n'est pas certain que les choix de l'entreprise conviennent à tous les salariés. Or, il apparaît que le rapprochement des besoins de l'entreprise et du salarié en matière de rémunération est nécessaire : « *La néantisation phénoménologique « sartrienne » montre que le salarié qui ne reçoit pas l'élément rétributif attendu est conduit à nier toute autre forme de rétribution* » (CASTAGNOS et LE BERRE, 2000, p.243). Ainsi, le salarié valorisera davantage la composante choisie.

L'offre d'espaces de choix relatifs à la rémunération peut faire apparaître une adéquation entre les avantages reçus et les besoins individuels des salariés. On constate en effet que la main-d'œuvre devient de plus en plus hétérogène. Dès lors, la mise en place de plans d'avantages flexibles doit permettre de satisfaire les besoins personnels des salariés (MILKOVITCH et NEWMAN, 1990). La théorie de l'échange peut ainsi être vérifiée : en satisfaisant des besoins individuels importants, les employés peuvent répondre avec un meilleur niveau de satisfaction et une meilleure implication envers l'organisation (ANGLE et PERRY, 1983 ; BRIEF et ALDAG, 1980).

De plus en plus d'entreprises proposent ainsi des « packages » de rémunération attractifs. Ceux-ci doivent être optimisés en matière fiscale et sociale, en tenant compte des évolutions législatives récentes sur le sujet. En outre, il est nécessaire de soigner la communication d'accompagnement auprès des salariés, avec notamment une « pédagogie active » (JAFFE *et al.*, 2001) concernant les risques liés à l'utilisation de certains outils, particulièrement dans des phases de retournement des tendances boursières.

On classe généralement les systèmes de rémunération cafétéria en quatre catégories (SOULIE, 1997) :

- *Les plans modulaires* : ceux-ci sont composés de « modules » de compléments de rémunération équivalents, mais dans des proportions différentes. Chaque module est destiné à un groupe ciblé de salariés : les salariés avec enfants et dont le conjoint ne travaille pas, les salariés célibataires, les salariés sans enfants dont le conjoint travaille, etc. Chaque salarié choisira un de ces modules en fonction de sa situation personnelle. Un tel système, bien que présentant l'avantage de sa grande simplicité, propose un choix limité aux salariés ;

- *Les plans avec noyau central* : au-delà d'un niveau minimum obligatoire de compléments de rémunération, les salariés peuvent choisir entre différentes options ;

- *Les plans « buffet »* : l'entreprise choisit ici un régime de référence. Le salarié modifie, s'il le désire, ce régime. Le plus souvent, comme pour les plans avec noyau central, un niveau de couverture minimale est imposé au salarié ;

- *Les plans à choix illimités* : ces plans laissent une totale liberté de choix aux salariés. Le risque ici est de voir les salariés ne pas choisir la solution la meilleure pour eux. Il s'avérera particulièrement nécessaire, dans ce type de plans, d'accompagner et de conseiller les salariés dans leur choix, tout en les laissant parfaitement libres.

▷ *Tendance*

En France, c'est en matière de prévoyance complémentaire que les systèmes de rémunération cafétéria se sont le plus développés depuis les années 1990. Mais force est de constater que ces systèmes demeurent assez peu développés en France. Ceci peut être imputé notamment à un cadre législatif beaucoup plus rigide que dans les pays anglo-saxons.

Les espaces de choix relatifs à l'aménagement des temps de travail

Les entreprises peuvent offrir à leurs salariés différents espaces choix en matière d'aménagement des temps de travail : chaque salarié peut notamment maîtriser ses horaires, le recours au travail à temps partiel, l'organisation de ses congés et l'épargne des congés dans le cadre d'un compte épargne temps.

Les horaires à la carte

Depuis 1973, les horaires peuvent être individualisés. Les horaires à la carte sont caractérisés par un espace de choix laissé au salarié dans la répartition quotidienne des heures de travail à accomplir. Cette technique ne diminue pas le nombre d'heures travaillées dans la journée, mais elle permet une grande discrétion individuelle sur le moment où ces heures sont effectuées (DALTON et MESCH, 1990).

Il s'agit là d'un outil important de flexibilité qui permet au salarié de choisir chaque jour ses heures d'arrivée et de départ dans le cadre de plages mobiles (PERETTI, 2002). Chaque salarié composera ainsi lui-même son emploi du temps à l'intérieur des possibilités offertes par le système. En effet, la liberté de choix ne peut pas être totale, pour des raisons de productivité de l'entreprise, mais aussi pour des raisons de communication entre les salariés : il est nécessaire que les salariés travaillent un minimum de temps ensemble afin de pouvoir communiquer, se rencontrer, échanger. Dès lors, les horaires à la carte alternent des plages fixes et des plages variables :

- les plages fixes constituent un temps de présence obligatoire pour tout le personnel ;

- à l'inverse, les plages variables permettent aux salariés de choisir les heures pendant lesquelles le travail est effectué.

L'entreprise qui envisage de mettre en place des horaires à la carte doit au préalable obtenir l'accord des représentants du personnel (comité d'entreprise ou, à défaut, délégués du personnel). Les entreprises ne disposant pas d'une représentation du personnel doivent simplement obtenir l'accord des salariés (par exemple par référendum). Il est également nécessaire d'obtenir subséquemment l'autorisation de l'inspecteur du travail.

Tendance

Il est fréquent de constater que les horaires à la carte suscitent un niveau élevé de satisfaction (PERETTI, 2004). En effet, la possibilité de choisir ses horaires peut accroître le bien-être au travail des salariés, notamment en permettant de concilier la sphère professionnelle et la sphère privée.

Exemple : Accord sur les horaires variables de la Caisse d'épargne de Flandre

Contexte

La direction de la Caisse d'épargne de Flandre a souhaité offrir une plus grande souplesse aux salariés dans la gestion de leur temps de travail tout en tenant compte des évolutions des organisations du travail. La durée hebdomadaire de référence pour les salariés est fixée à 38 heures 05 minutes.

Contenu de l'accord

Le régime d'horaires variables repose sur la mise en place d'un système de plages variables et de plages fixes.
La journée de travail des salariés des services administratifs et fonctionnels se décompose comme suit :

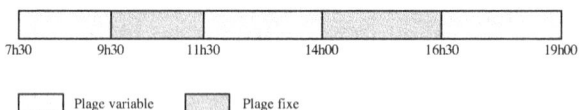

| 7h30 | 9h30 | 11h30 | 14h00 | 16h30 | 19h00 |

☐ Plage variable   ▨ Plage fixe

Chaque salarié doit respecter une interruption minimale lors de la mi-journée de 30 minutes.

L'utilisation des plages mobiles pour chaque salarié bénéficiaire peut conduire à une variation de l'horaire journalier et hebdomadaire effectivement travaillé. Cette possibilité s'inscrit dans les limites suivantes :

- le report d'heures d'une semaine sur l'autre est fixé à 6 heures ;
- au cours d'un mois donné, le crédit maximum accumulé est fixé à 24 heures, le débit à 8 heures ;
- le solde total individuel ne peut à aucun moment dépasser 30 heures en crédit et 12 heures en débit.

Le choix du travail à temps partiel

Le travail à temps partiel doit répondre aux aspirations des salariés à ajuster la durée et les rythmes de travail à leur vie privée (PERETTI et JORAS, 1986). Ainsi, il apparaît nécessaire de permettre au salarié de choisir entre le temps complet et le temps partiel, mais également entre les différentes formules de temps partiel. Les travaux de PALMERO (2000) indiquent qu'il est essentiel de distinguer le temps partiel choisi du temps partiel imposé. Ce caractère choisi ou imposé semble avoir une influence sur les attitudes et comportements au travail des salariés. Il existe en effet peu de différences entre les salariés à temps complet et ceux à temps partiel lorsque le statut de l'emploi occupé est congruent avec le statut désiré (ARMSTRONG-STASSEN et al., 1994).

Cependant, pour trois salariés à temps partiel sur quatre, le temps partiel semble aujourd'hui contraint ou subi « faute de mieux ». Cela entraîne souvent une insatisfaction des salariés concernés : il ne semble pas s'agir d'un refus du temps partiel en lui-même, mais plutôt un refus des désavantages en termes de rémunération ou de statut. En effet, lorsqu'il est contraint, le travail à temps partiel est souvent un emploi précaire, avec des conditions de travail plus difficiles et un accès à la formation moindre.

Le choix des dates de congé

Les salariés souhaitent généralement choisir leurs dates de congés en fonction de leurs contraintes et de leurs aspirations personnelles et/ou familiales. La possibilité d'organiser ses congés comme on le souhaite est en effet une attente très importante chez la plupart des salariés.

Il est naturellement nécessaire de concilier ici les attentes des salariés avec les besoins de l'entreprise. Certaines entreprises ont mis en place des systèmes dits BBR (Bleu-Blanc-Rouge) qui divisent l'année en trois zones tenant compte des contraintes de l'entreprise, notamment en termes de production. L'entreprise accorde ainsi des jours supplémentaires aux salariés qui acceptent de prendre leurs congés en période d'activité réduite (zone bleue ou blanche).

Le compte épargne temps

Le Compte épargne temps (CET) est un outil apportant un important degré de flexibilité aux salariés dans leur emploi. Son objet est de « *permettre au salarié qui le désire d'accumuler des droits à congé rémunéré* » (art. L. 227-1 du Code du travail). Le CET présente un caractère volontaire à double titre (*Anonyme*, 2002) : tout d'abord, sa mise en place relève d'une décision des partenaires sociaux, ensuite, l'usage du CET, une fois celui-ci mis en place, dépend du seul désir du salarié et ne peut être imposé par l'employeur (Direction régionale du travail, 1994). En outre, l'Administration recommande aux employeurs d'accorder « la plus grande souplesse » aux salariés volontaires dans l'utilisation de cet outil (Direction régionale du travail, 1994).

Le dispositif du compte épargne temps reste relativement méconnu de la plupart des salariés. Les jeunes, notamment, semblent peu intéressés par le CET.

Exemple

Les salariés de la Société Générale épargnent en moyenne 6,8 jours par, soit seulement la moitié du seuil fixé par l'accord d'entreprise (voir tableau 2). Pourtant le dispositif semble attractif, avec un abondement de l'employeur.

De même, seuls 19 % des salariés de BNP-Paribas ont choisi de recourir au CET.

TABLEAU N° 2

Compte épargne temps : quelques exemples d'entreprises

Entreprises	Nombre de jours pouvant être épargnés dans le CET	Abondement de l'entreprise
PSA (ouvert à tous les salariés)	22 jours. Il faut avoir un minimum de 5 jours en stock pour qu'ils soient monétisables.	Abondement de 20 % pour les plus de 50 ans.
BNP-Paribas (ouvert à tous les salariés)	10 jours pour les moins de 50 ans. 15 jours pour les plus de 50 ans. Non monétisables.	Pas d'abondement.
Société Générale (ouvert à tous les salariés de plus d'un an d'ancienneté)	13 jours. Monétisables.	Abondement de 10 % si le nombre de jours épargnés est compris entre 5 et 10 jours. Abondement de 20 % au-delà du 10e jour.

▷ *Tendance*

Le compte épargne temps connaît aujourd'hui un regain d'intérêt dans la perspective du projet de loi réformant les 35 heures. Il devrait être possible aux salariés d'épargner jusqu'à trente jours par an, contre vingt-deux aujourd'hui. En outre, un salarié pourra vraisemblablement conserver son « capital » jusqu'à la fin de sa carrière, alors qu'aujourd'hui, les jours épargnés doivent être pris sous forme de congés ou payés dans un délai de cinq ans. Les jeunes salariés pourraient dès lors se sentir davantage concernés.

Les espaces de choix relatifs à l'organisation du travail

La possibilité de prendre part aux décisions stratégiques et d'intervenir sur l'organisation du travail est un élément essentiel pour expliquer les performances d'une entreprise (AOKI, 1991). Cela pose la question de l'autonomie dans le travail pour les salariés. Celle-ci s'inscrit dans la problématique des nouvelles formes d'organisation du travail. Certains auteurs parlent de management participatif (CRANDALL et PARNELL, 1994) : il s'agit d'impliquer les subordonnés dans les décisions managériales.

L'autonomie permet une plus grande responsabilisation des individus. Les salariés souhaitent aujourd'hui être de plus en plus impliqués dans les décisions et les orientations à donner à leur travail. Il semblerait que la présence de choix offerts en matière d'organisation du travail puisse être liée à une satisfaction plus importante des salariés dans leur travail (CRANDALL et PARNELL, 1994). La question de l'autonomie pose celle de la confiance entre managers et collaborateurs. Cette confiance doit être synallagmatique : la réciprocité est nécessaire pour que la confiance puisse s'installer entre l'employeur et le salarié.

Les espaces de choix relatifs à la mobilité géographique

La question des espaces de choix relatifs à la mobilité géographique nous amène à nous intéresser au processus décisionnel du salarié envers la mobilité géographique. Celui-ci est parfois laissé libre d'accepter ou de refuser un tel changement. Il semblerait que le fait d'offrir un tel choix au salarié peut avoir une influence sur l'adaptation de ce salarié à son nouveau travail ou à sa nouvelle organisation (BLACK et STEPHENS, 1989 ; FELDMAN et THOMAS, 1992).

CERDIN (1999) distingue deux approches de la liberté de choix relative à la mobilité : une approche directe et une approche indirecte.

L'approche directe de la liberté de choix

Il s'agit ici de rechercher dans quelle mesure un individu a le sentiment de pouvoir choisir entre accepter ou refuser la mobilité proposée. Il semblerait que cette liberté de choix soit assez restreinte dans les entreprises : le salarié serait le plus souvent contraint d'accepter une proposition de mobilité sous peine de voir sa progression de carrière freinée. CERDIN (1999, p.129) considère ainsi que « *pour un cadre qui privilégie la progression hiérarchique, le dilemme pourrait alors se résumer dans une optique shakespearienne vis-à-vis de sa carrière : être mobile ou ne pas être* ».

L'approche indirecte de la liberté de choix

L'approche indirecte de la liberté de choix concerne la question de la compatibilité de la mobilité avec les attentes et valeurs des salariés concernés. Ceux-ci tiennent compte notamment de leur famille et de leur vie extra-professionnelle. CERDIN (1999) considère que la théorie des images peut expliquer le processus décisionnel menant le salarié à prendre la « bonne décision ». La théorie des images, élaborée par BEACH (1990), se fonde essentiellement sur le concept de « passage au crible » : il s'agit d'un processus permettant de tester la compatibilité d'une option avec les valeurs et attentes du salarié intégrées dans un ensemble de trois images : l'image des valeurs, l'image de trajectoire et l'image stratégique. Le passage au crible est ainsi fondé sur « *l'évaluation d'une sorte particulière de "dissimilarité" entre les caractéristiques d'une option et des critères (...) privés* » (BEACH, 1993, p.276). CERDIN (1999) note que l'approche indirecte de la liberté de choix est la plus intéressante dans l'optique de l'adaptation des salariés : lorsque l'individu estime la mobilité compatible avec ses attentes et valeurs, sa décision sera considérée comme « bonne » et son adaptation sera une réussite.

Les espaces de choix relatifs à la formation

Les salariés se voient parfois offrir divers espaces de choix en matière de formation. Il peut s'agir de la possibilité de demander à suivre une formation, de choisir le contenu de celle-ci, ou de participer à l'élaboration du plan de formation. Une formation à la carte est également parfois rendue possible par la présence d'un intranet dans l'entreprise.

Il est reconnu que la facilité perçue d'apprendre est fonction de la capacité et de la motivation à se former (GOLDSTEIN, 1986 ; BALDWIN, MAGJUKA et LOHER, 1991). Or, on peut considérer que cette motivation à apprendre et à se former est liée à la satisfaction au travail des salariés, et par voie de conséquence à leur fidélité à l'organisation qui les emploie. Ainsi, HICKS et KLIMOSKI (1987) ont montré que les salariés qui avaient bénéficié d'un important degré de liberté dans leur formation avaient des réactions plus favorables suite à celle-ci. De même, les travaux de SALANCIK (1977) suggèrent une implication accrue des salariés qui ont eu des choix en matière de formation.

Les autres espaces de choix

D'autres espaces de choix offerts aux salariés dans leur emploi ont été mis en évidence par une étude qualitative (COLLE, 2003).

Certaines entreprises laissent au salarié un espace de choix relatif au véhicule de fonction : le salarié peut non seulement demander à obtenir cet avantage (par exemple dans le cadre d'un système de rémunération cafétéria), mais aussi parfois de choisir le modèle de sa voiture, moyennant une contrepartie financière.

De même, l'entreprise propose parfois des services à la personne : restaurants ouverts tôt le matin et tard le soir, crèches dont les horaires s'adaptent à ceux des employés, gymnases, piscines, soins et massages, traiteur, etc. Dans les pays nord-américains, cette pratique est courante et est considérée comme un important outil d'attraction et de fidélisation des salariés. De manière assez similaire, les Canadiens ont mis en place des Programmes d'aide aux employés (PAE). Ils s'adressent aux employés ayant des problèmes personnels qui nuisent à leur rendement, mais qui ne sont pas forcément causés par le milieu de travail. Ces services concernent les problèmes personnels, le stress en milieu de travail, les problèmes relationnels, le harcèlement, l'abus de substances, la séparation et les pertes, l'équilibre entre vie professionnelle et vie familiale, les problèmes financiers ou juridiques, ou encore la violence familiale.

Enfin, d'autres espaces de choix peuvent être offerts aux salariés : c'est le cas des choix relatifs à l'aménagement de l'espace de travail, à la retraite, au travail à domicile et à la carrière.

4. Reconnaissance à la carte

La présente recherche nous a permis de mettre en évidence un nouveau concept émergent : l'entreprise à la carte. Celle-ci a pu être définie comme un paradigme selon lequel l'organisation, économiquement performante, se rapproche du projet et des besoins personnels de chaque salarié en lui offrant divers espaces de choix dans son emploi. Nous avons ainsi proposé d'élargir le concept « cafétéria » à toutes les possibilités de choix mises à la disposition des salariés dans leur emploi. Les systèmes « cafétéria » ne doivent donc plus être limités aux seuls aspects liés à la rémunération.

Cette question de l'autonomie et des libres choix offerts peut paraître paradoxale dans la mesure où le salarié se trouve dans une situation de subordination juridique envers son employeur. En effet, le Code du travail définit le contrat de travail comme la convention par laquelle une personne s'engage auprès d'une autre à mettre sa force de travail à la disposition de ce dernier pour accomplir une prestation sous la subordination de celui-ci en échange d'une rémunération. En outre, le salarié est soumis au pouvoir de direction de son employeur. Il doit lui obéir, sauf si l'ordre est contraire à l'ordre public, illicite ou illégitime. Dès lors, BARREAU (1999) préfère parler de discrétion, que l'on peut définir comme « *des espaces d'action dans un processus réglé de l'extérieur, où le sujet agissant est obligé de décider et de choisir dans un cadre de dépendance* » (de TERSSAC, 1996, p.21).

▷ Tendance

On constate aujourd'hui qu'il n'est plus possible d'apporter les mêmes réponses à toutes les catégories de salariés. L'individualisation des conditions de travail et l'offre d'espaces de choix sont de plus en plus présentes dans les entreprises françaises. La gestion des carrières tend ainsi à devenir une gestion individualisée ou ciblée des salariés.

Les conclusions tirées de cette recherche peuvent s'adresser aux gestionnaires qui souhaiteraient inclure davantage de flexibilité et de personnalisation dans leur organisation, en mettant en place un système d'« entreprise à la carte ». La présentation, dans cette étude, d'un inventaire des divers espaces de choix pouvant être offerts aux salariés et réclamés par eux peut ainsi s'avérer utile pour ces responsables des ressources humaines soucieux de voir leurs employés devenir davantage autonomes.

L'évolution vers une « entreprise à la carte » contribue à accroître l'efficacité du management de la relation avec chaque salarié. Celle-ci est essentielle pour une bonne performance RH de l'entreprise. L'efficacité des pratiques de GRH peut se mesurer à leur propension à répondre aux diverses attentes des salariés tout en respectant les exigences de l'entreprise : une GRH performante sera celle qui proposera des solutions optimisées en accommodant les attentes de chaque salarié avec les objectifs et les contraintes de l'entreprise.

▷ Tendance

À l'aube des prochaines années, la gestion des carrières tend à devenir une gestion individualisée des salariés. La gestion des ressources humaines serait ainsi en passe d'être supplantée par la gestion des personnes.

Gérer les personnes, « *c'est reconnaître que chacun agit d'abord par rapport à lui-même, que chacun a, dans les organisations, des marges de liberté pour essayer au mieux de servir ses intérêts, que les intérêts de chacun ne sont pas forcément en opposition avec ceux de l'organisation…* » (THÉVENET, 1999, p.11).

Chapitre 34

L'entreprise responsable, la reconnaissance du rôle citoyen

Jacques IGALENS
François MANCY

La théorie néo-institutionnelle, que nous appellerons TNI, a été popularisée en France par l'ouvrage d'Isabelle HUAULT *Institutions et gestion* mais peu d'études empiriques s'appuient effectivement sur son cadre pour rendre compte des évolutions à l'œuvre dans le champ organisationnel.

S'il est un domaine dans lequel cette clef de lecture et de compréhension s'avère pertinente, c'est bien celui de l'entreprise responsable et notamment de la reconnaissance de son rôle citoyen.

La TNI est un courant apparu il y a trente ans avec quelques travaux séminaux souvent cités mais qui, un temps, ont peu servi dans les sciences de gestion. En 2002 lorsque *l'Academy of Management Journal* lui consacre un forum spécial, les choses s'accélèrent et les travaux empiriques français viennent compléter les études anglo-saxonnes.

Selon A. DESREUMAUX, on peut résumer la TNI autour des idées suivantes :

– « les comportements organisationnels ne sont pas des réponses aux seules pressions du marché mais aussi, et surtout, des réponses à des pressions institutionnelles provenant d'organes de régulation (tels que l'Etat, les instances représentatives des professions), d'organisations en position de leadership, de la société en général) ;

- ces pressions institutionnelles conduisent les organisations à adopter les mêmes formes organisationnelles, celles qui font figure de modèle, voire de recette, dans le cadre institutionnel considéré ;
- la configuration de la structure et des systèmes de gestion d'une organisation est sous-tendue par un ensemble d'idées et de valeurs sous-jacentes, formant ce que l'on peut appeler un schéma d'interprétation ;
- ces schémas trouvent leur source à l'extérieur de l'organisation et valent pour une population d'organisations constituant un champ organisationnel » (A. Desreumaux, 2004).

Pourquoi et comment les entreprises appartenant à un même champ organisationnel convergent-elles dans leur démarche de responsabilité sociale (que nous appellerons désormais RSE) ?

À cette double question la TNI apporte les réponses suivantes : les entreprises du champ ont les mêmes besoins de légitimité, de reconnaissance, de prestige et pour les satisfaire elles vont s'appuyer sur l'opinion publique, elles vont s'imiter l'une l'autre et ainsi elles vont créer un schéma d'interprétation de la RSE qui va progressivement s'imposer et prendre la forme et la force d'un véritable paradigme.

1. Les mécanismes de base du mimétisme

Selon les fondateurs de la TNI, trois mécanismes sont à la base du mimétisme qui conduit à l'isomorphisme :

- l'effet de contagion particulièrement sensible dans les situations d'incertitude environnementale ;
- l'effet normatif qui est souvent porté par des réseaux professionnels et qui conduit les organisations à faire le choix volontaire de l'application de normes contraignantes (éventuellement suivies de processus également contraignants de certification) ;
- l'effet coercitif, plus classique, qui correspond aux pressions légales mais aussi aux pressions du marché financier (Dimaggio et Powell, 1983).

Nous allons examiner le champ de la grande distribution à partir du cadre théorique de la NTI. Pourquoi ce choix ? Parce que la grande distribution est un secteur économique très peu sensible aux effets de mode en matière de management, les conditions d'exploitation des magasins y sont très difficiles et les managers sont toujours débordés. En revanche, en tant qu'employeur, en tant qu'animateur de la cité, le point de vente a un rôle à jouer. Enfin, on peut remarquer en termes de GRH que la grande distribution a joué, dans le passé, un rôle d'ascenseur social pour de nombreux autodidactes du fait d'une croissance rapide qui créait des opportunités de carrière. Depuis quelques années, les restrictions découlant de l'application de la loi Raffarin ont ralenti cette progression sur le territoire national. D'autres leviers de motivation sont donc à inventer et la citoyenneté pourrait être l'un d'eux.

Après avoir présenté succinctement trois grandes enseignes représentatives du champ de la grande distribution, nous évoquerons les mécanismes de mimétisme, et plus particulièrement les deux premiers, qui aboutissent aujourd'hui à faire de chacune d'entre elles une entreprise en quête de reconnaissance citoyenne.

2. L'exemple de trois enseignes

Casino exploitait au 31 décembre 2003 un parc de 8 600 unités comprenant notamment 299 hypermarchés, 2 309 supermarchés, 958 magasins discount, 4 568 supérettes, 243 restaurants et employait plus de 200 000 personnes pour un chiffre d'affaires de 35,5 milliards d'euros. *Casino* est présent dans 15 pays. Bien que depuis sa fondation par Geoffroy GUICHARD, *Casino* soit resté fidèle aux valeurs qui ont fait son succès et guidé ses actions auprès de toutes ses parties prenantes « qualité, proximité, solidarité et respect », l'engagement dans la RSE est récent. Ce n'est qu'en 2002 qu'une charte a été rédigée à ce sujet et diffusée à l'ensemble des collaborateurs du groupe.

Auchan exploitait au 31 décembre 2003, 321 hypermarchés, 1 950 supermarchés et supérettes et employait 156 000 collaborateurs pour un chiffre d'affaires de 38,5 milliards d'euros. Depuis sa création en 1961, la famille Mulliez (Arnaud Mulliez est président d'*Auchan* France) a eu le souci de l'éthique et a promu des valeurs de confiance, de progrès et de partage. Mais ce n'est que très récemment (en 2003) que les axes stratégiques d'une politique de RSE ont été définis avec l'appui d'un cabinet de conseil.

Carrefour est leader de la grande distribution en France, numéro deux dans le monde avec plus de 10 378 magasins répartis dans 29 pays ; ils réalisent 88,7 milliards de chiffre d'affaires et emploient 420 000 collaborateurs. *Carrefour*, dont le fondateur fut Marcel Fournier, a édité son premier rapport de développement durable en 2001 après avoir mené une large consultation des parties prenantes du groupe afin d'identifier les principaux enjeux sociaux et environnementaux.

On peut être frappé par certaines ressemblances entre les trois groupes, le poids des familles et l'importance des valeurs dans leur histoire respective, le poids de l'actionnariat salarié notamment chez *Auchan* et *Carrefour*, les choix stratégiques (internationalisation, centrale d'achats) même si *Carrefour* présente, à peu près, la taille de ses deux concurrents nationaux cumulés et se trouve plus dépendant des marchés financiers.

Les trois groupes se présentent comme engagés dans la RSE, le développement durable et la citoyenneté depuis leur origine car chacun joue habilement sur telle ou telle valeur du fondateur pour s'en réclamer. *Carrefour* va jusqu'à présenter les « filières qualité » (FQC), voire les produits libres comme des actes de RSE et donc date de 1992 ses premières actions. Bien entendu ces FQC reposant (entre autres) sur des partenariats durables entre *Carrefour* et ses fournisseurs ne sont pas hors sujet mais en réalité, c'est bien au tournant du siècle que *Carrefour* d'abord, rapidement suivi par *Casino* et *Auchan*, ensuite s'engagent dans la RSE au sens global du terme et notamment en amorçant le dialogue avec l'ensemble des « stakeholders ».

De même *Monoprix* (qui appartient au groupe *Casino*) a joué un rôle pionnier dans la distribution généraliste de produits verts avec la création de la gamme « Monoprix Vert » en 1990 et de la gamme « Monoprix Bio » en 1994 mais ce n'est qu'en 1999 que cette enseigne présente un ensemble d'engagements, non seulement par rapport au consommateur, mais incluant l'ensemble de ses parties prenantes.

Comment ces trois groupes sont-ils venus à la RSE entre 1999 et 2002 ? (donc sur une période assez courte), et quelles ont été les pressions ressenties qui expliquent leur choix de façon plus avéré que l'invocation d'origines plus symboliques que réelles et en tout cas très partielles ? Nous allons reprendre chacune des pressions mimétiques issues du cadre de la TNI : l'effet de contagion, l'effet normatif et l'effet coercitif.

3. L'effet de contagion

Concernant l'effet de contagion, la solidarité de proximité et la lutte contre l'exclusion fournissent une bonne illustration.

En 1991, la France a connu un été chaud et découvert le problème des banlieues notamment en Vaulx-en-Velin. Les jeunes des banlieues s'en prennent tout autant aux lieux de consommation, les centres commerciaux, qu'aux symboles de l'autorité, les commissariats. Dans l'hypermarché de Torcy (groupe *Casino*), une simple altercation entre un agent de sécurité du magasin et un jeune accusé du vol d'une bouteille de whisky va dégénérer et aboutir à un véritable siège du magasin et inaugurer la série des incendies de véhicules sur le parking de la grande surface puis dans la banlieue.

Cet incident va attirer l'attention des responsables des trois enseignes qui vont mettre au point des politiques pour y faire face. Dans un premier temps, les politiques sont différentes ; dans le cas de *Casino*, l'embauche de jeunes du quartier semble privilégiée afin de favoriser la communication et de donner une preuve de l'apport concret de la grande surface à l'emploi local. Les deux autres enseignes adoptent une politique plus sécuritaire en optant pour l'embauche de jeunes dans des emplois de vigiles.

Mansour Zoberi, responsable de la mission politique de la ville, de l'insertion et de la solidarité au sein de la DRH du groupe *Casino*, décrit ainsi la réaction de son groupe : « *nous avons réuni le comité d'établissement et proposé à ses membres d'engager quatre personnes natives du quartier, issues de grandes familles sans emploi, pour préparer l'arbre de Noël du magasin ainsi que le goûter des enfants. Cette première opération réussie a montré que nous pouvions faire confiance à des jeunes filles qui s'étaient fort bien acquittées de leur tâche mais, et c'est important, dont le choix respectait l'équilibre démographique des différentes communautés habitant le quartier. Par la suite, lorsque des remplacements étaient à effectuer, la proposition était adressée aux personnes du quartier plutôt qu'à l'agence d'intérim*[1] ».

Casino a contribué aux côtés d'acteurs institutionnels à la réflexion du Conseil national des villes qui s'est concrétisée en décembre 1993 par la signature d'une convention nationale entre Antoine Guichard et le ministre de la ville et l'année suivante par la participation à la fondation lancée par Martine Aubry « Fondation agir contre l'exclusion », FACE. Ces modalités d'intégration seront reprises à Toulouse, à Aix-en-Provence et Boissy-Saint-Léger.

Carrefour et *Auchan* ont largement puisé dans ces actions innovantes.

En 1996, *Auchan* crée sa Fondation pour la jeunesse qui a pour vocation d'agir concrètement dans trois domaines, dans les quartiers où sont implantés ses hypermarchés :

- la création d'activités et d'emplois ;
- la prévention et la santé des jeunes ;
- l'animation et l'insertion dans les quartiers difficiles.

---

1. «Casino, un acteur social et économique dans sa ville» in *REGARD*, Magazine du groupe *Casino*, Avril – Mai - Juin 2001.

La proximité du discours est grande :

▶ « Objectif prioritaire ? Recréer du lien social », *Auchan*[1] ;

▶ « Notre objectif était de redonner du sens », *Casino*[2].

Les initiatives sont parfois les mêmes ainsi du « passeport pour l'emploi » qui est une initiative publique servant à valoriser les jeunes qui ont fait un stage dans l'établissement en décrivant les compétences et aptitudes acquises. *Casino* signe de tels passeports à Toulouse et *Auchan* à Longwy.

Carrefour crée en décembre 2000 sa Fondation internationale qui a pour objet d'intervenir dans tous les domaines de l'intérêt général et, notamment, dans les domaines de la solidarité, de l'action humanitaire, de la santé, de la recherche scientifique et médicale, de la culture, de l'éducation, de la lutte contre l'exclusion et de la protection de l'environnement.

Exemple

Au Brésil, *Carrefour* « *encourage ses collaborateurs à consacrer 4 heures par mois, prises sur leur temps de travail et rémunérées par l'entreprise, aux enfants et aux adolescents défavorisés vivant à proximité des magasins* » ;
En France, *Carrefour* adhère également à la fondation FACE et à la fondation PACTE « Pour agir contre toute exclusion » créée par des salariés et qui aide plus de 1 200 familles grâce aux dons des entrepôts, à des épiceries sociales[3] et à la création d'emplois de service (repassage, retouches…).

« *Notre ambition est d'être la référence de la distribution moderne dans chacun de nos métiers en apportant aux collectivités publiques locales et nationales l'engagement concret dans la vie de la cité d'un acteur économique, responsable et citoyen.* »
Extrait des politiques de *Carrefour*.

À partir de ces exemples de solidarité, d'aide au développement local et de lutte contre l'exclusion on observe comment les engagements pionniers de *Casino* ont inspiré les autres organisations du champ. L'effet de contagion s'explique ici par les incertitudes environnementales créées en France par le mouvement des banlieues « chaudes » qui a surpris et déstabilisé les acteurs économiques et politiques. Les grandes surfaces se sont trouvées brutale-

---

1. Rapport 2002, «Auchan, entreprise responsable».
2. *Op. cit.*
3. Une épicerie sociale vend des produits de première nécessité à environ 20 % du prix normal. De nombreuses associations ont créé et gèrent ce type d'épicerie qui offre l'avantage par rapport aux colis de valoriser l'acheteur qui choisit ses produits et les paie.

ment confrontées à un problème qui pouvait se résoudre par une politique strictement sécuritaire, ce qui fut parfois la tentation, ou par une approche citoyenne reposant sur l'insertion de jeunes des banlieues. *Casino* a montré la voie que progressivement les autres enseignes ont suivie.

4. L'effet normatif

Le second mécanisme mimétique concerne la normalisation. Il s'agit le plus souvent de démarches volontaires qui aboutissent au niveau d'une profession ou au niveau interprofessionnel à un accord sur une procédure ou sur une promesse pour l'ensemble des parties prenantes.

Deux exemples peuvent être fournis, le premier concerne le respect des principes de l'OIT, le second, la présentation des rapports de développement durable.

Sur le premier, il est apparu au début du siècle une forte pression médiatique concernant les conditions de fabrication des jouets, des articles de sport et des vêtements. Dans la mesure où une part de plus en plus importante de ces articles provient des pays du Sud, le contrôle des conditions de travail et notamment des quatre principes fondamentaux de l'Organisation internationale du travail (OIT) était difficile à réaliser (DEHERMANN-ROY, IGALENS, 2004). Il convient de souligner que contrairement aux pays anglo-saxons qui connaissent un mouvement consumériste important, on ne peut pas affirmer qu'en France la pression des consommateurs a été dominante. Ainsi, il n'y a eu aucune campagne de boycott menée sur ce thème. En revanche des mouvements d'origine syndicale, éthiques sur l'étiquette ou alter-mondialistes, relayés par les media puis, plus tardivement par les agences de notation[1], ont joué un rôle non négligeable.

L'initiative « Clause sociale » a été lancée à l'automne 1998 par plusieurs enseignes. Il s'agit d'un engagement volontaire destiné à inciter les fournisseurs des pays du Sud à se doter de moyens de vérification et de respect des clauses sociales concernant le travail des enfants, le travail forcé, la liberté d'association, le temps de travail, les salaires, les conditions générales de travail et notamment les problèmes de santé et de sécurité. Cet engagement volontaire dans un même référentiel[2], se double d'audits partagés. 1 062 audits sociaux ont été réalisés entre 1998 et 2003, 716 étaient pro-

---

1. Lorsque Vigeo a racheté Arese la nouvelle présidente, Mme NOTAT a exigé que les quatre conventions de base de l'OIT soient ajoutées au référentiel de notation.
2. Fortement inspiré de la norme américaine SA 8000.

grammés pour 2004, ce volume représentant entre 10 et 25 % du nombre de fournisseurs identifiés et 50 % des volumes achetés en sourcing direct.

Si au niveau français cette démarche a été reconnue par les pouvoirs publics dans le cadre du Conseil national du développement durable, selon la Fédération du commerce et de la distribution (FCD), « *au niveau européen l'objectif est d'atteindre un principe de reconnaissance mutuelle dans le cadre de l'initiative Responsabilité sociale des entreprises de la Commission européenne et avec euro-commerce* ».

Les règles pour adhérer au groupe « Clause sociale » sont au nombre de trois :

▶ faire réaliser des audits sur place par des cabinets extérieurs;

▶ ne pas en faire un sujet de compétition marketing ;

▶ partager son travail en commun (base de données des audits, plans d'actions correctives…).

Auchan et *Carrefour* adhèrent directement à la « Clause sociale » tandis que *Casino* adhère à travers la centrale d'achats commune avec *Cora*, Opéra.

La FCD note que la Chine figure parmi les pays les moins respectueux des droits sociaux. En effet, si les auditeurs ont pu constater « une amélioration de la notion de liberté d'association » ainsi que la création de groupes d'échanges entre salariés et management », ils confirment l'absence de syndicats indépendants en Chine et de délégués de personnel, y compris dans des usines de 1 500 employés. La FCD affirme que les fournisseurs chinois « *sont souvent peu coopératifs sur les sujets des temps de travail et rémunérations, en raison de la faiblesse de leur part de chiffre d'affaires réalisé avec les enseignes françaises*[1] ».

Toujours du fait de sa taille et de sa dimension plus internationale, *Carrefour* ne se contente pas d'adhérer à l'initiative « Clause sociale » qui, on l'a vu, reste à ce jour très nationale. *Carrefour* adhère également au pacte global de l'ONU et surtout, l'enseigne a signé un accord de partenariat en 2000 avec la FIDH (Fédération internationale des droits de l'Homme) qui a abouti à la création d'INFANS, association loi 1901 dotée de 70 000 euros par *Carrefour* sur trois ans. Même si cette initiative s'est heurtée « *à la difficulté d'assurer une cohérence entre les pratiques commerciales de Carrefour (prix d'achat, délais de livraison) et l'imposition de mesures correctrices souvent coûteuses pour les fournisseurs* »[2], elle a joué un rôle positif.

On pourrait en revanche trouver un parallèle entre le partenariat *Carrefour*/ FIDH d'une part et le partenariat plus récent *Casino*/Amnesty International

---

1. *La lettre de l'économie responsable*, N° 25 Septembre 2004, Novéthic.
2. Extrait du site www.fidh.org

car l'un et l'autre visent à mieux appréhender les enjeux éthiques des activités du groupe tout en bénéficiant en termes d'image de la perception positive de l'image d'une ONG. On sait que la grande distribution a inventé le concept de « cobranding » qui consiste à rapprocher deux marques pour bénéficier d'une synergie d'image, il n'est pas impossible qu'il s'agisse ici de la même démarche.

Le deuxième exemple de l'effet mimétique par la norme concerne les rapports volontaires de développement durable à propos desquels on remarque une convergence progressive dans les choix de présentation. En 2001 par exemple, *Carrefour* présente une double page intitulée « L'enjeu de notre développement durable » dans laquelle il s'efforce par un pictogramme à trois dimensions de situer autour d'un magasin les principaux leviers du comportement responsable.

En 2003, *Casino* reprend la même idée pour son rapport et l'intitule « Nos principaux enjeux de développement durable »...

Plus sérieusement l'impact de la GRI (Global Reporting Initiative) qui est une norme volontaire de présentation de rapport de développement durable se fait sentir dans les deux cas puisque *Carrefour* et *Casino* choisissent de présenter un tableau de correspondance avec les indicateurs GRI. Concernant *Auchan*, si la logique de présentation du rapport demeure identique, l'influence de la GRI se fait plus discrète.

La normalisation joue également un rôle dans les domaines environnementaux (ISO 14000) et bien sûr, qualité (ISO 9000). Mais dans ces deux domaines le poids des normes n'est plus à démontrer et il n'est pas lié au secteur professionnel. Remarquons toutefois qu'*Auchan* a été en 1998 la première enseigne au monde à faire certifier un hypermarché (celui du Mans) selon la norme 14001 et que son exemple est progressivement suivi.

En revanche, concernant les deux exemples présentés et tout particulièrement la « Clause sociale », l'impact de la profession semble avoir été déterminant pour expliquer le mimétisme par la norme.

5. L'effet coercitif

L'effet coercitif concerne tous les aspects de la vie des organisations et dans le domaine de la citoyenneté comme dans celui de la RSE. On ne peut évoquer l'ensemble des réglementations qui pèsent sur l'entreprise tant elles sont nombreuses. Rappelons par exemple dans notre pays l'importance du droit social qui offre un cadre protecteur aux salariés et conditionne bien des dispositifs de gestion des ressources humaines, ou encore celle croissante de la réglementation sur l'environnement. Pourtant, ces lois et règlements en s'imposant aux grandes enseignes ont contribué à rapprocher leurs pratiques. Nous n'évoquerons que deux points certes marginaux comparativement à l'ensemble des contraintes réglementaires, mais pertinents par rapport à notre sujet.

Le premier concerne les relations entre la grande distribution et les PME et le second les agences de notation.

Sur le premier point, un malaise s'est établi de longue date avec les producteurs et notamment ceux qui ne sont pas propriétaires d'une marque et qui sont très dépendants par rapport à la grande distribution. Les pouvoirs publics ont donc été amenés à moraliser les relations entre la distribution et les producteurs nationaux, notamment les PME. Les procédures de référencement, la pratique des marges de toute nature et les efforts commerciaux que la grande distribution avait introduits dans les relations commerciales étaient devenus difficilement supportables pour nombre de PME nationales.

On trouve dans les rapports la trace de cette volonté d'apaisement à laquelle les pouvoirs publics ont contribué : « *Auchan mène de longue date une politique de partenariat, de dialogue et d'ouverture vis-à-vis de PME. Pierre d'angle de cette politique : l'accord cadre signé avec la FEEF (Fédération des entreprises et entrepreneurs de France) en juin 2002 : il permet à chaque industriel PME de conclure un contrat dont l'objectif est de développer le CA des PME et de l'enseigne dans le cadre d'un partenariat à jeu égal… l'accord FEEF vise à donner de la visibilité par la signature de contrats pluriannuels et par la réduction progressive de la coopération commerciale… Par ailleurs la création avec Casino de la société de prestation de services internationaux IRTS (International Retail and Trade Services) ouvre des perspectives aux industriels qui souhaitent internationaliser leurs débouchés*[1]. »

Carrefour insiste également sur l'accompagnement : « *nous aidons les PME à constituer leur dossier pour l'exportation en les conseillant sur la stratégie à adopter, en les sensibilisant aux contraintes de l'export et en les informant des aides disponibles*[2] » et sa politique s'inscrit dans l'action de Partenariat France qui est une structure publique d'aide à l'exportation.

Le second point concerne les relations avec les agences de notation et il s'agit bien là d'un effet coercitif dans la mesure où la sanction des marchés financiers, des fonds éthiques ou des fonds ISR, dépend de cette notation. Or l'ISR représente en Europe, selon SIRI Group, 313 fonds d'une valeur globale de 12,2 milliards d'euros et 5 indices boursiers.

---

1. Extrait du rapport de développement durable d'*Auchan* 2002.
2. Extrait du rapport de développement durable *Carrefour* 2002.

Cet effet est d'autant plus important que l'entreprise dépend des marchés financiers.

Chaque année, *Carrefour* publie les notations et la liste des fonds éligibles pour l'action. En 2003 Carrefour se félicitait ainsi d'être intégré dans le DJSI World et l'année suivante dans le DJSI Stoxx Europe (Dow Jones Sustainability Index). Plus intéressant encore, le groupe publie ses réponses aux attentes des analystes et ainsi on peut mesurer très concrètement l'incidence d'acteurs institutionnels sur les orientations de l'entreprise. Ainsi plusieurs analystes relèvent, selon le rapport publié en 2004 portant sur 2003, des insuffisances dans le domaine du management environnemental (SAM, ODE, ETHIBEL). *Carrefour répond que « la mise en place et le déploiement de nos structures qualité et développement durable dans les différents pays et enseignes en 2003 nous permettront d'avancer plus vite sur ce point ».*

Cet exemple nous paraît révélateur de l'action structurante de l'évaluation extra financière sur les structures et l'organisation des entreprises. De même, le suivi et le contrôle des codes de conduites qui est un problème particulièrement important pour tout le secteur et qui fait l'objet de remarques négatives du directeur de la recherche de « Stock at stake » (Organisme évaluateur) entraîne l'engagement suivant : « un système d'auto-évaluation du management est en cours d'évaluation ».

Casino et *Auchan* n'affichaient pas dans le passé le même intérêt pour les résultats de la notation sociale mais la conduite de *Carrefour* les oblige à reconsidérer leur position. *Casino* exprime pour la première fois dans son rapport annuel de 2003 que « *le Comité de développement durable s'attachera à développer les relations avec les analystes et les agences de notation* » (Rapport annuel, p. 18).

Auchan n'est pas coté sur un marché financier et l'éligibilité de son action dans les fonds ISR est donc sans objet mais il s'intéresse néanmoins au travail de la principale agence française de notation et apprécie toutes les occasions de comparaisons. *Auchan* est, par exemple fier de concourir (et d'être bien noté…) dans le classement « Great Place To Work ».

En conclusion, on observe en matière de RSE et de citoyenneté une certaine ressemblance entre *Auchan*, *Casino* et *Carrefour* même si pour cette dernière enseigne, le poids des marchés financiers est plus sensible que pour les deux autres. Si *Carrefour* publie son premier rapport volontaire de développement durable en 2000, *Casino* en 2003 et *Auchan* en 2002, c'est que ces trois enseignes ont été sensibles aux mêmes incitations. Si ces rapports ont la même structure et parfois les mêmes référentiels, c'est souvent le résultat d'une culture de métier qui s'accommode bien d'une approche de type « stakeholder ». Parfois le mimétisme se traduit par des initiatives conjointes (clause sociale) mais le plus souvent le mimétisme consiste à s'intéresser aux mêmes problèmes et à trouver les mêmes solutions à peu près au même moment. En plus des exemples que nous avons présentés nous aurions pu évoquer le problème des sacs de caisse mais sur ce sujet l'initiative revient à *Leclerc* avant nos trois enseignes.

Ainsi, alors que la concurrence semble très forte dans le secteur de la grande distribution, d'autres mécanismes interviennent et contribuent à une forte convergence des pratiques des entreprises. C'est bien là le sens de l'analyse néo-institutionnelle que de les mettre en évidence.

Chapitre 35

L'entreprise équitable, reconnaissance du besoin de justice

Leïla Benraiss
Jean-Marie Peretti

> « Le juste et l'équitable sont identiques
> et quoique tous deux soient désirables,
> l'équitable est cependant préférable. »
> Aristote

Dans un contexte de pénurie de talents, être reconnue comme une entreprise équitable contribue à construire une « image employeur » attractive et fidélisante. L'objectif d'équité est ainsi au cœur des stratégies RH. Les salariés veulent être traités avec justice par les autres. Ils veulent aussi être perçus par les autres comme étant eux-mêmes justes. Ce besoin de justice et d'équité s'exprime de façon croissante. Le développement des pratiques d'individualisation, de flexibilité, d'intéressement et de partage des gains illustre l'évolution d'une logique d'égalité à une logique d'équité (Peretti, 2004).

L'entreprise équitable reconnaît le besoin de justice et s'efforce d'y répondre en créant chez ses collaborateurs un sentiment d'équité.

1. Le sentiment d'équité : théorie, principes et réactions à l'inéquité

L'initiative des recherches sur le sentiment de l'équité, ainsi que les premières observations empiriques, reviennent surtout à Homans (1953, 1974) et à Adams (de 1962 à 1965). Ils ont pris des situations de travail comme cadre d'observation, en s'appuyant sur les travaux de FESTINGER sur la comparaison sociale (1954) et la dissonance cognitive[1] (1957) ainsi que sur ceux de STOUFFER (1949) sur la privation relative.

L'équité est pour ADAMS le résultat d'une comparaison qui consiste en une évaluation subjective d'éléments qui sont eux-mêmes subjectifs. Pour ADAMS (1963), les inputs ou contributions dépendent de deux critères : la « reconnaissance » et la « pertinence ». Il faut, en effet, que tous les éléments mis dans l'échange soient reconnus comme devant faire partie intégrante dudit échange (ADAMS, 1963). Cette comparaison a un objet comparé et un référent par rapport auquel on se compare

Objet de la comparaison

Tout individu établit une certaine relation entre ses prestations professionnelles, exprimées en termes d'effort, de qualifications, etc., et la rémunération de ces prestations en termes de salaire, de reconnaissance et d'autres avantages.

Une fois rapprochée de la balance prestations-rémunérations d'une autre personne, telle que la perçoit l'intéressé, cette relation lui paraîtra équitable ou inéquitable.

Contributions et rétributions, dont la reconnaissance, sont définies de façon subjective : elles dépendent des perceptions des personnes participant à l'échange. L'inéquité réside donc dans le regard de l'individu, et non dans des caractéristiques objectives de la situation. Il peut y avoir sentiment d'inéquité, non parce que les parties sont objectivement inégalement traitées, mais parce que leurs perceptions des contributions et des rétributions diffèrent, et par conséquent leurs attentes en matière de reconnaissance.

Points de comparaison

Il n'existe pas de critère absolu permettant à un individu de décider de la justice ou de l'injustice « en soi » du traitement qui lui est réservé. C'est toujours en se comparant « aux autres » qu'on éprouve de l'inéquité.

Les recherches de SUMMERS et de NISI (1990) ont mis en lumière le rôle prépondérant des référents dans l'évaluation de la justice. Il n'existe aucun

---

1. Un individu est en situation de dissonance cognitive *«lorsque la connaissance qu'il a d'une chose n'est pas en harmonie avec sa connaissance d'un autre objet».*

référent universel ou unique en matière de jugement d'équité. Au contraire, les individus établissent leurs perceptions d'équité sur plus d'un référent, et les réactions varient suivant ces perceptions.

FESTINGER (1954) met l'accent sur les comparaisons : « *à l'intérieur d'un champ donné de comparaisons, on choisit de préférence comme termes de comparaison ceux dont l'aptitude ou l'opinion sont les plus proches. […] La tendance à se comparer à un autre décroît à mesure qu'augmente la différence entre soi-même et cet autre.* »

Selon MESSÉ et WATTS (1983), les individus recourent, dans leurs jugements de justice, à deux genres très différents de comparaison. D'une part, ils s'évaluent localement et globalement, par rapport à autrui. Mais ils utilisent, d'autre part, des critères internes, à savoir des attentes organisées par l'expérience, soit très antérieurement à l'échange en cours, soit au cours des diverses phases de celui-ci. Il s'agit en quelque sorte, d'une référence à soi-même comme somme de divers rôles. La même idée a été développée par WEICK (1966) : il y a sentiment d'injustice, indépendamment de la comparaison avec un tiers, si la rétribution est inférieure aux standards personnels.

Cette notion de référence a entraîné la détermination de trois types de comparaisons, selon le référent choisi, dits « politiques d'équité », à savoir l'équité interne, l'équité externe et l'équité individuelle (MILKOVICH et NEWMAN, 1996 ; THÉRIAULT, 1991 ; TREMBLAY, 1991).

Selon ce dernier :

▶ l'équité interne « *réfère à des comparaisons entre des emplois à l'intérieur d'une même organisation. Le but de ces comparaisons est de déterminer la contribution relative de chaque emploi à la réalisation des objectifs de l'organisation* » ;

▶ l'équité externe fait référence à la situation du niveau de rémunération par rapport au marché ;

▶ l'équité individuelle : il s'agit de l'importance relative de certaines caractéristiques personnelles, telles que l'ancienneté et le rendement dans la détermination de la rémunération.

Réactions à l'inéquité

Tout individu a tendance à réduire l'état psychologique négatif et le ressentiment provoqué par une situation de non-équité (sur équité ou sous-équité). Selon FESTINGER (1957), la consonance sera rétablie, soit en changeant de comportement, soit en changeant de cognition.

Cet inconfort psychologique déclenche un mouvement de rééquilibration et pousse la « victime » à chercher un moyen de réduire ce sentiment d'iné-quité. Elle dispose pour ce faire de différents moyens et peut ainsi :

- modifier les termes de l'échange : réduire ses contributions ou augmenter ses rétributions[1] ;
- effectuer des adaptations cognitives de la balance entre contributions et rétributions ;
- modifier psychologiquement ses contributions ou ses rétributions ;
- quitter la situation qui provoque cet état de tension ;
- modifier psychologiquement les contributions ou les rétributions de la personne à laquelle il se compare, en diminuant l'intensité de l'interaction ou en interrompant toute collaboration ;
- forcer l'autre à quitter la situation dans laquelle il se trouve ;
- changer de point de référence…

Ces mêmes attitudes peuvent être observées chez un groupe quand le sentiment de non-équité (sous-équité) est partagé par toute une catégorie. Les réactions sont dès lors plus généralisées et plus intenses (mauvais climat, démobilisation de toute une catégorie…).

2. Sentiments d'équité individuels et finalités collectives

Dès que l'on centre l'attention sur le groupe, on peut identifier deux problèmes :

gratifier adéquatement tel ou tel individu par rapport à d'autres ;

permettre au groupe en tant que tel de fonctionner correctement (maintenir la motivation de chacun, limiter les conflits…) pour qu'il puisse gratifier ses membres.

Cette prise de conscience de la finalité collective du sentiment d'équité permet de mettre en relief le caractère stratégique du jugement de justice. Deux approches s'offrent à nous :

---

1. Différents cas de figure peuvent se présenter: l'individu en situation de sous-équité augmentera ses rétributions en se procurant des rétributions pirates (détournement de fournitures, utilisation personnelle d'équipements professionnels…). Il peut aussi diminuer ses contributions en prolongeant son temps de pause…

- une première pour laquelle la décision de justice revêt un caractère réactif : il existe des droits, il faut les reconnaître et les honorer (équilibre d'un échange isolé) ;
- une attitude finaliste : le juste n'est pas seulement la reconnaissance de droits mais l'instauration d'un ordre.

Cette dernière approche globalise le problème : la justice consiste moins à reconnaître un droit à la personne qu'à la considérer dans sa totalité, et la reconnaissance d'un mérite ne va pas sans la prise en considération des conditions collectives qui l'ont rendu possibles.

Inscrire le débat de l'équité dans un cadre collectif permet de mettre en lumière un autre problème négligé par les perspectives interactionnistes examinées jusqu'ici : celui de la justice procédurale. Cette dernière recouvre les modes de décision jugés légitimes en matière de justice distributive. Elle se rapporte aux attitudes des individus à l'égard des procédures utilisées, indépendamment de leur sentiment à l'égard des résultats (output) qu'ils en retirent.

Si les procédures suivies paraissent justes, la distribution qui en résulte sera considérée comme équitable par le sujet, même lorsqu'elle le désavantage. Autrement dit, la remise en question des procédures cesse dès qu'elle est connue (transparente, objective) et reconnue de tous comme étant équitable. La procédure suivie conditionne la perception de l'équité. Le sentiment d'équité est, dans ce cas, dû autant à l'impression que l'on a d'être un partenaire respecté, qu'à l'équilibre des contributions et des rétributions.

Ces dernières sont définies de façon subjective. Chaque employé a des qualités qui lui sont propres, qu'il introduit dans son processus de comparaison en tant que contribution à l'entreprise et qu'il souhaite ainsi se voir rétribuer. Que devrait reconnaître un employeur pour être considéré comme juste et équitable par ses employés ?

3. Éléments à reconnaître par l'employeur pour être équitable : résultats d'enquête

Créer un fort sentiment d'équité dans l'entreprise nécessite des processus perçus et vécus comme équitables par l'ensemble des salariés. Or la diversité croissante de la population qui travaille pour l'entreprise se reflète dans la diversité des attentes à prendre en compte. Une étude exploratoire sur les déterminants de l'équité (BENRAISS, 2001) – l'ensemble des éléments qui doivent être reconnus et qu'il faut considérer lors de la mise en place d'un système de rémunération équitable – fait ressortir les conclusions suivantes[1] : la première conforte les propos de TREMBLAY (1991) sur les politiques d'équité énoncées précédemment, dans la mesure où les répondants se comparent, tantôt à l'extérieur, et tantôt à l'intérieur de leur entreprise. Certains critères ou déterminants de l'équité de leur rémunération sont propres à l'un des deux niveaux de comparaisons et d'autres sont utilisés à la fois à l'intérieur et à l'extérieur de l'organisation.

Quatre déterminants d'une rémunération dite « juste » ou équitable ont été distingués indépendamment de la tranche d'âge et du secteur d'activité (privé / public) :

- LA *performance* : les cadres de l'échantillon estiment qu'il faut reconnaître et identifier leur performance en l'évaluant par des critères objectifs et mesurables. Ils comparent la reconnaissance faite de leur performance aussi bien à l'intérieur qu'à l'extérieur de leur entreprise et ce, quel que soit le secteur ;

- LA *qualification* : la reconnaissance de ce critère détermine l'équité de la rémunération plus par rapport à des référents externes qu'internes.

Exemple

Un cadre de moins de 25 ans du secteur privé confie : « ... *il m'arrive de me comparer à des personnes de ma promotion, nous avons le même diplôme, mais pas forcément la même rémunération* ».

Par ailleurs, il est à noter que la qualification n'apparaît comme déterminant de l'équité de la rémunération qu'au début de la carrière et ce jusqu'à 40 ans. Les cadres au-delà de cette tranche d'âge jugent leur rémunération plutôt en fonction de leur *ancienneté*, et quel que soit le secteur d'activité, aussi bien à l'extérieur, qu'à l'intérieur de l'organisation.

- Le *niveau hiérarchique* est plus cité par des répondants toutes tranches d'âge confondues. Dans le secteur public, il intervient pour juger la rémunération plus au niveau interne qu'externe, alors que dans le secteur privé, il est cité aux deux niveaux de comparaison.

- La *quantité de travail* intervient dans les deux types de comparaisons, à l'intérieur et à l'extérieur de l'organisation, et ce dans les deux secteurs.

---

1. Recherche menée en 2001 sur un échantillon de 43 cadres d'entreprises publiques et privées.

Exemple

Une employée du secteur public âgée de 35 ans, fait part de son point de vue : «... à travail égal, salaire égal ! Ce n'est pas parce que telle ou telle personne a fait deux ou trois ans d'études de plus que moi qu'elle est censée toucher plus, alors que toutes les deux on fait le même boulot ».

Cette étude confirme bien que la perception du juste n'est pas universelle, elle dépend fortement de caractéristiques individuelles qui sont à chaque fois mises en relation avec un référent de l'intérieur ou de l'extérieur de l'entreprise : « il m'arrive de me comparer à mon collègue, nous sommes tous les deux jeunes ingénieurs, nous travaillons autant l'un que l'autre, en principe nous devrions avoir le même salaire... ». Pour ce cadre, la comparaison porte à la fois sur une personne à l'intérieur de l'organisation et sur la base de critères tels que, la qualification, l'âge et la quantité de travail dont la reconnaissance demeure l'une des variables qui peuvent expliquer sa fidélité à l'entreprise qui l'emploie.

Par ailleurs, il ressort de cette étude exploratoire que l'employeur reconnaissant n'est pas souvent apprécié par ses collaborateurs. En effet, la reconnaissance verbale ne suffit pas à motiver les salariés ; elle peut même les amener à surestimer leurs contributions et percevront un écart de plus en plus important entre le *feed-back* positif du travail fourni et sa rétribution en terme de salaire[1]. Le salarié se trouvera de ce fait dans un état de dissonance cognitive au sens de Festinger. Le sentiment d'inéquité qui en découle entraînera un état d'activation déplaisant. Il cherchera donc à faire valoir la performance ou le potentiel qu'on lui reconnaît mais auquel aucune rétribution spécifique n'est rattachée.

4. Reconnaissance de statuts et sentiment d'équité

BERGER et ses collaborateurs (1972) estiment qu'aucune norme sociale et qu'aucun référentiel collectif n'interviennent dans le processus de jugement, ce dernier étant soumis à une tout autre structure. En effet, pour faire face aux difficultés de mesure des contributions et rétributions, ainsi qu'à la

---

1. Combien de fois avons-nous entendu la phrase suivante d'un salarié «les mots c'est très bien mais il faut passer aux actes...».

diversité des formes de comparaison, BERGER et ses collaborateurs (1972) ont proposé une formulation différente du débat de justice : la *théorie du statut*. Pour eux, le jugement de justice porte sur la correspondance entre l'individu et ses rétributions, plutôt qu'entre l'acte et sa sanction. Ces auteurs remettent en cause les perspectives de HOMANS et d'ADAMS, pour qui les enjeux (contributions et rétributions) ont une valeur marchande, trans-situationnelle et trans-personnelle, et où les acteurs se jugent donc sur la base du même barème, dont l'origine est inconnue.

Les individus sont ainsi dotés de caractéristiques statutaires (jeunes ou vieux ; hommes ou femmes, etc.), auxquelles sont associées deux types d'images :

▶ La première concerne les contributions : sont attendues certaines performances des acteurs occupant un statut donné : ils sont jugés forts ou faibles, astucieux ou indifférenciés, sensibles plutôt que logiques, etc. et ces attributs leur profèrent un certain statut, d'une part, et sont perçus, d'autre part, comme constituant autant de contraintes que d'atouts pour leurs prestations ;

▶ La deuxième concerne les rétributions : on rattache à ces statuts la valorisation de certains objectifs *(goal-objects)*, de certaines rétributions, plutôt que d'autres. Ces rétributions potentielles ont des significations très différentes selon les statuts auxquels on les associe.

L'état de justice est alors défini comme l'attribution de rétributions adéquates (en termes de statut) à une performance jugée elle-même adéquate. L'idée de *proportionnalité* de HOMANS et ADAMS est remplacée ici par celle de *correspondance* entre des rôles et des gratifications. Cependant, cette approche rejoint celle de ces derniers sur la perspective que la comparaison locale puisse être un critère de jugement, et ce, uniquement pour les individus occupant le même statut. Toutefois, pour BERGER et al. (1972), entre des individus de statuts différents, la proportionnalité entre les contributions et les rétributions ne reflète pas réellement la nature des débats de justice.

Au fur et à mesure du déroulement des interactions dans le groupe, on passe d'un principe de statut, où on reçoit en fonction de son identité sociale ou de mérites objectifs, à une notion de contrat où le juste équivaut à l'échange de volontés, pour aboutir enfin au principe de solidarité où le juste consiste à rechercher le plus grand bien de chacun de tous.

5. De la reconnaissance à l'équité

C'est dans les relations avec le supérieur et les collègues que réside la reconnaissance et que le sentiment d'équité est constamment mis à l'épreuve : être traité d'égale manière en matière d'avantages et de désagréments ; être reconnu dans toutes les facettes de la contribution apportée à l'entreprise : être reconnu comme personne et comme responsable d'une tâche, être reconnu dans l'effort fourni sont autant de manières d'être rétribué et d'équilibrer le célèbre ratio individuel de la perception de l'équité (contributions / rétributions) dans la mesure où la reconnaissance, même verbale, peut être valorisante et considérée comme constituant un élément de la rétribution de l'entreprise pour certains employés qui cherchent à satisfaire les besoins d'estime de soi et des autres identifiés par MASLOW.

L'entreprise reconnaissante, rétribue les différentes facettes de la contribution en les rémunérant. Dans ce cas de figure, un pas de plus est franchi ; c'est la reconnaissance associée à la récompense qui sera perçue comme équitable : être rémunéré équitablement en fonction de la qualité et même – quand c'est possible – de la quantité du travail fourni mais aussi par rapport aux autres ; voir récompenser ses efforts ; voir punis les comportements interdits ou délictueux, d'où qu'ils viennent, avoir toutes les chances d'évolution professionnelle et salariale, du moins autant que les autres.

Une politique judicieuse en matière de reconnaissance et de récompenses contribue à créer un climat de travail où les collaborateurs se sentent appréciés pour leurs efforts et pour leurs contributions. C'est un atout pour attirer, fidéliser et motiver.

Chapitre 36

Le besoin d'équilibrer vie privée – vie professionnelle

David ALIS
Marc DUMAS

Ces dernières décennies sont caractérisées par de nombreux chan-gements dans le monde du travail : l'entrée massive des femmes sur le marché du travail et le développement des couples à deux carriè-res, l'augmentation sensible du nombre de familles monoparentales, la nouvelle charge liée à la dépendance de parents âgés...Les mères de deux enfants sont désormais près de 75 % à exercer une activité. Cette évolution a favorisé la progression des couples à deux actifs, voire « à deux carrières » dans le cas de certains couples de cadres. Ces couples sont confrontés à des difficultés croissantes pour concilier responsabilités familiales et professionnelles. La présence d'enfants renforce ces difficultés et les conflits entre vie familiale et vie professionnelle, chez les femmes, mais aussi chez les hommes. Les hommes sont en effet nombreux à souhaiter trouver un meilleur équilibre entre leur vie professionnelle et leur vie personnelle en ayant des contacts plus étroits avec leurs enfants et une relation de plus grande égalité avec leur conjoint.

Cette évolution concerne en particulier les catégories les plus diplô-mées. Ce sont d'ailleurs ces catégories qui connaissent la répartition des tâches au sein des couples la moins inégalitaire (lavage, ménage, vaisselle, courses...). Les jeunes salariés (25-34 ans) sont à cet égard plus exigeants que ne le sont leurs aînés en termes d'équi-libre entre vie privée et vie professionnelle. Dans une enquête euro-péenne, 62 % des jeunes salariés interrogés jugent consacrer trop de temps à leur travail (contre 46 % pour la moyenne française[1]). En France, la mise en place des 35 heures a renforcé les aspirations pour une meilleure conciliation des salariés, hommes et femmes, cadres et non-cadres.

Les salariés aspirent à un plus grand degré de contrôle sur la façon dont ils gèrent les contraintes liées aux multiples responsabilités qui occupent leur vie. Ils désirent une grande variété de soutiens de leur organisation envers le travail et la famille. Cette évolution sociale et ce besoin de mieux concilier vie familiale et vie professionnelle débouche sur de nouvelles pratiques en France et dans les autres pays industrialisés : congés et avantages sociaux, formules d'aménagements des horaires, gestion de carrière adaptée aux charges familiales (ALIS, DUMAS, 2003).

Un des défis des entreprises pour les années à venir est d'aider les salariés à concilier les sphères professionnelles et privées afin de mobiliser les salariés dans un contexte de changement permanent.

Après avoir présenté les réponses d'entreprises aux aspirations d'équilibre des salariés, nous aborderons le rôle et les moyens du manager en matière de conciliation.

1. Les politiques de conciliation vie familiale – vie professionnelle

Les exemples de pratiques d'équilibre vie familiale et vie professionnelle souvent cités proviennent des États-Unis. Cependant des évolutions significatives se profilent en France.

Les « politiques amies de la famille » en Amérique du Nord

Aux États-Unis, des entreprises développent des programmes de conciliation vie professionnelle-vie familiale ambitieux. Des entreprises se regroupent pour proposer des services à leurs salariés et développer des politiques « amies de la famille » (« family-friendly policies »). Ainsi en septembre 1992, 137 entreprises sous l'impulsion de onze groupes internationaux, dont IBM, AT&T et Johnson & Johnson, ont constitué l'« American Business

---

1. Enquête sur le temps réalisée par l'Observatoire Thalys dans sept pays européens sur le temps (juillet 2001).

Collaboration for Quality Dependant Care ». Leur but était de réunir 25 millions de dollars pour créer des crèches et des projets de structure d'accueil pour les personnes âgées. D'autres associations interentreprises aux objectifs similaires mettent en commun leurs ressources matérielles et humaines.

Les dispositifs les plus courants concernent les services de garde d'enfants. Les places dans les crèches sont réservées aux enfants des salariés mais celles vacantes peuvent être occupées par les enfants de salariés extérieurs à l'entreprise.

Des employeurs recourent aux services de sociétés qui informent les salariés sur les services de garde d'enfants disponibles. Le même dispositif peut être utilisé pour donner des informations sur les services aux personnes âgées. Ces services simplifient les démarches administratives et permettent ainsi aux salariés de gagner du temps.

Dans certains cas, l'entreprise organise l'accueil des enfants malades et / ou prend en charge les dépenses de garde des enfants malades pour permettre aux parents d'aller au travail.

De nombreuses entreprises permettent à leurs salariés de prendre des congés rémunérés pour garder les enfants malades. Certaines entreprises offrent des congés rémunérés après la naissance ou l'adoption d'un enfant ou suite à des problèmes médicaux touchant un membre de la famille pour permettre aux jeunes mamans de reprendre leur emploi progressivement.

Ainsi, les entreprises développent des services afin d'atténuer tout ce qui pourrait perturber la vie personnelle de leurs employés : de la préparation à l'accouchement jusqu'à la prise en charge d'un parent dépendant en passant par l'école pour les enfants.

Des pratiques innovantes en France

En France, le contexte institutionnel est différent de celui de pays anglo-saxons, notamment concernant l'accueil de jeunes enfants et les congés familiaux. La politique familiale des pouvoirs publics et le rôle du comité d'entreprise ne rendent pas autant indispensables le développement de tels services dans et par les entreprises françaises.

Cependant, ces politiques de services aux collaborateurs se développent. Plusieurs entreprises du secteur des hautes technologies montrent l'exemple pour fidéliser leur personnel qualifié.

Exemple

Le leader français des services aux entreprises, Sodhexo, a créé une division services aux personnes dans les entreprises.

Le groupe Accor commercialise aujourd'hui des services initialement réservés à son personnel (cf. encadré).

D'autres entreprises se sont spécialisées dans des services de proximité très divers offerts aux collaborateurs[1].

Le développement des crèches d'entreprise et interentreprises est un phénomène relativement récent en France. Leur création est rendue plus accessible financièrement avec le plan crèche de 2003 prévoyant la création de 20 000 places supplémentaires.

Tendance

Les conciergeries d'entreprises ont fait leur apparition en France à l'initiative de grandes entreprises telles que Bouygues, Bull et Cegetel, fournissant aux salariés des services quotidiens sur le lieu de travail : le pressing, les démarches administratives, le lavage automobile ou encore la coiffure et l'esthétique…

Selon un sondage CSA-*Liaisons Sociales*[2], 39 % des moins de 35 ans et 40 % des cadres, sont demandeurs de services de proximité sur leur lieu de travail, souvent parce que l'intensité de l'activité professionnelle des intéressés ne leur permet plus d'accomplir des « tâches de la vie courante ».

Le programme bien-être à la carte du groupe Accor[3]

Le groupe Accor (un million et demi de salariés dans 31 pays) a rapidement compris l'intérêt d'être un employeur « attractif » et de jouer la carte de la responsabilité sociale de l'entreprise. Sa direction des ressources humaines a délibérément opté pour une politique de formation continue de son personnel, de prise en compte de ses attentes horaires et d'une offre de service. L'enjeu est la

---

1. *Liaisons Sociales*, magazine, avril 2001, enquête «la vie privée s'invite au boulot», p. 16 -29.
2. *Liaisons Sociales*, magazine, avril 2001, p. 26-29. Sondage réalisé par téléphone en 2001 auprès d'un échantillon national de 765 salariés.
3. Source: Projet européen Daily Routine Arrangement: from local Practice to national Policy. Ce projet transnational soutenu par la Commission européenne fait état des bonnes pratiques en Finlande, France, Italie et aux Pays-Bas pour concilier vie familiale et vie professionnelle.

réduction du turnover et de l'absentéisme des salariés. La gamme de services – soit à domicile, soit sur le lieu de travail – est très vaste et concerne la vie quotidienne (repassage, ménage, livraison), les soins aux enfants (baby-sitting, soutien scolaire, garde d'enfants malades) et aux personnes âgées (téléassistance, garde à domicile), la vie pratique (démarches administratives, fiscales, juridiques, etc.). Les services sont faciles d'accès : un seul numéro de téléphone, une seule adresse e-mail, un intranet dédié, etc. Les coûts sont ceux du marché ou légèrement inférieurs.

Au-delà des effets d'annonce de ces pratiques de soutien et de leur externalisation à des sociétés spécialisées, les véritables changements doivent être culturels et managériaux. Le supérieur hiérarchique joue un rôle crucial pour favoriser un environnement de travail soucieux du bien-être de chacun.

2. Le rôle clé des managers de proximité

Le manager à l'écoute soutient les salariés pour maintenir leur mobilisation au travail et favoriser « le plaisir de travailler » (THÉVENET, 2002).

L'importance du soutien du supérieur

Le supérieur hiérarchique, de par sa proximité avec les salariés, est l'acteur privilégié de la reconnaissance des contraintes vécues par les salariés au travail et hors travail et leurs difficultés à concilier le travail et la vie familiale (SAINT-ONGE, GUERIN, TROTTIER, HAINES, SIMARD, 1994). Or de nombreux salariés expriment les difficultés vécues en matière de conciliation à cause de l'attitude ou du comportement de leur supérieur.

La frontière entre le travail et de la vie personnelle est perméable. Ces deux domaines de la vie sont intimement reliés, et tout changement dans l'un des deux domaines se fait ressentir dans l'autre. Les salariés sont plus nombreux à énoncer des problèmes associés à leur travail (charge de travail, manque de soutien des gestionnaires et cultures organisationnelles) qui nuisent à leur possibilité d'avoir une vie en dehors du travail, plutôt que du contraire. Les problèmes familiaux semblent plus personnels et diversifiés de nature. Les supérieurs hiérarchiques doivent prendre conscience que le travail est la principale cause des conflits entre le travail et la vie privée.

Le soutien hiérarchique provient du supérieur qui aide le salarié à concilier les responsabilités au travail et familiales. Ce soutien peut inclure les horaires variables adaptés au salarié, la possibilité d'amener les enfants les jours de congé scolaire.... Une ambiance conviviale et familiale peut aider à réduire le stress que les salariés vivent du fait du conflit travail-famille. Un climat qui favorise le dialogue, permettant aux salariés de discuter de leurs problèmes personnels avec leurs collègues et leurs supérieurs hiérarchiques est supposé diminuer les conflits et tensions au travail, améliorer la satisfaction au travail et hors travail et le bien-être des salariés. Ce climat s'oppose à un climat « sacrificiel » qui encourage les employés à s'investir dans un rôle déterminé en sacrifiant les autres rôles, les salariés sacrifiant par exemple leurs devoirs familiaux pour être plus performants dans le travail.

Le soutien du supérieur peut prendre au moins quatre formes. Il est émotionnel, évaluatif, informatif, instrumental. En effet, lorsque le supérieur compatit aux problèmes d'équilibre travail-famille de ses subordonnés, tient compte de leurs exigences familiales quand il planifie le travail, leur fait confiance même quand ils ont des difficultés à équilibrer leur travail et leur vie familiale, les informe sur les politiques et les pratiques organisationnelles susceptibles de les aider à résoudre leurs problèmes d'équilibre travail-famille, le conflit se trouve réduit.

Le soutien est indissociable de la communication entre le supérieur hiérarchique et le salarié, et ceci quelle que soit la forme de soutien. Les salariés regrettent souvent le manque de communication et sont demandeurs d'un soutien par la « parole » de la hiérarchie. Le fait de peu ou de ne pas communiquer génère un certain « mal-être » chez les agents.

La communication et l'écoute vont permettre au supérieur hiérarchique d'évaluer avec les salariés les modes de soutien qui leur conviennent et adapter leur situation de travail.

Exemple

Le passage à temps partiel doit signifier un aménagement du poste du travail et donc une charge de travail réduite. Le temps partiel est trop souvent perçu par les salariés comme une réponse légale (donc contrainte) de la part de l'organisation à sa demande.

Les compétences et les moyens à développer

Les managers rendent la conciliation travail-vie personnelle plus difficile soit en manquant de respect envers les employés, soit en bloquant l'accès aux politiques de soutien. Quels sont les compétences et les moyens nécessaires aux cadres pour remplir leur mission de conciliation ?

Il faut s'assurer que les cadres de proximité de tous les niveaux possèdent des *compétences* adaptées pour intégrer travail et vie privée (FRIEDMAN, CHRISTENSEN, DEGROOT, 1997) :

▷ soutenir et aider les collaborateurs à formuler leurs besoins et intérêts : écouter comprendre les objectifs personnels d'un salarié ;

▷ développer la capacité des salariés à apprendre et à changer : encourager les salariés à améliorer leur productivité et développer leurs compétences, montrer en quoi un bon équilibre peut servir la stratégie de l'entreprise, favoriser l'expérimentation pour permettre aux salariés de travailler en intelligence avec davantage d'autonomie, utiliser les nouvelles technologies pour accroître la flexibilité de l'organisation et des ressources humaines ;

▷ exercer l'autorité avec équité : rétribuer équitablement la motivation et la productivité, et pas uniquement le nombre d'heures passées au travail, négocier et mettre en œuvre des politiques et des pratiques satisfaisant simultanément les besoins de l'entreprise et ceux des salariés.

Les compétences relationnelles (écoute et communication, résolutions de conflits, gestion du temps et aptitude de planification de projet, etc.) sont ici très utiles. Ces compétences sont essentielles pour les cadres mais aussi les responsables des ressources humaines. Elles doivent être possédées, entretenues, reconnues et récompensées.

Il faut aussi des moyens :

▷ le *temps* nécessaire pour gérer cette dimension « humaine » de leur travail. Le suivi et l'accompagnement des ressources humaines constituent une des dimensions fondamentales du rôle du supérieur hiérarchique. Il est très difficile, voire impossible, pour un gestionnaire surchargé de se soucier du bien-être de ses employés ;

▷ les *outils* nécessaires à la gestion des personnes (cf. des politiques adaptées, des entretiens d'appréciation, la mise en place de service aide sociale…) ;

▷ des *récompenses* pour l'attention portée à la « partie humaine » de leur travail (cf. l'évaluation et la responsabilisation, la prise en considération lors des décisions de promotion ou d'embauche de cette compétence humaine de « soutien » des supérieurs hiérarchiques).

Les valeurs de respect, de soutien et d'aide à la conciliation doivent être partagées par la hiérarchie et les dirigeants au plus haut niveau de l'organisation.

3. Conclusion

Alors que de nombreux salariés (et notamment des cadres) prennent leurs distances avec l'entreprise et souhaitent privilégier leur vie privée par rapport au travail, les employeurs doivent envisager une relation entreprise – salarié renouvelée, orientée vers l'individu et à l'écoute de ses attentes. L'objectif est ainsi de passer du conflit entre vie familiale et vie professionnelle à la synergie. Les supérieurs hiérarchiques, « managers de proximité », nouveaux acteurs opérationnels de la GRH ont un rôle clé à jouer pour diffuser soutien et respect et aider les salariés à mieux concilier vie familiale et professionnelle.

Chapitre 37

Reconnaître avec et par le coaching

Gilles ARNAUD
Maryse DUBOULOY

1. La reconnaissance au cœur de la dynamique relationnelle

Philosophes et psychanalystes nous apprennent que les individus ont besoin d'être reconnus pour se sentir exister. Le processus reconnaissance est au cœur de la dynamique relationnelle (RICŒUR, 2004 ; TODOROV, 2002). Paradoxalement, dans cette société contemporaine hypermoderne qui se caractérise par l'individualisation, par la faiblesse des liens qui unissent les individus les uns aux autres et par le manque d'affiliation des individus (CASTEL & HAROCHE, 2001), la quête de la reconnaissance dans le monde du travail prend une ampleur démesurée. Elle est certainement une des limites et des conséquences de l'individualisme contemporain. Puisque le groupe ne lui procure plus les éléments nécessaires à la construction de son identité, l'individu cherche la confirmation de son existence, de ce qu'il est et de ce qu'il vaut, dans son travail.

La reconnaissance devient simultanément une des plus importantes sources de mobilisation des personnes au travail, mais elle est aussi une des causes les plus fréquentes de la souffrance au travail (DEJOURS, 1998, 2002). En effet, les individus voient dans le travail une opportunité de se projeter et s'identifier à ce qu'ils ont produit ou encore à leur entreprise. Or bien souvent, ils ne savent plus à quoi ils participent tant le travail peut être éclaté, morcelé, mais également abstrait et tant les effets peuvent être déconnectés des efforts qu'ils produisent. Simultanément ces mêmes personnes se mobilisent bien au-delà de leurs compétences et de leurs savoir-faire et savoir-être. C'est l'individu tout entier qui est aujourd'hui sollicité dans ses activités professionnelles car il doit faire preuve de créativité, d'imagination pour apporter des réponses à des problèmes qui n'ont pas nécessairement été pensés préalablement. Pourtant la reconnaissance qu'il obtient est parfois bien décevante car elle n'est pas le reflet de ce qu'il a projeté. « *C'est la conscience de ne pas être reconnu dans sa propre compréhension de soi qui constitue la condition de la blessure morale* » (HONNETH, 2000).

La reconnaissance est un terme polysémique qui revêt des formes et des mises en œuvre multiples selon les individus, les circonstances, les moments de la vie. C'est une demande qui semble insatiable. Elle englobe nombre d'activités et de relations entre les individus ou même entre soi et soi. Si la reconnaissance matérielle dans l'univers du travail (salaire, prime…) demeure importante, c'est essentiellement la reconnaissance symbolique et existentielle qui est attendue. Bien souvent, au-delà de la demande de reconnaissance pour son travail, l'individu demande que la qualité de celui-ci soit appréciée, ainsi que l'intensité de l'effort qu'il a fourni pour parvenir au résultat. Les personnes veulent se sentir utiles et appréciées par leurs managers, leurs collaborateurs, leurs clients. Tout se passe comme si la plupart restaient dans un profond état de dépendance à l'égard du regard que l'autre porte sur lui et sur ses œuvres. Il est vrai que la reconnaissance par l'autre est un préalable à la reconnaissance de soi par soi. Le regard que la mère porte sur son enfant permet à celui-ci de se détacher d'elle et d'entrer dans le monde en tant qu'individu séparé (WINNICOTT, 1971). Il agit comme le premier miroir qui lui reflète ses états d'âme. Lacan nous explique que le petit enfant qui se voit dans le miroir, a besoin d'être nommé par sa mère pour se reconnaître (LACAN, 1966). Pourtant celle-ci devra progressivement le frustrer et cesser de répondre à ses demandes et ses besoins pour qu'il acquière son indépendance et son autonomie, c'est-à-dire la capacité à dire « je » et à agir sur le monde.

La reconnaissance se ferait en trois temps :

- l'enfant est reconnu par la mère ;
- il se reconnaît lui-même, d'abord par le truchement de sa mère, puis indépendamment d'elle ;
- il reconnaît l'autre et le monde extérieur.

Il passe ainsi par les trois étapes qui vont de la dépendance (généralement inconsciente), à l'autonomie (il prend conscience de lui comme sujet indépendant) pour atteindre l'interdépendance, c'est-à-dire la conscience de sa relation aux autres.

Le coaching relève de la même dynamique : un manager est reconnu par sa hiérarchie comme susceptible d'apporter à l'entreprise des solutions à certains de ses problèmes, mais il rencontre certaines difficultés managériales auxquelles, ni la vie quotidienne et les possibilités d'apprentissage qu'elle représente, ni la formation ne peuvent remédier. L'accompagnement par un coach lui permet dans un premier temps de prendre conscience de lui, au-delà de ses erreurs et de ses succès, de ses compétences, pour finalement accéder à la connaissance du monde environnant au-delà de ses représentations personnelles et de ses fantasmes. Encore faut-il que le coaching ne se limite pas à une approche technique et quasi orthopédique des normes de comportements à respecter. Il doit lui permettre d'accéder à ce qu'il est et à ses désirs.

Le coaching est effectivement dans l'air du temps depuis quelques années. Son usage a littéralement « explosé » aux États-Unis (HALL, OTAZO & HOLLENBECK, 1999 ; BOLCH, 2001 ; GRECO, 2001 ; BERGLAS, 2002 ; DOWNEY, 2002), tandis qu'en France, il s'agit de la forme de conseil qui s'est récemment le plus développé, tant il est vrai qu'un accompagnement personnalisé est de plus en plus souvent ressenti comme une nécessité, que ce soit chez les acteurs concernés dans les métiers commerciaux et managériaux, que chez les dirigeants d'organisations et cadres supérieurs commanditaires de ce type de démarche pour leur hiérarchie (CHAVEL, 2001 ; MOYSON, 2001 ; CABY, 2002).

Et si le coaching reste un concept polysémique, voire attrape-tout, ne constitue-t-il pas aussi un moyen de reconnaissance répondant au besoin d'une place faite au sujet et à sa parole dans la sphère du travail ? Certains psychologues du travail, comme REVUZ (1994), expriment d'ailleurs on ne peut plus clairement cette problématique : existe-t-il un lieu où l'individu puisse essayer d'élaborer symboliquement, avec ses propres signifiants, son inscription singulière de sujet dans son activité professionnelle et son entreprise, alors que le management intervient précisément sur le terrain du langage et de la parole, où s'opère la subjectivation ? D'où le développement, depuis quelques années, de pratiques de coaching dont la dimension psychologique s'affirme régulièrement (ALBERT & EMERY, 2001) : depuis les démarches post-rogeriennes jusqu'au counselling, en passant par la montée en puissance des approches cliniques. On parle même aujourd'hui de coaching d'inspiration psychanalytique (ARNAUD, 2003), désormais aux antipodes de toute référence au sport. Ainsi certaines enseignes nord-américaines comme Time Warner, AT&T, Levy Strauss, IBM, General Motors ou Phillip Morris envoient-elles désormais leurs cadres en difficulté psychologique consulter un psychanalyste aux frais de l'entreprise (WIESENDANGER, 1995 ; WAREHAM, 1998).

2. L'apport du coaching pour un manager

Pour distinguer l'apport du coaching pour un manager, il est alors nécessaire de rappeler les différentes définitions du management auxquelles cette pratique peut se trouver liée.

Dans une première acception, la plus courante, le management corres-pondrait à l'exercice d'une habileté opérationnelle à acquérir, généralement assimilée à un ensemble de comportements adéquats, au sens behavioriste du terme (par exemple, comment animer une réunion). Le manager, qui d'aventure ne possède pas cette habileté, ne peut que rencontrer certaines difficultés, plus ou moins marquées, dans sa pratique professionnelle quoti-dienne (inefficacité, perte de temps, frictions avec les collaborateurs, etc.). Puisqu'elles sont l'indice de carences, il convient donc de combler celles-ci par l'apprentissage. Un coach est susceptible d'y pourvoir, à la condition toutefois d'être clairement référencé comme « sujet supposé savoir comment faire ». Il s'agit alors essentiellement d'un coach-conseil en mana-gement, occupant une position d'expert, éventuellement praticien expéri-menté ayant exercé des fonctions d'encadrement. Sa mission : apporter et transférer son savoir ou son savoir-faire à son client. Elle présuppose tout autant la reconnaissance de la qualité de manager du coaché (identifié comme tel par l'organisation), que de ce qui lui manque pour « réussir ». Toutefois, ce type de coaching ne peut fonctionner que si le diagnostic de carence formative a été correctement posé. Si les causes des difficultés du client se situent ailleurs (blocage psychologique, par exemple), le risque est grand de voir le problème se déplacer au fur et à mesure de la formation, puisque celle-ci ne traite que les conséquences du phénomène.

Dans une deuxième acception, encore très répandue, l'exercice du management dépendrait davantage d'une propriété interne de l'individu. Il n'est plus uniquement de l'ordre du comportement, objet d'apprentissage, mais aussi du registre du savoir être. Il est donc question ici de la dimension personnelle du management : le manager engage sa personnalité et est à lui-même son propre instrument (il doit savoir résister aux coups durs, susci-ter l'enthousiasme par son énergie ou son charisme, etc.). Mais parfois, la mécanique psychologique vient à se gripper ou s'emballer. D'où la surve-nue d'erreurs managériales, liées par exemple à l'insuffisance de contrôle émotionnel exercé par le manager : celui-ci « craque », s'emporte, se laisse submerger par ses émotions, ne sait plus communiquer, se sent stressé, angoissé, solitaire, ne distingue plus correctement ce qu'il conviendrait de faire, etc. Dans une telle configuration, le coach aura alors pour mission d'aider son client à mieux s'adapter à son environnement de travail et à développer son autocontrôle. Certaines pratiques de coaching mettent ainsi l'accent sur la confiance en soi que le client se doit de récupérer (sur fond de peur des autres). On aura ici reconnu le profil du coach psychologue, occupant une position de clinicien, dont le savoir est censé porter sur la caractérologie du client et les méthodes de développement personnel. En effet, ses prescriptions et ses conseils ne seront accueillis favorablement par le coaché, et ensuite intégrés à son système de représentations et de conduites, que dans la mesure où ce dernier lui reconnaît un statut de « sujet supposé savoir » (LACAN). Autrement dit, le manager-client doit croire que son coach est détenteur, plus que lui-même en tout cas, d'un savoir sur lui, et que par conséquent, il doit bien être capable de le faire évoluer. À charge pour le coach d'utiliser ce levier, afin de faire progresser le client dans une direction qu'il juge pertinente (bien-être, accomplissement, etc.). Avec tous les problèmes que cela pose au plan éthique, car qui peut dire ce qui est vraiment bon pour quelqu'un ?

Dans une troisième acception, beaucoup moins familière, le management est considéré comme ayant partie liée avec le désir essentiellement inconscient des sujets humains au travail. Dès qu'il parle à un coach, un manager-client décrit ainsi ses problèmes et son malaise corrélatif avec des mots singuliers et des métaphores spécifiques, inattendus y compris et peut-être surtout pour l'intéressé lui-même. Ceux-ci traduisent le fait qu'il s'agit là de difficultés tout à la fois éminemment personnelles et qui lui échappent, au sens où il n'en maîtrise ni la cause, ni la répétition. En effet, il n'est signifiant que pour d'autres signifiants passés et à venir, avec lesquels il s'articule et s'enchaîne. Traduisons : ce problème managérial qui s'impose au coaché, hors de sa volonté, est un événement parmi d'autres événements qui lui sont rigoureusement liés, et qui n'a pas de sens en soi et n'est aucunement destiné à en recevoir. Ainsi certains clients ont-ils parfois un éclair de lucidité. Par exemple : « *On dirait bien que je n'ai pas envie de recruter mon successeur. Voilà dix bons candidats que je refuse… ou qui ne restent pas… Il faut dire que je ne leur ai peut-être pas fait une vie facile* ». Dans le cas présent, il semble que la compulsion de répétition soit précairement entrevue par le coaché. Mais elle n'est pour l'instant assimilée qu'à une résistance passive à un recrutement (alors que s'exprime sans doute par là quelque chose de plus agissant et structurel). Dans le cadre du coaching, aborder le côté signifiant du symptôme veut donc dire que la cause est entendue : l'infortune du manager relève d'abord de son désir. En conséquence de quoi, c'est seulement le comment qui doit importer : comment s'organise le défilé des événements de la vie professionnelle du manager ? Quel est l'ordre de la répétition ? Telles sont, entre autres, les questions que le coach, que l'on pourra dès lors qualifier de coach-analyste, suscitera ici avec profit. Le coaching d'inspiration psychanalytique permettra alors de s'attaquer en profondeur aux problèmes clés du client en situation managériale, à savoir ceux qui ont trait à son identité de sujet désirant au travail.

Ainsi donc, dans le cadre d'un **coaching technique**, le symptôme énoncé par le client (erreur de management, conflit, etc.) n'est qu'un problème opérationnel qui indispose plus ou moins son auteur. Il n'a de sens qu'en lui-même (il est présent ou absent). L'interpellation du client sera alors du type : « Dites-moi comment résoudre ce problème » – ce par quoi il demande la reconnaissance de son besoin au plan managérial.

Dans le **coaching de soutien ou de développement personnel**, le symptôme a valeur de signe, c'est-à-dire qu'il a un sens (et représente donc quelque chose) pour quelqu'un, en l'occurrence le « coach supposé savoir » ; d'où la requête qui lui est adressée par le client : « Dites-moi ce que cela signifie sur moi » – par où il sollicite la reconnaissance de sa demande (de prise en charge, d'aide).

Dans un **coaching d'inspiration psychanalytique**, en revanche, le symptôme ne peut guère recevoir de sens isolément en tant que tel, mais est d'abord un signifiant renvoyant à d'autres signifiants (mots, symptômes, etc.) agissant dans l'inconscient du client. La problématique mobilisée par celui-ci pourra dès lors être traduite comme suit : « Quel est mon désir au travail, et quelle est la place de l'autre (des autres) dans ce désir ? ». Pour reprendre une formulation chère à LACAN, il est ici question de cette dimension où la reconnaissance du désir rencontre le désir de reconnaissance. Ainsi, à l'instar du parcours de la reconnaissance décrit par RICŒUR (2004), le coaching permet alors à la personne de traverser les trois étapes qui vont de la dépendance à l'interdépendance en passant par l'autonomie. Il permet au manager de s'inscrire dans le collectif, capable de le penser et d'agir sur celui-ci. Mais le moteur de cette transformation du manager reste la (re)découverte et la mobilisation de son désir.

Chapitre 38

Reconnaissance par la participation, par l'actionnariat salarié et l'épargne salariale

Jean-Claude MOTHIE
Thierry WIEDEMANN-GOIRAN

L'importance du rôle individuel du salarié dans l'entreprise, c'est-à-dire la manière dont il implique son identité propre et ses compétences dans son travail, n'a cessé de se développer au fur et à mesure de l'accroissement de la complexité de l'économie et de l'arrivée des hautes technologies. On constate aujourd'hui qu'il existe, de façon apparemment contradictoire, un espace de liberté et d'autonomie pour chacun, alors même qu'il est nécessaire de s'intégrer dans un réseau professionnel complexe et contraignant. Cette « individualisation » du travail dans une économie de la connaissance et de l'innovation fait de l'homme le « capital immatériel » de nos sociétés. Les collaborateurs de l'entreprise sont sa première source de richesse, l'homme devient l'entreprise.

Parallèlement, le besoin de reconnaissance de chacun, c'est-à-dire la construction de son identité professionnelle, la considération de sa valeur et de ses qualités propres, la recherche d'un sens à son travail, son développement personnel et son bien-être professionnel, s'est développé au point d'être désormais l'une des revendications majeures des salariés. En conséquence directe de cette évolution, les modèles qui sont polarisés uniquement sur la productivité et les stratégies essentiellement financières, en négligeant les aspects et aspirations humaines, génèrent le plus souvent leur propre essoufflement à moyen terme. Ainsi, l'harmonisation de la dimension humaine et de la compétitivité économique est une nécessité vitale pour la productivité de l'entreprise et pour le progrès social, indéfectiblement liés l'un à l'autre. Cette recherche d'harmonisation de tous ces intérêts, long-temps considérés comme purement antagonistes, est l'une des clés primordiales du développement durable.

La reconnaissance devient alors une règle et doit s'exprimer sous tou-tes les formes possibles, notamment par l'information, la consultation, le *feed-back*, la participation aux décisions concernant les activités et projets de l'unité de travail, mais aussi par les facilités accordées à la formation et au développement des compétences des person-nes. Il s'agit aussi d'une reconnaissance réciproque entre tous les intervenants, chacun connaissant son rôle et son caractère unique.

Parmi les dispositifs qui assurent et accompagnent cette reconnais-sance, la participation, que ce soit la participation financière propre-ment dite, ou plus largement la participation à la marche de l'entreprise et à la contribution de celle-ci au développement dura-ble, est une réponse qui est aujourd'hui largement répandue. Elle se décline dans l'actionnariat salarié et de façon plus générale dans l'épargne salariale.

1. L'actionnariat salarié

L'actionnariat salarié constitue un vecteur de développement de l'écoute mutuelle entre salariés et dirigeants. Le partage et l'acculturation de la fina-lité et des valeurs de l'entreprise en sont une caractéristique majeure et prennent forme grâce à l'utilisation des droits et devoirs attachés à la pos-session de titres de l'entreprise. L'actionnaire salarié adopte un nouveau rôle et partage le risque de l'entreprise lié à l'actionnariat ; il a alors à juste titre en retour, comme tout actionnaire, le droit à la parole et au partage des bénéfices.

Que gagne le salarié à devenir un actionnaire salarié ?
Et d'abord, qu'est-ce qu'un actionnaire salarié ?

La définition qu'en donne la FAS[1] est large : « *l'actionnaire salarié est un actionnaire qui a investi volontairement, à long terme, de façon directe ou indirecte, une partie de son épargne en titres de son entreprise, dans le cadre d'opérations spé-cifiques réservées à tous les salariés* ». À côté de celle-ci, il n'en existe pas de définition légale, sinon celle que l'on peut extrapoler de la méthode de

---

1. Fédération française des associations d'actionnaires salariés et anciens salariés.

comptage du pourcentage de capital possédé par les actionnaires salariés, définie pour les rapports annuels et également pour l'attribution aux actionnaires salariés d'un ou plusieurs sièges au conseil d'administration ou de surveillance de l'entreprise, méthode explicitée dans l'article L225-102 du Code de commerce. Celui-ci, semble-t-il plus pour des raisons pratiques que de principe, borne le décompte des actions possédées par les actionnaires salariés à toutes celles détenues indirectement dans des OPCVM d'actionnariat salarié, et à celles qui sont en détention directe dans les PEE (Plan épargne entreprise) tant qu'elles sont indisponibles.

Nous préférons considérer l'actionnariat salarié comme étant le fruit d'une double volonté : celle de l'entreprise qui met en œuvre une opération spécifique, avec comme objectif de mieux communiquer et associer ses salariés à la marche de l'entreprise, et celle du salarié qui décide de s'engager dans cette opération de participation au capital de son entreprise et d'accepter le risque inhérent à tout placement en capital.

Les éléments clés de la reconnaissance, liés directement à la détention de titres de l'entreprise, sont alors le partage de l'information et la contribution aux décisions, qui font partie des droits fondamentaux de tout actionnaire : droit à l'information, droit de présenter des projets de résolution, droit de participer et de voter en assemblée générale, droit d'agir en justice. La situation particulière de l'actionnaire salarié, sa connaissance approfondie de l'entreprise, la possibilité qu'il a de se regrouper pour se concerter avec les autres, mais aussi pour établir un dialogue approfondi avec la direction, amplifient l'ensemble de ces droits.

Quels sont les éléments de l'actionnariat salarié qui valorisent l'action des salariés ?

La diversité des entreprises et des pays dans lesquels elles sont implantées, fait qu'il n'y a pas de réponse unique, mais bien un ensemble de possibilités. Nous en explorons ici quelques-unes, qui sont toutes issues d'exemples réels. Schématiquement, si nous osions la comparaison avec les trois ordres de PASCAL, on pourrait considérer les caractéristiques de l'actionnariat salarié suivant trois cercles successifs :

- la gestion financière correspondant à l'ordre charnel de la possession ;
- le gouvernement d'entreprise à l'ordre de l'esprit, de la connaissance ;
- le développement durable à l'ordre spirituel, du cœur, de la charité, du bien commun et de l'intérêt général.

On retrouverait alors l'éternel recherche d'équilibre entre l'avoir, le savoir et l'être.

▶ *Le premier cercle est financier et concerne l'épargne des salariés,* car ils ont évidemment intérêt à ce que celle-ci soit convenablement gérée. La direction organise et supporte les opérations acceptées par l'assemblée générale des actionnaires, au besoin avec une décote. Elle apporte des aides financières telles que la prise en charge des frais de gestion et un abondement s'ajoutant à la souscription. Elle associe les salariés à la gestion de leur épargne *via* le conseil de surveillance du FCPE, dont elle assure la logistique de fonctionnement. Dans un grand nombre de cas, elle permet aux actionnaires salariés, par l'intermédiaire de leur association lorsque celle-ci existe, de contribuer à la préparation des opérations et à la démultiplication des diverses communications subséquentes. Les arbitrages entre différents fonds sont généralement possibles et sensibilisent les salariés à la nécessité d'un rôle actif dans la gestion de leur épargne.

▶ *Le deuxième cercle se rapporte au gouvernement d'entreprise,* celui qui vise à un meilleur équilibre entre les instances de direction, les instances de contrôle et les actionnaires ou sociétaires. Les actionnaires salariés y jouent pleinement leur rôle et même doublement, d'abord parce qu'ils sont salariés et constituent donc le capital humain de l'entreprise, ensuite parce qu'en tant qu'actionnaires, ils incitent à une vision partagée du développement de l'entreprise. Ils ont ainsi la possibilité de faire communiquer toutes les strates de l'entreprise, de dialoguer avec les dirigeants pour échanger des informations sur les projets et contribuer à leur construction, de voter en assemblée générale des actionnaires. Ils peuvent même siéger au conseil d'administration ou de surveillance et y jouer le rôle d'un administrateur à part entière, ce qui est d'ailleurs obligatoire depuis la loi de modernisation sociale, dès lors que l'actionnariat salarié représente plus de 3 % du capital de leur entreprise. Les dirigeants doivent accueillir ces évolutions de façon positive, car les actionnaires salariés sont beaucoup plus concernés que n'importe qui d'autre, par le succès de leur entreprise, en tant qu'actionnaires et en tant que salariés.

▶ *Le troisième cercle est celui du développement durable.* Le salarié porte naturellement un regard personnel sur son environnement économique, écologique et social. L'actionnariat lui permet d'agir sur la création de valeur de son entreprise. Il peut contribuer à la rédaction et à la mise en pratique des codes d'éthique, il doit être attentif aux investissements et au respect des droits de l'homme, il est préoccupé par les règles de préservation de l'environnement naturel, il est intéressé par des programmes de formation à l'économie et à la finance. De son côté, les dirigeants sont interpellés pour améliorer leurs méthodes de management, car ils sont de plus en plus conscients de toutes ces interactions et de leur intérêt pour l'entreprise et pour eux-mêmes. Une politique de

développement humain dynamique, davantage de formation des salariés, un climat social favorable, sont des atouts essentiels et déterminants,
à moyen et à long terme, pour la croissance d'une entreprise.

Ajoutant un regard économique et financier au monde salarial et apportant
beaucoup d'*affectio societatis* au monde de la finance en donnant du sens à
l'investissement, l'actionnaire salarié édifie un pont entre des partenaires,
dont les cultures étaient autrefois séparées, voire divergentes. Son action est
bien évidemment amplifiée par la création d'associations, qui partagent les
mêmes valeurs et se fédèrent ensuite au niveau de la FAS. Par le rôle éminemment constructif qu'elles ont maintes fois démontré et joué, ces associations méritent de recevoir des soutiens de l'entreprise et des pouvoirs
publics.

2. L'épargne salariale, pour répartir les risques

Si l'actionnariat salarié est un moyen particulier d'associer des salariés non
seulement au résultat de l'entreprise qui les emploie, mais également à
l'ensemble de la vie de l'entreprise, il peut cependant faire courir un risque
important aux salariés. Les années récentes ont montré à maintes reprises la
situation catastrophique rencontrée, notamment aux États-Unis, par des
salariés qui le même jour perdaient leur emploi, et voyaient la valeur de
leur épargne et de leur retraite, investies dans des actions de l'entreprise qui
les employait, réduite à zéro.

L'épargne salariale, non investie dans des titres de l'employeur, diminue ce
risque. En effet, l'épargne peut dans ce cas être exposée à la fluctuation des
marchés, mais une bonne répartition des actifs rend possible une limitation
des risques de faillite et de disparition de la totalité de l'épargne.

Le versement de la participation et de l'intéressement dans un PEE permet
d'associer les salariés à la performance de l'entreprise, la répartition des risques étant réalisée à deux niveaux : le salarié peut disperser son épargne
sur plusieurs FCPE, puis le gestionnaire répartit les investissements de
chacun des fonds sur un grand nombre de contreparties.

3. L'épargne salariale, des ressources à long terme pour les entreprises et pour l'emploi

L'épargne salariale peut également permettre une meilleure répartition que l'actionnariat salarié vers les entreprises qui nécessitent le plus de fonds propres. En effet, les entreprises les plus bénéficiaires, et donc qui versent une participation importante, ne sont pas toujours celles qui souhaitent réinvestir ces bénéfices.

Dans un pays, comme la France, qui n'a pas vraiment de fonds de pension, l'épargne salariale devient ainsi une ressource de fonds stables et investis à long terme dans les entreprises, permettant à ces dernières de réduire leur dépendance vis-à-vis de grands investisseurs internationaux plus volatils et plus court-termistes quand ils investissent sur les marchés qui ne sont pas leurs marchés domestiques.

L'épargne salariale participe ainsi au financement des investissements et donc indirectement au développement de l'emploi.

4. L'épargne salariale, outil pédagogique

Dans un pays où traditionnellement l'épargne est placée dans des produits réglementés (livrets…), sans risque (fonds en euros des contrats d'assurance-vie…) ou dans l'immobilier, l'épargne salariale a un réel rôle pédagogique à jouer.

Si l'épargnant français ouvre un livret dès son plus jeune âge, le logement est classiquement, vers 30 ans, son premier investissement à long terme, tout d'abord sous forme d'épargne (CEL, PEL…), puis d'emprunt. Sa capacité d'épargne est ainsi absorbée pendant environ 15 ans.

Le versement de la participation, de l'intéressement ou d'un abondement par son employeur sur un PEE, est alors une forme d'épargne forcée qui constitue souvent son premier contact avec l'investissement dans les entreprises. Son logement une fois payé et ses enfants ayant pris leur autonomie, ce premier contact sera d'une grande utilité dans la seconde phase d'épargne (45-65 ans) destinée à la préparation de la retraite et à la transmission d'un patrimoine.

5. Les conseils de surveillance des FCPE, école de la démocratie actionnariale

Les actionnaires individuels participent très minoritairement aux assemblées générales des entreprises dans lesquelles ils ont investi. La part, généralement faible, du capital des entreprises qu'ils détiennent ne facilite pas la reconnaissance du rôle important qu'ils sont amenés à jouer.

Par ailleurs, les particuliers sont très faiblement représentés dans les conseils d'administration des Sicav ; dans le cas des fonds communs de placement l'exercice des droits de vote appartient à la société de gestion.

L'épargne salariale, à travers les conseils de surveillance des FCPE, devrait être pour les particuliers un cadre idéal d'apprentissage de l'exercice des droits de vote. En effet, contrairement au cas des FCP, les droits de vote concernant les titres détenus par le FCPE n'appartiennent pas à la société de gestion mais généralement au conseil de surveillance composé majoritairement de salariés ou à parité employeur-salariés avec voix prépondérance du président toujours salarié (dans certains cas de FCPE d'actionnariat salarié les droits de vote sont restitués aux salariés).

Les conseils de surveillance des FCPE voient leur rôle encore renforcé dans le cadre de l'investissement socialement responsable. Ils ne se contentent alors pas de se prononcer, en tant qu'actionnaires, sur les résolutions présentées, mais établissent une politique de réflexion et d'action sur la responsabilité sociale et sociétale des entreprises dans lesquelles l'épargne salariale est investie. Les fonds, et les salariés à travers eux, se voient ainsi reconnaître un véritable rôle de proposition d'actionnaires actifs et renforcent ainsi l'existence d'un gouvernement d'entreprise efficace.

À travers l'épargne salariale, l'épargnant se voit ainsi reconnaître non seulement son rôle de salarié et d'actionnaire mais également de consommateur et de citoyen.

La participation sous toutes ses formes, actionnariat salarié et épargne salariale, érige de nouvelles relations au sein de l'entreprise. Lorsqu'elle est convenablement établie, la participation est un facteur clé de la reconnaissance des salariés, en leur permettant de prendre en main leur avenir professionnel, en les guidant pour la construction d'une stratégie patrimoniale, en les intégrant à l'environnement économique et financier de l'entreprise et en les associant à la construction d'une société plus complexe et plus responsable.

Ainsi, le salarié pourrait se voir reconnaître à travers l'actionnariat, un rôle dans la société qui l'emploie et à travers l'épargne salariale, notamment si elle est socialement responsable, un rôle dans la société.

Chapitre 39

La reconnaissance venant de l'extérieur

Fernando CUEVAS
Xavier GAYAN

Lorsque nous avons entamé notre recherche et que nous demandions aux entreprises de nous permettre de conduire des entretiens, nos interlocuteurs nous répondaient « *oui, bien sûr, le thème de la reconnaissance est prioritaire pour nous* ». Et lorsque nous parlions de la reconnaissance venant de l'extérieur, ils étaient un peu intrigués. Souvent quand on pense à la reconnaissance, on pense au supérieur hiérarchique direct. Nous avons voulu élargir les sources à d'autres acteurs de l'organisation (N+2, collègues, etc.) et surtout à des acteurs extérieurs (clients, population, partenaires, etc.). Cette approche ne minimise pas l'importance de la place du chef. Mais combien de fois avons-nous vu que les autres sources internes et externes à l'entreprise représentent un plus, ou encore une possibilité de compensation au manque de reconnaissance directe.

1. Reconnaissance interne et externe

La reconnaissance extérieure est un thème aussi important pour l'individu que pour l'entreprise. L'individu a la satisfaction d'être apprécié, d'être considéré comme un bon interlocuteur, de développer des habilités diverses, voire s'ouvrir des possibilités de recrutement ailleurs où ses compétences seront mieux reconnues. L'individu reconnu, souvent grâce à son charisme et à sa capacité, donne une bonne image de l'entreprise, pouvant aller jusqu'à une extrapolation pour le reste des services. Il vient compléter les efforts médiatisés officiels de l'entreprise. L'idéal serait que l'individu jouisse des deux reconnaissances, interne et externe, mais au moins une des deux va lui permettre de se sentir réconforté.

Cet article est le fruit d'une enquête auprès d'une vingtaine de personnes, d'une revue théorique et de nos expériences en entreprise.

La reconnaissance est un concept, peu traité en tant que tel, mais beaucoup débattu, autour des thèmes tels que la motivation, l'engagement, la récompense, l'implication, etc. Nous allons partir du postulat, qu'il faudra vérifier, qu'une personne qui travaille a besoin d'être reconnue. Mais au-delà de cette affirmation nous pouvons parler du besoin d'un *feed-back* positif, d'exister grâce au regard d'autrui, de dignité, de réussite (MASLOW, 1954, HERZBERG, 1971, et McCLELLAND, 1955), du sentiment d'être utile, du droit à la parole, à l'intelligence et au sens des actions, d'avoir sa place dans un groupe (MASLOW, 1954), du respect, du sourire, du désintéressement, de « sortir du lot », etc. et ceci tant à l'intérieur comme à l'extérieur de l'entreprise.

La non-reconnaissance a été décrite par nos interlocuteurs ainsi : « on te laisse seule dans ton coin... on ne te dit pas si tu travailles bien... tes idées ne sont pas prises en compte.... tu ne peux pas anticiper... tu n'es pas digne d'être informé... ». Bref, il s'agit de la négation de l'existence de l'autre, de toute altérité. Pour Eugène ENRIQUEZ (1983, page 17) l'altérité c'est quand « *nous acceptons de voir l'autre dans sa singularité* » (et non comme instrument de notre satisfaction) et que nous sommes capables de « *reconnaître son désir* ».

2. Typologie des reconnaissances

Individuelle-collective

Pour nos interlocuteurs la reconnaissance individuelle est très importante, surtout dans les grandes structures où l'impact du travail individuel est difficile à mesurer voire à percevoir. Dans une CPAM la relation avec les assurés est très impersonnelle ; *a contrario* les agents nous ont expliqué que les relations avec les professionnels de la santé étaient très personnalisées : « *ils connaissent notre nom... ils nous en remercient quand on dépatouille un dossier..* ». Mais la réalité est que le personnel a peu de reconnaissance de leur travail ou à la rigueur un peu de reconnaissance collective.

De même un directeur d'un grand magasin nous a expliqué que : « *les échanges sont très convenus... très structurés... de rencontres en collectif plus que tête-à-tête* ». Parfois c'est l'activité qui empêche la reconnaissance individuelle : « *un sapeur-pompier seul est zéro…* » et « *après un sinistre, les élus et le maire envoient des lettres de félicitations à l'équipe qui est intervenue* ». Ce qui provoque un sentiment de non-reconnaissance de la personne. C'est le groupe, voire le métier, qui sont reconnus. Mais certains arrivent à transformer la reconnaissance collective en reconnaissance individuelle « *quand je faisais mon marché… je ramassais les feuilles de maladie auprès des commerçants* » (employé de l'accueil de la CPAM). « *Quand le directeur vient féliciter mon équipe… j'ai le sentiment qu'il reconnaît mon travail* » (chef d'équipe à la CPAM).

Travail-personne

« *Moi, je fais une différence entre la reconnaissance de mon travail et celle de ma personne* » (une secrétaire). « *Ce sont les victimes qui nous reconnaissent le plus* » (un sapeur-pompier). Nous aimons quand les autres apprécient notre travail. Mais surtout nous aimons quand les autres apprécient notre personne. S'agissant d'un sinistre, les victimes remercient le sapeur-pompier personnellement. C'est l'homme et non le fonctionnaire qu'ils reconnaissent. À la CPAM un agent regrette la formalité des relations avec les assurés : « *ils nous remercient mais ils ne nous félicitent pas* ». Avec une expérience opposée, une infirmière souhaiterait être reconnue davantage par ses compétences que par ses qualités personnelles : « *les chirurgiens reconnaissent notre connaissance du service, notre disponibilité, mais non notre technicité ni notre relationnel avec les malades…* ».

À l'inverse, comme nous l'explique un directeur, le siège reconnaît son travail et non sa personne : « *ils parlent des résultats du magasin… mais pas de moi… j'ai reçu une promotion… oui, mais sans le moindre contact personnel… sans le moindre compliment* ».

La reconnaissance et la récompense sont des phénomènes de nature différente. La reconnaissance est personnelle, elle se manifeste par des compliments. La récompense est une gratification matérielle ou symbolique du travail réalisé. Elle est souvent réglementée et par conséquent impersonnelle.

La reconnaissance extérieure

Etant donné que souvent les personnes ne se sentent pas reconnues au sein de l'entreprise, elles cherchent à avoir des activités à l'extérieur ou au mieux à travailler avec des partenaires de l'entreprise qui vont reconnaître leur contribution aux bonnes relations inter-entreprises.

Nous avons l'exemple des personnes qui s'investissent dans l'organisation des loisirs où elles se sentent reconnues. « *J'ai participé à l'organisation d'une exposition photo… elle a été une grande réussite (…) j'ai aussi organisé une activité extra-scolaire et j'ai eu les félicitations du maire et de la presse* » (un instituteur). D'autres recherchent la reconnaissance extérieure pour préparer leur retraite et continuer à être actifs.

Le PDG d'une entreprise nous a confié qu'il soutenait les projets des ouvriers, des techniciens et des agents de maîtrise essentiellement car il était conscient que la reconnaissance interne était difficile à obtenir et de cette façon ces personnes allaient être reconnues et de surcroît développer des compétences utiles à l'entreprise (CUEVAS et GAYAN, 2002). Par ailleurs BOURCIER et PALOBART (1997) soutiennent que « *les individus qui s'investissent dans des actions communautaires sont aussi les salariés qui réussissent le mieux dans l'entreprise* ».

- Un sapeur-pompier volontaire trouvait son activité en entreprise très routinière et chez les pompiers « *très variée, plus intéressante et avec des émotions partagées… et de surcroît cette activité est très reconnue* ». De même, un officier des sapeurs-pompiers volontaires a un simple statut de technicien sécurité dans une entreprise industrielle.

- Un chef de gare nous explique qu'il avait des activités culturelles le soir car « (je) *ne voulais pas me laisser manger par le travail… je voulais me garder une respiration intellectuelle* ».

- Le directeur d'un hypermarché nous confie que grâce à son activité extérieure, il peut fréquenter le président de la CCI, le maire de sa ville et d'autres commerçants. La reconnaissance émanant de l'extérieur lui donne une légitimité en interne avec laquelle il « *peut promouvoir des changements* ».

- Un DRH qui n'était pas reconnu par le siège trouvait son salut à l'extérieur : « *quand je suis invité à des tables rondes par le préfet, les CCI, les mairies, les ESC, l'UIMM… c'est une reconnaissance de mon travail. Ils savent comment c'était avant et comment c'est maintenant… ils ont de la mémoire… ils veulent que je présente ma réussite* ».

L'image sociale

Nous avons cherché à rencontrer des personnes exerçant des métiers à image sociale forte.

Les infirmières jouissent d'une image très positive : « *elle remonte à l'époque des religieuses qui étaient dévouées corps et âme* », « *même lors des grèves… la population nous soutenait…* », « *lors de la canicule de 2003… l'image des infirmières a été valorisée, car elles étaient en première ligne* ». Cela peut s'expliquer par la relation émotionnelle entre les patients et les infirmières. La grande majorité de patients se sent diminuée vis-à-vis des médecins. Les patients n'osent pas poser des questions, alors qu'avec les infirmières c'est plus facile.

De même pour les sapeurs-pompiers : « *on reçoit des lettres de félicitations, des bouteilles de champagne… la vente de calendriers est facilitée…* » , « *pour la location d'un appartement* », « *les victimes sont très reconnaissantes* », « *le 14 Juillet les sapeurs-pompiers sont plus applaudis que les flics ou l'armée* ». Mais ils mettent un bémol à cette reconnaissance « *probablement ils le font car on ne sait jamais s'ils auront besoin de nous* ». Un jeune sapeur-pompier trouve que cette importante reconnaissance n'est pas totalement justifiée: « *j'étais éboueur à Paris* (méprisé) *et par la suite sapeur-pompier professionnel* (admiré)… *les deux reconnaissances opposées ne se justifient pas… en Allemagne les éboueurs sont reconnus comme des protecteurs de la nature* ».

À l'autre extrême nous avons rencontré des personnes à la CPAM qui vivent mal l'image sociale : « *si tu dis que tu travailles pour une administration ils te traitent d'improductif* ». Un policier surenchérit : « *la population en général a une mauvaise image de la police… image de répression… la police ne peut pas faire des calendriers…* » et pourtant « *je cherche à rendre service… à accélérer les dossiers… à assister aux personnes en danger… à faire de la prévention…* ». Pire encore, même dans la relation avec d'autres administrations ils se sentent dévalorisés : « *nous sommes les petits valets de la justice* » ou avec la presse : « *même quand un policier tire en légitime défense elle titre : « bavure policière »* » et pourtant ce policier considère que la justice et la police sont « *les piliers de la république* ».

Mais il y a une érosion des images sociales et des pratiques des métiers. « *On nous laisse de moins en moins d'initiative, il y a des protocoles… tout est réglementé et la tutelle du médecin augmente* » « *avant les femmes de ménage… les aides-soignantes avaient leur propre tenue… maintenant c'est pareil* », « *le temps consacré à chaque patient est comptabilisé* » (une infirmière). « *Dans des zones il y a des incendies de voitures et les jeunes attendent les sapeurs-pompiers pour leur jeter des cailloux… maintenant on est assimilé à la police ou à l'armée* » (un sapeur-pompier). « *Le rôle d'instituteur perd de la valeur car les gens font beaucoup plus d'études qu'avant* » (un instituteur).

Pour ces métiers la relation passe progressivement d'un service public d'assistance à la société à la prestation d'un service marchand : « *les gens considèrent qu'une fois payés leurs impôts, ils ont un droit forfaitaire d'utilisation des services* ». Un sapeur-pompier nous a confié : « *une fois on s'est déplacé pour amener une dame âgée aux toilettes alors que sa fille était dans la maison… les interventions qui riment à rien sont un signe d'absence de reconnaissance… il y a de moins en moins d'incendies et de plus en plus des cas sociaux* ». « *Pour des inter-*

ventions il y a des gens qui nous reprochent de mettre trop de temps pour arriver… la société a changé ». Avant il s'agissait d'une relation de service (homme à homme) et maintenant d'une prestation de services (client-fournisseur).

Les obstacles à la reconnaissance

La relation sociale en général et notamment entre les services publics et les usagers se stérilise. « *La traçabilité devient indispensable… tout le monde se protège… on a peur des représailles des patients* » (une infirmière). « *Les sapeurs-pompiers deviennent procéduriers à cause des risques et de la responsabilité civile et pénale* », « *rentrer dans un feu est de plus en plus technique et la spontanéité est déconseillée* », « *un sapeur-pompier blessé coûte cher* », « *les procédures diminuent l'héroïsme* » (des sapeurs-pompiers). « *Nous sommes évalués par rapport au nombre d'appels pris… c'est la quantité et non la qualité de la relation qui compte* » (un agent de la CPAM).

Un autre obstacle consiste dans le décalage possible entre ce que la hiérarchie, ou une autre personne, propose comme reconnaissance, et ce que recherche la personne reconnue. Nous oublions souvent cet aspect : « *pour reconnaître ma contribution, on m'invite à participer à des réunions avec des dirigeants d'entreprise… mais je n'aime pas venir car nous ne sommes pas du même monde* » (une secrétaire).

Les règlements, les procédures, la recherche forcenée d'une rentabilité, le niveau d'exigence, le manque d'autonomie ou de compétences des chefs empêchent souvent la reconnaissance tant interne qu'externe.

3. Conclusion

La reconnaissance est un phénomène avant tout psychosociologique. La reconnaissance vient toujours de l'autre. Mais n'oublions pas qu'il s'agit aussi d'un phénomène psychologique. L'individu reconnu tire une grande satisfaction personnelle, il ne travaille pas dans l'anonymat, il trouve du sens à son existence. La reconnaissance soulage la peur et l'angoisse.

Nous avons cherché à démontrer que les deux reconnaissances, interne et externe, sont importantes pour l'individu. Mais il y a toujours le risque que celui-ci vive un dilemme : ma contribution à la réussite de mes partenaires peut-elle être compatible avec un léger désavantage pour mon organisation ?

Une des plus grandes difficultés est que la reconnaissance étant une valeur symbolique, au sens de P. BOURDIEU (1979), elle s'épuise rapidement. Pour être efficace, la reconnaissance ne doit pas toucher la totalité d'un groupe (effet de distinction), ni être trop fréquemment manifestée. Elle doit en outre, être proportionnée à la contribution apportée et concomitante à l'événement. Elle doit englober à la fois la compétence et l'attitude de la personne.

Bien que la reconnaissance puisse être enseignée, sa valeur fondamentale reste au niveau de la sincérité, de la spontanéité et du désintéressement. Sinon elle est perçue comme de la manipulation. Par ailleurs la reconnaissance externe est souvent perçue comme étant plus authentique, car elle n'est pas assimilée à une technique de management.

Les responsables RH sont conscients de l'importance de la reconnaissance. Ils en font un axe fondamental de leur politique de management des hommes. Outre les politiques de reconnaissance interne ils utilisent la reconnaissance venant de l'extérieur comme un levier de motivation : « *il fallait que notre investissement formation débouche sur un certificat... : VAE* (validation des acquis de l'expérience) *ou CQP* (certificat de qualification professionnelle) ». Il est important que « leur famille, amis, collègues le sachent et que l'individu soit reconnu : « *il faut que les proches de l'être reconnu en retirent presque autant* ». Et comme nous l'a si bien dit un DRH « *le manager reconnaissant est reconnu* ».

Nous avons posé la question sur la source de reconnaissance de leur travail. Nos interlocuteurs nous ont répondu, dans l'ordre :

- Les clients, patients ou bénéficiaires de l'action ;
- Les collègues ;
- Le supérieur hiérarchique direct ;
- Le grand public ;
- Le supérieur hiérarchique indirect (N+2) ;
- Les collaborateurs.

Ce sont les personnes de l'extérieur qui sont en première position. Le classement des collègues est étonnant, ils sont placés en deuxième position et celui des collaborateurs est aussi étonnant car placés en dernière position. Ce qui est compréhensible puisque les personnes rencontrées n'ont que dans très peu de cas des subordonnés. Mais comme nous l'a dit un cadre de la grande distribution : « *la reconnaissance externe ne peut pas combler le manque de reconnaissance interne* ».

Chapitre 40

Reconnaissance des femmes dans le travail

Gwénaëlle POILPOT-ROCABOY
Michelle KERGOAT

La présence dans cet ouvrage d'un article spécifique à la reconnaissance des femmes au travail tient à l'existence des écarts observés entre les situations des hommes et des femmes. Le philosophe André COMTE-SPONVILLE estime que leur origine est double : la première réside dans la nature, c'est-à-dire dans le corps, la seconde dans la culture, c'est-à-dire dans l'éducation. Mais il est très difficile de savoir ce qui, dans la répartition constatée des rôles des hommes et des femmes dans la société en général et dans l'entreprise en particulier, vient du corps ou de l'éducation, des hormones ou de la société, des pulsions ou des conditionnements...

L'ampleur constatée de la domination masculine dans l'espace et le temps s'explique d'abord par la force physique, qui est ordinairement plus grande chez les hommes, ensuite par leur goût pour le pouvoir, la violence, la domination... Les hommes aiment les rapports de forces : ils sont faits ou élevés pour cela. La plupart des femmes y sont moins à l'aise, ce qui les dessert souvent. Voyez la politique ou l'économie... COMTE-SPONVILLE estime qu'« on peut juger une société à la place qu'elle accorde aux femmes » (COMTE-SPONVILLE, 2000). Quel jugement pouvons-nous faire alors de notre société en général et de nos organisations en particulier ? La reconnaissance des femmes au sein des entreprises permet-elle de conclure que l'égalité sociale est une réalité ?

La première partie de notre développement nous permettra de répondre à cette question. Puis nous tenterons, dans une seconde partie de proposer des actions de reconnaissance des femmes au travail et d'œuvrer pour le développement d'organisations égalitaristes.

1. Le constat d'une absence de reconnaissance des femmes au travail

L'absence de reconnaissance des femmes au travail s'illustre par l'existence d'un paradoxe expliqué notamment par des valeurs culturelles fortes qui conduisent à valoriser un modèle de répartition des rôles entre les hommes et les femmes dans la société et dans l'entreprise : le « breadwinner model ».

L'existence d'un paradoxe

Nous constatons que malgré la réussite scolaire des filles (qui tendent à dépasser les garçons), la réussite professionnelle des femmes reste largement inférieure à celle des hommes au sein de nos organisations.

La réussite scolaire des filles : une réalité

Le niveau d'instruction des femmes françaises s'est très largement amélioré au cours des vingt dernières années. Les données de l'INSEE montrent qu'alors que 63,3 % des femmes de plus de 15 ans n'avaient aucun diplôme ou le seul certificat d'études en 1982, elles ne sont plus que 25 % en 1999. À l'opposé, seulement 2,6 % des femmes avaient un diplôme supérieur à Bac+2 en 1982, elles représentent 10,5 % des femmes de plus de 15 ans en 1999.

Cette élévation du niveau d'instruction des filles s'accompagne d'une tendance au dépassement des garçons par les filles. Par exemple, l'enquête emploi de 2003 de l'INSEE montre que sur une population âgée de 25-34 ans, 67,3 % des femmes sont bachelières contre 53 % des garçons, 21,8 % d'entre elles ont un diplôme Bac + 2 ans contre 15,6 % des garçons, et 23,4 % de femmes ont un diplôme supérieur à Bac +2 contre 17,4 % des hommes. La réussite des filles au baccalauréat (82,3 % en 2003) supérieure à celle des garçons (77,6 %), explique en partie leur entrée plus importante dans l'enseignement supérieur.

Ainsi, les filles apparaissent aujourd'hui globalement plus diplômées à la sortie du système éducatif que les garçons. Toutefois, leurs choix d'orientation les destinent beaucoup plus à des études littéraires (75 % des étudiants des classes préparatoires littéraires sont des femmes), ou économiques (51,8 %) que scientifiques (seules 25 % des élèves de classes préparatoires scientifiques sont des filles). Ce constat de moindre présence des filles dans les filières scientifiques considérées en France comme les filières d'excellence, est expliqué soit par une décision rationnelle d'autocensure des filles qui s'interdisent l'accès à certains métiers qui rendraient difficiles la conciliation de leurs futurs rôles d'épouse, de mère et de professionnelle (DURU-BELLAT, 1990), soit par l'influence de l'éducation et de la culture qui inciterait moins les filles que les garçons à s'orienter vers des formations qui mènent à des métiers prestigieux, car la lutte s'y avive et la concurrence est forte (BAUDELOT et ESTABLET, 1992). N'entendons-nous pas encore que certains métiers se dévalorisent du fait de leur féminisation ? De ce fait, certaines fonctions restent difficilement accessibles et la relative réussite scolaire des filles n'augure aucunement de leur réussite professionnelle.

La réussite professionnelle des femmes : un bilan mitigé

La réussite professionnelle des femmes doit être évaluée non seulement par leur présence physique au sein des organisations (intégration quantitative) mais surtout par la place qu'elles tiennent au sein des structures (intégration qualitative).

L'analyse du taux d'activité professionnelle des femmes montre que l'intégration quantitative des femmes sur le marché du travail s'est très largement améliorée. À ce jour, la population active française se compose pour 46 % de femmes soit 12,2 millions d'actives. Toutefois, ce taux reste très largement conditionné par la situation familiale de la femme (alors que cette situation n'a que peu d'influence sur le taux d'activité des hommes). Ainsi, alors que 88,6 % des femmes célibataires sont en activité en 1997 (contre 67,5 % en 1962), ce taux est de 85 % (contre 55,7 % en 1962) pour les femmes mariées sans enfant, de 83,8 % (contre 42,5 % en 1962) pour les femmes mariées avec un enfant, de 73,8 % (contre 26,1 % en 1962) pour les femmes mariées avec deux enfants. Ce taux chute à 49,6% (contre 15,9 % en 1962) pour les mères de trois enfants et plus. La **difficulté de concilier la vie professionnelle et la vie familiale** apparaît donc très nettement par ces chiffres[1]. Malgré « **cette contrainte** » forte que

---

1. «La fin de l'entreprise macho», *Enjeux les Echos*, Mai 2001, p74.

représente la situation familiale des femmes, leur intégration quantitative dans le monde économique semble en bonne voie. En revanche, leur intégration qualitative reste à faire.

Une étude de l'INSEE[1] montre en effet que le taux de chômage des femmes est de deux points plus élevé que celui des hommes au premier trimestre 2003. Chez les moins de 25 ans, près d'un quart des jeunes actives sont dans cette situation, contre un homme sur cinq. Les femmes occupent aussi plus souvent des emplois précaires, comme les CDD, les stages (11 % contre 6 % d'hommes) ou des emplois à temps partiels (30 % contre 5,5 %). De plus, les emplois restent très sexués. Les femmes travaillent plus souvent dans le secteur tertiaire alors que l'industrie et le bâtiment restent à forte dominante masculine. Près de la moitié des femmes sont employées, tandis que plus d'un tiers des hommes sont ouvriers. Par ailleurs, les femmes sont sous-représentées dans la hiérarchie des métiers : les deux tiers des cadres du privé sont des hommes et moins de deux dirigeants sur dix sont des dirigeantes. Cette sous-représentation dans la hiérarchie des métiers s'accompagne de disparités de salaires importantes. Le rapport 2003 de la Délégation parlementaire aux droits des femmes montre que « *80 % des 3,4 millions de salariés travaillant au SMIC ou en dessous sont des femmes*[2] », et que l'on est très loin du principe « *à travail égal, salaire égal* ». Une étude récente de l'INSEE sur les populations de dirigeants d'entreprise met en avant qu'une dirigeante de société gagne un tiers de moins que son homologue masculin contre 20 % de moins parmi l'ensemble des salariés[3]... Ainsi, taux de chômage plus élevé, emploi précaire plus fort, plafonnement des carrières, inégalité des rémunérations, difficile conciliation vie professionnelle - vie familiale sont des indicateurs d'absence de reconnaissance des femmes dans le travail malgré leur présence physique quasi identique à celle des hommes.

La persistance du « Breadwinner model » : une explication par l'inégalité des temps

Deux théories tentent d'expliquer cette absence de reconnaissance des femmes. D'un côté, les travaux de la psychologie évolutionniste soutiennent que ce sont les différences biologiques qui induisent la spécificité des comportements de chacun et de chacune. De l'autre, l'anthropologie et la sociologie la voient comme le produit de constructions sociales reposant sur

1. INSEE *Première* n° 951, mars 2004.
2. Rapport 2003 de la Délégation parlementaire aux droits des femmes «Inégalités hommes / femmes: encore des progrès à faire».
3. INSEE *Première* n° 951, mars 2004.

des stéréotypes et une domination masculine qui aurait organisé une parti-
tion des rôles sociaux[1]. Nous adhérons totalement à cette dernière
approche et constatons que l'attribution de rôles sexués (MÉDA, 2001) reste
prégnante par la domination et la persistance du « Breadwinner model »
(traduit par le modèle de « Monsieur GAGNE-PAIN »). Ce modèle, qui
affecte les hommes à la sphère professionnelle et les femmes à la sphère
domestique[2], engendre des inégalités face au temps considérables entre les
hommes et les femmes.

Ainsi, l'enquête INSEE « Emploi du temps 1998 / 1999 » distingue sur une
durée de 24 heures, le temps physiologique (temps de repas, de sommeil,
de soins personnels (habillement et hygiène), le temps professionnel (travail
et trajets), le temps domestique (cuisine, ménage, vaisselle, linge, courses,
soins aux enfants...) et le temps libre[3], à la fois pour les actifs et les inactifs et
selon divers autres critères de regroupement des ménages (âge, profession,
type de ménage, diplômes, revenus). Ces durées, mesurées pour les
femmes et les hommes actifs, sont reportées dans le tableau ci après.

Répartition des temps de vie	F actives	H actifs	Indice F/H	F	H	Ensemble
Temps physiologique	696	682	102	48,3 %	47,4 %	47,8 %
Temps professionnel	302	381	79	21,0 %	26,5 %	24,0 %
Temps domestique	263	155	170	18,3 %	10,8 %	14,1 %
Temps libre	179	222	81	12,4 %	15,3 %	14,1 %
Ensemble	1 440	1 440	100	100,0 %	100,0 %	100,0 %

INSEE : Série *consommation et modes de vie*, n 101-102 ; unité en minutes.

En dehors d'un temps physiologique comparable, l'enquête témoigne,
comme d'autres auteurs l'ont déjà souligné (DUMONTIER F., GUILLEMOT D.,
MÉDA D., 2002, p 7 ; DEGENNE, LEBEAUX, MARRY, 2002, p. 90), d'un temps
domestique qui occupe beaucoup plus les femmes que les hommes et
réduit en conséquence pour les premières, à la fois le temps à la profession
et le temps libre. Cette inégalité face au temps est fortement influencée par
la situation familiale. C'est lorsque les femmes ou les hommes vivent seuls

---

1. «Hommes/femmes, quelles différences?», *Sciences Humaines*, n° 146, Février 2004, p 21-39.
2. Le «mâle» est conditionné pour rapporter de la nourriture à la «femelle» et à ses «petits»
   tandis que celle-ci soigne ses «petits» sans oublier «le grand ».
3. INSEE: série *consommation et modes de vie*, n° 101-102.

que leurs temps domestique et professionnel sont les plus proches. En revanche, dans un couple, la charge domestique incombe encore largement aux femmes et c'est là que les écarts de temps entre les femmes et les hommes sont les plus élevés. Ainsi, le fait de vivre en couple augmente le temps domestique d'une femme de 39 minutes alors qu'il réduit celui de l'homme de 21 minutes, par rapport à celui qu'il y consacre en vivant seul, ce qui témoigne d'un transfert des tâches domestiques vers la femme et de l'attribution de rôles fortement sexués dans le couple. Toutefois, après s'être allégé lors de la mise en couple, le temps domestique de l'homme augmente légèrement avec l'arrivée du premier enfant (27 minutes) pour décroître ensuite avec l'arrivée des suivants, alors que ce temps progresse régulièrement pour une femme avec le nombre d'enfants, pour atteindre 5 heures lorsqu'il y a trois enfants ou plus (soit le double du temps domestique de l'homme).

Symétriquement, la vie en couple et la présence d'enfants font que la femme diminue son temps de travail, de façon très significative après l'arrivée d'un troisième enfant (104 minutes de temps de travail en moins pour une femme en couple avec trois enfants par rapport à une femme seule). Une relative incompatibilité apparaît pour les femmes entre emploi et vie familiale au-delà du troisième enfant. En revanche, le temps professionnel des hommes n'est pas influencé par le type de ménage et augmente régulièrement, traduisant un investissement accru dans l'emploi avec l'avancée en âge. Parallèlement, le temps résiduel des femmes (le temps du repos, des loisirs ou des activités citoyennes), est très inférieur à celui des hommes (sauf pour les femmes vivant seules), ce qui augure d'une faible représentation et reconnaissance des femmes dans la vie de la cité (représentation politique, dans le monde associatif…).

Ainsi, cette persistance du « Breadwinner model » conduit à une inégalité des temps entre les hommes et les femmes et engendre des comportements de « discrimination » à l'égard des femmes au travail. En effet, celles-ci restent considérées comme moins disponibles pour l'organisation du fait d'une prise en charge systématique des contraintes familiales et sont exclues des promotions offertes à ceux dont la performance reste associée au nombre d'heures journalières passées dans l'entreprise. De cette association de la performance et du temps de travail naissent les pratiques de mise à l'écart des femmes pour les postes à responsabilités, de plafonnement de carrière, de rémunération plus faible, d'accès moindre à la formation… Comment sortir de cette situation d'absence de reconnaissance liée à la persistance d'une culture d'un autre temps ?

2. Les actions pour une reconnaissance des femmes au travail

Face à ce paradoxe et à la permanence d'absence de reconnaissance des femmes au travail, l'agacement et l'engagement sont croissants. Les femmes diplômées s'organisent au sein de réseaux professionnels féminins afin de promouvoir la mixité (QUEUNIET, 2004). Les politiques se mobilisent par le biais de lois (loi du 9 mai 2001 relative à l'égalité professionnelle entre les femmes et les hommes ; loi du 16 novembre 2002 relative à la lutte contre les discriminations).

> ## ▷ *Tendance*
>
> Les entreprises commencent à se préoccuper, dans un contexte annoncé de pénurie de compétences et d'évaluation de leur responsabilité sociétale, de l'égalité professionnelle et se rapprochent des partenaires sociaux pour signer des accords (Accord national interprofessionnel du 1er mars 2004 relatif à la mixité et à l'égalité professionnelle entre les hommes et les femmes). Ainsi, la reconnaissance des femmes au travail semble amorcée par des actions globales d'égalité des temps ou des actions spécifiques d'égalité professionnelle.

La recherche d'égalité des temps : le projet Equal « Rennes égalité des temps »

La reconnaissance des femmes au travail et dans la société exige une égale opportunité de choix des femmes et des hommes quant à l'affectation de leur temps, donc une remise en cause du « breadwinner model » et des rôles sexués qui en découlent. Cette approche globale de l'égalité professionnelle par le développement de la problématique d'égalité des temps est actuellement défendue par les partenaires du projet Equal « Rennes égalité des temps (2002-2005 » qui s'inscrit dans le programme européen Equal[1]. Dans ce cadre, la ville de Rennes expérimente avec ses partenaires, plusieurs actions allant dans le sens de l'égalité des temps sur la zone d'emploi

---

1. Ce projet communautaire a pour objectif de lutter contre toute forme de discriminations et d'inégalités dans le monde du travail et de l'emploi en Europe. Dans ce cadre, la ville de Rennes et différents partenaires dont l'université de Rennes 1, ont pour objectif d'agir sur les temps sociaux pour lutter contre les discriminations qui affectent particulièrement les femmes.

de Rennes. Elle intervient simultanément et en solo sur le territoire communal, par le biais d'un bureau des temps, mis en place en mars 2002. Les actions mises en place ou en cours de réalisation sont de quatre types.

La révision des horaires décalés ou atypiques et des emplois à temps incomplet

La ville de Rennes a engagé une action sur sa propre structure en réorganisant le travail des agents de propreté (60 salariés, 90 % de femmes) et en insistant sur :

1. La mise en place de postes à temps complet ;
2. La mise en place de postes en horaires continus (avec deux tranches horaires : 7 h 30-15 h 30 et 10 h 45-18 h 45) ;
3. Le regroupement des sites de travail pour éviter les déplacements ;
4. Le travail en binôme (les agents de propreté travaillent par deux, une charge minimale de travail a été définie en cas d'absence de l'un d'entre eux ;
5. Un plan de déroulement de carrière et un plan de formation (évolution possible d'agent de propreté à agent de maîtrise).

Cette action s'est déroulée sur la période février 2003 – mars 2004. L'évaluation témoigne d'une diminution de l'absentéisme de 30 % et d'une amélioration du service rendu. Les relations personnelles engagées avec les autres salariés de la ville ainsi qu'une fréquentation régulière des bâtiments ont permis de déceler rapidement des problèmes de maintenance générale et ont développé une plus grande implication dans leur travail parmi les agents de propreté.

La lutte contre les stéréotypes et les rôles sexués

Dans le cadre du projet « Rennes égalité des temps », une série de conférences grand public sur « le temps », destinées à sensibiliser la population de la zone d'emploi de Rennes a été mise en place. Ces conférences rencontrent un grand succès (entre 200 et 600 personnes par conférence). Une série télévisée a été commandée auprès de TV Rennes mettant en scène des personnages aux prises avec des problèmes d'articulation des temps (livraison mars 2005). Ces films seront dans un premier temps présentés dans les quartiers, et la projection sera suivie de débats sur des problématiques de conciliation vie professionnelle - vie privée, sur l'affectation sexuée de rôles et de métiers…

L'allégement des « temps contraints », la gestion des horaires atypiques et la gestion des imprévus

Les femmes étant encore le plus souvent en charge des tâches domestiques et familiales, tout service visant à les faciliter ou les simplifier va dans le sens d'une démarche de reconnaissance. Ainsi, la ville soutient une association de garde à domicile des enfants (complémentaire des gardes classiques) en cas d'horaires atypiques ou de situations d'urgence (enfant malade..). Dans, le cadre du projet : « Rennes égalité des temps », une crèche interentreprises intercommunale a été ouverte sur une zone d'emploi en mai 2004. Elle fonctionne de 6 h à 21 h 30. La durée maximum de présence quotidienne des enfants est de 10 heures. Un contrat est passé entre les parents et la crèche quant au temps de présence de l'enfant : de 50 % à 100 %. Deux places sont réservées à des accueils d'urgence.

L'accueil des enfants dans les écoles maternelles et primaires se fait dès 7 h 30 avec le programme suivant : 8 h 30-11 h 30 : classe, 11 h 30-13 h 30 : restaurant d'enfants et ateliers du midi, 13 h 30-16 h 30 : classe, 16 h 30-18 h 45 : jeux, activités ludiques pour les enfants de l'école maternelle (tarif compris entre 0 et 20 euros par mois selon les ressources), 16 h 30-18 h : ateliers et études pour les enfants en école primaire (tarif compris entre 0 et 12 euros par mois selon les ressources de la famille).

Le développement d'activités pour le mercredi et les petites vacances est réel. Il existe à Rennes 23 centres de loisirs, ouverts à tous les enfants scolarisés de 2 à 12 ans, de 7 h 30 à 18 h 45 pour les 2-6 ans et de 8 h à 18 h pour les 6-12 ans. Le coût est fonction des ressources de la famille (en moyenne 5 euros). Les centres de multi-activités sont réservés aux 8-12 ans. Chaque année, 80 classes partent en « classes de découverte » (classes de mer, de neige, européenne, de patrimoine ou de nature), pour une semaine. Le coût est fonction des ressources de la famille.

Dans le cadre du projet « Rennes égalité des temps », une réflexion est en cours pour faciliter l'accès des habitants à un ensemble de services (exemple : couture, repassage, courses, covoiturage, aide aux devoirs, aide aux démarches administratives…), afin de raccourcir les temps contraints extra-professionnels et parallèlement d'allonger la durée des temps choisis, très inégalement répartis entre les femmes et les hommes au détriment des premières. Les actions vont consister à centraliser les informations sur les services déjà disponibles, à susciter la création de services là où ils n'existent pas alors qu'il y a demande, à réfléchir sur les horaires d'ouverture et sur la localisation des services.

Parmi les actions déjà entreprises citons, à l'initiative de la ville :

1. « Les concerts de midi sur les lieux de travail ». Il s'agit de concerts de musique classique sur l'heure de midi dans des zones d'emploi. Le tarif est réduit (6 à 10 euros) et comprend un petit repas (sandwich et boisson). Le taux de fréquentation est de 100 % et nous constatons que le public est composé à 80 % de femmes alors qu'elles ne sont que 20 % dans l'emploi de la zone (action initiée en septembre 2003) ;

2. Les espaces sociaux communs. Un certain nombre de services sociaux ont été regroupés dans trois quartiers de la ville afin que soit évitée une multiplicité de démarches (le Centre départemental d'action sociale du département d'Ille-et-Vilaine, le Centre communal d'action sociale de la Ville de Rennes, la Caisse d'allocations familiales) ;

3. L'ouverture de six mairies de quartier qui ont pour but de rendre les services plus accessibles. Mais étant donné la pluralité des acteurs et la dimension d'aménagement territorial de ces actions, un lieu de concertation « la commission temps sociaux » s'est installé le 24 septembre 2002 et fonctionne avec une assemblée plénière et quatre groupes de travail thématiques : temps des hommes/temps des femmes, organisation des services publics de proximité, culture, mobilité et transports. Cette commission comprend des élus du pays de Rennes, des membres d'associations, des représentants des syndicats, des représentants des administrations, et des représentants d'entreprises (SNCF, La Poste, l'hôpital, Peugeot-Citroën, les entreprises de transports).

Cette liste n'est pas exhaustive et la démarche d'égalité des temps n'en est qu'à ses débuts. Cependant, la réflexion et la sensibilisation des acteurs sont bien engagées. Nous constatons que l'ensemble des démarches qui visent à mieux appréhender l'organisation et les besoins temporels de la population active vont dans le sens d'une reconnaissance des femmes en répondant à leurs besoins en temps.

La recherche d'égalité professionnelle : la signature d'accords d'entreprises

L'accroissement des accords d'entreprises sur l'égalité professionnelle témoigne de l'amélioration de la reconnaissance des femmes dans le travail. L'Observatoire sur la responsabilité sociétale des entreprises (ORSE) a construit un répertoire qui a pour objectif de décrire les pratiques d'égalité professionnelle innovantes dans les entreprises en France ainsi que les outils de suivi et d'évaluation nécessaires à leur mise en œuvre[1]. 16 accords sont

---

1. «Pratiques d'égalité professionnelle entre les hommes et les femmes dans les entreprises», Répertoire de l'ORSE, Septembre 2004.

recensés dans ce répertoire[1]. Ils témoignent que la réussite d'un projet d'égalité professionnelle s'inscrit dans la durée et exige de réunir diverses conditions.

Un engagement de la direction au plus haut niveau

Cet engagement doit se formaliser à tous les niveaux (chef d'entreprise, conseil d'administration, comité de direction, comité exécutif, direction des ressources humaines…). Les pratiques des entreprises étudiées mettent en avant la mise en place d'un conseil de la diversité, présidé par un membre du comité exécutif et constitué des représentants des principales directions, la création d'un département RH « féminisation de l'encadrement », la création de la fonction de « chef de projet égalité professionnelle » dont la mission est de promouvoir et d'initier les actions favorisant l'accès des femmes à tous les niveaux de l'entreprise, etc.

Une volonté d'associer l'ensemble des acteurs et actrices

La direction des ressources humaines, les représentants syndicaux, le comité d'entreprise, le CHSCT et le management doivent être associés aux discussions et décisions en s'assurant de la représentation des femmes (proportion des femmes dans les différentes instances de représentation…).

La définition de moyens et l'affirmation d'objectifs prioritaires au regard des enjeux stratégiques de l'entreprise

Les acteurs doivent définir une stratégie autour de l'établissement d'un constat : le rapport de situation comparée des conditions générales d'emploi et de formation des femmes et des hommes. Ce rapport comporte une analyse chiffrée qui s'appuie sur des indicateurs pertinents retraçant pour chacune des catégories professionnelles la situation respective des femmes et des hommes en matière d'embauche, de formation, de promotion, de conditions de travail (durée du travail, contraintes physiques, organisation du travail..), de rémunération effective,etc.

---

1. Aéroports de Paris (accord du 30/06/03), AFPA (18/04/03), Air France (18/05/04), bio-Mérieux (3/06/03), BNP Paribas (9/04/04), Crédit Lyonnais (10/07/03), EADS (24/06/04), EDF et Gaz de France (13/07/04), France Telecom (28/04/04), Groupe caisse des dépôts (29/06/04), PSA Peugeot Citroën (4/11/03), RATP (3/10/03), Renault (18/02/04), Snecma Moteurs (23/01/03), Snecma Services (31/10/02), Thales (13/01/04).

Les acteurs affectent ensuite des moyens financiers en interne (fixation d'un budget au sein du budget global, fixation d'un budget spécifique dédié à la mise en œuvre de l'égalité professionnelle…) ou en externe (l'État peut accompagner les entreprises par l'aide au conseil, les aides fiscales, le crédit d'impôt famille…).

La mise en action d'une politique de communication et de sensibilisation interne et externe

L'approche consiste à prendre en compte l'égalité professionnelle dans l'entreprise vis-à-vis de l'ensemble des acteurs et dans tous les processus (comme le recrutement, la rémunération, le parcours professionnel, la formation, la mobilité professionnelle, le développement de services aux salarié(e)s), ainsi que dans tous les documents de communication. Cinq cibles de sensibilisation sont identifiées : la direction générale, l'encadrement, les personnes en charge des ressources humaines, de la formation, de la communication, l'ensemble du personnel.

La volonté d'assurer un suivi du projet sur la durée pour pouvoir en mesurer et communiquer les résultats

Le suivi de la politique mise en œuvre doit s'inscrire dans la durée par l'analyse régulière des indicateurs mis en place. L'ensemble des acteurs est ensuite informé de l'évolution de la situation.

Ainsi, même si la reconnaissance des femmes au travail n'est pas à ce jour une réalité, nous constatons que les consciences évoluent et que les actions d'égalité des temps et d'égalité professionnelle se mobilisent dans ce sens.

Chapitre 41

Audit des systèmes d'évaluation et de reconnaissance

Georges EGG
François BEAUJOLIN

Dans les chapitres qui précèdent ont été décrites et analysées les formes de la reconnaissance (Partie 1), les objets sur lesquels elle porte (Partie 2) et les attentes des différentes catégories et situations professionnelles (Partie 3).

Les raisons qui poussent les organisations à reconnaître non seulement les résultats du travail de leurs employés mais aussi la valeur propre et la dignité de ces derniers y ont été également explicitées : création d'un climat confiance et de respect mutuel, maintien des meilleures performances individuelles à un haut niveau, stimulation de l'ensemble des employés.

Ces raisons ne peuvent être négligées sous peine d'un grave affaiblissement des capacités de l'organisation. Elles rendent nécessaires la création et le maintien d'une fonction permanente d'évaluation des activités et des personnes ainsi que de sanction des résultats. Le contrôle de l'efficacité de cette fonction complète le dispositif.

C'est à ce dernier aspect du thème général de cet ouvrage que sera consacré le présent chapitre.

1. Evaluation et rétribution/sanction dans les organisations

Nous traiterons ici des systèmes de reconnaissance en les replaçant dans les systèmes de sanction positive ou négative dont ils font partie. Car, au sein d'une organisation, il ne s'agit pas seulement de reconnaître les mérites des membres, mais aussi d'alerter et de sanctionner lorsque les capacités ou les résultats de ces derniers paraissent insuffisants. C'est même le premier sujet de préoccupation. Les organisations sanctionnent (au sens de punir) plus facilement qu'elles ne récompensent. Faire « normalement » son travail n'appelle pas une récompense particulière. C'est, pense-t-on, la contrepartie normale du salaire.

Pourtant, dans les chapitres précédents, les auteurs ont bien montré l'importance des attentes individuelles et collectives en matière d'évaluation et de reconnaissance ; la diversité des attentes selon les catégories de personnels et les situations vécues ; la variété des réponses possibles. L'argent ne semble vraiment pas être la réponse unique et universelle.

Le système de rétribution/sanction repose lui-même sur un système d'évaluation des activités et des personnels dont l'objet est de réunir les informations, de les traiter et de les évaluer.

Ce domaine du management du personnel est ainsi à la fois complexe et fondamental pour les organisations dès lors qu'elles cherchent à récompenser leurs meilleurs membres pour se les attacher et à entraîner les autres à mieux faire.

2. Les moyens utilisés en matière d'évaluation

On pourrait donc s'attendre à ce que les organisations se dotent d'une politique et de systèmes de reconnaissance et d'évaluation bien construits, fondés sur des principes et des règles connus de tous, soulevant le minimum de contestation et de déception. En réalité, il n'en est rien. Les systèmes d'évaluation sont en grande partie informels et leurs mécanismes non révélés. Les systèmes de rétribution/sanction et de reconnaissance, quand ils existent vraiment, sont le plus souvent opaques et sources de décisions arbitraires mal fondées. L'évaluation des personnes et de leur activité est d'abord réalisée par les responsables hiérarchiques, au jour le jour, en relation à la fonction ou la mission confiée. C'est le moyen partout utilisé et c'est souvent le seul.

Au cours des trente dernières années, les grandes entreprises ont mis en place des systèmes formalisés d'évaluation fondés sur des entretiens annuels entre les responsables et leurs subordonnés. Le déroulement des entretiens est standardisé. L'accent est mis sur l'examen objectif et partagé des faits et des événements de l'année écoulée afin de limiter au maximum les *a priori* et dérives subjectives des conclusions et jugements. Né dans les grandes entreprises, ce système s'est progressivement diffusé dans des organisations de taille moyenne, s'ouvrant par ailleurs, au-delà des seuls cadres, à des catégories plus larges de personnel.

Mais ces systèmes restent très insuffisants et ne permettent pas d'éliminer le sentiment des personnes d'être des numéros noyés dans la masse.

3. Insuffisance des dispositifs d'évaluation

L'évaluation au quotidien est à l'évidence disparate. Dans ses modalités, tout d'abord, puisqu'elle peut reposer, selon le responsable, sur un contrôle quasi permanent de la personne comme d'un abandon de fait de tout suivi. Dans ses méthodes ensuite, puisqu'elle peut aussi bien reposer sur une comparaison stricte des résultats obtenus et des objectifs acceptés que résulter d'impressions vagues relatives à des attentes mal formulées au départ. Dans ses critères enfin, certains responsables pouvant donner priorité à la productivité, d'autres à des apports d'idées prometteuses, d'autres encore à la conformité du comportement.

Concernant le dialogue annuel sur l'activité de travail, la connaissance des difficultés réelles et des attentes du personnel des progrès réels ont été faits. La situation reste cependant insatisfaisante. Les entretiens annuels ne sont pas pratiqués partout. Là où ils le sont, ils ont souvent pris une forme bureaucratique dont l'information sincère et pertinente est absente. C'est le cas lorsqu'ils ne sont pas suivis d'un traitement efficace et visible, notamment lorsque les souhaits émis conjointement par l'évaluateur et l'évalué ne reçoivent même pas une réponse. C'est le cas aussi lorsque le climat relationnel ne permet pas l'instauration d'un dialogue confiant.

Dans la pratique, les personnes ne savent pas ce qui est vraiment attendu d'elles. Elles ignorent à peu près tout des éléments qui entrent dans le jugement porté sur leur travail et sur elles-mêmes ; à peu près tout de la façon dont ces éléments sont ensuite interprétés.

4. Opacité des dispositifs de rétribution/sanction et de reconnaissance

Les employés, depuis les exécutants jusqu'aux cadres supérieurs, doivent le plus souvent rechercher le sens véritable de décisions les concernant telles que le refus d'un congé habituellement accepté, l'attribution d'heures supplémentaires, la mutation dans une autre équipe ou d'un service de production vers un service fonctionnel, l'envoi dans une formation réputée être « la formation des maréchaux », une augmentation individuelle décevante, la mise à l'écart d'un nouveau projet, l'invitation à une réunion habituellement réservée à des « happy few », une mission à l'étranger, une nomination manquée.

Les personnels se doutent bien que ces décisions sont issues de considérations multiples. Mais lesquelles ? Le voyage d'étude ou l'école des maréchaux sont-ils le lot de consolation pour l'absence de promotion dans un poste prochainement ouvert ? Les heures supplémentaires non proposées sont-elles sans relation avec le jugement sur celui qui les attend mais uniquement le résultat d'une gestion équilibrée de l'équipe ? Ces décisions auraient-elles été les mêmes si elles avaient concerné d'autres personnes ? Auraient-elles été les mêmes, dans le cas du neveu d'un administrateur ou de quelqu'un qui n'aurait pas été délégué syndical, ou qui ne serait pas notoirement membre d'un parti politique contestataire ?

Ils se demandent toujours quelles informations ont été à la base de la décision et par qui, finalement, elle a été prise. Et c'est toujours très difficile.

5. Un exemple extrême et médiatisé de non-reconnaissance : la discrimination à l'embauche et dans la carrière professionnelle

L'analyse des discriminations dans l'emploi fait apparaître que ce phénomène complexe relève parfois, mais assez rarement, du racisme. D'ailleurs, le racisme peut s'accommoder de l'utilisation d'une main-d'œuvre peu reconnue dans son humanité. Plus fréquent est le rejet sur d'autres : clients, salariés, essentiellement, de la cause de la discrimination. Après coup, il est fréquent que ces arguments soient des excuses pour ne pas avoir à prendre d'éventuels risques que l'on n'a d'ailleurs pas identifiés, ni mesurés.

Mais il existe un lien fort entre d'une part évaluation et reconnaissance, et d'autre part phénomènes discriminatoires, notamment à l'embauche. En effet, l'absence ou simplement la mauvaise qualité des informations concernant les emplois et/ou les fonctions est directement liée à l'absence de véritable politique d'emploi. Celle-ci doit intégrer poste ou fonction, compétences nécessaires, évaluation des personnes et système de sanctions.

La méconnaissance des compétences attendues dans les emplois aboutit à une impossibilité de définir des critères objectifs d'évaluation des candidats. Parfois certains critères plus ou moins objectifs sont construits, mais ils sont rarement partagés entre les personnes qui vont participer au processus d'embauche.

Dans la mesure où les critères objectifs existent peu, compte tenu de l'absence réelle d'évaluation des compétences attendues, le processus de recrutement laisse à chacun des acteurs des entretiens le soin de se construire son référentiel de sélection. Dès lors, la porte est ouverte à des critères subjectifs que chacun va utiliser pour se faire une opinion : esthétique, origines, âge, sexe, etc.

La conséquence de cette absence de critères d'évaluation est donc l'éviction (l'exclusion) au fur et à mesure du processus d'embauche des candidats rejetés subjectivement, faute de critères d'évaluation objectifs. Cette discrimination « invisible » est une cause connue des tensions sur certains marchés du travail et du déclassement de l'embauche de certaines catégories connues pour être discriminées (par exemple les jeunes diplômés d'origine immigrée).

6. Les insuffisances et les défauts des systèmes d'évaluation et de rétribution/sanction entretiennent des risques importants mal perçus des directions

L'opacité du fonctionnement des systèmes d'évaluation et de rétribution/ sanction est propice au développement de spéculations et de rumeurs, de démarches tâtonnantes pour connaître « le fin mot ». Et générateur de beaucoup de scepticisme, parfois à tort, sur l'équité des décisions. Au total, une perte de confiance dans la direction de l'organisation. Au-delà, c'est le sentiment d'être un pion, un numéro. De ne pas être entendu. De ne pas être compris. De ne pas avoir son mot à dire. Tout le contraire de la participation. Tout le contraire de la motivation. Le travail est subi. Il tend à être réalisé « mécaniquement », sans intérêt, sans initiative, sans innovation.

L'existence de problèmes de reconnaissance ne date pas d'aujourd'hui. Depuis fort longtemps les organisations syndicales luttent pour faire reconnaître la valeur produite par certaines catégories professionnelles, la pénibilité ou la dangerosité de certains travaux, l'injustice de certaines grilles de salaire. Il s'agissait, il s'agit encore, de faire reconnaître des situations. Aujourd'hui la demande sociale concerne la dignité de la personne et la valeur de son apport propre.

Les conséquences de l'absence de reconnaissance des employés, dans la diversité des attentes et des situations, ne semblent pas avoir été perçues par les directions. Elles ne semblent pas être convaincues qu'un manque de reconnaissance (quelle qu'en soit la forme) stérilise le potentiel et la capacité d'initiative des employés et génère des pertes considérables de productivité et d'efficacité. Le souci de mesurer le sentiment de reconnaissance n'est pas encore présent et il n'existe pas, aujourd'hui, de véritable demande d'audit des systèmes d'évaluation et de reconnaissance des personnes et de leurs activités professionnelles.

Cette situation devrait évoluer dans les prochaines années en même temps que l'exigence croissante de responsabilité sociale des entreprises.

▷ *Tendance*

Déjà certains aspects de la non-reconnaissance des personnes, tels que la discrimination, le harcèlement sexuel ou moral, font l'objet d'interpellations médiatiques et d'un début de réglementation.

Reconnaître positivement les personnes et leur action et lutter contre ce qui les nie en tant qu'êtres humains possesseurs de talents sont des aspects complémentaires du même problème. Et les missions d'audits devront traiter de l'un et de l'autre.

7. Audits des systèmes d'évaluation des activités individuelles et de rétribution/sanction

Les audits à mener différent évidemment selon le problème identifié. On peut cependant les regrouper en deux grandes catégories : les audits à dominante technique ; les audits de climat et de fonctionnement d'ensemble.

La première catégorie est illustrée par le problème de la reconnaissance des hauts potentiels ou des attentes des expatriés et internationaux. Dans ce dernier cas, l'auditeur incorporera notamment dans son référentiel de mission la convention collective, la politique et les procédures en matière d'expatriation, les contrats individuels, les bonnes pratiques professionnelles. Il trouvera les informations qui lui sont nécessaires dans les documents et dossiers remis par l'entité auditée et dans les entretiens menés principalement avec les expatriés en poste et leurs responsables, des expatriés réintégrés en France ou ayant quitté l'organisation, des employés et responsables du système de gestion des personnels à l'étranger. Il mesurera les écarts éventuels dans la mise en œuvre de la procédure, les motifs d'insatisfaction et des pertes d'efficacité. Il recherchera surtout les causes systémiques et sociales des dysfonctionnements y compris dans une critique de la procédure employée et des mesures adoptées. Il s'agit d'un audit social classique.

La seconde catégorie est illustrée par le thème de la reconnaissance des comportements. Plus généralement, les problèmes en cause sont l'inégalité de traitement, la non-prise en compte des difficultés, des efforts ou des idées, l'incohérence entre les politiques et les critères de performance[1].

Les missions d'audit impliquent une évaluation plus générale, touchant à la fois aux règles, aux pratiques et à la culture de l'organisation. L'auditeur inclura dans son référentiel de mission la législation nationale, les politiques et engagements internes appropriés, la convention collective si elle traite du sujet, les conventions et normes internationales applicables au cas particulier s'il en existe. L'inexistence partielle de références appropriées limitera beaucoup la recherche habituelle d'écarts entre la pratique et la règle. L'auditeur concentra ses efforts sur la constatation et la mesure de la réalité du phénomène sociologique en cause, sur ses effets et les risques qu'il entraîne, sur ses causes majeures pour mettre en évidence les orientations générales à prendre pour le réduire ou l'éliminer.

Le thème de l'inégalité de traitement pourra impliquer des traitements quantitatifs importants. Mais c'est en général l'information qualitative qui sera prépondérante et l'auditeur devra souvent rencontrer beaucoup d'interlocuteurs dans l'entité auditée voire à l'extérieur.

---

1. L'exemple classique est celui de la proclamation de politiques sociales avancées, impliquant fortement les responsables et les dirigeants et l'absence de critères sociaux pour les promotions financières ou professionnelles.

8. Conclusion

Il n'y a pas aujourd'hui de demande explicite d'audit des systèmes de reconnaissance de la part des entreprises et des autres organisations. Il faudrait pour cela qu'il existe de tels systèmes, munis de leurs dispositifs d'évaluation et de décision. Ce qui n'est pas le cas. On trouve des éléments isolés, certains connus, d'autres cachés. L'audit, dans ces conditions, se réduit vite à l'énumération des manques. Parmi eux, l'absence d'une politique d'ensemble donnant de la cohérence à ces éléments disparates.

Là est l'essentiel. Pas de reconnaissance possible sans politique appropriée. Pas de politique de reconnaissance tant que les dirigeants n'ont pas acquis l'intime conviction que l'implication du personnel au travail et son attachement à l'entreprise ne s'obtiennent pas en additionnant des formules techniques. Certes, beaucoup de dirigeants, de plus en plus nombreux, sont bien convaincus que le personnel n'est pas un simple facteur de production. Mais ils n'en tirent pas, pour la plupart, toutes les conséquences.

Conclusion

Mettre en œuvre
une stratégie de reconnaissance

Zahir YANAT

« Reconnu » *Le Larousse* définit ce participe passé comme :
- admis pour vrai, pour incontestable ;
- admis comme ayant une vraie valeur.

La première partie de cette définition se rapporte à la question de l'irréfutabilité du fait d'être reconnu tandis que la deuxième partie renvoie à une question d'appréciation. Nous fondant sur cette lecture du *Larousse*, nous avancerons l'hypothèse que les mots « reconnus », « tous reconnus », expriment le mythe (le contenu) de la « reconnaissance » tant dans sa dimension objective (incontestable, irréfutable) que dans sa dimension subjective (une « vraie valeur » que chacun appréciera).

Il a été établi – et les auteurs de cet ouvrage en ont unanimement fait état – que la demande de reconnaissance concerne toutes les parties prenantes de l'organisation et de l'entreprise en particulier. Qu'il s'agisse :
- des salariés situés aux bas niveaux de qualification ;
- des représentants du personnel et des militants ;
- des professionnels du savoir ;
- des expatriés et des internationaux ;
- des chercheurs ;
- des professionnels de la santé ;
- des managers ;
- des consommateurs ;
- du personnel de vente ;
- des seniors.

Cette demande de reconnaissance « submerge la société » (KAUF-MANN, 2004). Chacun guette l'approbation, l'admiration, l'amitié, l'amour, un simple regard parfois. Nous constatons que « l'appétit de la reconnaissance est désespérant » (TODOROV, 2002).

Cette reconnaissance de l'autre porte sur différents domaines, comportements, profils de personnalités, identifiés explicitement par les auteurs :

– les performances ;
– les compétences ;
– les qualités managériales ;
– les hauts potentiels ;
– les vertus ;
– la responsabilité professionnelle, la sienne et celle des autres ;
– l'innovation ;
– les petits chefs ;
– les acquis de l'expérience ;
– le travail au quotidien ;
– la personne.

Elle s'exprime également, selon les auteurs de cet ouvrage, sous différents registres : par la formation, la carrière, la rémunération, la justice, le management d'équipe, etc.

Nous retiendrons des témoignages qui précèdent mon propos une tonalité qui révèle une volonté d'optimisme. En se référant à la seule définition proposée par *Le Larousse,* il ne viendrait à personne l'idée de faire une lecture pessimiste de l'expression « tous reconnus ». Si cette conception optimiste est largement admise, il convient toutefois de s'interroger sur la pertinence d'une appréciation sans nuance. Puis nous prolongerons notre réflexion en proposant quelques prérequis pour faire du « tous reconnus » une réalité au quotidien. Nous nous situerons dans ces deux moments sur le terrain du management et celui de l'anthropologie.

Sommes-nous tous reconnus ?

À cette question nous répondrons qu'il existe un consensus mou.

Existence d'un consensus

L'évidence managériale

Répondre de façon positive à cette question reviendrait à soutenir que la relation d'échange est fondée sur la seule harmonie entre l'un et l'autre, entre l'un et les autres, entre les uns et les autres. Le discours de la paix sociale dans l'entreprise est connu et légitime : l'individu a besoin d'être reconnu pour sa contribution à l'augmentation de la performance de « son » entreprise.

Cette reconnaissance se traduit, au-delà de la rémunération, par d'autres moyens matériels, voire des signes symboliques, tels que l'écoute, la considération…. Elle sanctionnera les gestes et les actions désirables par l'entreprise ainsi que le travail réel des salariés, en tenant compte des difficultés des efforts et des risques courus par le salarié. Des exemples de cette reconnaissance ont été multipliés dans cet ouvrage.

Cette reconnaissance se trouve également encouragée dans le contenu du code de conduite de certaines entreprises qui adhèrent au « Global Compact » lancé par Kofi Annan, secrétaire général des Nations unies, lors du forum économique de Davos en janvier 1999 et qui vise à mettre en œuvre le principe de respect des personnes, respect du droit du travail, lutte pour le respect de l'environnement, lutte contre la corruption.

Ce principe a également pu être établi dans le cadre d'une stratégie de fidélisation des ressources humaines qui met la reconnaissance de la personne au centre des préoccupations de l'entreprise. La mise en œuvre de cette stratégie s'apprécie de plusieurs manières (PAILLÉ, 2004). La fidélité est présentée comme la marque d'un engagement tenu à l'égard d'un tiers et renvoie à une certaine forme d'attachement. Un de ses objectifs va consister à installer des relations avec les salariés dans la durée à la faveur de laquelle se développeront des relations générant de la performance (YANAT, BONNET, 2002). Cette pratique se présente comme une forme de reconnaissance qui place les salariés dans des conditions favorables pour rebondir sur d'autres postes de travail, en interne ou en externe lorsque l'entreprise rencontre des turbulences structurelles.

Dans cette situation chaque camp trouve son compte :

- le salarié, à l'évidence, puisqu'il acquiert une véritable assurance sur le risque de chômage ou de précarité de l'emploi ;

🢒 l'entreprise parce qu'elle gagne en image ce qu'elle perdrait en coût de formation de salariés qui iraient négocier leur expertise chez les concurrents.

Nous sommes là dans un schéma managérial de type gagnant/gagnant qui n'est pas très éloigné du concept du don et contre don décrit par les anthropologues (Mauss, 1922) et que nous présentons ci-après sous la dictée de Dortier (1997).

La preuve anthropologique

Dans son essai sur le don (1923) Mauss cherche à interpréter les rituels d'échanges cérémonials, tel que la Kula pratiquée dans les îles du Pacifique ou le Potlatch des indiens d'Amérique du Nord. Ces dons cérémonials entre tribus ont, selon Mauss, plusieurs fonctions. L'institution du don est un des fondements du lien social. Ils établissent des liens de dépendance mutuelle entre personnes et tribus. L'honneur, le prestige tiennent une place centrale dans cette relation qui n'est pas une pure relation amicale mais une lutte symbolique pour le prestige. Ainsi, par exemple, le rite de la Kula chez les Trobriandais du Pacifique a été décrit minutieusement par Malinowski (1922) comme un système d'échanges et de dons pratiqués en Mélanésie et qui porte sur de menus cadeaux sans grande utilité.

Dans cet esprit, le don est une forme d'échanges distincte du commerce. Les anthropologues, dans leur ensemble, insistent sur l'aspect utilitaire de la relation, se refusant donc à limiter l'interprétation du don à une seule fonction économique ou sociale. C'est ainsi que dans son essai d'anthropologie générale, *La vie commune*, Todorov (1995) soutient une thèse qui tient en une proposition simple : une des motivations principales de l'existence réside dans le désir d'être « reconnus » par autrui. Quête de gloire, de prestige, d'honneur ou tout simplement recherche de considération ou de respect. Le dialogue constitue un moyen privilégié pour dérouler cette thèse de la relation de reconnaissance de l'un pour l'autre. « *Choisir le dialogue*, nous dit Todorov (1989), *cela veut dire aussi éviter les deux extrêmes qui sont le monologue et la guerre… la pratique du dialogue s'oppose aussi, pour moi, au discours de la séduction et de la suggestion, en ce qu'elle en appelle aux facultés rationnelles* (des acteurs) ». Chantre de la diversité culturelle Todorov nous invite à la réflexion sur la relation entre « nous », le groupe culturel et social auquel on appartient, et « les autres » (ceux qui n'en font pas partie) en interrogeant des penseurs français de Montesquieu à Segalen, de Montaigne à Lévi-Strauss.

Cet appel à la cohabitation et au culte de la diversité culturelle est-il entendu toujours et partout? Le consensus autour de l'éloge de la reconnaissance n'est-il pas un consensus mou?

Un consensus partagé mais un consensus mou

La preuve managériale

Il est aisé de retenir que l'entreprise ne s'est pas construite sur un impératif organisationnel et relationnel harmonieux mais sur une vision mécaniste et newtonienne qui fait de l'homme le rouage d'une sorte de gigantesque machine. La violence, sous toutes ses formes, verbale, psychologique, économique, parfois, même, physique, submerge la société et l'entreprise aujourd'hui. Les mesures législatives et réglementaires pour sanctionner les actes de harcèlement physique ou moral n'ont pas empêché le phénomène de se développer. Par ailleurs, les tentatives de réduire la fracture sociale au niveau national par des mesures de protection sociale n'ont pas empêché de laisser des milliers de salariés en déshérence sociale. Les opérations de fusions, de restructuration et de fermetures d'usines qui ont mis et mettent encore des milliers de salariés en situation de désespérance sociale constituent un autre contre-exemple d'intégration sociale dans la paix sociale. Mais alors quelle reconnaissance pourrait-on évoquer lorsque le changement dans l'entreprise est vécu comme une contrainte imposée à des salariés considérés désormais comme de simples objets de calcul économique, comme un simple facteur de coût ajustable ?

Les situations identifiées ici brièvement ne sont pas le fruit d'une simple conjoncture mais relèvent de facteurs structurels comme l'ont démontré tant les praticiens d'entreprise (BÉBÉAR, 2002, 2003) que les chercheurs en management (MARTIN *et al.*, 2003). Il est possible aussi de rechercher leur origine loin dans l'histoire des civilisations.

L'évidence anthropologique

L'anthropologie nous a donné des exemples de paix sociale à travers la pratique du don. À l'inverse, elle nous enseigne que la violence est historiquement datée. Aucune société primitive, nous rappelle CLASTRES (1980) n'échappe à la violence. « Aucune d'entre elles, quel que soit son mode de production, son système technico-économique ou son environnement écologique, n'ignore ni ne refuse le déploiement guerrier d'une violence qui engage l'être même de chaque communauté impliquée dans le conflit armé ». Par une démarche naturelle, l'homme serait à l'origine d'antagonismes qui ne peuvent manquer d'aboutir à une lutte permanente. L'homme partage ainsi avec l'animal une tendance à exercer sa puissance et à neutraliser l'être humain lui-même. On retrouve ici la thèse de HOBBES pour qui « *l'homme est un loup pour l'homme* » (PLAUTE).

Comment, dans ce contexte « penser la reconnaissance »? Le rapport pacifique de l'un à l'autre, la valorisation de l'autre ?

Pour Claude Lévi-Strauss (1941), il est dans les structures élémentaires de la parenté, en conclusion d'un des chapitres les plus importants, le principe de réciprocité : « il y a un lien, une continuité entre les relations hostiles et la fourniture de prestations réciproques : les échanges sont des guerres pacifiquement résolues, les guerres sont l'issue de transactions malheureuses ». Il est intéressant de noter ici la liberté de ton de Lévi-Strauss qui distingue le don réciproque de l'opération commerciale et nous invite à envisager avec optimisme la construction d'une reconnaissance annoncée. Encore faut-il, dans nos sociétés modernes inégalitaires et hiérarchisées, identifier les prérequis de mise en œuvre.

Les prérequis pour une reconnaissance au quotidien

Le déficit de reconnaissance identifié dans la première partie de notre propos nous engage à poursuivre notre quête du possible afin de repérer deux prérequis minimaux pour une mise en œuvre qui satisfasse l'entreprise et les salariés. Ces prérequis tennent tant du domaine anthropologique que du domaine managérial.

Le prérequis managérial

Un comportement fondé sur la confiance constitue la première condition requise pour la mise en œuvre de la stratégie de la reconnaissance. Une confiance qui ne soit pas fondée sur la théorie de l'agence (Jensen et Mekling, 1976) ou la théorie des conventions (Williamson, 1993) et une confiance qui ne soit pas fondée sur le seul calcul ou l'opportunisme. Ces approches de la confiance en tant que gestion du calcul et de l'intérêt soulèvent plusieurs objections (Bidault et Jarillo 1995). Elles occultent notamment toute la dimension informelle de la régulation sociale et évacuent toute émotivité propre à la nature de l'individu. Il convient de montrer qu'il est vain de se cramponner à l'illusion de la rationalité de l'action humaine et de chercher à gérer les individus sur la base de modèles préétablis.

Une autre alternative à cette approche serait le choix d'une confiance fondée sur l'engagement individuel. Il s'agit, selon cette conception, d'une forme de relation qui n'a qu'elle-même pour norme. La relation pure est flottante : on choisit l'autre par amour, par amitié. La relation est recherchée pour ce qu'elle peut apporter aux partenaires engagés chacun dans une logique de reconnaissance mutuelle de leur identité propre (Giddens, 1991).

Cette forme de « relation pure » est née dans le long fleuve turbulent de l'évolution de nos sociétés modernes. Nous vivons en effet dans des sociétés complexes où les chaînes de décisions, d'interactions, de causes à effets, sont si nombreuses qu'il existera toujours des conséquences imprévues de nos actions. Les graves accidents technologiques comme ceux de Tchernobyl, l'explosion de la navette Challenger sont là pour nous le rappeler, et ceux qui auraient déjà oublié ces catastrophes écologiques et technologiques ne pourront rester insensibles au drame que vivent des centaines de milliers de salariés exclus de l'entreprise ou en sursis de chômage. Face à cette angoisse liée aux risques et incertitudes, l'individu va satisfaire un besoin de sécurité ontologique (ERICKSON 1972) dans le développement de relations interpersonnelles plus riches, plus exigeantes.

Dans ce contexte, le temps ne peut pas être au calcul, à l'opportunisme. Il peut être à une relation fondée sur l'intimité qui assure sécurité et protection. Cette relation pure dépendra de la confiance mutuelle que se font les deux partenaires de la relation. Leur « moi » est ainsi interpellé. Il est, selon GIDDENS (1998), plus soucieux de maîtriser les relations sociales et les contextes sociaux. Dès lors, le problème majeur de l'identité personnelle sera une construction réflexivement organisée en fonction des risques, des circonstances et des options qui s'offrent. Les individus ont sans cesse à faire des choix de style de vie et de pensée. Le « moi », dit GIDDENS (1987), se comprend en termes de biographie personnelle, comme capacité de dire « je » dans des contextes variables. En définitive, la confiance dans ce cadre repose en grande partie sur des processus de régulation informelle entre acteurs et une connaissance « de ce qu'est être un homme ». C'est ici que prend place le prérequis anthropologique.

Le prérequis anthropologique

Il s'agit d'opter pour une véritable rupture paradigmatique qui choisirait pour référence le système humain complémentaire à la référence au seul système de gestion. En proposant de privilégier davantage les individus plutôt que la gestion comme référence nous ne prétendons pas proposer le triomphe d'une vérité contre une autre vérité. Ces derniers devront être des « acteurs éthiques », c'est-à-dire des acteurs qui mettront du sens, de l'humain, là où il y a du non-sens, de l'inhumain.

Dans ce contexte, il nous paraît tout à fait nécessaire de tenter de concevoir une méthode d'approche des problèmes de gestion qui viserait une réhabilitation du sujet humain. Une méthode qui aurait pour finalité ce qu'Albert HIRCHMAN disait dans un de ses ouvrages (1972) : « moins de promouvoir le développement économique, de tenter des combinaisons optimales de ressources et de facteurs de production donnés, que de faire apparaître et de mobiliser des ressources et des capacité cachées, éparpillées ou mal utilisées ». Le rôle des managers sera alors de communiquer à leurs équipes respectives la volonté de réussir. Ces managers doivent être animés par la volonté d'être les meilleurs non pas au singulier mais en équipe. Pousser ses collaborateurs à se dépasser, les aider à devenir plus autonomes, les inciter à prendre des initiatives et des risques est de la responsabilité de ces managers des temps nouveaux.

Pour « saisir » et comprendre le comportement de ces acteurs, quel que soit leur niveau hiérarchique, du manœuvre et employé au PDG, une sociologie de la quotidienneté (C. JAVEAU 1991) sera d'un grand secours. L'observation au quotidien complétera la référence au droit. La construction des idées émergentes sera préférée au dogme de la certitude une fois pour toutes (P. BERGER et T. LUCKMAN 1989). Dans cette approche et comme l'ont montré les travaux de la sociologie américaine (H. GARFINKEL 1967 ; H. S. BECKER 1985) l'acteur n'est plus conçu comme agissant exclusivement selon un système de normes. Son action est également définie par les relations qu'il noue avec autrui, le contexte n'est plus un simple cadre passif de l'action, il est à son tour interprété. Selon ce paradigme l'acteur n'est plus porté à la seule écoute de sens unique. Il devra aller vers les autres acteurs, tous les acteurs, et appréhender le système entreprise dans sa totalité.

Dans ce cadre, les responsabilités des chercheurs et des gestionnaires sont interpellées. Les uns et les autres doivent s'insérer plus franchement dans la connaissance et l'application des savoirs fournis par les sciences humaines pour comprendre et agir sur l'articulation du lien individu/collectif. (E. MOREL 1992). Les témoignages sur la perception de ce que la recherche de considération est l'un des ciments de la vie en groupe sont nombreux :

⬤ Ainsi, pour Jean-Jacques ROUSSEAU « *chacun commence à regarder les autres et à vouloir être regardé soi-même* » ;

⬤ Adam SMITH a également compris que ce besoin de reconnaissance est « *le désir le plus ardent de l'âme humaine* ». Pour l'auteur de la théorie des sentiments moraux, « *les hommes ont souvent renoncé volontairement à la vie, pour acquérir, après leur mort, une renommée dont ils ne pouvaient plus jouir* » ;

⬤ On retrouve chez HEGEL cette même thématique. Le fameux chapitre de la phénoménologie de l'esprit consacré à la dialectique du maintien de l'esclave décrit la lutte que les hommes se livrent entre eux pour obtenir la reconnaissance. Celui qui deviendra le maître et celui qui est « *prêt à perdre sa vie pour gagner la renommée* ».

En conclusion, le désir d'être reconnus, s'il est réel et s'exprime sous différentes formes, matérielle, immatérielle, symbolique, peut cependant être contrarié par le chaos d'une lutte intestine dans un groupe, une entreprise. La coopération laissera alors la place au conflit. Une reconstruction peut cependant s'établir si l'on a foi en l'homme, en « tout l'homme » (MAUSS, 1923) et si l'on reste en veille anthropologique. Dans ces conditions, l'éthique de la discussion servira de toile de fond pour la reconnaissance de l'autre mais aussi des sciences sociales par le management et du mangement par les sciences sociales qui ont pour responsabilité la gestion des uns et des autres.

Bibliographie

ADAMS J. S. & ROSENBAUM W. B., (1962), The Relationship of Worker Productivity to Cognitive Dissonance About Wage Inequities, *Journal of Applied Psychology*, vol.46, n° 3, pp. 161 – 164.

ADAMS J. S., (1963), Toward an Understanding of Inequity, *Journal of Abnormal and Social Psychology*, vol. 67, n° 5, pp. 422-436.

ADAMS, J. S. & JACOBSEN P. R., (1964), "Effects of wage inequities on work quality"*Journal of Abnormal and Social Psychology*, 69, pp. 19-25.

ADAMS J. S., (1964), Wage Inequities. Productivity and work satisfaction, *Industrial relations*, 3-1, October, pp. 9-16.

ADAMS, J. S., (1965), Inequity in Social Exchange. In: L. Berkovitz (Ed.), *Advances in Experimental Psychology*. (1), pp. 267-300, New York, Academic Press.

ALBERT E., BOURNOIS F., DUVAL-HAMEL J., ROJOT J., SAINSAULIEU R. & ROUSSILLON S. (2002), *Pourquoi j'irais travailler ?* Editions Eyrolles, Paris

ALBERT E. & EMERY, J. L. (2001), *Le manager est un psy*, Éditions d'Organisation, Paris.

ALIS D, POILPOT-ROCABOY. G. (2000), « Impacts de l'aménagement et de la réduction du temps de travail sur les politiques de rémunération : vers un accroissement de la flexibilité ? » in PERETTI et ROUSSEL, *Les rémunérations : politiques et pratiques pour les années 2000*, Ed. Vuibert, pp. 199-213, Paris.

ALIS D., DUMAS M., (2003) « 35 heures, soutien organisationnel perçu et harmonisation vie familiale / vie professionnelle », *Revue de Gestion des Ressources Humaines*, n° 50, pp 37-56.

ALLANI-SOLTAN N., BAYAD M., ARCAND M., (2004), « Etude de l'efficacité de la GRH des entreprises françaises : l'approche configurationnelle, in *Actes du Congrès de l'AGRH*, 1-4 septembre, Montréal, pp. 1-30.

ALLOUCHE J., CHARPENTIER M., GUILLOT-SOULEZ C. (2003), « Performances de l'entreprise et GRH », in *Entreprise et Personnel*, n° 238.

AMADIEU J.-F. (2002), *Le poids des apparences, beauté, amour et gloire*, Odile Jacob, Paris.

ANGLE H.L. & PERRY J. L., (1983), « Organizational commitment : individual and organization influences », *Work and Occupations*, 10, pp. 123-146.

AOKI M. (1991), « Le management japonais : le modèle J d'Aoki », *Problèmes économiques*, (2225), pp. 1-14.

APEC (2004), « Les Cadrotypes » in *Les études de l'emploi cadre*.

ARCAND M, BAYAD M, FABI B (2002), « L'effet des pratiques de GRH sur l'efficacité organisationnelle des coopératives financières canadiennes », in *Annals of Public and Cooperative Economics*, vol.73, n 2, pp.215-240.

ARGYRIS C. (1991), « Teaching Smart People How to Learn », *Harvard Business Review*, vol. 69, n° 3, May-June, pp.99-109.

ARISTOTE (1982), *Politique*, Vrin, Paris.

ARMSTRONG-STASSEN M., HORSBURGH M. E. & CAMERON S. J. (1994), « The reactions of full-time and part-time nurses in restructuring in the Canadian health care system », *Academy of Management Best Papers Proceedings*, pp. 96-100.

ARNAUD G. (2003), « A coach or a couch ? », *Human Relations, 56(9)*, 1131-1154.

ARTHUR M. B. & ROUSSEAU D. M. (Eds.) (1996), *The boundaryless career: A new employment principle for a new organizational era*, Oxford University Press, New York.

AUBERT-MONPEYSSEN T. (2005), « Principe à travail égal, salaire égal et politique de gestion des rémunérations », *Droit Social*, n° 1.

BALDWIN T. T., MAGJUKA R. J. & LOHER B. T. (1991), « The perils of participation: effects of choice of training on trainee motivation and learning », *Personnel Psychology, vol.44, n 1*, p.51-65.

BANDUR A. A. (2002), *Auto-efficacité : le sentiment d'efficacité personnelle*, De Boeck, Bruxelles.

BARREAU J. (1999), « Contrôle et autonomie des salariés : analyse historique, théorique et pratique », *In Les Actes de l'AGRH : La GRH : contrôle et autonomie, tome 1*, 103-109.

BARRÈRE-MAURISSON M. A. (2001), « *Partage des temps et des tâches dans les ménages* », Collection Cahiers travail et Emploi, La Documentation française, Paris.

BAUDELOT C., ESTABLET R. (1992), *Allez les filles*, Seuil, Paris.

BAUDELOT C. & GOLLAC M. (2004), *Travailler pour être heureux*, Éditions Fayard.

BEACH L. R. (1990), *Image theory: Decision making in personal and organizational contexts*, Chichester, Wiley.

BEACH L. R. (1993), Four revolutions in behavioural decision theory. *Leadership Theory and Research: Perspectives and Directions*, 271-292.

BEAUFRET J. (1971), *Introduction aux philosophies de l'existence*, Denoël / Gonthier.

BEAUPRÉ D. (2004), « La mesure en GRH : état des lieux », in *Actes de Congrès de l'AGRH* Montréal, 1-4 septembre, pp.125.

BÉBÉAR C. (2002), *Le courage de réformer*, Odile Jacob.

BÉBÉAR C. (2003), *Ils vont tuer le capitalisme*, Plon.

BECKER H. S. (1985), *Outsiders*, Paris, Metaillé.

BEFFA J.-L., BOYER. R. & TOUFFUT. J.-P., (1999), « Les relations salariales en France : État, entreprise, marchés financiers », *Notes de la Fondation Saint-Simon*.

BENDER A. F. PIGEYRE F. (2003), « L'égalité professionnelle hommes-femmes dans l'entreprise : quelles innovations pour la fonction RH ? », *14ᵉ Congrès AGRH, GRH : innovons !* Grenoble, Tome 1, p 304.

BENRAÏSS L. (2001), *Équité salariale, satisfaction à l'égard de la rémunération et satisfaction au travail*, Thèse de Doctorat, IAE Aix-en-Provence.

BERGADAA M. (1993), « Une analyse prospective de la fonction de vente », *Décisions marketing*, mai, pp.61-70.

BERGER J. B., COHEN P.M., ZELDITCH J. R. (1972), « Statutes Characteristics and Social Interaction », *American Sociological Review*, 37, pp. 241-255.

BERGLAS S. (2002), « The very real dangers of executive coaching », *Harvard Business Review*, June, 3-8.

BIBARD L. (2003), « Entreprise, éthique et politique », *5ᵉ Université de printemps de l'audit social*, IAE de Corse, Corte.

BIDAULT F. & JARILLO JC. (1995), *La confiance dans les transactions économiques*, Paris, Eska.

BIRD A. (2001), « International assignments and careers as repositories of knowledge » In M. Mendenhall, T. Kuehlmann et G. Stahl, (Eds.), *Developing Global Business Leaders: Policies, Processes and Innovations*, Quorum Books, pp.19-36.

BLACK J. S. & STEPHENS G. K. (1989), « The influence of the spouse on American expatriate adjustment in overseas assignments » *Journal of Management* 15, pp. 529-544.

BLACK J. S. GREGERSEN H. B., MENDENHALL M. E. & STROH L. K. (1999), *Globalizing people through international assignments*, New York: Addison-Wesley Longman.

BLACK J. S., MENDENHALL M. & ODDOU G. (1991), « Toward a Comprehensive Model of International Adjustment: An Integration of Multiple Theoretical Perspectives » *Academy of Management Review*, 16(2), pp. 291-317.

BLANDIN M.C, LE BOTERF A., LECLAIR P. (1991), « Motiver et gérer les chercheurs. Les données du problème telles qu'elles apparaissent au travers d'une série d'enquêtes et de l'étude d'un cas » *Institut d'étude et de développement : Entreprise et personnel*, Sept. 1991

BOLCH M. (2001), « Proactive coaching » *Training, vol 38*, 5, 58-64.

BOUCHEZ J.-P. (2003), (en collaboration avec Jean SIMONET), *Le conseil*, Éditions d'Organisation.

BOUCHEZ J.-P. (2004), *Les nouveaux travailleurs du savoir*, Éditions d'Organisation.

BOUCHIKHI H. & KIMBERLY J. R. (1999), « L'entreprise à la carte : un nouveau paradigme de gestion pour le XXIᵉ siècle » *Revue internationale de gestion*, 24 (3), 114-121.

BOUDON R. (2002), *Déclin de la morale ? Déclin des valeurs ?* PUF.

BOURCIER C. & PALOMBART Y. (1997), *La reconnaissance : un outil de motivation pour vos salariés*, Éditions d'Organisation, Paris.

BOURDIEU P. (1979), *La distinction*, Éditions Minuit, Paris.

BOURDIEU P. (1992), *Les règles de l'art*, Paris, Seuil.

BOURNOIS F. & ROUSSILLON S. (sous la direction de) (2000), *Préparer les dirigeants de demain*, Éditions d'Organisation, Paris.

BOURNOIS F. ROJOT J. & SCARINGELLA J.-L. (2003), *RH, Les meilleures pratiques des entreprises du CAC 40*, Éditions d'Organisation, Paris.

BOURNOIS. F. & ROUSSILLON. S. (1998), *Préparer les dirigeants de demain*, Éditions d'Organisation, Paris.

BRIEF A. P. & ALDAG R. J. (1980), « Antecedents of organizational involvement » *Sociology of Work and Occupations,* 7, 210-221.

BRUNET F. (2002-2003) « Un enjeu : la qualité de l'emploi » *Données Sociales,* Insee.

BURACK E. SINGH R.(1995), "The new employment relations compact", *Human Resource Planning,* vol. 18 n° 1, pp.12-19, 1995.

CABY F. (2002), *Le coaching.* Paris: Editions de Vecchi.

CADIN L. BENDER A.-F. & SAINT-GINIEZ V. (2003), *Carrières nomades,* Vuibert.

CAILLE A. et *Alii* (2004), « De la reconnaissance : don, identité et estime de soi » *Revue du MAUSS,* n° 23, 1er semestre 2004, La Découverte.

CALIGIURI P., LAZAROVA M. (2001), "Strategic repatriation policies to enhance global leadership development", In M. Mendenhall, T. Kuehlmann, & G. Stahl (Eds.), *Developing Global Business Leaders: Policies, Processes and Innovations,* Quorum Books, pp.243-256.

CASTAGNOS J.-C., BERRE, M. (2000), « Le concept de rétribution : un nouvel enjeu pour le salarié et l'employeur », *In Peretti J.-M. & Roussel P. (coordonné par), Les rémunérations. Politiques et pratiques pour les années 2000, Vuibert, Paris,* 233-244.

CASTAGNOS J-C, LE BERRE M., (2001), « Rémunération des cadres d'entreprises : régression ou mutation ? » *Revue de Gestion des Ressources Humaines,* n° 40, Avril-juin, pp.47-65.

CASTEL R. & HAROCHE C. (2001), *Propriété privée, propriété sociale, propriété de soi,* entretiens sur la construction de l'individu moderne. Paris : Fayard.

CASTEL R., *L'insécurité sociale, qu'est-ce qu'être protégé ? Le Seuil.*

CAVAGNAC M., SIRE B., (1994), « Rémunération cafétéria et engagement de l'employeur » *Revue de Gestion des Ressources Humaines,* (12), pp.17-25.

CENTRE DES JEUNES DIRIGEANTS D'ENTREPRISE (CJD) (1995), « Vers l'entreprise à la carte : une entreprise flexible, économiquement performante, qui redonne à chacun une place dans l'emploi » *Rapport du CJD d'octobre 1995.*

CERDIN J.-L. & DUBOULOY M. (2003), « Expatriation et responsabilité sociale de l'entreprise : une approche psychanalytique », Actes de la 5e université de printemps de l'audit social, *Audit social et responsabilité sociale de l'entreprise,* IAE de Corse, Université Pascal-Paoli, Corte, 22, 23 et 24 mai 2003, pp. 91-106.

CERDIN J.-L. (1999), *La mobilité internationale,* Éditions d'Organisation, Paris.

CERDIN J.-L. (2002), *L'expatriation,* 2e édition, Éditions d'Organisation, Paris.

CERDIN J.-L. (1999), *Audit de la rémunération des expatriés,* Actes IAS-ARFORGHE, Hammamet, Tunisie, pp.23-32.

CERDIN J.-L. (2004), « L'expatriation : un temps de carrière particulier » In S. Guerrero, J.-L. Cerdin & A. Roger (eds), *La gestion des carrières : Enjeux et perspectives.* Paris: Editions Vuibert, pp. 265-282.

CERDIN J-L., SAINT-ONGE S. & SAVIGNY X. (2000), « La rémunération des expatriés : défis et pratiques de gestion » In J.-M. Peretti et P. Roussel (eds), *Les rémunérations, politiques et pratiques pour les années 2000,* Editions Vuibert, 293-309.

CETTE G ARTUS P (2004), *Rapport au conseil d'analyse économique.*

CFDT Cadres (2002), « Travail en question : cadres, parlons en ! » *Enquête.*

CFE CGC (2003, 2004), *Le baromètre Cadres,* Juin 2003 - Juin 2004 .

CHARAN R., DROTTER S. AND NOEL J. (2001), *The Leadership Pipeline – How to Build the Leadership- Power Company,* Jossey Bass, San Francisco.

CHAVEL T. (2001), *Le coaching démystifié,* Paris: Démos.

CJD (2004), *Le guide de la performance globale,* Éditions d'Organisation, Paris.

CLASTRES P. (1980), *Recherches d'anthropologie politique,* Seuil.

COLLE R. (2003), « L'entreprise à la carte : un nouveau paradigme pour les organi-sations socialement responsables. Une étude de l'influence des choix offerts aux sala-riés sur leur satisfaction et leur fidélisation » *Actes de la 5ᵉ Université de printemps de l'IAS : Audit social et responsabilité sociale de l'entreprise,* IAE de Corse, pp. 114-124.

COLLINS J., "Level 5 Leadership, The Triumph of Humility and Fierce Resolve", *Harvard Business Review,* January 2001, pp. 67-76.

COMMEIRAS N, NARO G. (2000), « Contrôle de gestion et systèmes de rémuné-ration dans les nouvelles formes d'organisation », in Peretti et Roussel, *Les rémunérations : politiques et pratiques pour les années 2000,* Ed. Vuibert, pp.99-112.

COMTE-SPONVILLE A. (2000), *L'amour, la solitude,* Editions Albin Michel, Paris.

COMTE-SPONVILLE A. (2001), *Dictionnaire philosophique,* Editions PUF, Paris.

CRANDALL W.R. & PARNELL J.A. (1994), "On the relationship between propen-sity for participative management and intentions to leave: re-opening the case for participation" *The Mid-Atlantic Journal of Business,* 30(2), pp. 197-209.

CUEVAS F., GAYAN X. (2001), « Ethique et Morale de la responsabilité sociétale », Institut de l'Audit Social, Bordeaux.

CYERT R. & MARCH J. (1963), *A Behavioral Theory of the Firm,* Prentice-Hall.

D'AVENI R. (1995), *Hypercompétition,* Paris, Vuibert.

D'AVENI R. (2002), *Strategic Supremacy,* Simon & Schuster.

DALTON D.R. & MESCH D.J. (1990), "The impact of flexible scheduling on employee attendance and turnover", *Administrative Science Quarterly,* 35(2), 370-387.

DEFILIPPI R. J. & ARTHUR, M. B. (1996), "Boundary less contexts and careers: A competency-based perspective" in Arthur M. B., & Rrousseau D. M., (Eds.), *The boundary less career: A new employment principle for a new organizational era,* New York : Oxford University Press, pp.116-131.

DEGENNE A., LEBEAUX MO., MARRY C. (2002), « Les usages du temps : cumuls d'activités et rythmes de vie » *Economie et Statistique,* n 352,353, pp. 81-100.

DEHERMANN-ROY. E. & IGALENS J., « Les codes de conduite : une existence légitime, une efficacité contestable », *Revue de gestion des ressources humaines.* Juillet-Août-Septembre 2004.

DEJOURS C. (2002), *Le facteur Humain,* PUF, p. 59 et s. Repris également dans un petit opuscule du même auteur intitulé : *L'évaluation du travail à l'épreuve du réel,* INRA Editions, 2003, notamment p. 62 et s.

DEJOURS C. (2002), *Souffrance en France,* Seuil, Paris.

DEJOURS C. (2002), « La reconnaissance au travail » *Sciences Humaines,* 131, 25.

DERR C.B., ROUSSILLON S., BOURNOIS F. (2002), *Cross-cultural approaches to leadership development*, Quorum Books London UK.

DESREUMAUX A. (1998), *Théorie des organisations*, Editions Management et Société.

DESREUMAUX A. (2004), « Théorie néo-institutionnelle, management stratégique et dynamique des organisations » in *Institutions et gestion*, ouvrage coordonné par I. Huault Coll. FNEGE Vuibert, Paris.

DIETZ B. E. & RITCHEY P. N. (1996), "The relative influence of individual identities, identity accumulation, and identity combinations on facets of psychological well-being", *Sociological Spectrum*, 16(1), pp.1-25.

DIMAGGIO P. & POWELL W.W. (1983), "The iron cage revisited: Institutional isomorphism and collective rationality in organizational fields" *American Journal of sociology*, vol 48, n° 2,

DORTIER J.-F. (1997), *Les sciences humaines*. Editions sciences humaines.

DOWNEY M. (2002), "Standards needs to be set to ensure quality of coaching" *Personnel Today*, 5/21, pp. 16-18.

DRUCKER. P. (1975), *La nouvelle pratique de la direction des entreprises*, Éditions d'Organisation, Paris.

DUBINSKI & AL., (1992), « Ethical perceptions of field sales personal: an empirical assessment », *Journal of Personal Selling and Sales Management*, Vol. 12, n 4, pp .9-28.

DUBOIS B., *Comprendre le consommateur*, Dalloz, 1994.

DUMONTIER F., GUILLEMOT D., MEDA D. (2002), « L'évolution des temps sociaux au travers des enquêtes Emploi du temps » *Economie et Statistique*, n° 352,353, p 2-13.

DURAND M. (1972), « Professionnalisation et allégeance chez les cadres et les techniciens », *Sociologie du travail*, 2, pp. 185-212.

DURU BELLAT M. (1990), *L'école des filles, quelle formation pour quels rôles sociaux ?* l'Harmattan, Paris.

DUVAL-HAMEL J. (2005), *La gestion des ressources humaines des fusions*, Éditions d'Organisation, Paris.

ELLIS L. (2003), "Leading Talents, Leading Teams, Aligning People, Passions and Positions for Maximum Performance", Northfield Publishing, Chicago

ENRIQUEZ E. (1983), *De la horde à l'Etat*, Gallimard, Paris.

EVAN W. & FREEMAN R., "A Stakeholder Theory of the Modern Corporation : Kantian Capitalism", in T. Beauchamp, N. Bowie (eds), *Ethical Theory and Business*, Prentice Hall, Englewood Cliffs,1993, pp.75-84.

FAYOL. H. (1981), *Administration industrielle générale*, Gauthier-Villars.

FELDMAN D.C. & THOMAS, D.C. (1992), Career management issues facing expatriates. *Journal of International Business Studies*, 23, pp. 271-293.

FENLASON K. J. & BEEHR T. A., (1994), "Social support and occupational stress: Effects of talking to others" *Journal of Organizational Behavior*, 15, pp. 157-175.

FESSER-BLAESS M. (2004), « La détection du potentiel dans le contexte de travail quotidien, Analyse des dirigeants potentiels d'une entreprise internationale », Thèse de doctorat en sciences de gestion, Université de Corse Pascal-Paoli, 9 avril 2004.

FESTINGER L. A. (1954), « Théorie des processus de comparaison sociale », dans *Psychologie Sociale*, S. Moscovici, Ed. PUF, (1984).

FESTINGER L. A. (1957), *A Theory of Cognitive Dissonance*, Stanford, Stanford University Press.

FILKENSTEIN S. (2004), *Quand les grands patrons se plantent*, Éditions d'Organisation, Paris 2004.

FOIX C. (2004), *Réveillez vos talents*, InterEditions, Paris.

FORSTER N., (1994), "The forgotten employees ? The experiences of expatriate staff returning to the UK", *The International Journal of Human Resource Management*, vol. 5, n° 2, pp. 405-425.

FOUCAULT M. (1976), *Histoire de la folie à l'âge classique*, Gallimard.

FRANCFORT I., OSTY F., SAINSAULIEU R., UHALDE M. (1995), *Les Mondes Sociaux de l'Entreprise*. Desclée de Brouwer.

FREUD S. (1999), *Introduction à la psychanalyse*, Payot, Paris.

FRIEDMAN M. (1962), *Capitalism and Freedom*.

FRIEDMAN. S., CHRISTENSEN P., DEGROOT J., *Equilibre travail et vie privée* in L'art du management *Les Echos*, Village Mondial, 1997.

GABILLIET P. (1994), *Les vendeurs nouveaux sont arrivés*, Éditions d'Organisation, Paris.

GAGNAIRE M. (2004), Vice-président d'Alcan : interview parue dans *Le Monde* du 27 novembre.

GALBRAITH J. K., *Le Nouvel Etat Industriel*, trad. fr., Gallimard, 1968.

GARFINKEL H (1984), *Studies in ethno methodology*. Cambridge, Polity Press.

GARNER H., MEDA D., MOKHTAR J. (2004), La place du travail dans l'identité des personnes en emploi, Dares, *Premières synthèses informations*, n° 01.1.

GAUCHET. M. (2003), *Les facteurs de transformation de la société française*, ORES.

GHOSN C., RIES P.(2003), *Citoyen du monde*, Paris, Grasset.

GILBERT P, CHARPENTIER M (2004), « Comment évaluer la performance RH ? Question universelle, réponses contingentes », *Revue de Gestion des Ressources Humaines*, n° 53, Juill.-Août-Sept, p.29-42.

GÖDEL (1985), "Sur le théorème de Gödel", cf. Douglas Hofstadter, *Gödel, Escher, Bach*, tr.fr. InterEditions.

GOLDSTEIN I. L. (1986), *Training in organizations: needs assessment, development, and evaluation*, (2e édition), Monterey, CA: Brooks / Cole.

GOLLAC. M. & VOLKOFF. S., *Les conditions de travail*, La Découverte, Collection Repères.

GRECO J. (2001), Hey, Coach! *Journal of Business Strategy*, vol 22, 2, pp. 28-32.

GREENBERG J., "Organizational Justice: Yesterday, Today and Tomorrow", *Journal of Management*, 16 (2), 1990, pp. 399-432.

GRIMA F. (2004), « Les conséquences de l'ambiguïté et du conflit de rôle au travail : proposition d'un modèle explicatif synthétique », *Revue de Gestion des Ressources Humaines,* n 54, Oct-Déc, pp. 56-72.

GUZZO R. A. (1997), The expatriate employee . *Trends in Organizational Behavior,* 4, 123-137.

HABER S. (2004), « Hegel vu depuis la reconnaissance », in De la reconnaissance, *Revue du MAUSS,* n° 23.

HABERMAS J. (1978), « Travail et interaction » in *La technique et la science comme idéologie,* Paris, Denoël-Gontier

HALL, D., OTAZO, and K & HOLLENBECK G. (1999), "Behind closed doors: what really happens in executive coaching. Organizational dynamics", Winter, pp. 39-53.

HAMMER M. (2002), *Carnet de route pour manager,* Paris, collection Maxima, Laurent du Mesnil Editeurs.

HANLAT J. F. (1998), *Sciences sociales et management,* PUL.

HEGEL (1982), *La philosophie de l'esprit,* Paris, PUF.

HELFER J- P. & ORSONI J., 2003, *Marketing,* 8e édition, Vuibert.

HERZBERG. F. (1971), *Le travail et la nature de l'homme,* Entreprise Moderne d'Edition, Paris.

HICKS W. D., KLIMOSKI R. J. (1987), "Entry into training programs and its effects on training outcomes: a field experiment", *Academy of Management Journal,* vol.30, n° 3, pp. .542-552.

HILTROP J.-M., (1995) "The Changing Psychological Contract: the Human Resource Challenge of the 1990's", *European Management Journal,* Vol 13 n° 3, pp. 286-294, September 1995.

HIRCHMAN. A (1972), *Face au déclin des entreprises et des institutions,* Paris, Editions Ouvrières.

HOARAU C, TELLER R. (2001), *Création de valeur de l'entreprise et management de l'entreprise,* Ed. Vuibert, 217 p.

HOMANS G. (1953), "Statuts Among Clerical Workers", *Human Organization,* 12, pp. 5-10.

HOMANS G. (1974), "Social Behavior: It's Elementary Forms", New York, Harcourt BRACE Jovanovich Inc. (chap. 11: "Distributive Justice"),

HOMLSTROM (1985), "The provision of services – a market economy", in Imann, Managing the Service *Economy: Prospect and problems,* Cambridge University Press, Cambridge.

HONNETH A. (2000), *La lutte pour la reconnaissance,* Paris Le Cerf.

HOURQUET P. G. (2003), « La gestion de carrière des chercheurs en recherche et développement dans les entreprises françaises. Une analyse quantitative et qualitative du contenu et du processus » Thèse de doctorat en sciences de gestion, ESSEC - Université d'Aix-Marseille III.

HUNT J., OSBORN R. & SCHERMERHORN J., (1998), *Managing Organizational Behavior,* John Wiley & Sons.

HUSELID M.A., BECKER B.E. & BEATTY R. (2005), *Workforce scorecard*, Harvard Business School Press.

Ibid. p. 17.

IGALENS J. (2004), « Segmentation sociale en gestion des ressources humaines » in *Encyclopédie de gestion* sous la direction d'Y. SIMON et P. JOFFRE Economica 2ᵉ édition, vol. 3 pp. 2980-2990.

IMBERT J. (2004), *Jeunes managers, nos talents pour l'avenir*, Insep Consulting, Paris.

INSTITUT DE L'ENTREPRISE, *L'entreprise et les cadres*, rapport, 10 Janvier 2002.

ISTRIA M.P., *Reconnaissance et Compétences*, Cahiers du MEDEF n° 99.

JAFFE M., HAMELET R. & GIFFARD-BOUVIER D. (2001), « La rémunération des cadres dirigeants et supérieurs », *Les Echos, l'Art du Management*, 28 mars 2001, article présent sur le site : *www.pwcglobal.com/fr/fra/ins-sol/spec-int/lesechos 018.html*.

JAROSSON B. (2003), *Conseil d'indiscipline, du bon usage de la désobéissance*, Descartes et Cie, Paris.

JAVEAU C. (1991), *La société au jour le jour*, De Boeck, Bruxelles.

JENSEN (1976), "Meckling Theory of the firm : managerial behavior, Agency Cost an ownership structure" in *journal of financial economics*, volume 3, pp. 305-360.

JONES S. AND SCHILLING D. (2000), Measuring Team Performance – A Step-by-step, Customizable Approach for Managers, Facilitators and Team Leaders, Jossey Bass, San Francisco.

JORAS M. (2005), *La responsabilité sociétale de la profession achat*, Éditions d'Organisation, Paris.

JULIEN F. (1996), *Traité de l'efficacité*, Grasset. Paris.

KALIKA M. (1988), *Système de gestion*, Ed. Vuibert.

KANT E. (1988), *Fondements de la métaphysique des mœurs*, La Pléiade, Editions complètes, Gallimard.

KATZENBACH J. (1998), Teams at the Top – Unleashing the Potential of Both Teams and Individual Leaders, Harvard Business School Press.

KAUFMANN (2004), *L'invention de soi, une théorie de l'identité*, A. Colin.

KEEN T. (2003), *Creating Effective & Successful Teams*, Ichor Business Books, An imprint of Purdue University.

KERR S., VON GLINOW M.A. & SCHRIESHEIM, J., (1977), Issues in the study of "Professionals" in organizations : the case of scientists and engineers., *Organizational Behavior and Human Performance*, 18, pp. 329-345.

KOESTENBAUM P. (2002), *Leadership : the inner side of greatness – a philosophy for leaders*, San Francisco : Jossey-Bass.

KOJEVE A. (1947), *Introduction à la lecture de Hegel*, Gallimard.

KOTLER PH., DUBOIS B., MANCEAU D. (2004), *Marketing management*, 12ᵉ éd. CLM.

KOTTER J. (1982), *The General Managers*, Free Press.

KOTTER J., (1990), *A force for change*, Free Press.

KRAIMER M. L., WAYNE S. J. & JAWORSKI R. A. (2001), Sources of support and expatriate performance: the mediating role of expatriate adjustment. *Personnel Psychology*, 54, pp. 71-99.

LACAN J. (1966), « Le stade du miroir comme formateur de la fonction du Je » in *Les Ecrits* (pp. 93-100), Paris: Editions du Seuil.

LACOURSIERE R, FABI B, ST-PIERRE J, ARCAND M (2004), Impacts de la GRH sur différents indicateurs de performance : résultats d'une étude empirique en contexte de PME manufacturières, in *Actes du Congrès de l'AGRH*, Montréal, 1-4 septembre, p 442.

LAGARENNE C. & LEGENDRE N. (2000), « Les travailleurs pauvres en France : facteurs individuels et familiaux » *Économie et Statistique* n° 335.

LANDRIEUX-KARTOCHIAN S. (2003), « La gestion des ressources humaines à l'épreuve de la féminisation : quelles innovations ? *14e Congrès AGRH*, "GRH : innovons !" Grenoble, Tome 2, pp. 1627-1647.

LATACK J. L. (1993), Work, stress, and careers: A preventive approach to maintaining organizational health. in B. ARTHUR D. T. HALL & B. S. LAWRENCE, *Handbook of career theory*. Cambridge, Cambridge University Press, (first edition, 1989), pp. 252-274.

LAUFER J. (2003), « L'égalité professionnelle », in *Encyclopédie des Ressources Humaines*, coordonnée par Allouche J., Vuibert, pp. 397-407.

LAZZERI C., CAILLE A (2004), « La reconnaissance aujourd'hui » in De la reconnaissance, *Revue du MAUSS*, n 23, pp. 88-115.

LE BERRE M, CASTAGNOS J-C. (2003), *La gestion des hommes dans l'entreprise : défis stratégiques et outils de décision*, Presses Universitaires de Grenoble, 286 p.

LE GOFF J.-P. (2000), *Les illusions du management*, La Découverte, Paris.

LEE R. AND KING S. (2001), *Discovering the Leader in You*, Center for Creative Leadership.

LEFEBURE R., VENTURI G., *Gestion de la relation clients*, Eyrolles, 2001.

LEVI-STRAUSS (1949) *Les structures élémentaires de la parenté*, Plon.

LEVITT TH., *Innovation et marketing*, trad. fr. Éditions d'Organisation, 1969.

LEVY-LEBOYER C., SPERIANDIO J.-C. (1988), *Psychologie du travail*, PUF.

LIGER P, *Le marketing des RH*, Éditions Dunod, 2004.

LIVIAN Y. F. & BARET C. (2002), « Pour une meilleure inscription institutionnelle de la GRH : quelques propositions » in Huault I « La construction sociale de l'entreprise : autour des travaux de M. Granovetter » Paris EMS.

LOMBARDO M. & EICHINGER R., (1989), *Preventing Derailment – What to do before it's too late*, Center for Creative Leadership.

LOUART P, BEAUCOURT C (2004), La décision de mesure en GRH in *Actes du Congrès de l'AGRH*, Montréal, 1-4 septembre, pp .447- 464.

MAIER C., *Bonjour paresse : de l'art et la nécessité d'en faire le moins possible en entreprise*, Michalon, 2004.

MALINOWSKI (1922), *Les argonautes du Pacifique Sud*, Londres, G. Routledges.

MARMUSE C (1997), Performance, in *Encyclopédie de Gestion*, Ed. Economica.

MARQUARDT M. (2000), *Global Leaders for the 21st Century*, Suny.

MARTIN & ALII (2003), *La métamorphose du monde*. Seuil.

MARX. K., (1966), *Thèses sur Feuerbach*, in Engels et Feuerbach, Editions sociales.

MASLOW A. (1954), *Motivation and Personality*, Harper.

MASLOW A. (2004), *L'accomplissement de soi.* Eyrolles, Paris.

MASLOW A. (1954), *Motivation et personnalité*, Harper and Rew.

MAUSS. M. (1923), *Essai sur le don.*

McCLELLAND D.C, (1955), *Studies in Motivation*. N.Y.: Appleton Century.

McCALL M. (1998), *High Flyers – Developing the Next Generation of Leaders*, Harvard Business School Press.

McCALL M.W. & HOLLENBECK G. P., (2002), *Developing global executives*. Editions Harvard Business School Press.

MEDA D. (2001), *Le temps des femmes, pour un nouveau partage des rôles*, Paris, Flammarion.

MERCIER S. (2004), *L'éthique que dans les entreprises*, Collection Repères, La Découverte.

MESSÉ L.A., & WATTS B.L. (1983), Complex Nature of the Sense of Fairness : Internal Standards and Social Comparison as Basis for Reward Evaluations, *Journal of Personality and Social psychology*, 45, pp. 84–93.

MICHAELS E., HANDFIELD-JONES H. & AXELROD B. (2001), *The War for Talent*, Harvard Business School Press.

MILKOVICH G. T. & J. M. NEWMAN (1996), *Compensation*, 5th Ed. Chicago: Irwin.

MINTZBERG H. (1984), *Le manager au quotidien : les 10 rôles du cadre*, Éditions d'Organisation, Paris.

MOREL C. (1992), « Le mal chronique de la connaissance ordinaire sur l'entreprise » *Gérer et comprendre*, n° 28, sept.

MOUNIER E. (2000), *Ecrits sur le Personnalisme*, Editions du Seuil.

MOYSON R. (2001), *Le coaching : développer le potentiel de ses collaborateurs.* Bruxelles, De Boeck.

MURPHY E. (1996), *Leadership IQ*, John Wiley, New York

NILLES J. J. (1999), « L'éthique et la déontologie du vendeur : une tentative de modélisation », Actes de la journée AFM Management des forces de vente et performance commerciale, Juin, Annecy.

NONAKA I. & TAKEUCHI H., (1997), avec des contributions de Ingham M., *La connaissance créatrice : La dynamique de l'entreprise apprenante*, De Boeck Université.

OUBRAYRIE-ROUSSEL N. & ROUSSEL P. (1999), Le soi et la motivation in *Encyclopédie des Ressources Humaines*. Direction Allouche, Vuibert. Paris.

PAILLE P. (2004), *La fidélisation des ressources humaines*, Economica.

PALMERO S. (2000), *Les effets de types de travail à temps partiel sur les attitudes au travail,* Thèse de doctorat, Université de Droit, d'Economie et des Sciences d'Aix-Marseille III.

PARADEISE C. (1985), Rhétorique professionnelle et expertise, *Sociologie du travail,* n° 1, p. 25.

PEPPERS D., ROGERS M., *Enterprise One to One,* Currency / Doubleday, 1997.

PERETTI J.-M. (2004), *Les clés de l'équité dans l'entreprise,* Éditions d'Organisation.

PERETTI J.-M., (2004), *Gestion des Ressources Humaines,* Ed. Vuibert Entreprise, 13e édition, Paris.

PERETTI J.-M., JORAS M. (1986), *Audit de l'aménagement des temps de travail,* Collection Audit, Éditions d'Organisation.

PERETTI J.-M., ROUSSEL P., coord. (2000), *Les Rémunérations : Politiques et pratiques pour les années 2000,* Vuibert.

PERETTI J.-M. (2005), *Ressources Humaines et Gestion des Personnes,* 4e édition, Ed. Vuibert.

PERRET B. (1995), *L'avenir du travail,* Le Seuil.

PETERS T. & WATERMAN R. (1983), *Le prix de l'excellence,* Inter Éditions. Paris.

PFEFFER J. (1998), Six dangerous myths about Pay, *Harvard Business Review,* may-June.

PICHAULT F., NIZET J. (2000), *Les pratiques de gestion des ressources humaines,* Points, Seuil.

PICHAULT, F. & CORNET A., (1993), « L'expert et la règle. Analyse du processus d'objectivation des pratiques de GRH dans une firme de biotechnologie, AGRH, Universalité ou contingence de la GRH » Jouy-en-Josas, 1993, pp. 414-423.

PIGEYRE F. (1999), « Vers une gestion des ressources humaines sexuée ? » *Revue Française de Gestion,* Novembre Décembre, pp. 47-55.

PLANE J.-M. (2004), « Confiance et Management », *Observer pour Agir,* Printemps, n° 3.

PLANE J.-M. (2004), *Management des organisations,* Paris, Dunod.

POPPER K. (1979), *La société ouverte et ses ennemis,* tr; fr; Le Seuil, Paris, 2 volumes.

POPPER K. (1984), *L'univers irrésolu,* tr. Fr., Hermann, 1984 ; *Conjectures et réfutations,* tr.fr., Payot.

POST J., PRESTON L., SACHS S. (2002), *Redefining the Corporation: Stakeholder Management and Organizational Wealth,* Stanford University Press.

PRAS B. (1997), « Qu'est-ce que le marketing ? » in *Encyclopédie de gestion,* 2e éd. Economica.

QUEUNIET V., « Réseaux professionnels. Les femmes se rassemblent pour exister » *Entreprises et Carrières,* n° 706, du 2 au 8 mars 2004.

REBOUL O. (1993), *Qu'est-ce qu'apprendre ?* PUF

RENAULT E. (2000), *Mépris social,* Éditions du Passant, Bègles.

REVUZ C. (1994), « Ecouter la parole sur le travail ou écrire sur le travailleur ? Les impasses sur le bilan de compétences » *Education Permanente,* 120, pp. 21-37.

RICH. A. (1994), *Ethique économique*, Labor et Fides.

RICŒUR P. (1990), *Soi-même comme un autre*, Seuil, Paris.

RICŒUR. P. (2004), *Parcours de la reconnaissance*. Stock.

ROBERTS K., BIDDLE J. (1994), "The transition into management by scientists and engineers : A missallocation or efficient use of human resources ?", *Human Resources Management*, vol.33, 4, pp. 561-579.

ROBIN & REIDENBACH. (1987), « Social responsability, ethics, and marketing strategy : closing the gap between concept and application », *Journal of Marketing*, vol.51, January, pp. 44-58.

ROGER A. (1991), « Comment motiver les chercheurs industriels ? » *Revue Française de Gestion*, Juin - Juillet - Août.

ROGER A. (2004), « Gestion des ressources humaines et management des compétences » *Cahiers français* n° 321, Juillet Août, pp. 52-57.

ROUSSEAU D. M., (2003),.Changing Psychological Contracts, in KOCHAN T. et LIPSKY D. (ed), *Negotiations and Change*, Cornell University Press.

RUANO-BORBALAN JC. (1998), *L'identité*, Editions Sciences Humaines.

RUSS J., BADA L., LEGUIL C. (2004), *Dictionnaire de la philosophie*, Bordas.

SAINSAULIEU R. (1977), *L'identité au travail*, Paris, Presses de la Fondation Nationale des Sciences Politiques.

SAINT THOMAS d'AQUIN (1984), *Summa theologiae*, 1265-1265 (Ia et IIa) & 1272-1273 (IIIa), inachevée, trad. franç. collective : *Somme théologique*, quatre tomes, Paris, Editions du Cerf.

SAINT-ONGE S., GUERIN, TROTTIER R., HAINES V., SIMARD M, *(1994)*, « L'équilibre travail-famille : un nouveau défi pour les organisations », Gestion, *Revue HEC* Montréal, ainsi que les travaux de GUERIN sur le rôle clé du soutien du supérieur dans un contexte de conflit travail-famille.

SALANCIK G. R. (1977), "Commitment and the control of organizational behavior and belief" in STAW B. M., SALANCIK G. R. (Eds.), *New directions in organizational behavior*, Chicago: St. Clair Press, pp. 1-54.

SARTRE J.-P. (1943), *L'être et le néant*, Gallimard.

SCHEIN E. (1985), *Organizational Culture and Leadership*, Jossey-Bass, San Francisco.

SELMER J., TORBIÖRN I, DE LEON C., (1998), "Sequential cross-cultural training for expatriate business managers : pre-departure and post-arrival" *The International Journal of Human Resource Management*, 9(5), pp. 831-840.

SHEPARD H.A. (1956), Creativity in R&D Teams, *Research and Engineering*, pp. 10-13.

SINGH R. (1998), "Redefining psychological contracts with the U.S. work force: a critical task for strategic human resource management planners in the 1990s" *Human Resource Management*, vol. 37 n° 1, pp. 61-69, spring.

SIRE B. (1993), *Gestion Stratégique des Rémunérations*, Editions Liaison, col. Option Gestion.

SIRE B., TREMBLAY M. (2000), « Contraintes et objectifs d'une politique de rémunération » in : *Les Rémunérations : Politiques et pratiques pour les années 2000*, J.-M. PERETTI et P. ROUSSE coord.; Vuibert, Sept.

SOULIE J. (1995), « Un modèle de l'impact des systèmes cafétéria sur la satisfaction des salariés à l'égard des compléments de rémunération » *Actes de l'AGRH de Poitiers*, pp. 113-120.

SOULIE J. (1997), « Contribution à l'étude de l'influence des rémunérations cafétéria sur la satisfaction des salariés : l'exemple des plans de prévoyance flexibles » Thèse de doctorat, Université de Toulouse I.

SPRIMON P.A. (2003), « Contrôle et performance des forces de vente : une analyse en termes d'ajustements stratégiques et contextuels » Thèse en Sciences de Gestion, Université des Sciences et des Technologies de Lille, IAE de Lille.

STAHL G. K, & CERDIN J-L. (2004), Global Careers in French and German Multinational Corporations, *Journal of Management Development*, 23(9), pp. 885-902.

STAMPLE S. (2002), *The Contrarian's Guide to Leadership*, San Fransisco : Jossey-Bass.

ST-ONGE S., G. GUERIN, R. TROTTIER, M. SIMARD & V. HAINES (1993), « L'équilibre travail-famille : un enjeu organisationnel » *Actes de l'AGRH*, Jouy-en-Josas, pp. 175-184.

STRAUSS L. (1986), *Droit naturel et histoire*, Flammarion, Paris.

SULLIVAN S. E. (1999), "The changing nature of careers: A review and research agenda" *Journal of Management*, 25(3), pp. 457-484.

SUMMERS T. P., DENISI A. S. (1990), in Search of Adams'Othe, "Re-examination of Referents Used in the Evaluation of Pay" *Human Relations*, vol. 43, n° 6, pp. 497-511.

TARONDEAU J.C. (1994), *Recherche et Développement*. Paris, Vuibert Gestion.

TAYLOR J. (1968), "Toad or butterfly ? A constructive critique of executive compensation practices" *Industrial Labor and Relation Review*, 21 (4), pp. 491-508.

TERSSAC DE G. (1996), « Autonomie dans le travail » *Travail et emploi*, n 66.

THERIAULT R. (1991), *Guide Mercer sur la gestion de la rémunération : théorie et pratique*, Gaëtan Morin Editeur.

THERIAULT R., ST-ONGE S. (2000), *Gestion de la rémunération : théorie et pratique*, Gaëtan Morin éditeur, Boucherville.

THEVENET M. (2000), *Le plaisir de travailler*, Paris, Éditions d'Organisation, Paris.

THEVENET M. (2003), *Management, une affaire de proximité*, Éditions d'Organisation, Paris.

THEVENET M. (2004), *Quand les petits chefs deviendront grands*, Éditions d'Organisation, Paris.

THEVENET M. (1999), « Le retour du travail et la fin de la gestion des ressources humaines » *Revue Française de Gestion*, n 126, pp. 5-11.

TODOROV T. (1989), *Nous et les autres*, Seuil.

TODOROV T. (1995), *La vie commune*, Essai d'anthropologie générale. Seuil.

TODOROV T. (2002), Sous le regard des autres, *Sciences Humaines*, 131, pp. 22-27.

TOH S. M & DENISI A. S. (2003), "Host country national reactions to expatriate pay policies: A model and implication" *Academy of Management Review*, 28(4), pp. 606-621.

TREMBLAY M. (1991), « Déterminants de l'importance des diverses formes de justice distributive en rémunération » *AGRH - Cergy*, pp. 609-617.

TREPOS J.-Y.(1996), *La sociologie de l'expertise*, PUF, Collection Que sais-je ?

VAN DER POEL M. (1993), *Personal Networks − A rational-choice explanation of their size and composition*, Swets & Zeitler.

VARILLON F. (1974), *L'Humilité de Dieu*, Centurion.

WAREHAM J. (1998), "Oedipus wrecks. Across the Board" 35, 4, pp. 49-50.

WEICK K.E. (1966), The concept of equity in the perception of pay, *Administrative Science Quarterly*, II, pp. 414–439.

WEICK K.E. (1996), "Enactment and the boundaryless career : organizing as we work" in Arthur M.B., et Rousseau D.M., *The boundaryless career : a new employment principle for a new organizational era*, Oxford University Press.

WEIL E. (1969), *Philosophie morale*, Vrin, Paris.

WIESENDANGER B. (1995), Shrink rap. *Journal of Business Strategy*, Jan / Feb., 28.

WINNICOTT D. W. (1971), « Le Rôle de miroir de la mère et de la famille dans le développement de l'enfant » in *Jeu et Réalité*. Paris, Gallimard.

WOTURBA T. (1990), « A comprehensive framework for the analysis of ethical behavior with a focus on sales organizations», *Journal of Personal Selling and Sales Management*, vol.10, pp. 29-42.

YAN A., ZHU G. & HALL D.T. (2002), "International assignment for career building : A model of agency relationships and psychological contracts" *Academy of Management Review*, vol. 27, n° 3, pp. 373-391.

YANAT Z. & BONNET M. (2002) « L'employabilité, enjeux et défis » *Revue Connaissance Action*.

ZEYL A., & DAYAN A. (2003), *Force de vente*, Éditions d'Organisation.

Table des matières

Partie 3

Comment reconnaître

www.ingramcontent.com/pod-product-compliance
Lightning Source LLC
Chambersburg PA
CBHW052110230326
41599CB00055B/5389